人力资源管理
高效工作手册

凤凰高新教育 ◎ 编著

内 容 提 要

本书涵盖了人力资源管理几乎所有的模块，涉及大量实用的方法、经典的案例和便捷的工具，是一本非常实用的人力资源管理工具书。本书共分为10章，包括人力资源管理的内容、组织机构设置、职能职责、人力资源规划、人力资源预算、岗位分析、招聘、面试、甄选、录用、培训分析与计划、培训的有效实施、绩效管理、薪酬设计与计算、员工福利设计、企业与员工关系处理、员工反馈管理、劳动争议处理、人事档案管理、员工考勤管理、员工异动管理、离职管理等。本书还设有专家支招和高效工作之道栏目，帮助读者解决工作中遇到的一些问题及困惑，提高工作效率。

本书内容全面，案例丰富，实操性强，特别适合人力资源从业者、中小企业管理者阅读，同时还可以作为各高校人力资源管理相关专业的教材用书和人力资源管理技能培训教材。

图书在版编目(CIP)数据

人力资源管理高效工作手册 / 凤凰高新教育编著. —北京：北京大学出版社，2019.11
ISBN 978-7-301-30896-7

Ⅰ.①人… Ⅱ.①凤… Ⅲ.①人力资源管理－手册 Ⅳ.①F243-62

中国版本图书馆CIP数据核字（2019）第233607号

书　　　名	人力资源管理高效工作手册 RENLI ZIYUAN GUANLI GAOXIAO GONGZUO SHOUCE
著作责任者	凤凰高新教育　编著
责 任 编 辑	吴晓月
标 准 书 号	ISBN 978-7-301-30896-7
出 版 发 行	北京大学出版社
地　　　址	北京市海淀区成府路205号　100871
网　　　址	http://www.pup.cn　　新浪微博：@北京大学出版社
电 子 信 箱	pup7@pup.cn
电　　　话	邮购部 010-62752015　发行部 010-62750672　编辑部 010-62570390
印 刷 者	北京鑫海金澳胶印有限公司
经 销 者	新华书店
	720毫米×1020毫米　16开本　32.5印张　564千字 2019年11月第1版　2019年11月第1次印刷
印　　　数	1-4000册
定　　　价	88.00元

未经许可，不得以任何方式复制或抄袭本书之部分或全部内容。
版权所有，侵权必究
举报电话：010-62752024　电子信箱：fd@pup.pku.edu.cn
图书如有印装质量问题，请与出版部联系。电话：010-62756370

前 言

为什么写这本书?

现实中,大部分走上企业工作岗位的从业人员,往往在从业前进行了相关专业的学习,甚至考取了相关专业的从业资格证书。而许多人在没有学习任何人力资源专业知识的情况下就走上了人力资源管理工作的岗位,只能在工作中摸索、学习,在上级的指导下边干边学,或者沿袭公司之前人力资源管理的方式和做法。正因为如此,人力资源管理工作在企业中成了最没有专业性和含金量的工作,甚至随便一个有过几年工作经历的职场人都会认为人力资源部门的工作他也会干。事实上,如今许多企业对人力资源的管理越来越重视,认为人力资源是公司运营与发展不可或缺的资源之一,那么如何能让其满足和匹配公司的需要,获得企业与市场的认可,并增加人力资源从业者的资本和价值呢?

人力资源管理工作和人事工作在实际工作中究竟有什么不同?一些看似可做可不做的人力资源管理工作究竟要不要做,为什么做,应该怎样做?

如何快速提升自己在人力资源管理工作方面的实操技能,而不是日复一日地重复昨天的工作?

本书将通过专业、系统的人力资源工作梳理,专业范本的学习、参考,资深专家支招,以及人力资源管理工作中办公软件的操作技巧等方面帮助从业者快速提升相关技能,掌握高效而专业的人力资源管理工作方法。

本书讲了哪些内容?

本书内容系统全面,以人力资源规划与预算、人才招聘与配置、员工的培训开发、绩效管理、薪酬与福利管理、员工关系等为基础,以专业的方法和技巧为核心内容,以提供人力资源管理工作的实际操作方法和经验为支撑,确保为读者提供高效的人力资源管理知识。

本书的基本框架安排如下。

```
                    ┌─ 第1章 介绍人力资源管理的系统内容、功能、组织设置、职能职责
                    │   和HRBP
                    │
                    ├─ 第2章 介绍人力资源规划、人力资源预算与岗位分析
                    │
                    ├─ 第3~5章 介绍从人力资源招募与渠道选择，到人才的面试与甄选，
                    │   再到候选人的录用、入职管理和转正等人力资源"选、用、育、留"
《人力资源管理 ─────┤   中"选"的全过程
 高效工作手册》      │
                    ├─ 第6章 介绍人力资源管理中"育"的内容，即培训需求分析、培训
                    │   计划与实施、培训效果评估等培训与开发工作的操作方法与详细
                    │   步骤
                    │
                    ├─ 第7~8章 介绍绩效与薪酬制度的设计、绩效指标与标准设计、薪酬
                    │   结构的设计，以及考核与激励的实施等人力资源管理"用"人和
                    │   "留"人的内容
                    │
                    └─ 第9~10章 介绍日常人力资源管理工作、员工关系管理及劳动风险
                        的防范、人事的日常事务管理等内容与注意事项
```

本书有哪些特点？

和以往同类型书籍不同，本书具有以下显著的特点和鲜明的亮点。

★ 实操 + 范例

整个人力资源管理工作是企业管理中制度建设占比很高的板块，几乎每一项工作都离不开制度、流程、标准的建设与支撑，并以相应的文本或表格作为工作操作的载体。因此，本书中每个工作板块都配备了相应的实操范例，而且还对如何用好范本文件，以及使用中容易出现困惑的地方专门进行了标注说明，供读者学习和借鉴。

★ 专家支招

本书设置的"专家支招"栏目是对本章内容的补充。全书共设置了39个"专家支招"栏目，主要讲解人力资源管理实际工作中常见问题的处理方法及技巧，避免职场新手走弯路。

前 言

★ 高效工作之道

人力资源工作的开展离不开计算机相关技能，在同类书籍中，本书首开先河，在书中设计了"高效工作之道"内容。全书共设置了30个"高效工作之道"栏目，紧密结合每章的主题内容，通过详尽的文字描述和完整的步骤图解，讲解现代化人力资源管理工作中常用计算机软件、工具及App等的使用方法和技巧。通过这部分内容的学习，人力资源管理者可以掌握相关的计算机技能，从而高效地进行工作。

可以说，本书将人力资源实操与高效工作方法完美融合，是一本实践性、操作性、综合性相结合的多功能图书。

温馨提示：

书中的"高效工作之道"教学视频，用微信扫描右侧的二维码，即可观看学习。

如何阅读和使用本书

1. 在书中，编者对重要的知识说明、概念定义等内容进行了"下划线"重点标注；对书中所举案例通过不同的字体来展现；对实操范例中的注意事项、特例与操作技巧提供了特别备注和小提示。这些细节工作，都是为了让读者在学习过程中视觉轻松、层次分明，提高读者的阅读体验和学习效率。

2. 本书为读者提供了丰富的人力资源管理相关的范本文件，由于篇幅有限，部分制度、方案等范本文件内容太多，书中未一一展示。读者可以通过下面所介绍的方法下载相关资料，在工作中借鉴与参考，提升工作效率。

除了书，您还能得到什么？

1. 赠送8小时"Word/Excel/PPT在人力资源管理中的应用"视频教程。
2. 赠送192个与人力资源管理工作相关的工作范本与模板文件。
3. 赠送"5分钟学会番茄工作法"视频教程。教会您在职场之中如何高效地工作、轻松应对职场那些事儿。
4. 赠送"10招精通超级时间整理术"视频教程。"时间"是人类最宝贵的财富，无论是在职场中还是在生活中，都要学会时间整理。专家传授10招时间整理术，教您如何有效整理时间、高效利用时间。

5. 赠送《高效人士效率倍增手册》《微信高手技巧随身查》《QQ 高手技巧随身查》《手机办公 10 招就够》四套电子书，帮您掌握工作中一些高效处理工作事务的方法与技巧及移动办公诀窍。

6. 赠送《HR 小白职场修炼手册》，帮助从事人力资源工作的小白，快速了解和认识自己的职业规划、晋级路线及职场技能，避免在职场中走弯路。

温馨提示：以上资源，请扫描下方二维码关注公众账号，输入代码 hR285Ht2，获取下载地址及密码。

资源下载

官方微信公众账号

看到不明白的地方怎么办？

1. 发送 E-mail 到读者信箱：2751801073@qq.com
2. 加入读者交流 QQ 群：566454698（职场精英）

作者简介

白玫：管理学硕士，企业实战管理专家与人力资源专家，中国人力资源开发网特约顾问，咨询公司高级合伙人。12 年大型集团公司人力行政副总裁及高级管理岗位任职经历，致力于企业法人治理结构、集团管控、组织变革、人力资源管理体系搭建等领域的研究与实践。

刘先华：国家重点大学管理学学士，国家人力资源管理师，人力资源培训师，企业管理咨询师。先后在大型上市公司、国有企业、外资企业任职，具有丰富的人力资源实战管理经验。受聘于多家人力资源管理培训机构兼职讲师。

本书由凤凰高新教育策划并组织，由白玫、刘先华执笔编写，他们都具有丰富的人力资源管理与实战经验。我们竭尽所能地为读者呈现最好、最全、最新的内容，但仍难免有疏漏和不妥之处，敬请广大读者指正。

目 录

第1章　人力资源管理概述 ·········· 01

1.1　认识人力资源管理 ·········· 01
　　1.1.1　人力资源管理的定义
　　　　　及内容 ·········· 01
　　1.1.2　人力资源管理的功能 ······ 03
1.2　人力资源部门的组织与职能 ······ 03
　　1.2.1　人力资源部门的职能 ······ 04
　　1.2.2　人力资源部门的组织
　　　　　结构 ·········· 05
　　1.2.3　人力资源部门的工作
　　　　　职责 ·········· 06
1.3　人力资源岗的岗位职责 ·········· 08
　　1.3.1　人力资源总监岗位职责 ······ 08
　　1.3.2　人力资源经理岗位职责 ······ 09
　　1.3.3　HRBP 岗位职责 ·········· 10

第2章　人力资源规划管理 ·········· 13

2.1　人力资源规划 ·········· 13
　　2.1.1　人力资源规划的概况 ······ 13
　　2.1.2　人力资源需求预测 ······ 16
　　2.1.3　人力资源供给预测 ······ 17
2.2　人力资源预算管理 ·········· 18
　　2.2.1　财务预算与人力资源
　　　　　预算 ·········· 18
　　2.2.2　人力资源预算的编制
　　　　　步骤 ·········· 19
　　2.2.3　人力资源人工成本预算
　　　　　编制的注意事项 ······ 20
2.3　人力资源规划管理实操范本 ······ 21
　　2.3.1　范本：人力资源规划管理制
　　　　　度/流程/表单/方案 ······ 21
　　2.3.2　范本：人力资源需求预测
　　　　　管理流程/表单/报告 ······ 32
　　2.3.3　范本：人力资源预算管理
　　　　　制度/方案 ·········· 37

★ 专家支招
1. 人力资源规划真的重要吗？
　为什么很多公司似乎并未做
　人力资源规划 ·········· 43
2. 企业定岗、定编、定员的先
　后顺序是什么 ·········· 43
3. 人力资源规划与年度人力资
　源工作计划一样吗 ·········· 44

★ 高效工作之道
1. 用 Word 制作人力资源规划
　方案 ·········· 44
2. 打印 Excel 表格时，让打印的
　每一页都带有表头 ·········· 48
3. 用 PPT 制作公司人力资源状
　况分析报告 ·········· 50

第 3 章　员工招聘管理 ············· 57

3.1　员工招聘概述 ························· 57
  3.1.1　正确认识招聘 ················ 57
  3.1.2　员工招聘的内容与程序 ····· 58
3.2　编制招聘计划 ························· 58
  3.2.1　确认用工需求 ················ 58
  3.2.2　制订招聘计划 ················ 59
3.3　选择招聘渠道 ························· 60
  3.3.1　招聘渠道优/劣势比较 ······· 60
  3.3.2　招聘渠道的合理选择 ········ 63
3.4　发布招聘信息 ························· 64
  3.4.1　招聘文案的编写技巧 ········ 65
  3.4.2　招聘信息的发布原则 ········ 66
3.5　招聘管理实操范本 ···················· 67
  3.5.1　范本：招聘岗位的岗位职责 ······················· 67
  3.5.2　范本：招聘计划管理相关表单 ······················· 70
  3.5.3　范本：内部招聘管理制度/流程/表单/方案 ·········· 74
  3.5.4　范本：外部招聘管理制度/流程 ····················· 83
  3.5.5　范本：校园招聘管理制度/流程/方案 ················ 86
  3.5.6　范本：人才推荐管理制度/表单 ····················· 89

★ 专家支招
1. 招聘需求的分析与审核不可忽略 ····························· 92
2. 特殊招聘渠道的选择 ········· 93
3. 多个层级的岗位同时招聘，怎样选用招聘渠道 ············ 93
4. 拟订招聘广告应注意的事项 ··· 94

★ 高效工作之道
1. 用 Word 制作校园招聘海报 ······························· 95
2. 用 Excel 中的图表对招聘渠道进行有效分析 ············ 99
3. 用 H5 制作特效招聘页面 ···· 100
4. BOSS 直聘，移动互联网的招聘神器 ······················ 104

第 4 章　面试与甄选管理 ·········· 106

4.1　面试与甄选程序 ···················· 106
  4.1.1　筛选简历 ····················· 106
  4.1.2　通知面试 ····················· 107
4.2　面试方法与技巧 ···················· 108
  4.2.1　常见面试类型 ··············· 108
  4.2.2　基于行为的 STAR 面试法 ····················· 109
  4.2.3　结构化面试法 ··············· 110
4.3　面试与甄选实操范本 ·············· 112
  4.3.1　范本：面试与甄选实操制度/流程/表单 ·········· 112
  4.3.2　范本：结构化面试方案/表单 ······················· 124

★ 专家支招
1. 电话邀约面试的技巧 ········ 132
2. 控制面试局面的技巧 ········ 134
3. HR 如何面试专业性较强的岗位或技术人员 ············ 135

4. 如何面试高管人员 …………135
★ 高效工作之道
　　1. 用 Word 批量制作与发送
　　　 面试通知单 …………………136

第5章　录用与转正管理

5.1　新员工录用及入职前的准备工作……148
　　5.1.1　录用决策 ………………148
　　5.1.2　背景调查 ………………149
5.2　新员工入职/试用/转正管理…150
　　5.2.1　新员工入职手续 ………150
　　5.2.2　新员工入职引导 ………153
　　5.2.3　新员工试用期管理 ……153
　　5.2.4　新员工转正考核 ………154
5.3　录用与转正管理实操范本……155
　　5.3.1　范本：新员工录用管理
　　　　　 制度/流程/表单 ………155
　　5.3.2　范本：入职与试用期管理制
　　　　　 度/流程/表单/方案 ……162
　　5.3.3　范本：实习生管理制度/
　　　　　 流程/方案 ……………170
　　5.3.4　范本：新员工转正管理
　　　　　 制度/流程/表单 ………176

第6章　员工培训管理

6.1　人力资源培训与开发概述……202
　　6.1.1　现代化培训的含义 ……202
　　6.1.2　培训的分类 ……………203
6.2　培训的计划与实施……………205
　　6.2.1　培训需求分析 …………205
　　6.2.2　培训计划 ………………206
　　6.2.3　培训实施 ………………207
6.3　培训评估………………………208

　　2. 用 Excel 制作员工应聘登
　　　 记表 …………………………140
　　3. 用 Excel 制作面试评估表 …143

……………………………………148

★ 专家支招
　1. HR 在发录用通知书时应注意
　　 哪些方面 ……………………191
　2. 企业能拒绝录用乙肝病原携
　　 带者吗 ………………………191
　3. 在试用期内，用人单位是否
　　 可以随时终止劳动合同 ……192
　4. 试用期不合格可以延长试
　　 用期吗 ………………………192
　5. 如何应对员工的突然离职 …193
　6. 利用离职证明规避劳动风险…194
　7. 劳动合同必须约定试用期吗…194
★ 高效工作之道
　1. 用 Word 制作入职流程图 …194
　2. 用钉钉进行员工转正申请
　　 管理 …………………………197
　3. 用打印机扫描证件照片 ……199

…………………………………… 202

　　6.3.1　为什么需要培训评估…208
　　6.3.2　培训评估的分类 ………209
　　6.3.3　培训效果评估的内容…210
6.4　员工培训管理实操范本………210
　　6.4.1　范本：培训部责权与培训
　　　　　 岗位职责 ……………211
　　6.4.2　范本：培训计划管理流程/
　　　　　 表单 …………………214

6.4.3 范本：在职培训管理制度／流程／表单／方案……217

6.4.4 范本：新员工培训管理制度／办法／表单／方案……228

6.4.5 范本：外派培训管理制度／流程／表单／方案……233

★ 专家支招

1. 签订培训协议时企业如何约定服务期……238
2. 签订培训协议应注意的问题与风险……238
3. 企业内训如何选择培训师……239

★ 高效工作之道

1. 用 Word 制作企业培训方案……240
2. 用 Excel 制作培训需求问卷调查……243
3. 制作"新员工入职培训 PPT"……247
4. 用 PowerPoint 制作"培训体系流程图 PDCA"……252

第 7 章 绩效管理 ……255

7.1 绩效管理系统设计……255
　　7.1.1 绩效管理与绩效考核……255
　　7.1.2 绩效考核指标体系……256
　　7.1.3 绩效考核方法……259

7.2 员工绩效考核……267
　　7.2.1 绩效计划制订……268
　　7.2.2 绩效考核准备……270
　　7.2.3 绩效考核实施……274

7.3 绩效考核反馈与应用……276
　　7.3.1 绩效考核结果反馈……276
　　7.3.2 绩效考核结果应用……278
　　7.3.3 制订绩效改进计划……279

7.4 专项绩效考核……280
　　7.4.1 高层管理人员绩效考核……281
　　7.4.2 中层管理人员绩效考核……282
　　7.4.3 销售人员绩效考核……285
　　7.4.4 班组长绩效考核……288

7.5 绩效管理实操范本……289
　　7.5.1 范本：绩效考核管理制度／流程／表单……289
　　7.5.2 范本：绩效计划责任书／表单……294
　　7.5.3 范本：员工奖惩管理制度／流程／表单……298

★ 专家支招

1. 提取 KPI 考核指标的操作技巧……301
2. 如何用"鱼骨图"分析法来设计人力资源部的 KPI 考核指标……302
3. 如何用述职报告来操作 360 度考核……303
4. 人力资源部在企业绩效考核管理中如何定位角色……304

★ 高效工作之道

1. 用 Word 编辑员工绩效考核管理制度文档……305
2. 用 Excel 制作月绩效考核评估表……308
3. 用 Excel 计算员工业绩评定表……310

第 8 章　薪酬与福利管理·················314

8.1　薪酬设计··················314
- 8.1.1　薪酬体系设计··············314
- 8.1.2　薪酬结构设计··············317
- 8.1.3　薪酬实施保障··············320

8.2　岗位评估··················322
- 8.2.1　岗位评估方法··············322
- 8.2.2　岗位评估设计··············324
- 8.2.3　岗位评估实施··············327

8.3　特殊薪酬设计··············328
- 8.3.1　项目奖设计················328
- 8.3.2　年终奖设计················331
- 8.3.3　员工持股计划··············333

8.4　员工福利管理··············336
- 8.4.1　员工福利设计··············337
- 8.4.2　弹性福利计划··············339

8.5　社会保险与住房公积金······342
- 8.5.1　社会保险管理··············342
- 8.5.2　住房公积金管理············344

8.6　薪酬与福利管理实操范本····344
- 8.6.1　范本：员工薪酬管理制度/流程/表单······344
- 8.6.2　范本：员工福利管理制度/表单··········356
- 8.6.3　范本：员工社会保险管理制度··········358
- 8.6.4　范本：专项薪酬实施方案··············360

★ 专家支招
1. 车补、房补、餐补等是福利还是工资的一部分··········365
2. 企业可以以实物或有价证券来支付工资吗··············365
3. 企业不依法支付工资将产生哪些后果··················366
4. 不定时工作制的员工有加班费吗······················366

★ 高效工作之道
1. 用 Word 制作工资条············367
2. 用 Excel 计算工资表············370
3. 用 Excel 排序功能快速生成工资条··················373
4. 利用网络计算器计算社会保险和个人所得税············375

第 9 章　劳动关系管理·················376

9.1　劳动合同管理··············376
- 9.1.1　劳动合同概述··············376
- 9.1.2　劳动合同的设计············378
- 9.1.3　劳动合同的实施············387

9.2　劳动争议处理··············389
- 9.2.1　劳动争议类型··············389
- 9.2.2　劳动争议处理方式··········390
- 9.2.3　劳动风险防范··············392

9.3　员工工伤管理··············394
- 9.3.1　工伤管理概述··············394
- 9.3.2　工伤事故处理··············395
- 9.3.3　工伤风险防范··············398

9.4　员工关系维护··············400
- 9.4.1　员工关系维护措施··········400
- 9.4.2　员工关系维护方案··········403

9.5　员工关系管理实操范本······405

9.5.1 范本：劳动合同管理制度/流程/表单……405

9.5.2 范本：劳动争议处理制度/流程……413

9.5.3 范本：员工关系维护制度/表单……418

★ 专家支招

1. 企业能以"末位淘汰"证明员工不能胜任工作吗……424
2. 员工医疗期满后不能从事原工作，企业可以随意给员工调岗吗……425
3. 企业投资人变更，企业可以终止与劳动者签订的劳动合同吗……425
4. 企业支付赔偿金后，还需要支付经济补偿金吗……425

★ 高效工作之道

1. 用 Word 制作劳动合同……426
2. 在 Excel 中设置劳动合同到期提醒……430

第 10 章 人事的日常事务管理……432

10.1 人事档案管理……432

　10.1.1 员工档案资料……432

　10.1.2 员工档案管理……435

10.2 员工考勤管理……437

　10.2.1 各类假期管理……437

　10.2.2 员工考勤管理……440

　10.2.3 考勤统计分析……443

10.3 员工异动管理……445

　10.3.1 员工晋升管理……445

　10.3.2 员工调动管理……449

　10.3.3 员工降职管理……450

10.4 员工离职管理……453

　10.4.1 管理员工离职……453

　10.4.2 离职原因分析……455

　10.4.3 离职风险防范……458

10.5 人事日常事务管理实操范本……460

　10.5.1 范本：人事档案管理制度/表单……460

　10.5.2 范本：员工考勤管理制度/表单/流程/方案……466

　10.5.3 范本：员工异动管理制度/表单……481

　10.5.4 范本：员工离职管理制度/表单/方案……486

★ 专家支招

1. 月工作天数与月计薪天数有区别吗……495
2. "做六休一"合法吗……495
3. 企业中哪些人员可以实行不定时工作制……496
4. 如何区分加班还是值班……496
5. 确定年休假的是工龄还是司龄……496
6. 对于提出辞职的员工，企业可以要求员工提前离职吗……497

★ 高效工作之道

1. 用 Word 制作员工请假申请单……497
2. 用 Excel 统计汇总每月考勤数据……500
3. 用 Excel 对人员离职原因进行分析……505
4. 用钉钉管理考勤……506

第1章
人力资源管理概述

一家企业从创立之初的两三人,逐渐发展到十几人、几十人,再到上百人、上千人,随着规模的扩大,人员也在不断增加,因此人力资源是企业发展、扩张的必备要素和资源。人力资源管理就是研究企业在不同发展阶段、不同战略规划与运营模式下,如何匹配、管理和发展人力资源这一重要资源的。

本章首先介绍人力资源管理的概念、内容和功能,然后就人力资源部门在企业中的定位,对人力资源部门的组织架构、人力资源部门及负责人的职责进行阐述。

1.1 认识人力资源管理

随着人力资源管理理论和实践的不断发展,当代人力资源管理的各种流派不断产生,同时也使大众很难在人力资源管理的概念上达成一致。本节引用人力资源管理的基础理论阐释其基本内涵和主要特征。

1.1.1 人力资源管理的定义及内容

资源可以分为自然资源、资本资源、信息资源和人力资源,其中人力资源是最重要、最独特的资源。一切经济活动首先是人力资源的活动,由人力资源的活动引发、带动其他资源的活动。对于人力资源,众多学者从不同的角度做了界定与描述,我们可以将其定义为:人力资源是指一定区域内的人口总体所具有的劳动能力的总和,或者是具有智力劳动和体力劳动能力的人们的总和。具体到一个企业,人力资源就是企业所拥有的能达成其组织目标的人的能力的总和。

从上述定义可以看出,我们提到的人力资源,既指其数量,也指其质量。数量是指拥有劳动能力的人口数量,投身有用工作的人口比例及实际劳动量。质量是指最能体现人的体力和脑力状况的生理素质和科学文化素质以及这两者的总和。

人力资源的数量和质量是密切联系的两个方面。

人力资源管理是指利用人力资源完成组织目标所采用的各种方法和技术，是对人力资源进行有效开发、合理配置、充分利用和科学管理的制度、法令、程序和方法的总和。简单地说，<u>现代企业人力资源管理主要包括选才、用才、育才、留才等一系列工作任务</u>。

具体而言，人力资源管理包括组织结构设计、工作分析与设计、人力资源规划、<u>员工招聘与配置、员工培训与开发、绩效管理、薪酬管理、员工关系管理</u>等方面，具体如表1-1所示。

表1-1　人力资源管理工作的主要内容

序号	内容	说明
1	组织结构设计	是一项以企业组织结构为核心的组织系统的整体设计工作
2	工作分析与设计	是指对组织中的各个工作岗位进行考察和分析，确定它们的职责、任务、工作环境、任职人员的资格要求和享有的权利等，以及相应的教育与培训等方面的情况，最后形成工作说明书
3	人力资源规划	是指根据组织发展战略的经营计划，评估组织的人力资源现状及其发展趋势，收集和分析人力资源供求信息和资料，预测人力资源供求的发展趋势，制订人力资源的招募使用、培训与发展、绩效与薪酬等规划与计划
4	员工招聘与配置	根据组织发展需要及工作岗位说明书，利用各种渠道、方法和手段，从企业内部和外部招录组织所需人才的一项管理工作
5	员工培训与开发	主要通过各种形式的培训，对员工进行旨在提高技能和知识以及增强企业凝聚力的培训，帮助员工设计职业生涯发展规划，制订个人发展计划，以提高员工素质，并使其与组织的发展目标相协调
6	绩效管理	就是对企业或个人绩效有效管理的过程，它包括设定业绩目标，为达成目标进行一系列的活动，对达成目标的有效性进行评估和奖惩的过程
7	薪酬管理	制定公平合理且具有激励性的薪酬制度，从员工的资历、职级、岗位及实际表现和工作成绩等方面考虑制定相应的、具有吸引力的工资报酬标准和制度，并安排养老金、医疗保险、工伤事故、节假日等福利项目，使企业在保持一定的人力成本的基础上，能够吸引优秀的员工加入企业，并保持稳定性
8	员工关系管理	是指企业在劳动法律、法规指导和调整下形成的一种权利义务关系，只有拥有和谐的、发展的劳动关系才能使企业得到稳步快速的发展

> **Tips** 人力资源工作是一个有机的体系,唯有环环相扣,才能更好地支撑企业的战略运营;同时,每个环节又要根据企业的不同发展阶段、运营和管理的需要,以及不同的情况及时、灵活地调整工作重点。要避免眼光局限于人力资源本部门职能的履行而忽略了人力资源管理对于企业实际的价值匹配与输出。

1.1.2 人力资源管理的功能

概括地说,人力资源管理就是一个获取、整合、保持和激励、控制和调整,以及开发与发展企业人力资源的活动过程。其主要功能有5个方面,如表1-2所示。

表1-2 人力资源管理的功能

功能	相关说明
获取	获取组织所需的各种人力资源的过程
整合	其主要表现为企业通过采取各种有效的管理措施,使招录的人员认同企业的价值观,并增强他们对企业的归属感
保持和激励	使招录的人员对工作感到满意,注重培养、激发他们对工作的兴趣,并通过各种管理措施使之保持足够的工作热情
控制和调整	主要表现为企业通过设立合理完善的人力资源考评体系并付诸实施,据此提出调整计划和方案,使员工的个人行为与组织的目标和利益达到最大限度的协调
开发与发展	是指组织为有效地发挥员工的才干和提高他们的能力而采取一系列活动的过程

1.2 人力资源部门的组织与职能

人力资源部门是多数法人企业都会设置的一个职能部门,当然其中一部分企业是将行政管理和人力资源管理的职能并入一个部门,即行政人事部(或称人力行政部);还有一些规模不大的企业会将法务、采购、客户服务、行政、后勤、人事管理等职能划归一个部门,称为综合部(或称综合办公室)。

本节将从不同规模下人力资源部门的组织设计规律解析人力资源部门的一般分工与职能设置。

1.2.1 人力资源部门的职能

不同规模的企业，人力资源部门的职能不尽相同，虽然人力资源管理的技能内容和目标基本不变。人力资源职能上的区别不仅与企业的规模有关，而且还与企业领导人对人力资源管理的重视程度有关。在一些私营企业，虽然业务已逐渐步入正轨，发展到一定规模，但仍然可能没有专门的人力资源管理部门，甚至没有专职的人力资源管理人员。

很多成立一两年的小企业，其人力资源管理工作往往由其他管理人员或行政、后勤类人员兼任，他们主要负责人员招聘、核算工资，以及一些日常的人事工作，而绝大多数人事决策往往由老板负责。如图1-1所示，这是一家小型公司的组织结构，其综合部集合了行政后勤管理、人事管理、客户服务等多项职能。

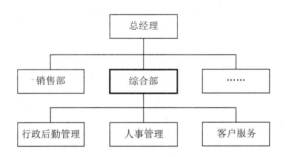

图 1-1　小企业的人力资源管理职能

对于中型的企业来说，由于业务流程增加，业务链拉长，人数规模扩大，企业对管理，特别是对人力资源管理开始重视起来，需要一个独立的职能部门负责人力资源工作。但人力资源部的人员一般不是很多，多数企业将人力资源部与行政部合并，如图1-2所示。

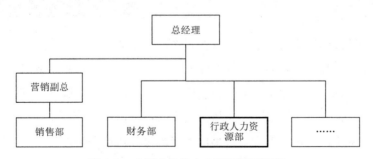

图 1-2　中型企业的人力资源管理职能

在大型企业中，人力资源职能的发挥面更广，要求的专业度更高，要求站在战略的高度规划整个公司的人力资本。图 1-3 所示为一家集团公司的人力资源管理职能。

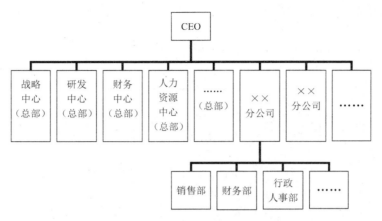

图 1-3　大型企业的人力资源管理职能

> **Tips**　无论何种职能的管理者大都是通过对下属的管理和分工来完成任务的，从某种意义上说，人力资源管理是所有管理者的职责之一，他们要参与招聘、培训、考核、激励等方面的工作，但这些同时又是人力资源管理部门的工作。因此，人力资源部门如何与各个部门的管理者形成良好的分工、协作关系，为其提供有力的支持，并获得对方的积极配合，将在很大程度上决定人力资源管理工作的实际效果。

1.2.2　人力资源部门的组织结构

正是因为随着企业发展的阶段不同、规模不同，以及企业对人力资源管理的理念、定位、重视度不同等因素，人力资源部门自身的组织结构也随之不同。

1. 中小企业人力资源部组织结构

中小企业的人力资源部组织结构图如图 1-4 所示。当然现实中的企业往往需要考虑人工成本，以及后勤职能类岗位与运营类岗位人数的合理比例，因此，实际的人力资源部门组织结构可能会出现 2~3 个职能由一个岗位负责的情况。

2. 集团公司人力资源部组织结构

一般来说，集团公司会设置人力资源总部，担负起人力资源战略层面的职责，通常来说，应包含三大职能：政策中心（拟定集团统一的人力资源管理政策并监督实施）、管理中心（以人力资源战略规划的制定与执行为核心，实现"选""育""用""留"的战略性管理职能）和服务中心（面向集团管理层、集团本部员工及集团控股子公司，提供共享的和专业的人力资源服务）。子公司主要处理战术层面的事务性工作。

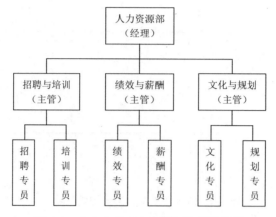

图1-4 中小企业人力资源部组织结构图

集团公司人力资源部组织结构图如图1-5所示。

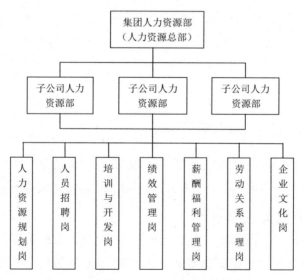

图1-5 集团公司人力资源部组织结构图

1.2.3 人力资源部门的工作职责

前面介绍了人力资源管理的主要内容，其实这也正是人力资源部门的主要工作职责，表1-3对人力资源管理每个环节的具体工作职责进行了分解说明。

表1-3 人力资源部门的工作职责

人力资源部门的工作职责
一、人力资源规划 1. 负责制定人力资源战略规划，并组织实施 2. 负责编制年度人力资源工作计划和相关预算，并监督计划、预算的执行 3. 定期收集有关人才招聘、培训、薪酬、考核等方面的信息，提供人才动态分析报告
二、组织结构设计与调整 1. 负责规范与完善现有公司或新成立公司的法人治理结构管理体制 2. 根据公司发展的需要，适时提出管控模式、组织结构优化及职能调整的建议 3. 负责提出组织机构、岗位设置、人员编制方案，批准后组织实施
三、招聘管理 1. 组织编制年度人员需求计划及招聘计划 2. 负责建立和完善招聘体系和招聘渠道 3. 负责各类人员的招聘 4. 负责人力资源的协调、员工调动、外派等工作 5. 负责员工的离职、调动、晋升、降职等人事手续办理
四、薪酬管理 1. 负责建立、完善薪酬制度体系并组织实施 2. 负责员工的薪酬核算工作 3. 负责人力成本的收集、整理和分析工作，不断提高人工效能
五、绩效管理 1. 完善绩效管理体系并组织实施 2. 组织确定绩效考核指标，并签订业绩责任书 3. 定期组织实施员工绩效考核工作，接收考核申诉并处理
六、培训管理 1. 负责建立完善培训管理制度体系并组织实施 2. 负责制订年度培训计划和预算方案并组织实施，对培训效果进行评估 3. 组织实施内外部培训工作，培养内部师资队伍，选择、评估外部师资和培训机构
七、劳动关系管理 1. 负责建立劳动关系管理制度体系并组织实施 2. 负责员工社会保险和其他保险的办理和管理 3. 负责员工的档案管理和劳动合同、保密协议的签订与管理 4. 依据有关法律法规，受理员工的申诉，处理劳动纠纷
八、企业文化建设 1. 负责企业文化管理体系的建设，传播企业文化理念 2. 制订企业文化实施方案，开展企业文化活动 3. 编制《企业文化手册》《员工手册》并及时更新 4. 建立健全内部沟通机制，建立提案、建议渠道，营造全员参与管理的和谐文化氛围 5. 制订各种评优和表彰制度并组织实施，营造积极向上的企业文化氛围

> **Tips** 职能与职责的区别：职能是指人、事物、机构所应有的作用，是从设立部门或岗位需要完成的功能出发的；职责是组织设置某个部门或岗位所需要完成的任务。一般来说，部门职责来源于部门职能，而又比职能的内容更加丰富、细化和具体。

1.3　人力资源岗的岗位职责

中小型企业的人力资源负责人一般是经理岗位，大型或集团公司的人力资源最高负责人通常称为总监，下设招聘经理、培训经理、绩效薪酬经理等，他们对人力资源各部门实施具体工作的经理、主管和专员负责。人力资源总监和经理，前者站在战略的高度来规划，后者站在战术的角度来实施。

1.3.1　人力资源总监岗位职责

人力资源总监负责制定公司人力资源的战略规划，并监督执行；负责建立畅通的沟通渠道和有效的激励机制；全面负责集团化经营公司的人力资源部门的工作。具体来说，人力资源总监岗位职责如表1-4所示。

表1-4　人力资源总监岗位职责

人力资源总监岗位职责
一、制定公司人力资源的战略规划 1. 根据公司发展战略，组织制定人力资源战略规划 2. 参与公司重大人事决策 3. 定期组织收集有关人事、招聘、培训、考核、薪酬等方面的信息，为公司重大人事决策提供信息支持 4. 定期组织收集员工想法和建议
二、督促公司人力资源战略的执行 1. 根据公司的情况，组织制定公司招聘制度、培训制度、薪酬考核制度、人事档案管理制度、员工手册等规章制度、实施细则和工作程序，并组织实施 2. 负责工作分析、岗位说明书与定岗定编工作，提出机构设置和岗位职责设计方案，对公司组织结构设计提出改进方案
三、负责建立畅通的沟通渠道和有效的激励机制 1. 负责建立公司、子公司内部畅通的沟通渠道，及时了解员工意见和想法 2. 积极听取和采纳员工的合理化建议，并反馈给相关部门 3. 受理员工投诉，调查后落实相关部门解决 4. 负责建立有效的激励机制，充分发挥员工的积极性和创造性

续表

人力资源总监岗位职责
四、全面负责集团化经营公司的人力资源部门的工作 1. 组织制订公司年度人力资源需求计划 2. 组织人员招聘,通过多种渠道为公司寻求合适的人才 3. 组织制订公司培训计划,组织人员参加培训,评估培训效果 4. 负责组织公司员工的考核,处理员工针对考核结果的申诉 5. 依据公司工资总额,编制公司年度薪资调整方案,审核公司员工每月的薪酬 6. 负责处理各种与劳动合同相关的事宜
五、内部组织管理 1. 负责将部门工作计划分解到个人,并监督计划完成情况 2. 评价考核下属员工工作完成状况 3. 控制部门预算的使用情况
六、其他工作 1. 负责对公司各部门工作的考核 2. 负责公司人力资源信息的上传下达工作 3. 代表公司与政府及其他单位对口部门沟通、协调

1.3.2 人力资源经理岗位职责

人力资源经理协助人力资源总监进行人力资源战略规划,企业文化工作建设;负责人力资源部的日常管理工作,具体岗位职责如表1-5所示。

表1-5 人力资源经理岗位职责

人力资源经理岗位职责
一、负责人力资源相关制度的制定和完善 1. 组织制定公司招聘制度、培训制度、薪酬考核制度、人事档案管理制度、保险、福利和员工手册等规章制度、实施细则和工作程序,并组织实施 2. 根据公司发展变化,组织进行人力资源管理制度修订
二、负责人力资源规划工作 1. 根据公司战略规划,负责组织集团人力资源规划工作 2. 负责组织人力资源规划的实施,并根据变化调整规划方案 3. 根据公司的战略发展规划,提出机构设置和岗位职责设计方案 4. 负责公司组织结构设计,提出人员需求结构改进方案
三、负责本部门工作计划的制订和组织实施 1. 根据公司年度经营计划,组织拟订本部门年度工作计划及阶段性工作计划 2. 分解部门年度工作计划和阶段性工作计划,并督促指导部门员工执行 3. 定期完成部门工作总结

续表

人力资源经理岗位职责

四、负责组织招聘培训具体实施
  1. 负责汇总集团各部门及下属公司人员招聘需求，根据人力资源规划编制公司招聘计划
  2. 负责组织人员招聘工作，参与应聘人员的面试和筛选，并对招聘结果进行评价
  3. 根据集团各部门及下属公司的培训需要，拟订集团年度培训计划
  4. 根据员工培训计划，组织开展培训，并对培训结果进行评估
  5. 负责计划内培训费用审核，并对各部门计划外培训工作提出指导意见

五、负责集团薪酬和绩效考核工作
  1. 负责组织集团及下属公司的绩效考核工作
  2. 受理并解决员工对考核结果的申诉
  3. 根据薪酬管理制度，负责组织薪酬计算工作
  4. 负责进行薪酬激励效果分析、薪酬成本分析等，并及时上报
  5. 负责收集员工在薪酬及考核管理方面的意见和建议，总结并对工作进行改进
  6. 根据员工阶段性业绩考核结果对人员调整（晋升、降职、调岗）及干部储备提出合理化建议

六、负责组织劳动关系管理工作
  1. 负责组织公司人事档案的收集、归档转递和保管
  2. 负责组织公司员工养老保险的核算、缴纳、转移、清算
  3. 负责组织办理公司员工的医疗保险
  4. 负责组织统计各种人事资料，并提供报表，及时报送
  5. 负责组织公司员工日常考勤管理和劳动纪律的监督检查
  6. 负责对劳动争议的处理

七、负责组织企业文化建设方案的制订并组织实施
  1. 认真执行企业文化管理制度，不断优化企业文化基础设施
  2. 负责组织公司企业文化日常活动，开展丰富多彩的团队文化活动

八、负责部门内部日常管理
  1. 负责部门队伍建设、选拔、配备、培训、评价本部门人员
  2. 拟定本部门财务预算，控制实际费用支出
  3. 指导、监督和审核部门内各岗位工作的执行，对出现的问题及时处理，保证部门工作顺利完成

1.3.3　HRBP 岗位职责

　　HRBP（Human Resource Business Partner，人力资源业务合作伙伴）是伴随着企业人力资源部门的职能分化与升级，以及企业业务运营对人力资源管理切实的需要应运而生的。HRBP是企业派驻到各个业务或事业部的人力资源管理者，主要协助各业务单元高层及经理在员工发展、人才发掘、能力培养等方面的工作。

HRBP 与人力资源共享中心（HR Shared Service Center，HRSSC）、人力资源专家（HR Specialist，HRS）共同组成了现代人力资源管理的"三驾马车"。人力资源共享中心主要在招聘、薪酬福利、差旅费用报销、工资发放等基础工作方面为公司提供基础管理与全方位统一服务。人力资源专家是为公司组织建设、员工发展、薪酬激励、员工关系等方面提出专业性的建议和设计有效的解决方案，并为公司变革服务的专家组。人力资源专家可以来自企业内部，也可以以外包或管理咨询项目的形式交由第三方专业机构担任。

HRBP 赋予了人力资源更侧重业务运营支持与服务的职能，也是目前人力资源的主流发展方向，因此有必要了解和明确 HRBP 在企业中的定位和职能，具体如表 1-6 所示。

表 1-6　HRBP 岗位职责

HRBP 岗位职责
一、人力资源规划、分析与优化 1. 岗位工作分析及价值评估，编制和维护《岗位说明书》 2. 制订并执行业务部门人力资源年度工作计划（甘特图） 3. 根据所在部门经营目标规划部门组织架构及人员编制 4. 参与所在业务部门的领导力发展和人才发展通道建设
二、人才的招聘与储备 1. 招聘活动的实施、协调和跟进工作 2. 招聘效果分析并开展招聘成果跟踪工作 3. 依据实际状况和岗位设置情况，开发适当的招聘渠道 4. 做好人才储备和员工信息的管理与保密工作 5. 了解本地区人才信息及人事相关法规，并及时反馈给人力资源总监参考
三、人力资源评估及培训开发 1. 员工能力素质模型的完善和优化 2. 新员工入职培训（企业文化、管理制度、产品知识、工作流程等） 3. 调研所在部门的培训需求，提报培训项目至人力资源总监审核 4. 部门培训工作的实施及公司培训的配合工作 5. 每季度汇总在职人员价值评估报告，报送至人力资源总监
四、绩效的审核、实施与反馈 1. 执行公司搭建的绩效考核体系，严格遵守绩效考核制度 2. 为所在部门成员提供绩效培训及绩效辅导 3. 依据公司战略目标及部门（年、季、月）经营指标，合理制定本部门绩效考核指标 4. 每月 5 日前审核及发布当月绩效指标、每月 3 日前完成上月绩效考核结果审核提报 5. 负责统计处理绩效考评结果，进行绩效分析，并提出绩效改进方案

续表

HRBP 岗位职责
6. 建立员工绩效档案，接收及处理员工绩效投诉 7. 协助部门负责人完成员工的绩效面谈并提供绩效指导 8. 依据绩效考核结果及时达成员工激励及淘汰预警
五、所在部门的 HR 管理工作
1. 梳理本部门的工作流程及与其他部门的工作衔接细则 2. 每月制定部门工作的分配合理性评估报告，并报送至人力资源总监 3. 落实公司人力资源各项管理制度，合理制定激励策略
六、员工关系管理
1. 新员工试用期跟踪（工作态度、业务知识、工作计划完成情况等） 2. 员工入职、转正、调岗、晋升、离职等手续的办理 3. 劳动合同的签订、续签、变更及各类证明的收集和开具工作 4. 及时了解和掌握员工思想动态，并提出相应对策 5. 定期/不定期策划及组织团建活动

Tips 随着企业发展的需要，以及对人力资源部门职能的进一步深化改革，HRBP 将在企业的发展中起到越来越重要的作用。然而，一个真正意义上的 HRBP 与人力资源部门内的其他岗位最大的不同，就在于突破人力资源的职能思维和专业思维局限，而应以业务价值为导向和出发点协助和支持业务部门的工作。

第 2 章 人力资源规划管理

人力资源规划是一项系统的战略工程，是企业发展战略的一部分，以全面核查现有人力资源、分析企业内外部环境为基础，以预测组织对人员的未来供需为切入点。

有相当一部分企业的人力资源管理"疲于奔命"，仅仅关注人力资源方面的事务性工作，整个人力资源管理工作就像"消防队员"，完全没有发挥出人力资源管理本应有的管理价值和战略价值，同时也使企业的 HR 丧失了对自身工作的成就感。究其原因，主要是企业对自身的人力资源缺乏战略规划，没有从系统全面的战略高度来思考企业的人力资源管理工作究竟该做什么、怎样做。

2.1 人力资源规划

企业作为一个经济组织，要实现自己的发展战略目标，就必须保证组织机构的有效正常运转。而组织机构制定和实施企业人力资源规划，则是实现发展战略目标的重要工作。

企业规划的目的是使企业的各种资源（人力、财力、物力）彼此协调并实现内部供需平衡，由于人（或人力资源）是企业内最活跃的因素，因此人力资源规划无疑在企业规划中起到了决定性作用。

2.1.1 人力资源规划的概况

人力资源规划是人力资源管理中的重要组成部分，是人力资源开发和管理各项活动的起点，所以必须了解人力资源规划的概念、目标、内容及步骤。

1. 人力资源规划的概念

人力资源规划有广义和狭义之分。

广义的人力资源规划是指根据组织的发展战略、组织目标及组织内外环境的变化，预测未来的组织任务和环境对组织的要求，以及为完成这些任务和满足这些要求而提供人力资源的过程。其作用等同于人力资源战略，是企业竞争战略的有机组成部分。

狭义的人力资源规划特指企业人员规划，指为科学地预测、分析组织在变化的环境中的人力资源需求和供给状况，制定必要的政策和措施以确保组织在需要的时间和需要的岗位上获得需要的人力资源（数量和质量）的过程。

2. 人力资源规划的目标

为便于进一步理解人力资源规划的概念，这里从人力资源规划的目标来看待人力资源规划的价值。

一般来说，人力资源规划需要实现的目标如表2-1所示。

表2-1　人力资源规划的目标

目标	说明
保障组织发展需要	做好人力预测、人力增补及人员培训等工作，除了满足企业当下的人力资源需求外，还要适应企业持续发展中的人力资源需求
合理利用人力资源	改善人力分配的不平衡状况，使人力资源得到合理化的应用，实现企业和员工之间的利益共赢
降低企业用人成本	改善人力结构，使人力资源效能得到充分发挥，降低人力资源在成本中所占的比例

3. 人力资源规划的内容

人力资源规划有各种不同的分类，从时限上看，人力资源规划还可以分为中长期计划及按照年度编制的短期计划；按涉及的范围，可分为总体规划和业务规划。人力资源的总体规划主要是指计划期内人力资源管理的总原则、总目标、总体实现步骤和总体预算安排，即广义的人力资源规划；业务规划是总体规划的展开和内容的具体化，每一项业务计划也都由目标、任务、步骤、预算等部分构成，并从不同方面保证人力资源总体规划的实现。

人力资源业务规划的具体内容如表2-2所示。

表2-2　人力资源业务规划的内容

人力资源业务规划	说明
人员补充规划	满足企业对人力资源数量、类型和质量的现实需要
人员使用和调整规划	通过对部门人员编制和企业人力资源结构的优化，促进人员在企业内部的合理流动

续表

人力资源业务规划	说明
教育培训规划	依据企业发展的需要,实施教育培训规划,包括培训需求分析、培训内容、培训形式、培训考核等内容。通过各种教育培训途径,为公司培养当前和未来所需要的各级各类合格人员
评价激励规划	通过增强员工参与度,增进绩效效能,达到增强企业凝聚力与业绩提升的目的
员工薪酬规划	合理平衡企业薪酬与市场薪酬,以及企业内部员工之间的薪酬水平,建立具有激励性和公平性的分配体系
员工职业生涯规划	使员工的成长与企业的发展需求相一致,实现企业与员工的"双赢"
员工关系规划	其主要目的在于提升员工满意度,降低企业用工风险,构建和谐劳资关系

> **Tips** 人力资源规划的职能往往由企业人力资源部门的负责人担任,而重要的决策权基本上在首席执行官(CEO)手中。

4. 人力资源规划的步骤

在做人力资源规划时,可以按照以下步骤来开展工作。

第1步:制订职务编写计划。根据企业发展规划,综合职务分析报告的内容来制订职务编写计划。编写计划是陈述企业的组织结构、职务设置、职位描述和职务资格要求等内容。制订职务编写计划是描述企业未来的组织职能规模和模式。

第2步:根据企业发展规划,结合企业人力资源盘点报告制订人员盘点计划。人员配置计划是陈述企业每个职务的人员数量、人员的职务变动、职务人员空缺数量等。制订配置计划是描述企业未来的人员数量和素质构成。

第3步:预测人员需求。根据职务编制计划和人员配置计划,使用预测方法来预测人员需求预测。人员需求中应陈述需求的职务名称、人员数量、希望到岗时间等,最好形成一个标明有员工数量、招聘成本、技能要求、工作类别,以及为完成组织目标所需的管理人员数量和层次的分列表。

第4步:确定员工供给计划。人员供给计划是人员需求的对策性计划,主要陈述人员供给的方式、人员内外部流动政策、人员获取途径和获取实施计划等。通过分析劳动力过去的人数、组织结构和构成,以及人员流动、年龄变化和录用等资料,就可以预测出未来某个特定时刻的供给情况。预测结果勾画出组织现有人力资源状况，以及未来在流动、退休、淘汰、升职及其他相关方面的发展变化情况。

第5步：制订培训计划。为了提升企业现有员工的素质，适应企业发展的需要，对员工进行培训是非常重要的。培训计划中应包括培训政策、培训需求、培训内容、培训形式、培训考核等。

第6步：制订人力资源管理政策调整计划。计划中应明确计划内的人力资源政策的调整原因、调整步骤和调整范围等，其中包括招聘政策、绩效政策、薪酬与福利政策、激励政策、职业生涯政策、员工管理政策等。

第7步：编写人力资源部费用预算，主要包括招聘费用、培训费用、福利费用等预算。

第8步：关键任务的风险分析及对策。每个企业在人力资源管理中都可能遇到风险，如招聘失败、新政策引起员工不满等，这些事件很可能影响企业的正常运转，甚至会对企业造成致命的打击。风险分析就是通过风险识别、风险估计、风险驾驭、风险控制等一系列活动来防范风险的发生。

> **Tips** 需求与供给是剪刀的双刃，缺一不可。没有需求，就无所谓供给；没有供给，需求毫无意义。在人力资源规划中，最关键的是人力资源需求预测和人力资源供给预测，它们是制订各种战略、计划、方案的基础，在人力资源规划中占据核心地位。

2.1.2 人力资源需求预测

狭义的人力资源规划就是企业人员规划，主要指导人力资源的招聘与配置。而科学、合理的人力资源需求分析与预测，就是让企业明晰未来一段时间，企业在何时、需要多少何种要求的人员，以担任和从事什么岗位的工作。

1. 人力资源需求预测的内容

所谓预测，是指利用预测对象本身历史和现状的信息，采用科学的方法和手段，对预测对象尚未发生的未来发展演变规律预先做出科学的判断。人力资源需求既包括总量需求，也包括数量、质量和结构等方面的具体需求。因此，人力资源需求预测就是对企业未来一段时间内人力资源需求的总量、人力资源的年龄结构、专业结构、学历层次结构、专业技术职务结构与技能结构等进行事先估计。

2. 人力资源需求预测的步骤

人力资源需求预测可以按如图 2-1 所示的流程进行。

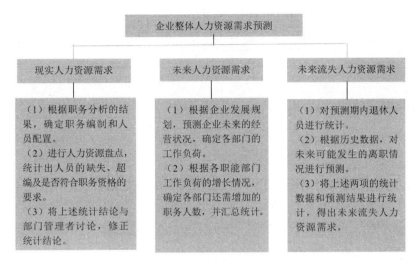

图 2-1　人力资源需求预测的流程

2.1.3　人力资源供给预测

人力资源供给预测是指预测在未来某一时期，组织内部所能供应的（或经培训可能补充的）及外部劳动力市场所提供的一定数量、质量和结构的人员，以满足企业为达成目标而产生的人员需求。

1. 人力资源供给预测的内容

在人力资源规划过程中，既要做人力资源需求预测，又要做人力资源供给预测，以实现人力资源的供求平衡。企业人力资源供给包括内部供给和外部供给，因此人力资源供给预测又分为内部供给预测和外部供给预测。

一般来说，内部供给应是企业人力资源供给的主要部分（新建企业除外）。企业内部的人力资源供给主要考虑：企业内部人员的自然流失（伤残、退休、死亡等）、跳槽（辞职、解聘等）和自然流动（平调、晋升、降职等）。

企业的所有人员需求不可能都靠内部供给满足，因此企业还需要从外部不断招聘和补充人员。外部的人力资源供给主要来源于人才市场上失业和流动的人员、大中专院校应届毕业生、复员转业军人，以及其他企业和组织的在职人员。

2. 人力资源供给预测的步骤

企业人力资源供给预测一般按如下步骤进行。

（1）对企业现有人员进行盘点，了解企业员工现状。

（2）分析企业历年员工变动数据（包括流失、离职和调动等），统计出员工内部变动的比例。

（3）向各部门负责人和管理人员了解未来可能出现的人事调整状况。

（4）将上述数据进行汇总，得出企业内部人力资源供给总量的预测。

（5）分析影响外部人力资源供给的各种因素，得出企业外部人力资源供给预测。

（6）汇总内部和外部供给预测，得出企业整体人力资源供给预测。

2.2 人力资源预算管理

人力资源预算是人力资源部门根据企业的发展战略以及企业前一年度的人员及情况，对下一年度人员需求及成本费用的预测情况，并使之成为下一年度企业人力资源管理活动的指南。人力资源的预算管理是动态的，在预算实施过程中需要结合实际情况进行必要的变更、修改和完善，使之具有可操作性，但预算的变更需要进行必要的程序与审批。因此，在做人力资源预算时就应尽可能全面和准确，事先考虑到各种变动因素及其影响。

2.2.1 财务预算与人力资源预算

人力资源预算主要依据企业年度经营计划，即为保证企业完成年度经营计划所需要的人力资源而必须投入的资金预算。

相对成熟的企业往往注重企业的内部管控，而财务预算是实现管控的重要手段。企业一般每年期初都会制订年度计划，伴随着年度计划的明确，年度的财务预算即可开始编制，而人力资源的预算正是财务预算的一部分。一般来说，财务预算由财务部门牵头或主持，而其中人力资源预算由人力资源部门编制，并报送财务部门汇总。

严格来说，如果只有人力资源的预算，而没有财务总体预算，会出现以下几个问题。

（1）预算的合理性问题。例如，当年的人力资源预算比上一年度的实际发生预算增加了15%，这15%的增加是否合理与必要，需要进行必要的比对与分析。如果没有上年度的财务总体预算和实际发生数据，就难以获得分析和比对的参考和依据。

（2）预算的严谨性问题。财务预算需要对整个公司各方面的预算进行统筹和平衡，而非仅仅做汇总工作。例如，薪酬预算比上年度的实际发生超了15%，财务预算需要考虑是否可以在其他方面进行削减和平衡。缺乏这种平衡调节，企业的费用和成本很难得到实际的控制。

（3）预算的可操作性。人力资源预算最终要落实到企业在人力资源管理的各项费用支出中，而脱离了财务预算的指导，预算的费用在实际需要时，企业是否有能力支出，就具有较大的未知和变数了。

2.2.2　人力资源预算的编制步骤

编制人力资源预算，可以分为以下6个步骤。

第1步：计算以往人力成本的增长，收集过去三年的人力成本，其中包括如下项目。

（1）招聘费用：区分不同的招聘渠道，预测并汇总各招聘渠道（内部招聘、网络招聘、现场招聘、校园招聘等）产生的招聘费用。

（2）培训费用：要区分内训、外训、委培等各类培训费用，包括因培训发生的差旅、住宿及后勤费用等。

（3）人员薪资：要区分各部门人员薪酬、普调薪酬、个别增加薪酬、年终奖金、加班费等费用。

（4）法定福利：五险一金的费用。

（5）发放福利：如端午节、中秋节给员工发放的福利等。

（6）活动费用：如年会、旅游、部门活动的经费。

（7）其他费用：一些不列入以上费用的其他费用。

第2步：进行费用分析。人力资源费用分析要做好如下工作。

（1）所有费用以表格的形式列示，对比连续近三年数据（如果有五年数据更佳），进行趋势分析。

（2）列出公司连续三年的销售额增长、利润变化数据，并用图表显示。

（3）分析公司各项与人力资源管理有关的投入产出比例，如薪酬与福利的投入产出比与销售额增长变化之间的比对等。

　　第3步：进行公司战略规划分析。结合公司战略规划、年度经营计划与年度战略计划分解，制定年度人力资源规划。

　　第4步：合理分配预算。分配预算时要综合考虑公司的战略规划与财务支付能力，并非简单的各部门预算相加。

　　第5步：预算测算。预设各种可能的情况，相应变更关键预算项数字，得出不同分析结果，以便高层参考决策。

　　第6步：提交预算汇报。向上级领导提交人力资源预算，通过审批后按预算执行。

2.2.3　人力资源人工成本预算编制的注意事项

　　编制人工成本预算的最终目的是使企业合理利用人力资源费用，控制人力资源成本，因此编制的人工成本预算一定要具备可行性，并符合企业实际情况与需求。一般来说，结合企业预算编制工作的实践，人工成本预算的编制需要注意以下问题。

　　（1）注重环境变化，适时对预算进行动态调整。编制人工成本预算，首先得了解大环境，只有在适应大环境的前提下，才能做好人工成本预算。

　　①关注政府有关部门发布的年度企业工资指导线，用三条线即基准线、预警线（上线）和控制下线来衡量企业生产经营状况，以确定工资增长幅度，维护企业和员工双方各自合法权益。

　　②定期进行劳动力工资水平的市场调查，了解同类企业各类劳动力工资价位的变化情况，在保证企业薪酬内公平性的同时，注重薪酬的外部竞争力。过高的薪酬会增加企业的人工成本，而过低的薪酬又容易导致企业难以配置到匹配、胜任的人才。

　　③随着消费者物价指数的上涨，适时对薪酬进行普调（可以各岗位按同一比例上调，也可以根据不同岗位、不同职级不等比例上调）。

　　（2）测算人工成本预算在企业总预算中的占比，以保证企业的支付能力及合理的投入产出比数据。

　　企业在进行经营预算时用到两个公式：①收入－利润＝成本；②收入－成本＝利润。

这两个公式看似一样，实则代表了两种不同的经营思想。第一个公式实际上表达了"算了再干"的思想，也就是企业在预测市场状况后应得到的总收入，首先保证股东的利益（利润），当然利润应是合情合理的，而不能"竭泽而渔"，这主要是为了控制成本，不得浪费，余下的是企业生产经营成本。第二个公式实际上表达了"干了再算"的思想，也就是企业在预测市场状况后应得到的总收入，首先扣除企业的生产经营成本，股东的利益剩下多少是多少。但这两个公式不能决然分开，而是交互使用的，总趋势是"收入 – 利润 = 成本"。

人工成本占企业经营成本及总成本中的比例多少算合理，并没有一个定式，它取决于各个企业的性质、经营观念。但企业可以结合同行业及自己的历史财务数据，测算出合理的参考值。

2.3　人力资源规划管理实操范本

人力资源规划基本涵盖了人力资源各项管理工作，也包括了人力资源预算，是企业人力资源管理的方向和指引。本节将为读者提供具体的人力资源规划管理实操范本，以便更好地理解人力资源规划，并运用人力资源规划的战略、全局思维来开展人力资源管理的各项工作。

2.3.1　范本：人力资源规划管理制度/流程/表单/方案

下面提供了有关人力资源规划管理的实操范本，包括相关岗位职责、管理制度、流程表格等，读者可以结合自己公司的实际情况，借鉴相关范本文件，快速制定出适合本公司的管理文件；同时对实操范本的研读，也利于读者对前面所学知识的深入领会和融会贯通。

1. 人力资源规划主管的岗位职责

人力资源规划主管是在人力资源经理的领导下，根据公司整体发展战略和经营实际情况，对公司的人力资源供给和需求情况进行科学预测，制定出符合公司实际情况的人力资源政策和措施，以确保公司人员供给，从而保证公司战略发展目标和经营目标的实现。人力资源规划主管的具体岗位职责如表2-3所示。

表 2-3　人力资源规划主管岗位职责

人力资源规划主管岗位职责
一、负责起草公司人力资源管理规划，对公司人力资源的管理与开发提出建设性意见 　1. 根据公司的发展战略，协助人力资源经理制定公司人力资源总体战略规划 　2. 根据公司整体发展战略编制《人力资源规划书》并组织实施 　3. 负责公司人力资源管理规划的修订
二、负责起草、修订或完善公司人力资源管理方针、政策和制度 　1. 负责公司人力资源规划建设，制订人力资源管理的方针、政策、目标、计划 　2. 负责公司人力资源制度等的起草与修订
三、负责公司人力资源规划需求预算 　1. 整合、分析、统计和评估现有人力资源，定期提交人力资源分析报告 　2. 预测公司人力资源供应及需求数量、制定（如招聘、培训等）相关政策措施 　3. 规划各类岗位人员的离职、补充、配备及使用计划 　4. 规划企业人力资源的培训、绩效与薪酬、劳动关系 　5. 人力资源管理费用与人工成本总额测算、控制及员工问题调整规划
四、负责公司人力资源制度流程化的推进工作 　1. 协调部门成员不断完善相关制度的流程 　2. 对部门成员相关板块流程化的工作提出意见

2. 人力资源规划管理制度

虽然人力资源规划的编制通常是人力资源部门发起的，但仅凭人力资源部门的力量却难以真正进行。因此，通过人力资源规划编制管理制度的出台，不仅有利于明确人力资源规划编制的程序、分工、职责与工作要求，还能保障人力资源规划编制的顺利进行。下面是某公司人力资源规划及员工编制管理制度，供读者参考。

某公司人力资源规划及员工编制管理制度

第一条　目的

使人与事达到最佳配置，协调平衡人力资源长期规划与近期规划、投入与产出、内部选拔与外部引进的关系，使公司在持续发展中不断获得并保持具有特定技能、知识和能力的一定数量的人员，实现公司的战略目标。

第二条　范围

本管理制度适用于公司人力资源规划及员工编制的管理。

第三条　定义

1. 人力资源规划：根据公司的发展战略、年度经营目标，预测人力资源的需求与供给，结合公司现有人力资源状况，拟定职务编制、人员预算、招聘、选拔、培训等计划与方案的过程。

2．员工编制：根据公司发展战略、年度经营目标、组织机构及各机构的职责，核定完成这些职责所需要的岗位及岗位人员数量。

3．工作分析：对构成某岗位的全部工作要素进行分析，并将分析结果制作成《岗位说明书》的过程。工作分析内容包括工作内容、工作性质、工作条件及岗位任职者须具备的责任和技能。

第四条　权责

1．人力资源部负责制定、修改人力资源规划制度，负责开发人力资源规划工具和方法，并对各单位提供人力资源规划指导。

2．各单位需向公司人力资源部提供人力资源规划所需的各种信息、数据，按公司人力资源部的要求，按时报送本单位年度人力资源需求，并配合公司人力资源部完成本单位的人力资源规划及其实施。

3．公司本级各职能部门的定岗定编方案由人力资源部负责编制，并上报总裁办公会审核，经董事会批准后实施。

4．各单位明确机构设置后，编制定岗定编方案，报公司人力资源部审核，经公司总裁办公会批准后，由公司人力资源部下达批复，由各单位组织实施。

第五条　内容

1．人力资源规划的原则

（1）全局性原则。

（2）前瞻性原则。

（3）事与人最佳配置原则。

（4）投入与产出相结合原则。

（5）高效精简的原则。

（6）外部引进与内部选拔有效结合原则。

2．员工编制确定原则

（1）坚持"因事设岗、以岗定员"的编制原则。

（2）坚持以工作职能、工作量确定岗位的层次与级别。

（3）"精简、统一、效能、节约"的定员原则。

（4）坚持"人与事最佳配置"的原则。

（5）合理安排各类人员的比例关系。

3．人力资源规划的目标

（1）得到和保持一定数量的具备特定技能、知识结构和能力的人员。

（2）充分利用现有人力资源。

（3）预测公司潜在的人员过剩或人力不足。
（4）建设一支训练有素、运作灵活的员工队伍，增强企业适应市场的能力。
（5）减少公司在关键管理/技术岗位对外部招聘的依赖性。
......

> **Tips** 由于内容较多，书中只列出了本管理制度的部分内容，其详细内容将在模板中提供，读者可下载完整的管理制度进行参考、使用，下载方法见前言说明。

3. 人力资源规划实施细则

人力资源规划的编制与实施涉及公司各部门的协作与配合，因此有必要配套出台人力资源规划实施细则，以明确实施流程与职责，保障规划的顺利实施。表2-4所示为某公司人力资源规划的实施细则。

表2-4　人力资源规划实施细则

制度名称	XX公司人力资源规划实施细则			
版本		编号	受控状态	□受控　□非受控
总则	第1条　目的 为了规范人力资源规划的实施情况，实现公司整体经营目标，为公司发展目标的实现提供人力专员方面的保障与服务，特制定本细则 第2条　使用范围 本细则适用于本公司人力资源规划实施管理工作			
细则 第1章 人力资源规划 环境分析	第3条　各相关信息搜集与整理 （1）人力资源部需向各职能部门了解企业整体战略规划数据、组织结构数据、财务规划数据、生产规划数据等，并对数据进行汇总、分类 （2）人力资源从数据中提炼出与人力资源规划有关的数据信息，并整理编报 第4条　人力资源规划各子系统的划分 人力资源部在获得以上数据的基础上，组织开展内部讨论，将人力资源规划系统划分为环境层次、数量层次和部门层次，每一个层次设置一个标准，再由这些不同的标准衍生出不同的人力资源业务计划 第5条　编制规划进度计划 人力资源部应制订人力资源规划工作进度计划，报请各职能部门负责人、人力资源部经理审核和总经理审批后，向全体员工发布 第6条　各部门配合 在进行人力资源环境分析的同时，各职能部门应根据部门的业务需要和实际情况，在人力资源规划活动中，及时、全面地向人力资源部提供有关信息数据			

续表

制度名称	XX公司人力资源规划实施细则
第2章 人力资源供需预测	第7条　趋势预测统计分析 人力资源部结合企业战略发展方向、各部门经营计划等，运用各种预测工具，对整体人力资源规划的需求和供给情况进行科学的趋势预测统计分析 第8条　编制预测报告 人力资源部对人员供需进行分析后编制《人力资源规划供需趋势预测报告》
第3章 各层级的人力资源规划	第9条　召开人力资源战略规划专项会议 人力资源部负责召开人力资源战略规划的专项工作会议，制定各层级人力资源规划草案 第10条　编制《人力资源规划书》 人力资源部指派专人汇总全部人力资源规划具体项目计划，编制《人力资源规划书》，报各职能部门负责人审议评定，交由人力资源部经理审核通过后，报请总经理审批
第4章 人力资源规划的实施、评估与修订	第11条　人力资源规划确定并实施后，公司需对其执行情况进行监控与评估，将结果反馈到人力资源部 第12条　公司人力资源规划实施的监控、评估方法主要有4种：构建人力资源信息系统、人力资源规划的监控、人力资源规划的评估、人力资源规划的动态调整 第13条　人力资源部根据评估结果不断调整和修正人力资源管理的整体规划及各项计划
附则	第14条　本细则由公司人力资源部负责制定、修订和解释 第15条　本细则由公司总经理审批通过后方可执行
编制部门	审批人员　　　　　　　　审批日期

4．人力资源规划管理流程

人力资源规划一般来自公司的战略规划或年度战略分解与经营计划，通过人力资源规划的编制与实施，满足企业战略规划与年度计划的人员需求。表2-5所示为某公司人力资源规划管理流程，供读者参考。

表2-5　人力资源规划管理流程

流程名称	人力资源规划管理流程	主管部门	人力资源部
流程编号		更新日期	
人力资源总监	人力资源部		各部门

续表

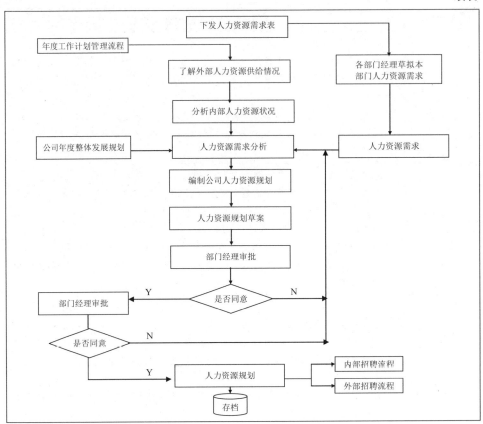

5. 人力资源规划表

人力资源规划的具体方案通常用表格的方式显示，人力资源规划表是人力资源规划的最核心内容与成果，一般包括人力资源年度总需求规划表、按职级统计和按部门统计的年度人力资源需求规划表三类表格。

（1）人力资源年度总需求规划表如表2-6所示。

表2-6　人力资源年度总需求规划表

＿＿＿＿年度人力资源总需求规划表		
人员状况		数量
需求	1. 年初人力资源需求量	
	2. 预测年内需求增加量	
	3. 年末总需求量	

续表

人员状况		数量
供给	4. 年初拥有人数	
	5. 招聘人数	
	6. 正常流动	
	其中：退休	
	调出或升迁	
	辞职	
	辞退或其他	
	7. 年底拥有人数	
净需求	8. 年人力资源净需求（不足或有余）	

（2）按职级统计的人力资源年度需求规划表如表 2-7 所示。

表 2-7　人力资源年度需求规划表（按职级）

＿＿＿＿年度人员需求规划表（按职级）										
人员类别（按职级）	现有人员	计划人员	余缺	预期人员流动						年人力资源净需求
				调职	升迁	辞职	辞退	退休	其他	合计	
高层管理人员										
中层管理人员										
主管职员										
基层职员										
合计										

（3）按部门统计的年度人力资源需求规划表如表 2-8 所示。

表 2-8　人力资源年度需求规划表（按部门）

＿＿＿＿年度人员需求规划表（按部门）										
人员类别（按部门）	现有人员	计划人员	余缺	预期人员流动						年人力资源净需求
				调职	升迁	辞职	辞退	退休	其他	合计	
人力资源部										

续表

人员类别（按部门）	现有人员	计划人员	余缺	预期人员流动							年人力资源净需求
				调职	升迁	辞职	辞退	退休	其他	合计	
行政部											
总裁办											
财务部											
战略发展部											
信息部											
运营部											
销售部											
……											
合计											

6．职位说明书

职位说明书是组织对各类岗位的性质和特征、工作任务、职责权限、岗位关系、劳动条件和环境，以及本岗位人员任职的资格条件等事项所做的统一规定。职位说明书可以采取各类表现形式，一般用表格对上述各项内容进行表述。通用的职位说明书格式如表2-9所示。

表2-9　职位说明书

岗位基本信息			
岗位名称		岗位编号	
所在部门		岗位定员	____人
直接上级		工资等级	
直接下级		薪酬类型	
所辖人员	____人	岗位分析日期	年　月　日
岗位关键职责描述	用一到两句话概括性地阐述该岗位的主要职责		

续表

职责与任务		
职责一	职责表述：	将该岗位的职责进行分类，然后就每一类职责进行具体表述
	工作任务	
职责二	职责表述：	
	工作任务	
职责三	职责表述：	
	工作任务	
职责四	职责表述：完成上级交办的其他工作	

权限	
1.	
2.	
3.	

工作协作关系	
内部协作关系	
外部协作关系	

任职资格	
教育水平	
专业要求	
职称要求	
执业资格要求	
工作经验	
知识要求	
技能要求	

续表

其 他	
使用工具设备	
工作环境	
工作时间特征	
所需记录文档	

备 注	

版本信息：			
审核批准人		审核日期	年 月 日

7. 人力资源年度工作计划方案

人力资源规划是对企业人力资源开发与管理的预先安排，因此既要有中长期规划，也要有短期的人力资源年度计划。下面是某公司人力资源年度工作计划示例，供读者参考。

XX公司人力资源年度工作计划

根据公司2018年发展计划和生产经营目标，经总经理授权，人力资源部协同各职能部门共同制订2019年年度人力资源工作计划。

1. 公司2019年年度人力资源工作计划的总体目标

（1）进一步完善总公司和子公司的组织结构，确定和区分每个职能部门的权责，争取做到组织结构的科学适用，保证公司在既定的组织结构中平稳运行。

（2）完善人力资源招聘与配置工作，保证各岗位人员的有效配置。

（3）完善薪酬激励体系，科学设计员工薪资结构，实行科学、公平的薪酬制度。

（4）参考先进企业的绩效考核办法，实现绩效管理体系的完善与正常运行。

2. 人力资源基础建设计划

总公司人力资源部2019年已初步完成集团、国际生产体系和营销体系的人力基础建设工作，在此基础上，总公司与各子公司最终需形成统一的组织结构图、岗位说明书与管理制度。为此，2019年年度人力资源基础建设目标如下。

（1）配合各子公司完善并定稿集团、国际生产体系和营销体系的组织结构与编制。

（2）总公司与各子公司所有岗位均建立岗位说明书，明确任职资格、岗位描述、岗位规范与考核标准。

（3）总公司与各子公司形成统一的人力资源管理制度体系。

3. 人才招聘计划

（1）招聘人数及岗位分布。

2019年人才缺口预测如下表所示。

2019年人才缺口预测表

公司/部门	人才缺口预测	公司/部门	人才缺口预测
总公司	工业副总裁1名 战略规划员1名	国际营销	外贸经理1名 外贸专员8名
总公司财务部	审计师1名	国际生产	高级工程师1名
总公司法务部	高级翻译2名	××子公司	副总经理1名
总公司信息部	副经理1名	……	

由于公司特殊的地理环境及周边人才的匮乏，人才缺口预测表中列明的人才大部分需要由外地引入。因此，在招聘时要拓宽招聘渠道，为外地员工提供更多的福利。

（2）招聘预算。

2019年用于招聘的预算为：招聘网站使用费预计15000元，招聘广告费预计10000元，人才市场费用预计1600元，差旅费预计25000元，人事工具费用（如招聘测试软件）预计16000元。

（3）招聘目标。

①各部门缺口人员及时招聘、补充，人员及时到位率大于等于85%。

②新聘人员试用通过率大于等于80%。

③××子公司所有空缺人员配置到位。

4. 员工培训与开发工作计划

（1）实施安排。

①2019年培训重点包括企业文化塑造、团队合作、管理与沟通技巧、统计技术、国际认证知识和各岗位对应的专业知识等。

②培训形式：外聘讲师到企业授课，派学员到外部学习，对有潜力的员工进行轮岗培训和员工自我培训等。

③外聘讲师到公司授课或外派人员参加培训时，要根据公司生产经营实际情况和部门工作计划安排。原则上，每个月至少组织一次员工内部学习或开展读书会等。

（2）培训预算。

2019年用于培训的预算为：外部委托培训费用预计90000元，聘请外部讲师费用预计

40000元，上岗培训费用预计30000元，内部讲师津贴预计18000元，受训者晚餐补贴预计21800元，培训资料费用预计5000元。

（3）培训目标。

①通过拓展训练及组织各种活动，加深总公司与各子公司管理层之间的配合度，减少部门之间的摩擦。

②通过内训师培训，为公司培训出3名一级讲师、5名二级讲师和6名三级讲师。

③通过培训资料整理、课程安排及培训总结，形成符合公司发展的15门完整课程。

④在公司中，需持证上岗的岗位，在培训期限内100%培训合格。

5. 绩效管理计划

××子公司和国际营销体系导入月度考核制度已近一年，在2013年中也由人力资源部主导进行了一次半年度综合考核。但是考核结果并不如人意，既没有帮助员工提高绩效水平，也没有对员工的绩效表现做出公平、公开、公正的评价，使绩效考核流于形式。针对此现象，2019年的绩效管理计划如下。

（1）建立量化考核体系，由总公司人力资源部对总公司各部门主管、各子公司副总级（含）人员制订绩效计划，进行量化考核；由各子公司人力资源部对本公司副总级以下人员制订绩效计划，进行量化考核。

（2）完成对公司绩效考核管理制度和配套方案的修订和撰写。

（3）通过考核体系的建立，将预算管理、制度落实、人才培养等执行效果与人员考核、薪酬调整直接挂钩。

6. 薪酬管理计划（略）

7. 员工职业管理计划（略）

> **Tips** 企业人力资源规划的程序可以简单、明了地分为5个阶段：调查分析阶段、预测阶段、制订阶段、实施阶段、反馈调整阶段。但在实践中，不同的企业规划覆盖的时间不同，某些企业可以制订3年甚至5年的规划，而一些市场、技术或行业快速变化的企业，可能制订1年规划更具实际意义。同一企业，也会有长期、中期、短期的规划。这些都要求人力资源管理人员运用各种方式确定未来需求和制订满足这些需求的行动方案。

2.3.2 范本：人力资源需求预测管理流程／表单／报告

下面提供了有关人力资源需求预测的实操范本，包括人力资源需求预测的流程、表单和方案范例等，读者可以结合自己公司的实际情况，参考相关范本，以便快速制定出适合本公司的相关管理文件。

1. 人力资源需求预测流程

人力资源需求预测可从职务分析开始，也可从公司发展战略开始，最后形成企业人力资源需求报告，来指导公司人员招聘计划。

从职务分析开始的人力资源需求预测流程如表2-10所示，从公司发展战略开始的人力资源需求预测流程如表2-11所示。

表2-10　人力资源需求预测流程（范例一）

流程名称	人力资源需求预测流程	主管部门	人力资源部
流程编号		更新日期	
目前人力资源需求预测	未来人力资源需求预测	未来流失人力资源预测	企业人力资源需求预测

流程图：

目前人力资源需求预测：
- 人力资源部组织进行职务分析，根据分析结果确定职务编制、人员配置
- 人力资源现状统计，得出超编、缺编及是否符合岗位要求情况
- 将统计结果与部门管理者讨论
- 依据讨论结果调整统计结果
- 确定目前人力资源需求

未来人力资源需求预测（开始）：
- 人力资源部解读企业发展规划，了解战略发展目标
- 人力资源部根据企业发展规划，确定各部门的工作量
- 依工作量确定各部门需增加的岗位和人员
- 将各部门需增加岗位、人员数汇总统计
- 确定未来人力资源需求

未来流失人力资源预测：
- 人力资源部对预测期内的企业退休人员数量进行统计
- 人力资源部对预测期内离职情况进行预测
- 将上述统计、预测结果进行统计
- 对统计结果进行确认和调整
- 确定未来流失人力资源需求

企业人力资源需求预测：
- 将上述3项预测结果统计、汇总
- 确定企业整体人力资源需求
- 结束

表2-11 人力资源需求预测流程（范例二）

流程名称	人力资源需求预测流程		主管部门		人力资源部	
流程编号			更新日期			
各部门	人力资源部		人力资源总监		总经理	股东会

流程图内容：

- 人力资源规划 → 提出人力资源规划需求
- 根据业务发展战略提出各部门人力资源需求
- 公司战略规划/年度经营计划报告
- 汇总人力资源需求
- 进行人力资源现状和内外供给分析
- 听取汇报并提供人力资源规划建议（人力资源总监、总经理、股东会）
- 编制人力资源规划草案 → 审核（Y/N）→ 审核（Y/N）→ 审批
- 中长期人力资源规划报告；年度人力资源规划报告
- 人力资源规划方案 → 审核 → 审核 → 审批
- 分发至公司各部门执行并报总经理备案
- 规划评价
- 结束

2．人员需求预测表

人员需求预测表是统计企业人力资源需求数量、质量的表格，人员需求预测可按时间分为年度和月度的预测。

(1) 年度人员需求预测表。

人员需求预测首先是年度人员需求预测，统计出年度人员需求情况。年度人员需求预测表如表 2-12 所示。

表 2-12　年度人员需求预测表

序号	用人部门	岗位级别	岗位名称	现有人数	编制人数	离职预测	辞退预测	调离预测	其他流出	流出预测小计	编制增加预测	需求预测	备注
1													
2													
3													
4													
5													
6													
合计													

说明：
- 流出预测小计 = 离职预测 + 辞退预测 + 调离预测 + 其他流出
- 岗位年度所有定编人数
- 有可能会增加编制的情况
- 需求预测 = 编制人数 − 现有人数 + 流出预测小计 + 编制增加预测

(2) 月度人员需求预测表。

月度人员需求预测是对年度需求预测的分解，以便做好人才供给准备。月度人员需求预测表如表 2-13 所示。

表 2-13　月度人员需求预测表

需要人员类型		需求原因详细说明	需求数量	需求人员合计
岗位级别	岗位名称			
高层				
中层				
基层				
		本月需求人员总数		

3. 人力资源需求预测报告

人力资源需求预测表是进行人力资源需求调查的统计表，最终应形成人力资源预测报告呈报公司领导。表2-14所示为某公司人力资源需求预测报告，供读者参考。

表2-14 ××公司人力资源需求预测报告

一、人力资源现状分析

（一）员工构成情况

通过公司成立以来的发展和积累，目前公司在生产和经营领域初步组建了一支素质较好、层次较高的人才队伍，共有在职员工____人，具体人员构成情况如下表所示。

员工构成情况表

类别	具体分布情况							
职能分布	公司高层		中层管理		基层管理		生产人员	
	人数	比例	人数	比例	人数	比例	人数	比例
学历分布	硕士及以上		本科		专科		专科以下	
	人数	比例	人数	比例	人数	比例	人数	比例
年龄构成	30岁以下		31~40岁		41~50岁		50岁以上	
	人数	比例	人数	比例	人数	比例	人数	比例

（二）人力资源现状分析结果

1. ____%的员工集中在____学历，具有中高级职称的人员不多。

2. 年龄在40岁以下的员工占总人数的____%，他们具备进一步学习的能力。

3. 随着公司的发展、业务规模的不断扩大，公司对专业技术人才、一线生产人员、市场拓展人员均有较大需求。

二、未来人力资源流失预测

1. 未来退休人员预测

公司在____年至____年退休____人，其中____人内退，____人正常退休。本年度达到退休年龄的人员仅有____人，相对于公司人员规模来说，退休人数很少，不会影响公司的人员数量变化，建议不做考虑。

2. 未来离职人员预测

公司在____年至____年离职____人，其中____人主动离职，____人被开除。总体看来，离职人数较少，并且基本集中在一线生产工人类别上，在未来离职人员预测中也可不做考虑。

续表

三、未来新增人员及主要岗位需求分析

为了满足公司的战略发展要求，未来人员需求将集中于投融资管理人才、专业技术人才、业务经营人才等。

1. 投融资管理人才需求

公司未来几年内将积累大量财务资源，急需投融资方面管理人才，初步预计投融资管理人才需＿＿＿人。

2. 专业技术人才需求

公司预计＿＿＿年将新增产品品种，新增1条生产线，初步预计需要具有生产专业技术中级及以上职称的人才＿＿＿人，生产工人＿＿＿人。

3. 业务经营人才需求

随着公司业务规模的扩大，将拓展销售领域和市场份额，可引进具有丰富业务管理经验、极具市场拓展精神的高级经营人才，初步预计需要业务经营人才＿＿＿人。

四、未来人员净需求预测

公司＿＿＿年各部门人员需求情况见下表。

公司＿＿＿年各部门人员需求表

部门名称	新增岗位及人数	部门名称	新增岗位及人数
决策层		生产部	
财务部		市场部	
技术部		销售部	
产品部		质量部	
行政部		采购部	
人力资源部		仓储部	
人员净需求			

五、总结

以上为本年度公司人力资源需求预测情况，此预测将作为公司本年度招聘和人员配置工作的总体参考和依据。如公司年度战略目标与经营计划有所调整，本方案将随之进行调整，做出新的预测。

2.3.3 范本：人力资源预算管理制度／方案

下面提供人力资源预算管理的实操范本，包括人力资源预算的制度、流程和

方案范例等，读者可以结合自己公司的实际情况，参考相关范本，以便快速制定出适合本公司的相关管理文件。

1．人力资源预算管理制度

人力资源预算是企业财务预算的组成部分，并在财务预算的统筹下进行。下面是某公司人力资源成本预算管理制度，供读者参考。

某公司人力资源成本预算管理制度

第一条 目的

为合理安排人力资源管理活动资金，规范人力资源管理活动的费用使用，在遵循企业战略目标和人力资源战略规划目标的前提下，依据公司预算制度，特制定此制度。

第二条 预算职责分工

1．人力资源部是人力资源成本预算的主要执行部门及本制度的制定部门。

2．公司预算委员会负责审查、核准人力资源成本预算，并提出修正意见。

第三条 范围

人力资源成本预算的编制、执行与调整均须遵循本制度的相关规定。

第四条 工作期间规定

人力资源部应于每月28日前编妥下个月的各项人力资源成本支出预计表，并于次月15日前编妥上个月实际与预计的费用比较表，一式三份，一份自存，一份送总裁办，一份送财务部。

第五条 制定依据

1．董事会确定的经营发展规划及人力资源战略规划。

2．历年人力资源管理活动的实际费用情况及本年度预计的内外部变化因素。

第六条 内容

1．人力资源成本构成。

人力资源成本所包含的内容如下表所示。

人力资源成本构成表

费用项目	费用内容构成
工资成本	基本工资、奖金、津贴、职务工资、加班工资、补贴
福利与保险费用	福利费、员工教育经费、住房公积金、养老保险、医疗保险、失业保险、工伤保险等

续表

费用项目	费用内容构成
招聘	招聘广告费、招聘会会务费、高校奖学金
人才测评	测评费
培训	教材费、讲师劳务费、培训费、差旅费
调研	专题研究会议费、协会会员费
辞退	补偿费
劳动纠纷	法律咨询费
办公业务	办公用品与设备费
残疾人安置	残疾人就业保证金
薪酬水平市场调查	调研费

2．人力资源成本预算编制流程。

人力资源成本预算编制流程如下图所示。

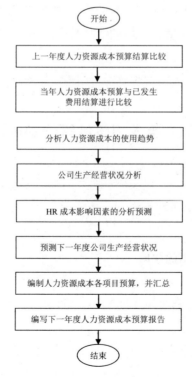

人力资源成本预算编制流程

3．人力资源部在制定预算时，应考虑各项可能变化的因素，留出预备费，以备发生预算外支出。

4．人力资源部做好年度预算后，编制《年度预算书》，并于3个工作日内上报预算委员会进行核准、审批。

5．人力资源成本预算的执行与控制。

……

> **Tips** 由于内容较多，书中只列出了本管理制度的部分内容，其详细内容将在模板中提供，读者可下载完整的管理制度进行参考、使用，下载方法见前言说明。

2．人力资源管理费用预算方案

人力资源管理预算主要是通过人力资源的各类费用预算来保证企业符合政府有关规定及企业自身发展的需求，并为企业人力资源下期费用规划提供依据。

人力资源费用预算是企业在一个生产经营周期（一般为一年）内，人力资源全部管理活动预期费用支出的计划。人力资源费用预算作为企业整体预算的重要组成部分，关系到企业整体预算的准确性、完整性和严肃性。因此，在编制人力资源管理预算时必须慎之又慎，一旦企业的预算被董事会批准，如果发现存在纰漏，再予纠正就相当困难。

下面以某企业2019年人力资源管理费用预算方案为例，供读者参考。

某企业2019年人力资源管理费用预算方案

一、人力资源管理费用的定义

所谓企业人力资源管理费用，是指为了获得日常经营管理所需的人力资源，并于使用过程中及人员离职后所产生的所有费用支出，具体包括招聘、录用、培训、使用、管理、医疗、保健和福利等各项费用。

二、人力资源管理费用的构成

根据人员从进入企业到离开企业整个过程中所发生的人力资源工作事项，可将人力资源管理费用分为取得费用、开发费用、使用费用与离职费用4个方面，如下表所示。

人力资源管理费用构成表

一级科目	二级科目	三级科目
人力资源管理费用	1. 取得费用	（1）招聘费用
		（2）选择费用
		（3）录用费用
		（4）安置费用
	2. 开发费用	（1）岗前培训费用
		（2）岗位培训费用
		（3）脱产培训费用
	3. 使用费用	（1）维持费用
		（2）奖励费用
		（3）调剂费用
		（4）劳动事故保障费用
		（5）健康保障费用
	4. 离职费用	（1）离职补偿费用
		（2）离职前低效费用
		（3）空职费用

人力资源管理费用各级科目说明如下。

（一）取得费用

取得费用是指公司在招聘和录取员工的过程中发生的费用，主要包括招聘、选择、录用和安置等各个环节所发生的费用。

1. 招聘费用，指为吸引和确定公司所需内外人力资源而发生的费用，主要包括招聘人员的直接劳动费用、直接业务费用（如招聘洽谈会议费、差旅费、代理费、广告费、宣传材料费、办公费、水电费等）和间接费用（如行政管理费、临时场地及设备使用费）等。

2. 选择费用，指公司为选择合格的员工而发生的费用，包括在各个选拔环节（如初试、面试、心理测试、评论、体检等过程）中发生的一切与决定是否录取有关的费用。

3. 录用费用，指公司为取得已确定聘任员工的合法使用权而发生的费用，包括录取手续费、调动补偿费、搬迁费等由录用引起的有关费用。

4. 安置费用，指公司将被录取的员工安排在某一岗位上的各种行政管理费用，包括录用部门为安置人员所损失的时间成本和录用部门安排人员的劳务费、咨询费等。

（二）开发费用

开发费用是指为提高员工的能力、工作效率及综合素质而发生的费用或付出的代价，主要包括岗前培训费用、岗位培训费用和脱产培训费用。

1．岗前培训费用，指公司对上岗前的新员工在思想政治、规章制度、基本知识和基本技能等方面进行培训所发生的费用，具体包括培训者与受培训者的工资、培训者与受培训者离岗的人工损失费用、培训管理费、资料费用和培训设备折旧费用等。

2．岗位培训费用，指公司为使员工达到岗位要求而对其进行培训所发生的费用，包括上岗培训费用和岗位再培训费用。

3．脱产培训费用，指公司根据生产和工作的需要，允许员工脱离工作岗位接受短期（一年内）或长期（一年以上）培训而发生的费用，其目的是为企业培养高层次的管理人员或专门的技术人员。

（三）使用费用

使用费用是指公司在使用员工的过程中发生的费用，主要包括工资、奖金、津贴、补贴、社会保险费用、福利费用、劳动保护费用、住房费用、工会费、存档费和残疾人保障金等。

1．维持费用，指公司保持人力资源的劳动力生产和再生产所需要的费用，主要指付出员工的劳动报酬，包括工资、津贴、年终分红等。

2．奖励费用，指公司为了激励员工发挥更大的作用，而对其超额劳动或其他特别贡献所支付的奖金，包括各种超额奖励、创新奖励、建议奖励或其他表彰支出等。

3．调剂费用，指公司为了调剂员工的工作和生活节奏，使其消除疲劳、稳定员工队伍所支出的费用，包括员工疗养费用、文体活动费用、员工定期休假费用、节假日开支费用、改善企业工作环境的费用等。

4．劳动事故保障费用，指员工因工受伤和因工患职业病时，公司应该给予员工的经济补偿费用，包括工伤和患职业病的工资、医药费、残废补贴、丧葬费、遗属补贴、缺勤损失、最终补贴等。

5．健康保障费用，指企业承担的因工作以外的原因（如疾病、伤害、生育等）引起员工健康欠佳不能坚持工作而需要给予的经济补偿费用，包括医药费、缺勤工资、产假工资和补贴等。

（四）离职费用

离职费用是指公司在员工离职时可能支付给员工的离职津贴、一定时期的生活费、离职交通费等费用，主要包括解聘、辞退费用及因工作暂停而造成的损失等。

1．离职补偿费用，指公司辞退员工或员工自动辞职时，企业所应补偿给员工的费用，包括截至离职时间应付给员工的工资、一次性付给员工的离职金、必要的离职人员安置费用等支出。

2．离职前低效费用，指员工即将离开公司时造成的工作或生产低效率损失的费用。

3．空职费用，指员工离职后职位空缺的损失费用。某职位出现空缺后可能会使某项工作或任务的完成受到影响，从而造成企业的损失。

……

由于内容较多，书中只列出了本预算方案的部分内容，其详细内容将在模板中提供，读者可下载完整的管理制度进行参考、使用，下载方法见前言说明。

 专家支招

1. 人力资源规划真的重要吗？为什么很多公司似乎并未做人力资源规划

诚然，很多公司并未做人力资源规划，但并不意味着人力资源规划可有可无，在不同的公司规模与经营模式下，人力资源规划的表现形式及需要的专业程度是不同的。

对于刚刚起步的初创型公司，人力资源规划其实是有的，但它往往停留在创办人的脑海中，创办人会结合企业的实际经营与发展，在不同的阶段和时期安排招聘人员，或者进行新岗位的人才招聘与配置。

对于中小型公司，人力资源规划最现实的表现形式就是年度和月度的招聘计划，只是很多人力资源部门由于专业度不足、人手与精力有限、上级不要求等原因，并未主动结合公司新一年度的战略规划去做人力资源需求与供给预测，或者人力资源盘点与规划。

对于大型公司和集团公司，人力资源规划是非常有必要的，此时人力资源规划不应仅停留在用于指导全年招聘工作的开展，而应结合公司发展战略，切实匹配公司的人力资源战略，也就是宏观意义上的人力资源规划。

2. 企业定岗、定编、定员的先后顺序是什么

通俗地讲，定岗就是公司运营需要开展哪些工作，把这些工作分配到具体的岗位上；定编就是每个岗位在一个阶段内合理的人数配置；定员就是根据岗位职责和岗位的任职要求把合适的人放在合适的岗位上。因此，人力资源规划工作必须以公司组织结构设计和定岗、定编、定员为前提，而先定岗，再定编，最后定员，也是理论上的先后顺序。

然而，伴随人才市场的人力资源供给距离企业实际人才需求的差距越来越大，很多企业都面临着部分关键岗位难以匹配到合适的人员，或者匹配成本超过企业愿意承受范围的窘境。因此，在实际操作中，企业也需要灵活针对特定的人才，结合其能力、优势为其匹配适合他的岗位，然后再确定该岗位及相关岗位（如上下级岗位）的岗位设置与编制。

因此，企业在实际的定岗、定编、定员工作中，应将两种方式根据实际情况结合运用，且不可教条地单一按照定岗、定编、定员的顺序，或者走另一个极端，大量地采取因人设岗的方式。

3. 人力资源规划与年度人力资源工作计划一样吗

在实际工作中，有相当数量的人力资源部门会用年度人力资源工作计划代替人力资源规划，甚至混为一谈。事实上，它们无论是着眼点，还是内容，都是有区别的。

年度人力资源工作计划是公司年度经营计划的一部分，或者说是公司年度经营目标在人力资源部门的分工与承接，因此年度人力资源工作计划的着眼点是公司年度经营计划和人力资源部门的工作计划。而人力资源规划主要基于公司战略，它考虑的是在未来某个阶段，如何从人力资源的数量、质量和结构上匹配和保障公司的战略实现。

既然年度人力资源工作计划和人力资源规划的着眼点和侧重点不同，那为什么会存在两者做出来内容差不多的情况呢？真正的原因往往是人力资源部门不管做的是计划还是规划，没有真正分析公司需要什么，公司的经营需要匹配什么样的人力资源，而更多陷入本部门的工作职能和体系建设中。

高效工作之道

1. 用 Word 制作人力资源规划方案

人力资源规划方案可以帮助 HR 有目的、有计划地开展人力资源管理工作，从而实现人力资源与其他资源的合理配置。使用 Word 制作人力资源规划方案的具体步骤如下。

步骤 1 打开"素材文件\第 2 章\人力资源规划方案.docx"文件，将光标定位到第 1 页的【公司内外环境分析】文本后，单击【插入】选项卡【符号】组中的【符号】按钮，在弹出的下拉列表中选择【其他符号】选项，打开【符号】对话框，在【字体】下拉列表框中选择【Wingdings 3】选项，在列表框中选择需要的箭头符号，单击【插入】按钮，如图 2-2 所示。

步骤 2 再次定位光标，使用相同的方法继续插入箭头符号，将光标定位到第 2 页的【建立完善的新品市场开发】文本前，打开【符号】对话框，在【字体】下拉列表框中选择【Wingdings】选项，在列表框中选择需要的符号，单击【插入】按钮，如图 2-3 所示。

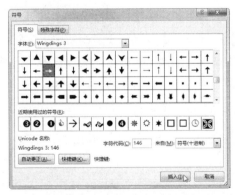 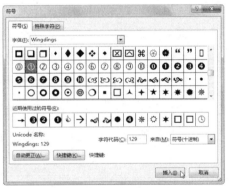

图 2-2　插入箭头符号　　　　图 2-3　插入带圈数字符号

步骤 3 根据需要对文档中的字体格式和对齐方式进行设置，选择除标题外的所有文本，打开【段落】对话框，在【缩进和间距】选项卡的【特殊格式】下拉列表框中选择【首行缩进】选项，在【行距】下拉列表框中选择【多倍行距】选项，在【设置值】数值框中输入【1.2】，单击【确定】按钮，如图 2-4 所示。

步骤 4 单击【插入】选项卡【页面】组中的【封面】按钮，在弹出的下拉列表中选择【切片（浅色）】选项，如图 2-5 所示。

图 2-4 设置缩进和间距

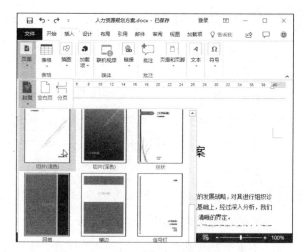

图 2-5 选择封面样式

步骤 5 在插入的封面文本框中分别输入相应的文本,选择封面上方的文本框,单击【绘图工具－格式】选项卡【艺术字样式】组中的【文字方向】按钮,在弹出的下拉列表中选择【垂直】选项,如图 2-6 所示。然后设置"恒图科技有限公司"文本垂直居中对齐,并对文本的字体格式进行设置。

步骤 6 单击【插入】选项卡【插图】组中的【图片】按钮,打开【插入图片】对话框,选择"logo.png"图片文件,单击【插入】按钮,如图 2-7 所示。

图 2-6 设置文字方向

图 2-7 插入图片

步骤 7 将图片的环绕方式设置为【浮于文字上方】,并调整图片的位置和大小,效果如图 2-8 所示。

步骤 8 将鼠标光标定位到【一、概述】段落中,打开【段落】对话框,将【大纲级别】设置为【1级】,单击【确定】按钮,如图 2-9 所示。

图 2-8　设置图片　　　　　　　图 2-9　设置段落级别

步骤 9 使用相同的方法继续设置其他段落的级别,设置完成后将鼠标光标定位到第 2 页的标题前,单击【引用】选项卡【目录】组中的【目录】按钮,在弹出的下拉列表中选择【自动目录1】选项,如图 2-10 所示。

步骤 10 将光标定位到标题前,单击【布局】选项卡【页面布局】组中的【分隔符】按钮,在弹出的下拉列表中选择【分页符】选项,如图 2-11 所示。

图 2-10　选择目录选项　　　　　图 2-11　选择"分页符"选项

步骤 11 插入分页符后,光标后面的文本将切换到下一页中显示。至此完成本例的制作,最终效果如图 2-12 所示。

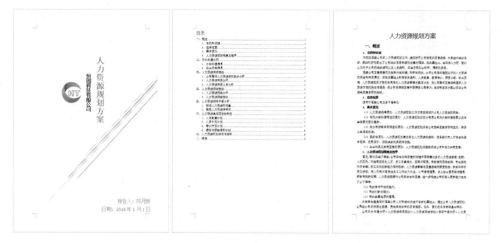

图 2-12　最终效果

2. 打印 Excel 表格时，让打印的每一页都带有表头

在 Excel 中，所有表格都包含表头，也就是表字段，当表格内容较多且一页打印不完时，Excel 会根据页面打印大小自动转到下一页，但默认从第二页开始就不会出现表头。因为没有打印表头，在查看数据时可能不知道某些列表示什么意思，如图 2-13 所示。

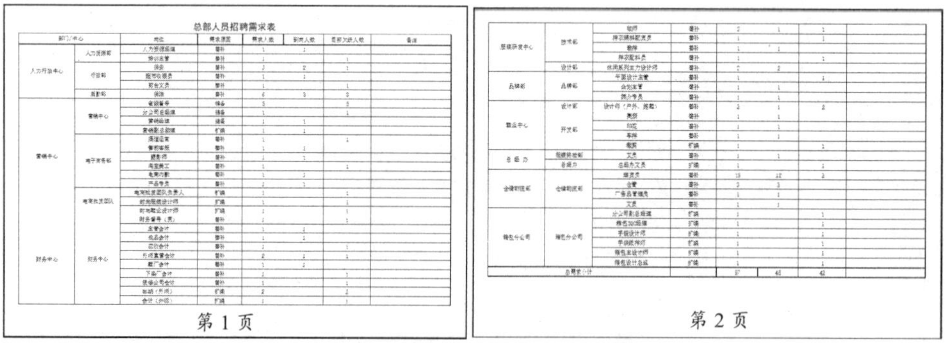

图 2-13　打印效果

为了便于查找和查看，打印表格时，最好设置每页都显示标题行或表头，具体操作步骤如下。

步骤 ① 打开"素材文件\第 2 章\招聘需求统计表.xlsx"文件，在【页面布局】选项卡【页面设置】组中单击【打印标题】按钮，打开【页面设置】对话框，将光标定位到【顶端标题行】参数框中，单击其后的按钮，如图 2-14 所示。

步骤 2 折叠对话框，在工作表中按住【Shift】键，同时选择第 1 行和第 2 行，设置打印的标题区域，单击按钮展开对话框，如图 2-15 所示。

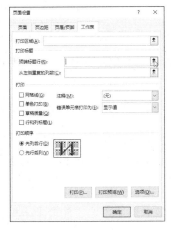

图 2-14 【页面设置】对话框

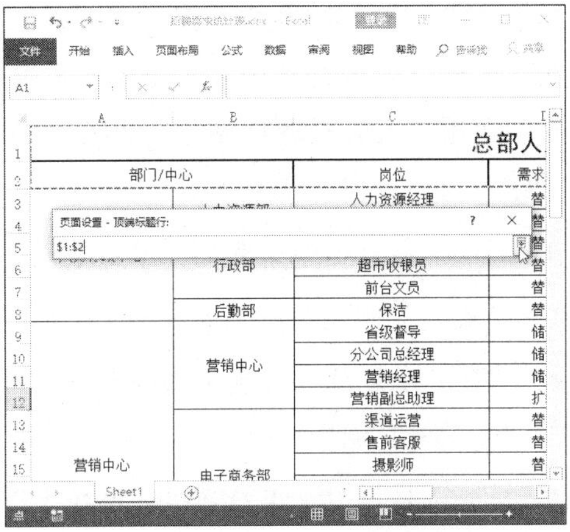

图 2-15 设置标题打印范围

> **Tips** 【页面设置】对话框中的【顶端标题行】参数框用于设置重复打印在每个页面上的标题行；而【从左侧重复的列数】参数框用于设置重复打印在每个页面上的标题列，打印的标题行或标题列可以同时选择多行或多列，但选择的多行或多列必须是连续的。

步骤 3 单击【打印预览】按钮，即可查看打印效果。这时可发现第 2 页已显示标题行和表字段，效果如图 2-16 所示。

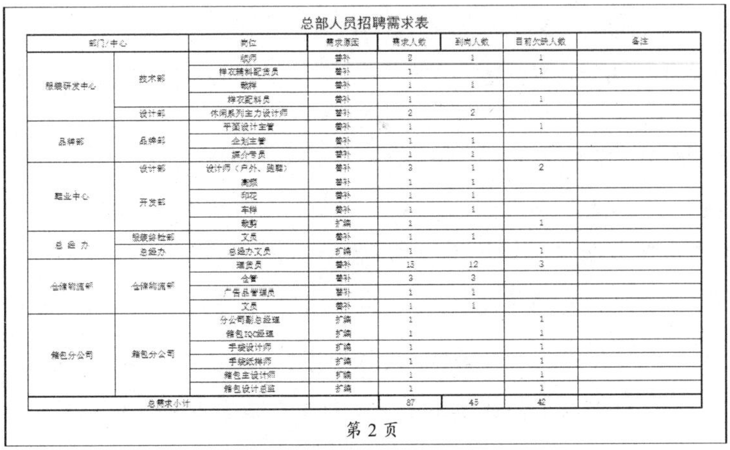

总部人员招聘需求表

部门/中心		岗位	需求原因	需求人数	到岗人数	目前欠缺人数	备注
服装研发中心	技术部	版师	替补	2	1	1	
		样衣辅料配货员	替补	1		1	
		裁样	替补	1	1		
		样衣配料员	替补	1		1	
	设计部	休闲系列主力设计师	替补	2	2		
品牌部	品牌部	平面设计主管	替补	1		1	
		企划主管	替补	1	1		
		媒介专员	替补	1	1		
鞋业中心	设计部	设计师（户外、跑鞋）	替补	3	1	2	
	开发部	高频	替补	1	1		
		印花	替补	1	1		
		车样	替补	1	1		
		裁剪	扩编	1		1	
总经办	服装终检部	文员	替补	1	1		
	总经办	总经办文员	扩编	1		1	
仓储物流部	仓储物流部	理货员	替补	15	12	3	
		仓管	替补	3	3		
		广告品管理员	替补	1	1		
		文员	替补	1	1		
箱包分公司	箱包分公司	分公司副总经理	扩编	1		1	
		箱包IQC经理	扩编	1		1	
		手袋设计师	扩编	1		1	
		手袋纸样师	扩编	1		1	
		箱包主设计师	扩编	1		1	
		箱包设计总监	扩编	1		1	
总需求小计				87	45	42	

第 2 页

图 2-16 打印标题效果

3. 用 PPT 制作公司人力资源状况分析报告

人力资源状况分析是指对企业当前人力资源的具体情况进行分析，包括人员数量、人员流动情况和人员结构变化等内容。通过分析不仅可以知道现有的人力资源数量是否达到了标准的人力资源配置，还可以发现人力资源管理过程中存在的问题，以便及时进行解决。对于 HR 来说，只有对企业现有的人力资源有充分的了解和运用，人力资源规划才变得有意义。使用 PowerPoint 制作人力资源状况分析 PPT 的具体操作步骤如下。

步骤 1 新建一个空白演示文稿，单击【设计】选项卡【自定义】组中的【设置背景格式】按钮，打开【设置背景格式】任务窗格，在【填充】选项组选中【图片或纹理填充】单选按钮，单击【插入图片来自】栏中的【文件】按钮，如图 2-17 所示。

步骤 2 打开【插入图片】对话框，选择【分析.png】图片文件，单击【插入】按钮，如图 2-18 所示。

图 2-17　设置背景填充

图 2-18　选择图片文件

步骤 3 按【Enter】键，新建一张幻灯片，在【设置背景格式】任务窗格中默认选中【纯色填充】单选按钮，在【颜色】下拉列表中选择【浅灰色，背景 2，深色 90%】选项，如图 2-19 所示。

步骤 4 将演示文稿保存为【人力资源状况分析报告】，在第 1 张幻灯片上绘制一个与幻灯片相同大小的矩形，选择矩形，在【绘图工具 - 格式】选项卡【形状样式】组中的【形状填充】下拉列表中选择【其他填充颜色】选项，如图 2-20 所示。

图 2-19 设置背景颜色

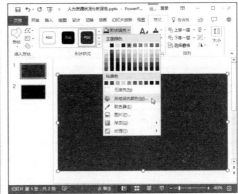

图 2-20 设置形状填充色

步骤 **5** 打开【颜色】对话框,设置颜色模式为【RGB】。其中,红色为【241】、绿色为【176】、蓝色为【22】,单击【确定】按钮,如图 2-21 所示。

步骤 **6** 打开【设置形状格式】任务窗格,在【透明度】数值框中输入【31%】,取消形状的轮廓,将形状置于占位符下方,再绘制一个浅灰色无轮廓的矩形,在矩形上绘制一条直线,为其应用【细线 - 强调颜色 3】样式,如图 2-22 所示。

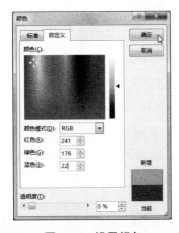

图 2-21 设置颜色

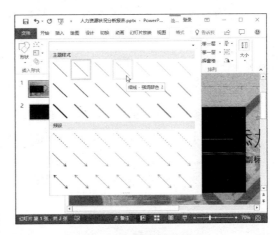

图 2-22 应用形状样式

步骤 **7** 在标题和副标题占位符中输入需要的文本,并对标题文本格式进行设置,按【Ctrl+C】组合键复制标题文本,按【Ctrl+V】组合键粘贴,将文本【人力资源状况分析报告】修改为【分析人:程梦然】,选择直线下方的两个占位符,对其字体格式进行设置,如图 2-23 所示。

步骤 **8** 在第 2 张幻灯片左边绘制一个【流程图:手动操作】形状,对形状的填充色和轮廓进行设置，在形状上右击，在弹出的快捷菜单中选择【编辑顶点】命令，此时将显示出形状的顶点，将鼠标指针移动到左侧下方的顶点上，按住鼠标左键不放向左进行拖动，使该顶点与幻灯片左下角的顶点重合，如图 2-24 所示。

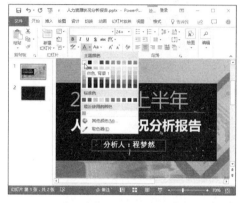

图 2-23　设置占位符格式

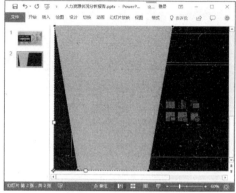

图 2-24　编辑形状顶点

步骤 9 继续调整形状右侧的两个顶点，完成后退出形状编辑状态，在占位符中输入相应的文本，并对文本的格式进行设置，复制幻灯片中的占位符，对占位符中的文本进行修改，并对文本的格式进行设置，如图 2-25 所示。

步骤 10 执行【复制幻灯片】操作，复制一张与第 2 张幻灯片完全相同的幻灯片，更改标题占位符中的文本，删除不需要的形状和文本，单击内容占位符中的【插入表格】图标，打开【插入表格】对话框，将【列数】设置为【8】，【行数】设置为【7】，单击【确定】按钮，如图 2-26 所示。

图 2-25　制作目录页幻灯片

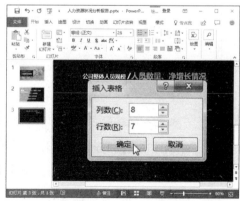

图 2-26　插入表格

步骤⑪ 在表格单元格中输入相应的文本,设置表格中文本的字体格式和对齐方式,并对表格的行高和列宽进行调整,选择表格,取消表格底纹填充,选择表格最后一列,将底纹填充为【金色】,如图2-27所示。

步骤⑫ 选择整个表格,取消表格边框,在【绘制边框】组中的【笔画粗细】下拉列表中选择【2.25磅】选项,在【笔颜色】下拉列表中选择【白色,背景1,深色50%】选项,单击【绘制表格】按钮,如图2-28所示。

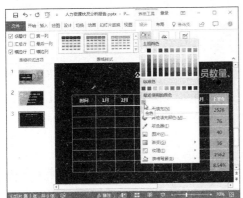 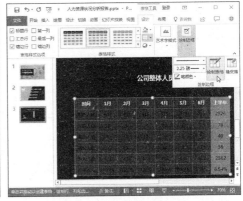

图 2-27　填充底纹　　　　　图 2-28　设置边框效果

步骤⑬ 为表格添加需要的边框,并对表格中文本的效果进行设置,单击【图表】按钮,打开【插入图表】对话框,在左侧选择【组合】选项,在右侧列表框中【系列2】对应的下拉列表框中选择【带数据标记的折线图】选项,选中系列2对应的【次坐标轴】复选框,然后单击【确定】按钮,如图2-29所示。

步骤⑭ 在幻灯片中插入图表,并打开【Microsoft PowerPoint 中的图表】对话框,在单元格中输入需要在图表中体现的数据,完成后单击【关闭】按钮,如图2-30所示。

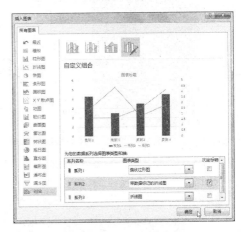

图 2-29　插入组合图表

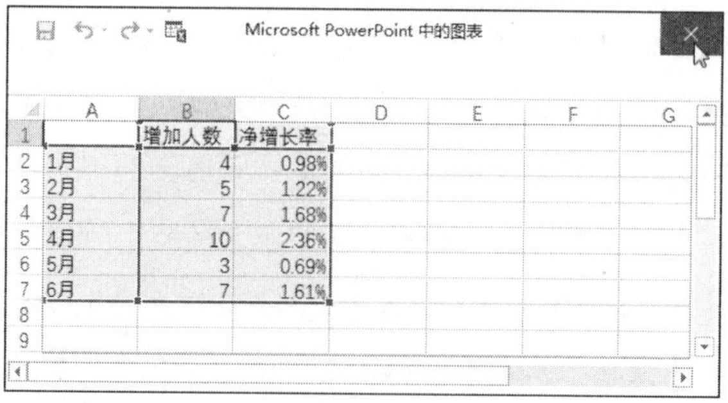

图 2-30 输入图表数据

步骤 15 将图表移动到表格右侧,并将其调整到合适的大小,应用【样式8】图表样式,将图表标题更改为【上半年人数净增长变化】,选择图表右侧的纵坐标轴,打开【设置坐标轴格式】任务窗格,在【单位】栏中的【大】数值框中输入【0.01】,按【Enter】键,图表右侧坐标轴中的单位将发生变化,如图 2-31 所示。

步骤 16 为图表添加主轴主要水平网格线,然后在柱形图数据系列轴内侧添加数据标签,在折线图上方添加数据标签,并对柱形图数据系列和折线图数据系列的填充色进行设置,在表格和图表下方添加结论文本,效果如图 2-32 所示。

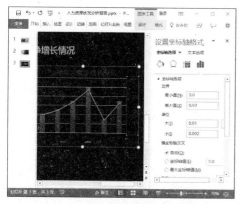

图 2-31 设置坐标轴格式

图 2-32 设置图表效果

步骤 17 使用前面制作幻灯片的方法制作第 4~11 张幻灯片,以及第 12 张幻灯片中的表格,在幻灯片中按住【Shift】键绘制一个正圆,将正圆填充颜色设置为【灰色,个性色3】,取消形状轮廓,在幻灯片中插入一个饼图,并在打开的【Microsoft PowerPoint 中的图表】窗口中输入要在图表中体现的数据，如图 2-33 所示。

步骤18 取消饼图橙色区域的填充色和轮廓，调整图表大小，移动图表到正圆形状上，删除图表中的图例，在图表标题中输入【发放总人次增加】，按住鼠标左键不放向下拖动图表标题，将其移动到图表最下方，效果如图 2-34 所示。

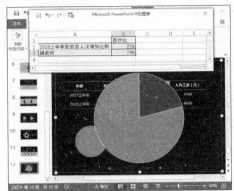

图 2-33　插入饼图　　　　　　　　图 2-34　调整图表标题

步骤19 将图表蓝色区域填充为【金色】，为图表添加最佳匹配的数据标签，删除【79%】数据标签，设置图表中数据的字体格式，复制图表和正圆，将其粘贴到右侧，对图表标题进行修改，然后选择图表，单击【图表工具－设计】选项卡【数据】组中的【编辑数据】按钮，如图 2-35 所示。

步骤20 打开【Microsoft PowerPoint 中的图表】窗口，在其中对图表需要体现的数据进行修改即可，如图 2-36 所示。

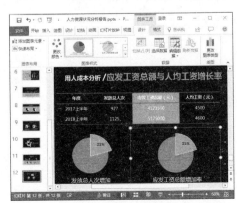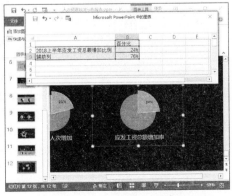

图 2-35　复制图表　　　　　　　　图 2-36　编辑图表数据

步骤 21 使用前面制作幻灯片的方法制作第 13~15 张幻灯片，完成演示文稿的制作，效果如图 2-37 所示。

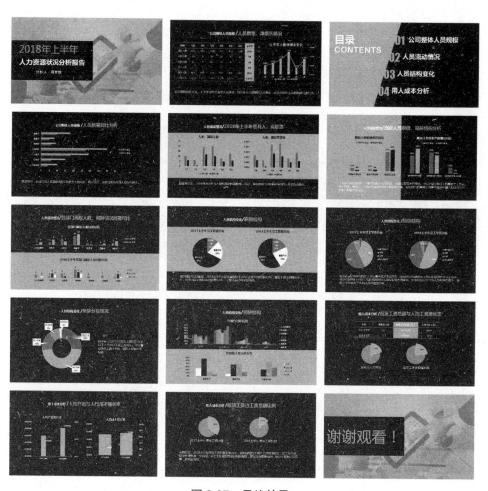

图 2-37　最终效果

第 3 章
员工招聘管理

员工招聘对组织来说意义重大，世界上很多著名企业都把招聘优秀人才放在实现战略目标的首要位置，能否吸引到优秀的人才，直接关系到组织的生存和发展。通用电气公司前总裁韦尔奇说："我们把赌注押在我们选人工作上，因此，我的全部工作便是选人。"可见，选人，特别是选对人，对企业至关重要，这项工作也必然是人力资源管理首要的工作，是评价人力资源部门工作绩效与价值贡献的重要指标。

本章将沿着招聘工作的流程逻辑，重点介绍从招聘需求、招聘计划到招聘渠道的选择。

3.1 员工招聘概述

招聘工作往往是人力资源部门日常工作中的重点，也是投入精力最多的工作。招聘工作要求人力资源部门及时确保企业获得业务、管理与发展所需要的人员，是现代管理过程中一项经常性的、具体的、重要的工作，是人力资源管理活动的基础和关键环节之一，是员工关系管理、员工培训与开发、绩效与薪酬管理等工作开展的前提。

3.1.1 正确认识招聘

人员招聘是指采取一些科学的方法寻找、吸引具备资格的个人到本组织来求职，并从中选出适宜人员予以聘用的过程。

所谓人员招聘，实际上分为"招"和"聘"两部分。其中，"招"就是征召部分，"聘"就是选择部分。前者是指企业根据自身的需求状况，通过发布广告、推荐、职业介绍机构等各种渠道把可能的候选人召集到企业的过程，这一过程确保企业有人可选；后者是指企业按照一定条件和标准，采用适当方法选拔录用企业所需的各类人员的过程。

3.1.2 员工招聘的内容与程序

员工招聘的内容主要由招募、选拔、录用、评估等一系列活动构成，这 4 个阶段如图 3-1 所示。

（1）招募是组织为了吸引更多、更好的候选人来应聘而进行的若干活动，主要包括招聘需求分析、招聘计划的制订和审批、招聘渠道的选择、招聘信息的发布、应聘者求职申请等。

（2）选拔则是组织从"人、事"两个方面出发，挑选出最合适的人来担当某一职位，包括建立筛选、邀约、面试、测评、体检和背景调查等环节。

（3）录用主要涉及员工的入职管理、试用和正式录用等环节。

（4）评估是对招聘活动及招聘结果的效益、质量、人岗匹配度等的考评。

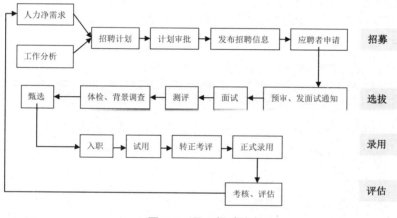

图 3-1　员工招聘流程

3.2　编制招聘计划

依据员工招聘流程，确认用工需求是招聘工作的第一步。其中涉及两个方面的问题：一是"要不要招聘"；二是"需要招聘什么条件的人选"。

3.2.1　确认用工需求

在确认用工需求前，企业招聘管理人员首先需要了解招聘需求产生的原因。通常企业用工需求产生于 4 个原因。①工作量增加。在工作定额合理、工作量饱满的前提下，为完成新增工作量需要及时补充人员。②工作难度和专业化程度增加。行业发展、企业的发展、市场竞争加剧、市场环境变化等都会引起工作难度和专业化程度的增加，从而产生用工需求。③工作内容的增加。随着企业逐步走向正规化，企业的功能越来越健全，会有大量新职位产生，这是企业招聘需求的另一个重要来源。④员工离职。劳动合同到期不续签、企业快速发展而员工不胜任该岗位工作、出于个人发展考虑而跳槽等，都会造成员工离职，形成最直接的招聘需求。

对招聘用工需求的确认，包括需求数量、岗位工作内容和基本任职资格、希望上岗时间、其他特殊要求等内容的确认，这些内容的确认是以人力资源规划和工作分析的结果为基础的。

招聘管理人员对于招聘需求的把握，并非仅限于用人部门递交的人员需求申请，还在于帮助用人需求部门发现真正的需求所在，并对其进行重新定义；同时，严格控制人员编制，避免人力成本的无谓增加。

当用人部门提出招聘需求后，人力资源部门在招聘之前应进行招聘需求的审核和确认，一般从以下几个方面进行。

（1）根据公司的岗位编制标准，对用人部门提出的招聘需求进行甄别和核实。

每个公司都应进行相应的岗位定编，每个部门都应制订相应的人员需求计划，不是说部门想要多少人，人力资源部就要招聘多少人。常规来说，用人部门只能在公司岗位编制标准的基础上提出人员招聘申请。

（2）人力资源部需要审核用人部门在内部人员调配、安排上是否合理，是否做到了使人力资源效能最大化。

（3）部门的工作可否优化组合或适宜进行跨部门间的调整或合并。

3.2.2 制订招聘计划

招聘计划是人力资源部门根据用人部门的招聘申请，结合企业的人力资源规划和职务说明书，根据一定时期内需招聘到位的职位、人员数量、人员素质要求等因素制订的具体招聘活动执行方案。

年度招聘计划通常与公司年度发展计划保持一致，公司在制订年度工作计划时就会确定今年计划新开多少家门店、在什么地方开、预计需要增设多少个岗位、配备多少名员工。人力资源部门根据公司年度工作计划，并结合既定时间内企业员工可能出现的流动性预测，制订企业相应的年度招聘计划。

年度招聘计划的制订一般经历以下几个步骤。

第1步：根据公司年度营运目标和发展规划进行人力资源需求分析。

第2步：与相关部门进行沟通，确定岗位定编计划，进而确定人员需求计划。

第3步：分析公司现有人员数量和结构，评估内部人员的能力及资格，确认公司内部岗位调换计划。

第4步：结合年度人员离职计划和部门招聘申请，确定招聘需求清单，包括人员数量、任职资格等。

第5步：确定招聘时间和招聘渠道。

第6步：制订招聘计划和费用预算。

> **Tips** 除了年度招聘计划外，通常企业制订最多的是月度招聘计划。每月初或定期，人力资源部应结合年度招聘计划及各部门新增招聘需求，编制《月度招聘计划表》，用于指导当月的招聘工作。

3.3 选择招聘渠道

确定招聘计划后，人力资源部门需要选择一种或多种招聘渠道进行招聘信息的发布。

3.3.1 招聘渠道优/劣势比较

招聘渠道是指企业招聘员工的途径，即企业通过何种途径为自己招募到适合企业岗位的员工。随着互联网技术的发展，出现了许多新兴的招聘渠道。按照招聘渠道的应用发展历程，可以把招聘渠道分为传统招聘渠道、现代招聘渠道与新兴招聘渠道三类，如图3-2所示。

按照招聘渠道特性来分，招聘渠道又可分为网络招聘、校园招聘、现场招聘会、猎头招聘、企业内部推荐等。这些招聘渠道各具特色、各有利弊，而人力资源部门需要做的就是从中选择适合自己企业与招聘岗位的渠道。当遇到招聘难度大或单一渠道无法满足招聘需要的情况时，一定要主动启用更多的招聘渠道，打造渠道"组合拳"。常见招聘渠道的比较如表3-1所示。

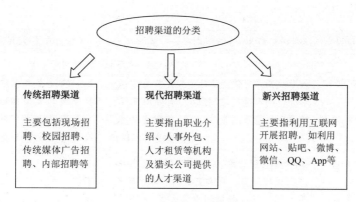

图 3-2　招聘渠道的分类

表 3-1　常见招聘渠道的比较

渠道类别		优势	劣势	整体分析及使用建议
网络招聘	企业网站	花费最少	网站浏览率是关键	网站点击率不高的情况下可以作为一种守株待兔的方式；若网站点击率较高，则是一种理想的目标人群到达率较高的渠道
	招聘网站	1. 随时发布招聘信息 2. 发布后管理方便 3. 受众面广 4. 周期长、简历数量大 5. 花费较低	1. 简历筛选量大 2. 应试率较低，岗位针对性不强	1. 一般岗位可首选此渠道发布，如果刊登一周后发现效果不够理想，可考虑其他方式 2. 资深专业人员和高级管理岗位招聘效率一般
	论坛、QQ、微信等社交媒体群发	1. 人群针对性强 2. 直接花费很少	1. 需要一定的人力和时间 2. 诚信度不太高	1. 对于招聘难度大的岗位建议尝试 2. 专业岗位的招聘，可尝试在专业论坛发帖
校园招聘	学校信息栏海报	花费很少	不够正规，没有校方的肯定与支持	大四上学期，9~10月实施比较合适
	学校组织招聘会	花费很少	竞争较激烈，知名企业、大企业更占优势	1. 时刻保持与校方就业办联系，随时准备参加 2. 有时效性，一般是每年11月至次年1月
	校企联合专场	1. 招聘人数容易满足 2. 有利于提高企业知名度，适合雇主品牌宣传	花费相对较大，知名企业、大企业批量招聘时更适用	1. 适合批量招聘 2. 最好在校方准备招聘会前期举行 3. 需要做一些企业宣传的准备工作

续表

渠道类别		优势	劣势	整体分析及使用建议
现场招聘会	大型招聘会	效率较高,可快速淘汰不合适的人选,控制应聘者的数量和质量	1. 人力和费用投入成本高 2. 有效周期短 3. 求职者的数量和质量难以保证	1. 适用于一般型人才的招聘 2. 如果没有大量的岗位需求和合适的大型招聘会（如每年春季的大型招聘会），建议选择性参加或慎用
	人才市场招聘会			
媒体广告招聘	电视媒体	如中央电视台举办的《绝对挑战》知名企业招聘栏目、天津卫视的《非你莫属》等,都是企业营销的重要方式		不适合中小企业操作
	广播媒体			
	杂志周刊	保存性好	时效性差	一般不适合招聘广告的投放
	报纸	传播范围广	1. 花费较高 2. 时效性短	1. 最好选择每年春节后或10月等招聘旺季投放 2. 各大报媒已逐渐取消招聘专栏
猎头公司招聘	猎头	针对性强,在短期内快速、主动、定向寻找企业所需要的人才	花费很高,猎头费通常为被猎人员年薪的20%~30%	1. 适用于中高层管理人才及稀缺人才的招聘 2. 让猎头公司了解自己企业的用人特点和需求,建议长期使用一家猎头公司 3. 注意避免猎头公司挖自己企业的人
网猎招聘	网络招聘与猎头结合体,网友向网站推荐人才,网站评估后推荐给企业	1. 相对于猎头公司招聘费用较低 2. 轻松获得高质量简历		一些网上咨询公司和招聘网站有这样的服务,如中华英才、中人网猎
员工推荐	员工推荐	1. 招聘成本较小 2. 成功率高 3. 内部推荐人员会比较适合公司的特点,针对性较好	1. 受众面窄 2. 容易出现内部小帮派	1. 适合多数企业 2. 适合一些专业度较高的岗位 3. 多接受考核成绩好的员工的推荐 4. 适当给予一些推荐奖金
企业内部招聘	内部晋升	1. 花费很低、工作上手快 2. 有利于公司内部人才的晋升、调动、轮岗,减少人员流失	1. 增加培训成本 2. 存在员工可能不胜任新岗位的风险	1. 用于那些对人员忠诚度比较高、且应熟悉企业情况的岗位 2. 一些专业度较高的岗位不适合内部招聘

3.3.2 招聘渠道的合理选择

不同的招聘渠道选择，会在很大程度上影响招聘的效率，并决定招聘的成本。招聘人员应结合招聘所面向的人群、不同招聘渠道的优势与劣势，以及招聘预算选择合适的招聘渠道。

HR 在选择招聘渠道时，需要综合企业的自身情况，结合实际的招聘需求，做好以下四个方面的工作。

1．根据企业现状选择招聘渠道

在选择招聘渠道时，要根据企业现状选择合适的招聘渠道。

首先，要根据企业的战略发展需求选择招聘渠道。

其次，要根据企业的人力资源计划，选择招聘渠道。企业年度计划是 HR 的重要考虑因素之一，包括公司计划、梯队建设规划、储备人才情况及发展人才规划；部门计划也要被纳入考虑，但其有侧重点的区分，即重点部门计划优于辅助部门计划，而关联部门也应作为岗位招聘的参考项目。

2．根据岗位需求选择招聘渠道

HR 也应根据岗位需求选择招聘渠道，主要包括对岗位程度和岗位类别的考虑。根据岗位需求选择招聘渠道的方法如表 3-2 所示。

表 3-2　根据岗位需求选择招聘渠道的方法

岗位类别	招聘渠道
市场销售	现场招聘、网络平台、媒体公开招聘
核心技术	行业协会举荐、技术交流会挖人
管理人员	猎头招聘、高管举荐
生产人员	社区广告、户外广告（如厂门口张贴招聘广告）、现场招聘、劳务外包公司
行政后勤	户外广告（如公司门外或办公楼门口摆放招聘广告）、现场招聘

3．根据市场程度选择招聘渠道

市场程度也是选择招聘渠道时的重要参考项，岗位在市场的竞争程度往往会影响到招聘投入和取舍。市场也有高低峰，应根据不同的市场时限选择不同的招聘渠道。根据市场程度选择招聘渠道的方法如表 3-3 所示。

表 3-3　根据市场程度选择招聘渠道的方法

市场程度		招聘渠道
竞争程度	竞争性强	猎头公司、政府部门推荐渠道
	竞争性一般	网络平台、人才市场
	竞争性弱	户外招聘、校园招聘
市场时限	高峰期 春节假期后	人才市场、网络人才搜索、媒体广告招聘、短信息招聘
	高峰期 暑假期间	校园招聘、院校就业指导中心
	高峰期 大型企业倒闭分流	政府部门推荐、户外招聘
	平淡期 春季中段	人才市场、职能部门、猎头公司
	平淡期 夏季初	学校渠道
	平淡期 冬季	媒体渠道、网络渠道

4．根据成本状况选择招聘渠道

选择招聘渠道要根据公司成本状况，包括考虑成本紧张与成本宽松两种情况。根据成本状况选择招聘渠道的方法如表 3-4 所示。

表 3-4　根据成本状况选择招聘渠道的方法

成本状况		招聘渠道
成本紧张	时间紧迫	现场招聘
	需要量大	政府部门推荐
	质量要求	网络招聘
成本宽松	适度节约	能少则少、能免费则免费、低成本优于高成本
	成本比较	零成本：户外招聘、公司网络平台、内部渠道 低成本：现场招聘、校园招聘、行业协会或政府推荐、网络招聘 高成本：猎头、媒体合作、广告
	眼光长远	建设开发渠道、维护渠道

3.4　发布招聘信息

在确定了招聘渠道后，招聘人员根据招聘计划的要求，在相应的招聘渠道上发布招聘信息。如今，随着互联网的发展与广泛应用，企业也越来越重视和突出招聘文案在招聘广告，以及在宣传企业形象、树立企业品牌方面的作用。

3.4.1 招聘文案的编写技巧

所谓招聘文案，就是在招聘广告中除图片外的，用于描述企业状况、招聘岗位特点、任职资格及招聘联系方式等内容的文字。

一份好的招聘文案，一定要明确告诉求职者企业需要什么样的人才，对技术、能力和经验有哪些具体的要求；另外，还需要告诉求职者这个岗位的主要工作内容和工作深度、专业度要求。这样有助于求职者比对自身的需求与岗位匹配程度，并对自己是否适合参与应聘做出准确的判断。通常情况下，招聘文案应包括以下几项内容。

1. 企业简介

随着这十几年每年雇主品牌的评选活动及优秀雇主品牌的企业排名，求职者在寻找工作的同时，也应更加注重对企业雇主品牌的选择。也就是说，拥有优秀雇主品牌的企业在人才招募中拥有越来越明显的优势。

中小型企业也并非与雇主品牌毫无关系，毕竟优秀雇主品牌企业数量有限，而数量众多的正是中小型企业。因此，在招聘宣传中，对企业的介绍、企业实力与业务的描述，以及企业求贤若渴、发展空间广阔等形象对于人才的招聘非常重要。所以，在写招聘文案时，对企业的描述要专业而精简，好的招聘文案能给人留下深刻的印象，有助于提升招聘单位的形象。

2. 工作职责与任职要求

在职位说明中，要交代岗位的主要职责和任职要求，但其他信息和细节也非常重要。

（1）岗位名称。岗位名称尽量具体，最好能让求职者第一眼就能从职位名称中了解该职位的大概方向。

（2）精准的岗位职责描述。在岗位职责描述中，需要清晰地告诉求职者这个职位的日常工作是什么。而且在描述岗位时，要尽量将岗位向应聘者"推销"出去，吸引具备相应能力的求职者来应聘这个岗位，而不是简单、过于大众化地描述。岗位描述不完整、过于普通，既难以让求职者明确该岗位的工作内容、工作的精专程度，也不容易让求职者对岗位产生浓厚的兴趣，不利于企业招到合适的人。

（3）任职要求。这个职位有哪些技术是必需的？除此之外，求职者具备哪些其他的技术，企业才会优先考虑？对于这些确定的技能要求，也要在招聘信息中明确反映出来。描述得越清楚，接下来的招聘工作也会越省事。

（4）工作经验和培训经历。这个职位是否要求工作经历与工作经验，要求有什么岗位的工作经历，要求有几年的工作经验，对最低学历和专业的要求等，都要在招聘信息中描述清楚。

3. 其他信息

除了企业简介和对岗位职责、任职要求的描述外，还有一些信息是求职者在求职选择时非常关注的，因此也建议企业在发布招聘信息时有所描述或注明。

（1）薪酬与福利政策。要想吸引人才，薪酬待遇十分重要。公司能为员工提供什么水平的待遇？是否在招聘广告中说明了这个职位的薪资水平？如果大多数企业都列明了招聘岗位的薪酬范围，那么没有薪酬信息的岗位，会有一部分求职者不选择投递，从而减少了简历的获取量。因此，对于每个职位的薪资待遇，企业最好注明一个大概的范围。

除了薪酬外，法定的五险一金是否齐备，假期、养老金政策，以及是否有商业保险等对求职者来说比较在意，如果公司还有一些独具特色的福利政策就更好了。

（2）具体的公司地址。在招聘信息中，最好准确写明公司所在地址和前往公司的交通指南，以便获取有效的求职简历。以免当人力资源部门向投递了简历的应聘者发出面试通知后，对方又因工作地点远于自己的期望而不来参加面试，造成招聘工作在时间和精力上的浪费。

3.4.2　招聘信息的发布原则

根据招聘渠道的不同，编制好适合且具吸引力的招聘信息及企业简介后，就可以发布招聘信息了。发布招聘信息就是向可能应聘的人群传递企业将要招聘的信息。发布招聘信息时，应遵循如下原则。

（1）广泛原则。发布招聘信息的面越广，收到该信息的人越多，企业对人才的选择范围就更广，及时招聘到合适人才的概率就越高。

（2）及时性原则。在可能的情况下，招聘信息应尽早向外界发布，这样有利于缩短招聘进程，同时也避免部分投递了简历的求职者在等待期间已找到工作。

（3）层次原则。企业应根据岗位的特点向特定层次的人员发布招聘信息，这样有利于提高招聘效率，快速招聘到符合需求的人才。

（4）渠道适合原则。企业要招聘的岗位不同，适合的招聘渠道也不同，要想获得良好的招聘效果，人力资源部门应充分了解每种招聘渠道的优劣势，针对性选择发布信息的招聘渠道；同时，也要利用好企业的内部招聘渠道和通过内部人才开发来满足人才需求。

3.5 招聘管理实操范本

随着人才竞争的加剧，企业需要主动探索和开发更为丰富的招聘渠道以获取所需的人力资源，有的招聘渠道也从之前的补充型发展为企业的主力招聘渠道，如校园招聘、人才推荐等。本节就招聘岗位的岗位职责，以及针对几类常见招聘渠道的管理制度、流程、表单工具及方案为读者提供范本参考。

3.5.1 范本：招聘岗位的岗位职责

根据公司规模、招聘量及人力资源部门人员配置情况不同，有的公司会设立招聘主管岗位，有的公司只设立招聘专员岗位，主要协助部门负责人分担招聘与日常人事事务的工作。

1. 招聘主管岗位职责

招聘主管的岗位价值在于：在人力资源部门负责人的领导下，收集招聘需求、制订招聘计划，通过多种渠道，经过面试与甄选程序及时招聘公司所需的合适人才，以确保公司运营与发展的人才供应与招聘计划的达成。具体来说，招聘主管岗位职责如表3-5所示。

表3-5 招聘主管岗位职责

招聘主管岗位职责
一、招聘计划 1. 进行年度人力资源盘点，编制年度人员招聘计划 2. 每月进行招聘需求调研与收集，结合公司领导审批意见及人员编制计划制订并更新每月招聘计划 3. 每月3日前向部门经理提交上月招聘计划达成情况总结及本月的招聘计划

续表

招聘主管岗位职责
二、招聘渠道建立与管理 1. 建立并发展多种内外部招聘渠道，根据招聘岗位的特性有效选择适宜的招聘渠道组合 2. 对招聘渠道进行有效评估，结合评估结果进行招聘渠道的维护、续费和优化
三、招聘实施 1. 结合招聘需求，设计招聘宣传文字，选择适宜的招聘渠道，进行招聘信息发布 2. 及时进行各招聘渠道的招聘信息更新与维护，提高招聘信息到达率 3. 对于招聘难度大的岗位，主动尝试更加丰富多样的招聘渠道，同时主动搜索简历，提高有效简历的获取量 4. 对获取的求职信息进行有效筛选，通知并邀约候选人到公司参加面试 5. 设计面试流程与工具表格，组织并参与对候选人的面试、甄选和测评 6. 对部分重要岗位或招聘频率较高的岗位设计并应用笔试题库或结构化面试题库，从方式方法上提高招聘效率与甄选的有效性 7. 结合候选人面试评价，对面试未通过者简历进行销毁或存档，做好人才储备
四、通知录用 1. 与选定候选人，进行薪酬沟通与确认，并确定上班时间及进行入职前的背景调查 2. 办理新员工入职手续，及时签订劳动合同，提供《员工手册》 3. 督促新员工所在部门做好新员工入职引导与引荐
五、试用期管理 1. 引导新员工提出并填写员工转正申请，负责新转正申请审核、审批程序的办理 2. 将员工转正审批结果通知当事人，对于延迟转正或不予转正的员工进行沟通、协调，全程跟进相关人事手续的办理，避免劳动风险与纠纷的发生
六、岗位调动及离职管理 1. 跟进、引导员工岗位调动手续的办理，对程序完成的调动手续进行检查与归档备案 2. 跟进、引导员工离职手续的办理，对程序完成的离职手续进行检查与归档备案 3. 对离职员工进行离职面谈，了解并记录员工真实离职原因 4. 对公司方面提出终止劳动合同的员工，会同员工上级做好沟通与矛盾化解工作
七、《职位说明书》维护与修订 1. 新增岗位或出现岗位职责变化、人员调动时，及时（5个工作日内）编制、更新或修订《职位说明书》 2. 负责向新员工介绍、讲解其岗位的《职位说明书》

续表

招聘主管岗位职责
八、招聘制度与流程管理 1. 建立和完善公司招聘制度和流程，并负责推进、落实 2. 建立和完善公司转正、调岗、调动、离职等各项人事事务的流程和管理表单，并负责推进、落实
九、其他 1. 完成人力资源经理交办的其他工作事项 2. 配合其他同事进行与日常人事管理有关工作事项的答疑与办理

2. 招聘专员岗位职责

招聘专员的岗位职责设置主要取决于招聘岗位的人员配置和工作分工。如果一家公司在人力资源部门负责人下未设置招聘主管，那么招聘专员的岗位职责可以参照上面招聘主管的岗位职责设置，或者其中一部分规划性或管理性较强的工作由人力资源部门负责人承担；如果一家规模较大的公司，既有招聘主管又有招聘专员，那么招聘专员一般主要承接招聘和人事工作中事务性和操作性的工作内容，如表3-6所示。

表3-6　招聘专员岗位职责

招聘专员岗位职责
一、招聘计划与总结 1. 协助招聘主管进行人力资源盘点，收集编制招聘计划所需的各项数据、信息 2. 汇总每月、每季度招聘数据，编制招聘月报表或季报表
二、招聘渠道维护与更新 1. 负责招聘渠道的维护与更新，负责所有招聘渠道招聘信息的发布、暂停与更新 2. 及时进行招聘渠道的续费与合作关系管理
三、招聘实施 1. 对各渠道获取的求职信息进行有效初筛并汇总 2. 根据面试流程，协调面试官与候选人的面试时间，通知并邀约候选人到公司参加面试 3. 安排候选人的面试接待与信息登记工作 4. 汇总《应聘登记表》等面试资料，做好分类保管与信息登记
四、通知录用 1. 与选定候选人进行薪酬沟通与确认，并确定上班时间及进行入职前的背景调查 2. 办理新员工入职手续，及时签订劳动合同，发放《员工手册》 3. 督促新员工所在部门做好新员工入职引导与引荐

续表

招聘专员岗位职责
五、试用期管理
1. 负责新员工培训的时间与人员安排，通知新员工培训，有效保障新员工培训的组织与实施
2. 引导新员工提出并填写员工转正申请，负责新转正申请审核、审批程序的办理
3. 将员工转正审批结果通知当事人，对于延迟转正或不予转正的员工进行沟通、协调，全程跟进相关人事手续的办理，避免劳动风险与纠纷的发生
六、岗位调动及离职管理
1. 跟进、引导员工岗位调动手续的办理，对程序完成的调动手续进行检查与归档备案
2. 跟进、引导员工离职手续的办理，对程序完成的离职手续进行检查与归档备案
3. 对离职员工进行离职面谈，了解并记录员工真实离职原因
4. 对公司方面提出终止劳动合同的员工，会同员工上级做好沟通与矛盾化解工作
七、其他
1. 完成招聘主管交办的其他工作事项
2. 配合其他同事进行与日常人事管理有关工作事项的答疑与办理

3.5.2 范本：招聘计划管理相关表单

任何工作都有工作目标，而招聘工作属于常态工作而非临时性工作。这就需要人力资源部门结合企业每个阶段（如季度、月度）的人员需求，编制和更新招聘计划，以促进和确保企业人员需求的及时满足。同时招聘计划及其达成情况也是招聘岗位人员绩效考核的重要依据。

1. 招聘需求申请表

虽然上一年度年末或本年度年初，人力资源部门会进行全年公司人员计划的编制，但每月实际的招聘计划还应重点结合各部门递交的经审批通过的招聘需求。因为年度人员计划可以作为全年总体的招聘工作指导，但每个月实际的人员异动情况及结合业务、工作实际而需要进行的岗位增减和人员编制调整是无法提前准确预知的。

表3-7所示的招聘需求申请表，用于各部门提出招聘需求，并履行必要的审核、审批程序。

表 3-7　招聘需求申请表

填表日期：　年　月　日

申请部门			增补职位		增补额 人	
申请增补理由	☐离职补充　☐短期需要增编 ☐新增岗位　☐新增编制		希望到职日期			
如"申请增补理由"栏选择除"离职补充"外的其他选项，请在此处陈述具体理由：						
应具资格条件						
性别		年龄			工作经验	
学历		专业			其他	
具备技能						
增加人员工作内容						
工资待遇	最高		平均		最低	
部门意见						
人力资源部意见						
常务副总意见						
总经理意见						

> **Tips**　所谓"人多好办事"，各部门在没有相应约束的情况下，会倾向于要求更多的下属人员编制，但人数的增加显然会导致人工成本的上升，而业绩却未必会对应提升。因此，各部门负责人一般情况下拥有本部门编制和岗位的变动提案权，而最终审批权往往在上一级领导手中。在一些公司，人力资源部门和机构的总经理会严控各部门人员编制的增加。

2．岗位编制调整申请表

为了有效控制人工成本，人力资源部门应做好公司各部门的人员编制管理。岗位编制调整申请表主要用于部门某岗位编制的增加、减少或增设等调整的申请。岗位编制调整申请表如表3-8所示。

表3-8　岗位编制调整申请表

岗位编制调整申请表					
申请部门		岗位名称		岗位级别	
岗位编制调整类型	增加□ 减少□ 增设□ 取消□	申请理由	□扩大编制 □减少编制 □增设机构 □机构撤销	现编制数	
^	^	^	^	拟编制数	
^	^	^	^	拟调整日期	
^	^	^	^	拟执行日期	
增补人员基本任职要求： 性别　□男　□女　年龄：_____岁 学历：□硕士　□本科　□大专　□中专　□高中 专业： 经历： 技能： 个性：					
部门经理： 时间：			人力资源部负责人： 时间：		
部门分管领导： 时间：			人力资源部分管领导： 时间：		
总裁签字： 时间：					

注："签字栏"可根据自己公司的实际组织结构、岗位层级及权限具体设计。如果人事决策权已有明确界定，应按权限设计签字流程

说明：此表经总裁或人力资源部分管领导签字后交人力资源部执行。

3．编制调整一览表

人员编制调整，就是人员增加、补充或减少。增设机构、扩大编制需要增加人员编制；机构撤销则需要减少人员编制；若有员工辞职、辞退，则需补充空缺岗位。表3-9所示为部门人员编制调整一览表。

表3-9 部门人员编制调整一览表

部门人员编制调整一览表				
部门名称	现有人员编制数量	编制调整数量	编制调整原因说明	备注
		拟增加　　人	如部门目标增加、工作内容减少、部门职责调整等	
		拟减少　　人		
		拟增加　　人		
		拟减少　　人		
		拟增加　　人		
		拟减少　　人		
		拟增加　　人		
		拟减少　　人		

制表：　　　　审核：　　　　审批：　　　　填表日期：　年　月　日

4．招聘计划表

表3-10所示的《招聘计划表》可用于人力资源经理对下属招聘工作进度及结果的有效管理或考核依据。此外，招聘计划的达成情况也是人力资源经理向上级提交月度或阶段性招聘工作总结的重要依据。

表3-10 招聘计划表

序号	部门	岗位	人数	到岗日期	招聘负责人	协助部

5．招聘周期表

通常来说，职级越低的岗位越容易招聘到人选，而职级越高的岗位，招聘周期会越长。有的公司人力资源部门会编制《招聘周期表》，一方面用作提示各部门招聘需要一定时间，应提前提出招聘需求，并给予人力资源部门一定的招聘周期；另一方面用作人力资源部门招聘工作的管理和考核参考。

读者可参考表 3-11 中《招聘周期表》的维度，编制自己公司的招聘周期，也可以在岗位分类上更加细化，如分为"基层操作岗位""基层职能岗位""基层管理岗位""中层技术岗位""高层运营岗位"等。

表 3-11　招聘周期表

岗位	提供简历时间（天）	初试时间（天）	复试时间（天）	入职时间（天）	总周期（天）
一般员工	1	3	5	15	24
主管级	2	3	5	30	40
经理级	3	3	5	30	41
总监级	4	3	5	30	42
总经理级	15	3	5	30	53

注：1. 表中的"提供简历时间""初试时间""复试时间"是指信息发布后的天数。
　　2. 入职时间是指面试通过后的天数，如果候选人是离职状态，此时间可大为缩短。

3.5.3　范本：内部招聘管理制度/流程/表单/方案

内部招聘工作最容易出现的问题就是形式上缺乏公平性，导致员工认为企业组织内部招聘其实是"走过场"，所需要的人早就内定了，因而打击了员工申请内部招聘岗位的积极性。因此，人力资源部门有必要通过建立相应的管理制度、流程和表单以实现内部招聘工作的规范化、公开化和透明化。

1．内部招聘管理制度

内部招聘是指通过内部晋升、工作调换、工作轮换、人员重聘等方法，从公司内部人力资源储备中选拔出合适的人员补充到空缺或新增的岗位上去的活动。

内部招聘具有准确性高、适应较快、激励性强和费用较低等优点，但同时也可能有因处理不公、方法不当或员工个人原因等在公司造成一些矛盾的缺点，容易导致创新不足和造成其他不利影响。因此，内部招聘应把握好适当的度。

下面是某公司内部招聘管理制度，供读者参考。

XX公司内部招聘管理制度

1. 目的

为提高员工对公司的积极性、忠诚度和满意度，增强员工对公司的凝聚力，同时深化公司企业文化，结合优秀人才与公司共同成长的理念，在部门工作合理安排的前提下，为公司员工创造多种发展机会，本着"公开、平等、竞争、择优"的原则，特制定本管理制度。

2. 适用范围

本制度适用于公司内部招聘的申请、竞聘、确定和调动全过程。

3. 基本原则

（1）公开性原则：当公司有岗位空缺需要内部招聘时，应以公开方式对全体员工进行通知，使内部招聘具有透明度。

（2）公平性原则：在整个内部招聘过程中，评定小组和人力资源部要确保每位应聘者都能得到一致的评定，包括资格审核、现场评定和计算标准。

（3）公正性原则：在评定工作结束后，人力资源部要第一时间将结果向所有应聘者进行通报。

（4）注重实绩、择优聘用原则：评定小组成员对被应聘者的评定要以事实为依据，避免主观臆断和个人感情色彩。

4. 应聘人员基本条件

（1）原工作岗位能交接出去，近期能有合格接岗人。

（2）应聘人员符合应聘岗位说明书中所要求的任职资格。

5. 评定小组

原则上评定小组由招聘岗位直管领导（1名）、间接领导（1名）、人力资源部（1名）组成。若招聘岗位属双线管理岗位，则需该岗位的双线直管领导同时参加。

6. 管理职责

（1）人力资源部对整个内部招聘工作的"公开性、公平性、公正性、注重实绩和择优聘用"原则负责。

（2）应聘人负责准备相应资料并参加竞聘，获聘后在3~30天内完成原岗位工作交接，然后到人力资源部办理相关调动手续后方可到新岗位任职。

（3）原岗位接班人到任 1 个月内，到任新岗位的原岗位任职者应对其负有培训责任。

（4）到任新岗位的任职者有 1~3 个月的试用期，试用期管理及转正手续同新入职员工一样；转正考评未通过，公司有权将该任职者退回原岗位。

7. 内部流程

（1）人力资源部通过内部网络和公司公告栏等形式向公司全体员工发出《内部招聘通告》，通知内部招聘信息和安排事项。

（2）参加应聘的员工到人力资源部索取《内部招聘申请表》。

（3）应聘员工填写《内部招聘申请表》，经直属审计审核签字后提交人力资源部。

（4）人力资源部根据该岗位人事权限，完成剩余审核、审批程序。

（5）人力资源部对审批通过的应聘员工名单进行公示。

（6）人力资源部组织内部竞聘，评审小组对应聘者表现进行综合评定，并在《内部竞聘评定表》中签署意见。

（7）人力资源部统计分数，当场宣布前三名得分情况，现场竞聘活动结束。

（8）最终人选由用人部门确定后告知人力资源部，人力资源部应在竞聘活动结束后 3 个工作日内公告最终人选。

（9）人力资源部协调岗位调动事宜及具体调动时间，向获聘员工提供《内部异动申请表》。

（10）获聘员工填写《内部异动申请表》，完成表格的审核、审批手续，最终交回人力资源部。

（11）获聘员工根据《内部异动申请表》中确定的调动时间提前完成原岗位的工作交接，并按时到新岗位报到。

8. 附则

（1）本制度最终解释权归人力资源部。

（2）本制度自颁布之日起正式生效。

2. 内部招聘流程

人力资源部门组织岗位的内部竞聘，一方面需要调动企业多个部门和管理岗位的配合、参与，另一方面又要争取从组织上和形式上体现出公平、公正和公开，所以内部招聘工作的流程要认真规划，避免草率或图省事。内部招聘流程如表 3-12 所示。

表 3-12 内部招聘流程

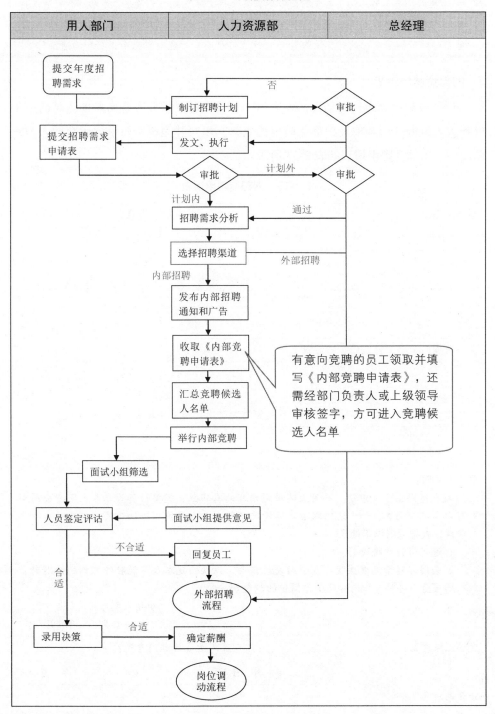

> **Tips** 有时，员工有意向参加竞聘，但根据其直接上级或更高阶领导的意见，不同意该员工调离本岗，这时就会出现员工到人力资源部领取《内部竞聘申请表》填写后找领导签字时得不到同意。此时，上级领导应注意策略而耐心地做好缘由说明和沟通工作。

3. 内部竞聘申请表

当公司对部分岗位启动内部竞聘时，符合竞聘要求并有意向参加竞聘的员工可到人力资源部门领取《内部竞聘申请表》，填写并完成审核手续后交回人力资源部门。内部竞聘申请表如表 3-13 所示。

表 3-13 内部竞聘申请表

申请人姓名		现部门		现岗位	
入职时间		竞聘部门		竞聘岗位	
联系方式		学历		职称	
入职前最近三段工作经历（包括时间、公司、部门、岗位、参与项目、主要工作贡献或价值）					
在公司期间主要工作业绩（可另附页）：					
胜任力自我评价（本人经验积累和工作技能与竞聘岗位所需任职资格的匹配程度）					
申请人声明： 　　我自愿提出竞聘申请，并对上述填写内容的真实性、完整性负责。本人同意公司对上述内容进行调查，如上述内容与实际情况不符，本人愿承担一切后果。若公司接受本人申请，我将做到以下两点。 　　1. 遵守岗位竞聘规则。 　　2. 若因客观情况发生变化或公司发展需要，以及出现本人不能胜任工作的情况时，本人愿接受公司对工作内容及工作岗位的调整和安排。 　　　　　　　　　　　　　　　　　　　　　　　申请人签字： 　　　　　　　　　　　　　　　　　　　　　　　日期：　年　月　日					
直接上级意见： 　　　　　　　　　年　月　日			人力资源部门意见： 　　　　　　　　　年　月　日		
分管副总意见： 　　　　　　　　　年　月　日					

4. 内部竞聘综合评估表

举行内部岗位竞聘活动时,为保证竞聘的公平、公正、客观和对候选人岗位匹配度评估意见的可靠性,人力资源部应组织成立评审委员会,对每位竞聘人员的竞聘表现进行评价,并将评价意见和评分写入表3-14所示的《内部竞聘综合评估表》中。评审委员会通常由竞聘岗位的直接上级、间接上级、该岗位的资深优秀任职者及人力资源部门派员组成。

表3-14 内部竞聘综合评估表

竞聘人姓名		竞聘部门		竞聘岗位		
综合评议(评审委员会填写)						
工作经历与职位要求的符合度(包括过去的职责、经验、主要成果及相关培训):						
专业技能评价						
序号	专业技能和知识	0分(不合格)	1分(一般)	2分(良好)	3分(优秀)	得分
1	公司业务与产品知识	只有一般概念性的知识,只能有限地完成工作	有实践方面的知识和技能,能较独立地完成工作	有独立运作的知识和技能,能触类旁通,可以成功地胜任绝大部分工作	拥有全面、广博的专业知识和技能,能提出正确的、专家级的指导性意见和建议	
2	工程及工程管理相关知识					
3	市场敏感度					
4	销售技巧					
5	沟通能力					
6	分析、解决问题能力					
业务素质评价						
序号	业务素质	0分(不合格)	1分(一般)	2分(良好)	3分(优秀)	得分
1	思维导向	不能根据已有的经验或知识对当前所面临的问题做出正确的判断	根据经验和常识迅速发现问题的实质	发现事件的多种可能的原因和行为的不同后果,或者找出复杂事物之间的联系	恰当地运用已有的概念、方法、技术等手段找出最有效的解决问题的方法	

(需视竞聘的岗位不同列出该岗位所需的专业技能和知识,以及评价等级)

续表

序号	业务素质	0分（不合格）	1分（一般）	2分（良好）	3分（优秀）	得分
2	成就导向	工作得过且过，不尽力达到优质标准	努力将工作做得更好，或者达到某个优秀的标准	为自己设立富有挑战性的目标，并为达到这些目标想方设法提高业绩	在仔细权衡代价和利益的基础上做出有利于公司利益的决策	
3	团队合作	工作中单独作业，不与他人沟通	愿意与他人合作，共同交流，分享信息和知识	愿意帮助他人解决所遇见的问题，或者无保留地将自己所掌握的技能传授给他人	主动沟通，积极寻求并尊重他人对问题的看法和意见，从而改善组织的合作气氛	
4	学习能力	在工作中不注意向其他人学习	在工作中愿意并善于向其他同事学习	从事自己不太熟悉的工作时，能够钻研资料，获得必备的工作知识或技能，从而尽快适应新的工作要求	深入地了解当前行业最新动态和市场需求，并能够很好地应用到日常工作中	
5	坚韧性	经受不了批评、挫折和压力	面对挫折时，能克制自己的消极情绪（如愤怒、焦急、失望等）或保持情绪的稳定	在比较艰苦的情况下或巨大的压力下坚持工作	有效地控制自己的压力，通过建设性的工作解除压力	
6	主动性	不能自觉完成工作任务，需要他人的督促	自觉投入更多的努力去从事工作	及时发现某种机遇或问题，并快速做出行动	提前行动，以便创造机会或避免问题发生	
7	人际理解力	不能正确地理解别人的思想、情感或行为	准确理解他人的感受和想法，甚至没有表达出来的情绪、感受和想法	把握他人的特点，包括态度、兴趣、需要、观点和行为方式	理解他人思想和行为背后的原因	
8	影响力	不能清楚地表达自己要讲的内容或不能说服别人听从自己的观点	通过讲述理由、证据等方式说服他人，单纯通过借助情感手段影响他人	有针对性地将所讲述的内容与他人的兴趣和利益联系起来或同时采用多种方式影响他人	运用复杂的策略影响他人或通过微妙的幕后操作使他人接受自己的观点	

续表

答辩材料评价						
序号	答辩材料	0分（不合格）	1分（一般）	2分（良好）	3分（优秀）	得分
1	工作总结	思路不清晰，从汇报内容上看不到任何工作思路	思路基本清晰，可以从汇报内容中看到工作开展的思路	思路比较清晰，从汇报内容中能看到一定的销售管理素质、工作规划与组织能力	思路十分清晰，汇报内容中体现出十分突出的销售管理素质、工作规划与组织能力	
2	工作规划					
总分合计							

综合评价	等级	□A 优秀　□B 良好　□C 一般　□D 不合格
	综合评价及依据（关键业务技能、素质、经验及文化适应性等）	

录用建议：□录用　□不录用　□推荐其他部门或岗位 _____
拟安排的岗位（必填）：
评审委员会成员签字：
　　　　　　　　　　　　　　　　　　　　　　　　　　年　月　日

拟聘人选审批	
录用意见：□录用　　□不录用 职位： 薪酬： 常驻工作地：□深圳　□其他 _____	竞聘岗位直接上级： 　　　　　　　　年　月　日
人力资源部审批	公司审批
录用意见：□录用　　□不录用 人力资源部门： 　　　　　　　　年　月　日	公司总经理： 　　　　　　　　年　月　日

> 如竞聘者未纳入聘用考虑，则此处的审批栏无须填写

5. 内部竞聘方案

组织一场内部竞聘活动应该像组织企业其他活动或中型、大型会议一样，事先需要策划和撰写活动方案，编制预算，经相关领导审核、审批后再分工到个人和具体实施。下面是某公司内部竞聘方案，供读者参考。

<h2 style="text-align:center">××公司内部竞聘方案</h2>

一、目的

（1）建立科学合理的员工晋升渠道，发掘有潜力的员工，建立公司人才梯队。

（2）体现公司"能者上、平者让、庸者下"的用人机制。

（3）激励员工通过不断学习，提高自身修养，提升工作能力。

二、原则

（1）公平、公开、公正，效率和效果并重。

（2）双向选择、德才兼备、任人唯贤、择优聘用。

（3）能上能下、能进能出。

三、竞聘流程

1．竞聘信息的发布

根据公司管理要求，人力资源部结合《岗位说明书》，利用公司宣传栏、公司外网、公司OA办公平台、微信公众平台等媒介以通知、公告的形式发布竞聘信息。内容包括竞聘岗位、岗位数量、职位名称、职责说明、任职要求、报名时间、报名方式、资料准备、试用方式及时间等。

2．报名及资料整理

（1）根据员工自愿原则，凡符合竞聘岗位任职资格的均可报名参加竞聘。

（2）报名员工到人力资源部填写《员工内部竞聘申请表》，并在公告规定的报名时间内将填好的申请表、学历、学位证书及相关资格证报至人力资源部。

（3）每位竞聘者最多只可报名竞聘一个岗位。

（4）报名截止后，已报竞聘岗位不得再行更改。

3．资格审核（1天）

（1）人力资源部负责人对报名员工所提交的《员工内部竞聘申请表》进行审核后，确定候选人名单并公示，同时对不符合条件的员工予以回复。

（2）内部竞聘员工竞聘资格审核要点

①员工填写的《员工内部竞聘申请表》内容是否真实。

②基本条件是否符合《岗位说明书》中任职资格的要求。

③有无严重的违纪记录，如有则根据最近半年内的工作表现并征求其主管领导意见后确定是否符合要求。

④以上各条如有任意一条不符合，将取消竞聘资格。

4．竞聘考核

人力资源部根据候选人人数情况，做出竞聘笔试与面试的时间安排，并提前3天将安排情况通知到每位候选人。

考察分为笔试与面试两部分，按照先笔试后面试的原则进行。

……

> **Tips** 由于内容较多，书中只列出了本方案的部分内容，其详细内容将在模板中提供，读者可下载完整的管理制度进行参考、使用，下载方法见前言说明。

3.5.4 范本：外部招聘管理制度/流程

企业要从外部快速招聘到合适的人才，需要人力资源部门和各用人部门，甚至包括更高阶领导的紧密配合，各司其职，行使好各自在招聘工作的责任与权力。因此，人力资源部门应建立相应的外部招聘管理制度与流程、表单等，以清晰界定招聘的原则、工作流程、相关人员的权责及其工作要求与工作标准。

1．外部招聘管理制度

相对于内部招聘而言，外部招聘成本比较大，也存在着较大的风险，但外部招聘具有带来新思想和新方法、有利于招聘到一流人才、树立企业形象的特点，而且外部招聘仍然是企业主流的招聘渠道。

下面是某集团公司外部招聘管理制度，供读者参考。

XX公司外部招聘管理制度

第一条　目的

为了确保公司人员招聘、入职管理有章可循，并采用最有效的招聘方式和程序，实现公司人力资源的最佳配置，特制定本管理制度。

第二条　范围

适用于公司总部员工及分公司片区经理级以上（含片区经理级）的招聘、入职、试用期管理。分公司可参照本管理制度执行，也可另行制定管理办法，并报公司人力资源部备案。

第三条　定义

1．外部招聘：人力资源部门通过社会招聘，并经相应的评估程序，最终获取有效人力资源的过程。

2．结构化面试：指在面试前就面试所涉及的内容、试题评分标准、评分方法、分数使用等一系列问题进行系统的结构化设计的面试方式。对应聘相同岗位的应聘者，应测试相同的面试题目，使用相同的评价标准。

第四条　权责

1．用人部门负责提出用人需求、面试、岗位培训、试用期考核，并协助人力资源部建立招聘测试题库。

2．人力资源部负责编制年度人力资源计划、招聘计划、招聘信息发布、应聘资料收集、初选、学历职称审定、背景调查、发出聘用通知书、入职培训、试用期考核跟踪及转正手续的办理等。

3．人力资源部对分公司在招聘政策的制定、人员招聘、入职、试用管理等方面提供技术支持和服务，并有权对其相关工作进行监督和检查，有权对招聘信息进行整合发布。

4．公司相关领导负责员工招聘与转正的审核与批准。

第五条　招聘原则

1．人适其事原则。

2．公平、公正、公开原则。

3．注重能力与实绩原则。

4．先内部调配，后对外招聘原则。

第六条　外部招聘渠道

1．前程无忧、58同城等大众招聘网站。

2．专业人才招聘网站。

3．与高校开展广泛合作，建立人才基地，参加高校招聘会或委托高校的毕业生分配部门推荐。

4．省、市、区人才市场。

5．猎头公司。

6．针对不同岗位，特别是招聘难度大的岗位开发更广泛的招聘渠道，如微信、微博、BBS等。

……

> **Tips**　由于内容较多，书中只列出了本管理制度的部分内容，其详细内容将在模板中提供，读者可下载完整的管理制度进行参考、使用，下载方法见前言说明。

2. 外部招聘流程

人力资源部门根据招聘计划开展招聘工作，一般需要经过招聘信息发布，简历筛选，候选人邀约、面试甄选，直至新员工入职的一系列环节。表3-15所示为比较典型的企业外部招聘流程，供读者借鉴。

表3-15 外部招聘流程

外部招聘流程			
总经理	行政人事部	用人部门	求职者

流程说明：

- 用人部门提出用人需求（用人需求表）
- 行政人事部审核，总经理审批
- 发布招聘信息
- 求职者投递简历
- 筛查简历，通知初试
- 组织面试/笔试（面试登记表）
- 复试（考核评价表）
- 背景调查
- 终评（考核评价表）
- 录用通知
- 办理录用手续（递交受聘资料）
- 签订聘用合同
- 结束

注：用人部门复试后，是否还需要上级领导复试，这取决于该招聘岗位的人事决策权

3.5.5 范本：校园招聘管理制度/流程/方案

有的企业每年只是通过招聘网站招聘为数不多的应届毕业生，从事基层岗位的工作，以作为优化人工成本的一条途径，然而也有相当数量的企业非常注重高校应届生的招募与培养。后者就需要建立相应的管理制度、工作流程及管理工具，以确保校园招聘工作的有序、有效，以及企业在高校良好雇主品牌的树立。

1. 校园招聘管理制度

校园招聘是一种特殊的外部招聘途径。狭义的校园招聘是指公司直接从学校招聘各类各层次应届毕业生；广义的校园招聘是指公司通过各种方式招聘各类各层次应届毕业生。在使用校园招聘时需要注意以下几点。

（1）了解大学生在就业方面的一些政策和规定，以免选中后无法招收。

（2）要注意一部分大学生在就业中有脚踩两只船或几只船的现象，避免的策略是签违约责任。

（3）学生往往会对走上社会的工作有不切实际的估计，对自己的能力也缺乏准确的评价，存在不稳定的因素。

下面是某公司的校园招聘管理制度，供读者参考。

××公司校园招聘管理制度

第1章　总则

第1条　目的

为企业补充富有热情、学习能力强、可塑性强的"新鲜血液"，提高企业活力，特制定本制度。

第2条　校园招聘形式

校园招聘形式包括专场招聘、校园宣讲、实习招募、管理培训、发展俱乐部、拓展夏令营、选秀竞赛等。

第3条　校园招聘原则

校园招聘采取公开招聘的办法，坚持公开公正、择优录用、精干高效、合理配置的原则。根据业务发展及优化人才机构的需要，有计划、分层次地招收新员工充实短缺岗位。同时招聘员工均以品德、学识、能力、经验、身体状况是否适合本岗位及职务需要为原则。

第2章　校园招聘流程

第4条　校园招聘流程图

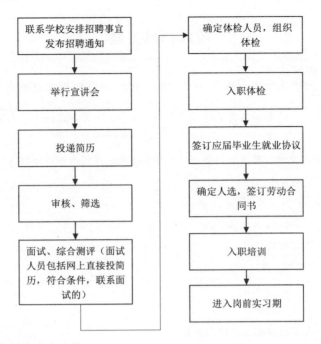

第 5 条 校园招聘的总结

1．统计相关数据，包括简历收集渠道、简历收集量、参加笔试面试人数等。

2．确认是否所有需求职位都已到岗。

3．以直属经理为对象设计一份问卷，调查本次校园招聘的效果，如流程是否紧凑、简历数是否足够、候选人质量及是否过度占有直属经理工作量等。

4．计算本次校园招聘费用，分摊每一候选人招聘成本。

第 3 章　附则

第 6 条　本制度自发布之日起开始执行。

第 7 条　本制度的编写、修改及解释权归人力资源部所有。

2．校园招聘方案

校园招聘一般从 9 月中旬就开始启动，主要集中在每年的 9~11 月和次年的 3~4 月。9 月初是毕业生的最后一个学年，开学后，出于招揽优质人才的考虑，企业可尽早进入校园，通过校园宣讲会等形式提前介入校园招聘活动中。10 月则是校园招聘旺季，会一直持续到 11 月底。次年 3~4 月再出现一次小高潮，主要争夺公务员考试和研究生考试失利的一批毕业生。下面是某公司 2018 年校园招聘方案，供读者参考。

校园招聘方案

一、校园招聘总则

（一）目的

配合公司策略，招聘一批具有专业技术知识基础的人才，充实公司人才队伍，为公司发展进行一定人才储备。

为公司企业文化进行宣传，在具有行业专业优势的院校内维持并建立良好雇主品牌，吸引今后的潜在后备人才。

（二）原则

公平竞争、公开选拔、流程控制、择优录取；对外统一招聘，对内相互协调。

（三）校园招聘项目成员

1．项目领导小组

组长：×××。

成员：各部门第一负责人。

职责：负责校园招聘策略及计划的制订。

2．项目筹备小组

项目成员：人力资源部全体人员及用人部门指定负责人。

职责：负责项目的准备及实施工作。

3．项目实施小组

人力资源部全体人员，用人部门负责人，校园招聘当地分公司人力资源负责人。

（四）校园招聘院校选择原则

重点关注有与公司招聘需求相关的专业学科的院校。

以211重点本科院校为主，以部分有特色的相关专业二本院校为辅，形成合理的人才储备结构。

考虑对于人才的吸引力及稳定性等问题，选择我公司已具备一定雇主品牌基础的院校。

（五）校园招聘前期培训

公司参与校园招聘人员较多，在校园招聘计划实施之前针对校园招聘政策等方面进行统一培训。培训内容包括以下几方面。

1．人力资源政策

培训参与人员：集团人力资源部、参加校园招聘全体人员。

培训内容：校园招聘的计划、校园招聘的流程、宣传计划及内容、毕业生薪酬福利政策、毕业生选拔标准、毕业生常见问题的回答。

2．面试测评技术

培训参与人员：参与校园招聘的全体人员。

培训内容：无领导小组讨论注意事项及评估标准、结构化面试试题的使用及评估标准、笔试试题的使用及评分标准。

二、校园招聘薪酬福利及相关人力资源政策

（一）校园招聘薪酬及福利政策

校园招聘薪酬政策应根据公司目前薪酬政策，结合本年度人才市场薪酬状况，针对毕业生应聘岗位、学历、院校情况进行一定区分，保障对内的公平性及对外的竞争力。

……

> **Tips** 由于内容较多，书中只列出了本方案的部分内容，其详细内容将在模板中提供，读者可下载完整的管理制度进行参考、使用，下载方法见前言说明。

> **Tips** 大学校园招聘的受众不仅仅是应届的毕业生，而且是该校的全部学生。一次成功的大学校园招聘活动，不仅意味着可以招募到优秀的人才，同时还可以在众多低年级学子心目中树立起良好的企业形象，从而在未来的人才争夺中打下基础。另外，相较于社会人才的求职，应届生的求职往往更注重对企业品牌的选择。因此，人力资源部门应在校园招聘活动中着力做好企业雇主品牌的树立与宣传。

3.5.6 范本：人才推荐管理制度/表单

一般来说，公司员工推荐的熟人到公司任职，往往比公司从外部招聘入职的员工具有更好的稳定性，也更容易快速进入工作状态和适应企业。但是，要想员工主动推荐熟人到公司任职，公司需要建立相应的激励与约束机制。

1. 人才推荐奖励制度

推荐法是由本公司的员工根据公司的需要推荐其熟悉的合适人员，供用人部门和人力资源部门进行选择和考核。由于推荐人对用人单位与被推荐者比较了解，因此这种方法较为有效，成功的概率较大。下面是某公司人才推荐奖励制度，供读者参考。

人才推荐奖励制度

第一条　目的

为广纳优秀人才，提高人才引进工作的效率和质量，拓宽公司人才引进渠道，进一步

完善公司内部人才推荐机制，特制定本制度。

第二条　适用范围

1．本制度适用公司全体员工。

2．认同公司企业文化的非公司员工。

第三条　推荐原则

1．声明在先原则。

2．唯才是举原则。

3．遵守程序原则。

4．公开透明原则。

第四条　推荐流程

推荐流程如下图所示。

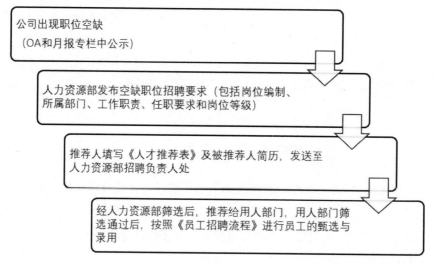

推荐流程

第五条　推荐要求

1．被推荐人认同公司企业文化、人才理念。

2．被推荐人满足人力资源部发布的招聘要求。

3．推荐人提供的被推荐人简历应该准确真实，不能协助被推荐人做任何隐瞒和伪造，否则将取消其推荐候选人的资格。

4．如被推荐人员有任何刑事犯罪记录，或者其他严重影响工作的疾病或传染性疾病，推荐人需如实向公司申明，不可故意隐瞒。

第六条　推荐奖励

内部推荐奖励标准如下表所示。

内部推荐奖励标准表

岗位等级 \ 紧急程度	一级	二级	三级
高管及以上	4000元	6000元	8000元
部门经理级	2000元	3000元	5000元
专业技术级	1000元	2000元	3000元
基层级	300元	500元	800元

注:1.招聘紧急程度由1级向3级逐级递增。

2.1级表示招聘信息发布1个月,仍未到岗的情况;2级表示招聘信息发布2个月,仍未到岗的情况;3级表示招聘信息发布3个月,仍未到岗的情况。

第七条 推荐岗位信息来源

1.以公司在OA公告栏和公司内刊专栏中所发布的职位为准。

2.各分(子)公司人事行政部在每月25日前将需要招聘的岗位进行汇总,将《分(子)公司招聘需求表》交至集团人力资源部招聘负责人处,经人力资源部审核后发布。

3.除以上两个渠道外,公司在官网、智联招聘和前程无忧等招聘网站上发布的职位,推荐成功的,均可获得伯乐奖(奖金300元)。

第八条 奖励金发放

1.被推荐人转正后(以《员工转正申请表》通过审批时间为准),由人力资源部申领奖金,在一个月内一次性发放给推荐人。

2.奖励金以现金形式发放,并且在公司内网和内刊予以报道,以资嘉奖。

3.推荐人不享受奖金的情况。

(1)被推荐人未通过试用期(辞退或自动离职)。

(2)由人力资源部自主完成的招聘。

第九条 不适用本制度的情况

1.公司在接到推荐人推荐信息时,被推荐人已经进入人力资源面试流程。

2.被推荐人曾经为公司服务过,此次录用为第二次推荐入职。

3.集团人力资源部、分(子)公司人事行政部人员不参加推荐奖励的分配。

第十条 附则

1.本制度的解释权属人力资源部。

2.本制度颁布之日起执行。

3.以前文件或规定有与本制度相抵触的条款和规定,按本制度执行。

> Tips 采用推荐法,往往会对推荐人配套必要的奖励政策。然而,更关键的是,推荐人本人就是公司的一员,他是如何评价公司的,他对公司是否有归属感,将更直接影响该员工是否乐于推荐他人来公司任职。所以,人力资源从业者不要整天忙碌于纯事务性工作,着力于规划和打造本企业好的雇主品牌与员工感受将是一件对个人和企业都非常有价值的工作。

2. 人才推荐表

《人才推荐表》用于公司员工针对公司在招岗位推荐非公司人员到公司参加应聘,主要包括三部分内容:一是推荐人信息;二是被推荐人信息;三是审核信息,如表3-16所示。最终被推荐人是否合适,应经过人力资源部门和用人部门的面试、测评,并应按照人事权限履行完录用审核、审批程序。同时,人力资源部门为鼓励内部员工积极推荐应出台相应的内部推荐奖励措施。

表3-16 人才推荐表

推荐人姓名		单位/部门		职务	
与被推荐人关系					
被推荐人姓名		性别		年龄	
学历		推荐职位			
推荐理由			推荐人签名: 推荐日期: 年 月 日		
人力资源部意见					

专家支招

1. 招聘需求的分析与审核不可忽略

一般来说,招聘需求申请是由用人部门提出的,人力资源部门在收到的招聘需求上签署审核意见,然后交上级领导审批。对于审批通过的拟招聘岗位,人力资源部门根据该岗位的岗位说明书，或者用人部门在招聘申请中表述的意见发布招聘信息，启动招聘工作。然而，在现实的工作场景中，其他业务部门往往因为人手紧缺、工作繁忙，一方面催着向人力资源部门要人，一方面降低招聘把关门槛，却又疏于对录用人员进行沟通、引导和带教；在发现新员工与岗位不匹配时，再将责任指向 HR；当 HR 反驳说用人部门面试把关不严时，用人部门又以人力资源部门对候选人推荐迟缓或不利等原因，将责任的皮球踢回来。

面对这种现象，人力资源部门一定要在最开始做好一件事——招聘需求分析。业务部门提上来的招聘需求，HR 不要盲目为招而招，而应明白以下 3 个问题。

（1）业务部门的招聘需求是不是真的。

（2）有哪些隐性的招聘需求需要挖掘或应与用人部门达成一致。

所谓隐性的招聘需求，即候选人应与所属团队的文化、优劣势匹配或互补，与上级的工作风格或性格匹配，具备某几类特定的性格特质等。

（3）对于候选人的甄选把关，人力资源部门与用人部门之间如何分工侧重。

2. 特殊招聘渠道的选择

众所周知，有相关工作经验的人往往比没有相关工作经验的人更快上手工作，有同行业同岗位工作经验的人往往比其他行业从事类似岗位的人更快上手工作。因此，公司的人力资源部门完全可以考虑借鉴猎头的方式，主动寻找同行业、同岗位的在职人员，通过事业和薪酬吸引他们加入自己的企业。例如，房地产公司招聘项目经理，招聘人员可以到周边在建工地转转；工厂招聘熟练技工，可以到其附近工厂职工下班后经常经过或聚集的地方张贴、传发招聘广告；需要招聘导购，可以以顾客的身份去购物场所，与导购搭讪，从而物色理想的导购人选。

3. 多个层级的岗位同时招聘，怎样选用招聘渠道

对于公司有高层、中层、基层等多层级、多专业岗位需要招聘时，人力资源部门应打好招聘渠道的"组合拳"，实现内部招聘与外部招聘、线下招聘与线上招聘、自主招聘与中介招聘的优化组合。

中高层岗位一般采用网络招聘和专业大型招聘会的方式进行，因为只有专业的招聘网站和专场的人才招聘会才会吸引中高端人才去求职。由于中高层人才比较稀缺，如果公司短时间内招不到合适的高端人才，或者对应聘者的专业性、任职资格或从业经历要求较高，可以通过猎头公司进行招聘。

门店基层员工的招聘工作及主要招聘职责应下放到门店，如在门店门口张贴招聘广告，并安排在门店初试，通过的候选人再到公司参加复试并确定是否录取。即使门店正在装修，也可以在店外张贴招聘广告，如门店店长、导购和营业人员；也可以到招聘会或委托人才中介机构进行招聘。事实上，此类岗位招聘效果最好的途径其实是内部员工的推荐，如果人力资源部门能够在这条渠道上做好功课，将起到事半功倍的效果。

4. 拟订招聘广告应注意的事项

企业在拟订招聘广告时，应注意以下几个方面的事项。

（1）避免就业歧视。

根据《中华人民共和国就业促进法》规定，劳动者享有平等就业的权利，如果受到用人单位的就业歧视，劳动者可以向当地人民法院提起诉讼。例如，如果招聘广告包含"性别、婚姻状况、民族、户籍、健康状况"等方面的不合理或不合法限制，就涉嫌就业歧视。

（2）明确招聘职位的录用条件。

根据《中华人民共和国劳动合同法》规定，劳动者在试用期间被证明不符合录用条件，单位可以立即解除劳动合同。因此，明确的录用条件是企业行使合法解除劳动合同权利的前提。

（3）避免现实无法兑现的虚假信息。

部分HR为了获得更多的求职者简历，扩大选择面，有时甚至为了达到公司的绩效考核指标，会选择对招聘岗位的待遇、工作内容、公司简介过度包装或虚假描述。但这样做，容易导致求职者对公司非常负面的评价，认为公司有意欺骗，因而不利于公司良好口碑的传播。有的求职者，因为心怀不满，甚至会在网络上发布对公司的负面评价，最终影响了企业的社会形象，增加了招聘难度。

高效工作之道

1. 用 Word 制作校园招聘海报

通过校园招聘时，很多企业会要求 HR 使用 Word 制作一份关于校园招聘的宣传海报，这样在招聘人才时，应聘人员可直接通过招聘海报获取招聘的信息，从而得到更多应聘人员的关注。使用 Word 制作校园招聘海报的具体步骤如下。

步骤 1 新建一个【校园招聘海报】文档，单击【设计】选项卡【页面背景】组中的【页面颜色】按钮，在弹出的下拉列表中选择【其他颜色】选项，打开【颜色】对话框，选择【自定义】选项卡，在【红色】【绿色】和【蓝色】数值框中分别输入【0】【94】【168】，单击【确定】按钮，如图 3-3 所示。

步骤 2 返回文档编辑区，查看设置页面颜色后的效果，单击【插入】选项卡【插图】组中的【图片】按钮，打开【插入图片】对话框，选择【跳跃.png】图片，单击【插入】按钮，如图 3-4 所示。

图 3-3 设置页面背景颜色

图 3-4 插入图片

步骤 3 选择插入的图片，单击【图片工具-格式】选项卡【排列】组中的【环绕文字】按钮，在弹出的下拉列表中选择【浮于文字上方】选项，选择的图片将浮于文档中，如图3-5所示。

步骤 ④ 选择图片，单击【大小】组中的【裁剪】按钮，此时图片四周将出现裁剪框，将鼠标指针移动到裁剪框对应的裁剪点上，按住鼠标左键不放进行拖动，裁剪图片多余的部分，裁剪完成后，再次单击【裁剪】按钮退出裁剪操作，如图3-6所示。

图3-5 选择图片环绕方式

图3-6 裁剪图片

步骤 ⑤ 将图片调整到合适的位置和大小，在图片左侧绘制一个斜纹形状，将形状的样式设置为【半透明 - 灰色，强调颜色3，无轮廓】，如图3-7所示。

步骤 ⑥ 在页面中绘制一个横排文本框，输入【WE NEED YOU】，将字体设置为【Arial Unicode MS】，字号设置为【32】，单击【加粗】按钮 B，然后单击【文本效果和版式】按钮 A，在弹出的下拉列表中选择【阴影】选项，在弹出的扩展列表中选择【偏移：右下】选项，如图3-8所示。

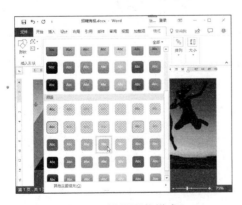

图3-7 设置形状样式

图3-8 设置文字效果

步骤⑦ 将文本框样式设置为【半透明-金色，强调颜色4，无轮廓】，打开【布局】对话框，在【大小】选项卡【旋转】选项区域【旋转】数值框中输入【311°】，单击【确定】按钮，如图3-9所示。

步骤⑧ 选择文本框，将其移动到斜纹形状上方，使部分与形状重合，插入【填充：黑色，文本色1；边框：白色，背景色1；清晰阴影：蓝色，主题色5】艺术字样式文本框，输入【2018年校园招聘会】，将字体设置为【李旭科毛笔行书】，字号设置为【70】，艺术字颜色设置为【紫色】，如图3-10所示。

图3-9 设置旋转角度

图3-10 设置艺术字效果

步骤⑨ 在艺术字文本框处绘制一个【箭头：五边形】形状，选择形状，单击【绘图工具-格式】选项卡【排列】组中的【后移一层】下拉按钮，在弹出的下拉列表中选择【衬于文字下方】选项，如图3-11所示。

步骤⑩ 将鼠标指针移动到形状右侧上方黄色的控制点上，向左拖动调整形状的箭头位置。绘制一个矩形，将其填充为【橙色（RGB：245，101，41）】，取消形状的轮廓，为形状添加【偏移：下】阴影效果，如图3-12所示。

步骤⑪ 在形状中输入需要的文本，并对文本的字体格式进行相应的设置，将鼠标光标定位到【市场营销】文本前，单击【段落】组中的【项目符号】下拉按钮，在弹出的下拉列表中选择需要的项目符号，如图3-13所示。

步骤⑫ 使用相同的方法继续添加其他形状，效果如图3-14所示。

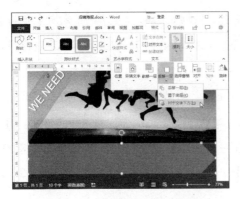

图 3-11 设置形状排列顺序

图 3-12 设置形状阴影效果

图 3-13 设置项目符号

图 3-14 添加其他招聘岗位

步骤 13 在页面下方插入【二维码.png】图片,在图片下方和右侧插入文本框,输入需要的文本内容,然后按住【Shift】键拖动鼠标,在二维码图片和上方的矩形形状之间绘制一条直线,如图 3-15 所示。

步骤 14 将直线粗细设置为【1.5 磅】,直线类型设置为【短画线】,如图 3-16 所示。

图 3-15 绘制直线

图 3-16 设置直线

步骤⑮ 使用相同的方法绘制其他需要的直线,并根据需要对直线的长短进行调整,完成校园招聘海报的制作,最终效果如图3-17所示。

图3-17　最终效果

2. 用Excel中的图表对招聘渠道进行有效分析

对招聘渠道进行分析,HR在下次招聘时,就可以根据招聘结果来选择合适的招聘渠道,这样就可以有效地提高招聘效率。使用Excel对招聘渠道进行分析的具体步骤如下。

步骤① 打开"素材文件\第3章\招聘渠道分析.xlsx"文件,选择A2:E8单元格区域,插入簇状柱形图,将图表调整到合适的大小和位置,为图表应用图表样式11,将标题设置为【不同招聘渠道招聘的人数】,如图3-18所示。

步骤② 选择B2:E2和B10:E10单元格区域,插入饼图,为饼图应用图表样式5,

将标题更改为【不同招聘渠道的占比分析】，单击【快速布局】按钮，在弹出的下拉列表中选择【布局1】选项，如图3-19所示。

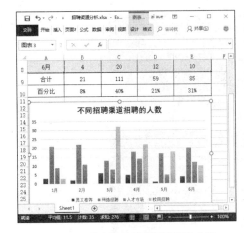

图3-18　分析不同渠道招聘的人数　　　　图3-19　设置图表布局

步骤③ 将饼图扇形区域外的数据标签移动到对应的扇区中，加粗显示饼图中的数据标签，在【设置数据系列格式】任务窗格中将【系列选项】选项卡下的【饼图分离】设置为【4%】，最终效果如图3-20所示。

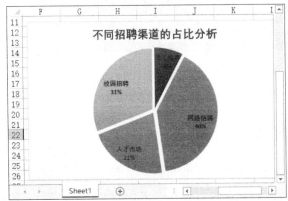

图3-20　最终效果

3. 用H5制作特效招聘页面

随着微信的迅猛发展，现在很多企业会采用H5界面来展示企业风采、员工活动及招聘计划等，不仅画面丰富美观，而且可以进行动态展示，发布到社交圈，非常有特色，受到很多企业或个人的青睐。

移动端提供了很多制作 H5 页面的 App，可以直接采用提供的模板，快速制作出具有吸引力的 H5 招聘页面。下面使用易企秀 App 在移动端制作 H5 招聘页面，具体操作步骤如下。

步骤① 注册登录到易企秀 App，在首页选择【企业招聘】导航，在界面中点击【社会招聘】图标，如图 3-21 所示。

步骤② 在【社会招聘】界面中显示了与社会招聘相关的多个模板，有免费和收费两种，选择需要的模板，如选择【绚烂水彩招聘模板】选项，如图 3-22 所示。

步骤③ 在打开的界面中显示该模板，点击【使用】按钮，如图 3-23 所示。

图 3-21　选择招聘途径　　　图 3-22　选择模板　　　图 3-23　使用模板

步骤④ 点击界面上方的 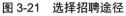 按钮开启自由模式，点击模板中的二维码，图片出现蓝色的边框，点击图片上方出现的 按钮，如图 3-24 所示。

步骤⑤ 打开手机照片，在【相机胶卷】下拉列表中选择更换图片所保存的位置，如选择【QQflie_recv】选项，如图 3-25 所示。

步骤⑥ 在界面中将显示 QQflie_recv 文件夹中的图片，选择二维码图片，点击 按钮进行确认，如图 3-26 所示。

图 3-24　选择需更改的图片　　图 3-25　选择图片文件夹　　图 3-26　选择图片

步骤 7　返回界面后选择【高级设计师】文本框，点击 按钮，如图 3-27 所示。

步骤 8　在打开的界面中将【高级设计师】更改为【图书编辑】，点击 按钮确认，如图 3-28 所示。

步骤 9　使用相同的方法继续对模板中的其他文本进行修改，如图 3-29 所示。

图 3-27　选择文本框　　　　图 3-28　更改文本　　　　图 3-29　更改其他文本

步骤 10　点击界面下方的【文字】工具，在打开的界面中输入【恒图教育咨询有限公司】，点击 按钮确认，在界面中拖动文本框对文字位置进行调整，点击下方的【样式】工具,在打开的界面下方点击【居中】和【加粗】按钮,将字号设置为【20】,颜色设置为土黄色,如图3-30所示。

步骤⑪ 点击【特效】工具,点击【环境】文本,选择需要的环境特效,如选择【烟花】选项,如图3-31所示。

步骤⑫ 对制作的H5页面进行保存,完成H5招聘页面的制作,在【场景】界面中点击【分享】文本,在弹出的面板中可选择分享的方式,如图3-32所示。

图3-30 设置文本格式

图3-31 添加烟花特效

图3-32 选择分享方式

步骤⑬ 分享后,可以单击预览效果,最终效果如图3-33所示。

图3-33 最终效果

4. BOSS 直聘，移动互联网的招聘神器

BOSS 直聘是一款帮助应聘者实现在线求职的免费招聘工具，专为应聘者和企业 BOSS 搭建的高效沟通平台，是现在比较流行的一种招聘方式。

面对面交流是 BOSS 直聘受到企业和应聘者青睐最主要的一个原因，对于应聘者而言，直接与企业 BOSS 进行在线沟通，可以更好地了解企业，省去多次面试的应聘环节和所花费的时间、成本，大大提高了找工作的效率；对于企业而言，因不受地域限制、人才多，可以精准定位职位最优人选，将招聘时间缩到最短，大大减少招聘成本，提高招聘效率。

BOSS 直聘既有网页版，也有移动版，当企业需要通过 BOSS 直聘招聘人才时，需要先注册登录到 BOSS 直聘网页或 App 中，填写公司信息并进行认证，然后就可发布职位，如图 3-34 所示。发布职位后，企业 HR 可以通过选择道具筛选应聘者，如图 3-35 所示。如果要与应聘者沟通，可直接点击应聘者头像或文字链接，在打开的页面中显示应聘者的相关信息，点击【立即沟通】按钮即可，如图 3-36 所示。

图 3-34　发布招聘信息　　图 3-35　筛选出的应聘者　　图 3-36　与应聘者沟通

当有求职者对发布的招聘岗位感兴趣时会发送信息，在【信息】界面中可查看到接收的信息，打开求职者发送的信息，即可进行查看，并与求职者进行沟通，

如图 3-37 所示。

图 3-37 与求职者进行沟通

第 4 章
面试与甄选管理

规范的面试与甄选不仅可以招聘到契合公司需要的人才,而且可以向应聘者展示公司良好的企业形象。前面的员工招聘管理中就整个招聘工作的制度建设、工作流程、渠道选择、方案设计等做了总体的介绍,本章就招聘工作中最具技巧性和实操要求的面试与甄选环节进行具体、深入的介绍。

4.1 面试与甄选程序

发布招聘信息后,人力资源部需要在尽可能短的时间内对收集到的应聘者简历或其他相关资料按照招聘条件进行筛选,以确定适宜参加面试的候选人,然后通知面试。

4.1.1 筛选简历

招聘工作是占用公司 HR 时间非常多的工作,而要提高招聘效率,首先就要做到快速地筛选简历。对应聘者的简历筛选,主要考察以下 3 个方面。

1. 个人基本信息

(1)根据公司对该岗位的任职资格要求,在 3~10 秒内即可做出判断,筛选掉不符合硬性条件的简历。所谓硬件条件,即指求职者的性别、年龄、学历、业绩、相关工作经历等方面。

(2)如非公司专门招聘应届毕业生,一般来说,企业需结合岗位的要求,筛选掉没有工作经历或工作时间不长的候选人。另外,根据员工的职业发展,不同职级的人员有其主要集中的年龄段,如超过或未到达这个年龄段,都可以迅速考虑筛选掉。

2. 过往工作经历和工作内容

(1)过往的工作经历、工作岗位与公司招聘的岗位是否相近或吻合。有的公司非常注重求职者的行业经历，HR 也可据此进行快速的简历筛选。

（2）工作时间长短与专业深度的符合情况，若发现候选人升迁经历过于突然，如缺乏衔接、过渡或过渡时间过短等，则需在面试时重点考察。

（3）过往的工作内容是否与招聘岗位的工作任务匹配。如果公司要招擅长成本控制的财务经理，而候选人虽然担任过财务经理，但是一直都在商业型企业任职，那么 HR 有理由顾虑该候选人的成本控制经验和专业度可能与企业期望有一定距离。

（4）行业经历。一般而言，有明确职业定位的人，特别是管理岗位的人员，会限定在某个行业内，如果简历上行业跨度大，不具有相关性，就可以看出此人职业定位模糊。当然，这也需视岗位的性质而定，相对而言，人力资源管理、行政管理、财务管理等职能性岗位对行业的要求较为宽松。

3．其他信息

另外，如求职者频繁换工作，或者要求的待遇过高，公司很难满足，这样的简历可以直接筛选掉。如求职者在公司的多个岗位都有投递简历，且过几天又重复投递，HR 可对此求职者设置屏蔽或不再接收此人简历。如一些非管理类常规岗位，候选人在外地，且标注了多个可选工作地，这样的简历一般可直接筛选掉。

4.1.2　通知面试

对于筛选出的简历，应及时协调面试考官的面试时间，通知候选人参加面试。一般情况下，对于一个岗位录用人选的确定往往不会仅仅经历一轮面试，而是要经过初试、复试，甚至多轮复试。具体每轮面试的考官和考评内容应结合该岗位职级、上下级关系和领导意见等方面提前确定。由于人员的录用涉及重要的人事权限，因此每个岗位的面试环节应有标准并固化下来。

一般情况下，多数公司会由人力资源部门进行候选人的初试；有些情况下，为了提高招聘效率，缩短面试周期，用人部门与人力资源部门可以联合面试，或者将人力资源部门的初试与用人部门的复试安排在同一天先后进行。

在通知候选人面试时，除了约定面试时间外，部分岗位还可要求面试候选人携带自己的过往作品或工作成果前来，如平面设计师、网页设计师等。

4.2 面试方法与技巧

在"员工招聘管理"这一章,我们学习了招聘的流程,但事实上,招聘流程中的每个环节又是由多项工作步骤实现的。面试和甄选作为招聘工作中的重要环节,有必要进行更具体的方法与技巧的学习。

4.2.1 常见面试类型

面试是一种经过组织者精心设计,在特定场景下以考官对考生的面对面交谈与观察为主要手段,由表及里测评考生的知识、能力、经验等有关素质的考试活动。

大多数企业进行人员面试主要采用的方法是面谈,通过面谈可以对应聘者的信息进行灵活、全面的了解。但是随着广大求职者参加面试的技巧越来越娴熟,经验越来越丰富,企业仅凭单一、单次的普通面谈,会容易遭遇"看走眼"的情况,因此面试的类型和形式也随之更趋于丰富和专业化。下面介绍一些常见的面试分类,有助于读者拓宽面试选人的思路。

1. 根据面试标准化程度分类

(1) 结构化面试:指面试题目、面试实施程序、面试评价、考官构成等方面都有统一明确的规范的面试,其中最典型的是公务员面试。

(2) 非结构化面试:对与面试有关的因素不做任何限定的面试,也就是通常没有任何规范的随意性面试,如常见的聊天式提问面试。例如,某些企业的总经理或老板面试候选人。

(3) 半结构化面试:指对面试的部分因素有统一要求的面试,如规定有统一的程序和评价标准,但面试题目可以根据面试对象而灵活调整变化。例如,常见的无领导小组讨论,或者在结构化面试基础上简化了试题开发程序的面试等。

2. 根据面试对象分类

(1) 单独面试:指主考官与应试者单独面谈。

(2) 小组面试:指多位应试者同时面对主考官面试的情况,如无领导小组讨论。

3. 根据面试进程分类

(1) 一次性面试:指用人单位对应试者的面试集中于一次进行。

（2）分阶段面试：可分为两种类型，一种是"依序面试"，一种是"逐步面试"。依序面试一般分为初试、复试与综合评定三步；逐步面试一般是由用人单位面试小组成员按照职务级别由低到高的顺序，依次对应试者进行面试。

4．根据面试风格分类

（1）压力性面试：将应试者置于一种人为的紧张气氛中，让其接受如挑衅性的、刁难性的刺激，以考察其应变能力、压力承受能力、情绪稳定性等。

（2）非压力性面试：在没有压力的情景下考察应试者有关方面的素质。

5．根据面试形式分类

（1）常规面试：主考官和应试者面对面以问答形式为主的面试。

（2）情景面试：突破了常规面试考官和应试者一问一答的模式，引入了无领导小组讨论、公文处理、角色扮演、演讲、答辩、案例分析等人员甄选中的情景模拟方法。

（3）综合性面试：兼有前两种面试的特点，而且是结构化的，内容主要集中在与工作职位相关的知识技能和其他素质上。

6．根据面试途径分类

（1）电话面试：无须直接面对面而是以电话交流为途径的面试。

（2）视频面试：指通过视频聊天的方式对求职者面试。

（3）现场面试：指面试官与求职者面对面直接交流沟通。

4.2.2　基于行为的 STAR 面试法

行为面试也称行为事件访谈，是一种效率较高的面试技术。由于行为面试法采用了 STAR 原则，因此又称为 STAR 面试法。STAR 是 Situation（情境）、Task（任务）、Action（行动）和 Result（结果）4 个英文单词首字母的组合。通常，应聘者求职材料上写的都是一些结果，描述自己做过什么，成绩怎样，比较简单和宽泛。而面试官则需要了解应聘者如何做出这样的业绩，做出这样的业绩都使用了一些什么样的方法，采取了什么样的手段，通过这些过程，面试官可以全面了解该应聘者的知识、经验、技能的掌握程度，以及他的工作风格、性格特点等与工作有关的方面。

STAR 模型：

情境（S）——描述员工经历过的典型的工作情境或任务。

任务（T）——描述在那种情境下要完成的任务是什么。

行动（A）——描述他/她为完成任务说了什么、做了什么。

结果（R）——描述采用的行动所取得的整体结果是什么（包括积极的、消极的、有成效的、无收益的等）。

4.2.3 结构化面试法

传统的面试方式，面试官提问较为随意，想到什么问什么，然后根据自己识人、相人的经验对求职者给出评价和录用建议。但是这种面试方式存在明显的弊端，一方面，它对面试官的面试经验和面试水平要求较高；另一方面，问题的设计与录用评价也夹杂着过多的主观意识，增加了录用风险。在这种情况下，结构化面试应运而生。所谓结构化面试，也称标准化面试，是根据所制定的评价指标，运用特定的问题、评价方法和评价标准，严格遵循特定程序，通过测评人员与应聘者面对面的言语交流，对求职者进行评价的标准化过程。

1. 结构化面试的功能

（1）区分功能：在一定程度上能够区分出求职者的相对差异，依据量化结果可做参照和比较。

（2）评定功能：能在一定程度上评价、鉴别求职者某些方面的能力、素质和水平是否达到了规定的某一标准。

（3）预测功能：面试中的考察要素与职位/岗位要求一一对应，体现以用为考的原则，能在一定程度上预测应试者的能力倾向和发展潜力，预测应试者在未来岗位上的表现、成功的可能性和成就。

2. 结构化面试的特点

结构化面试具有其独特的特点，具体内容如下。

（1）测评要素结构化：企业会为求职者设置相同的题目和答案要点，由面试考官根据求职者表现进行评分。

（2）面试程序结构化：面试的指导语、面试时间、面试问题的呈现顺序、面试的实施条件都是相同的。

（3）考评小组结构化：考评小组成员通常是两人以上，且为单数，并根据专业、职务等按一定比例进行科学配置。结构化面试需要设主考官1名，负责向求职者提问并掌控整个面试过程。

（4）评分标准结构化：每个测评要素都有严格的操作定义和考察要点，并且每个评分等级都有对应的行为表现。

3．结构化面试的测评要素

结构化面试测评要素的确定应依据面试的具体要求而定，一般有以下内容。

（1）逻辑思维能力：通过分析与综合、抽象与概括、判断与推理，揭示事物的内在联系、本质特征及变化规律的能力。

（2）语言表达能力：清楚流畅地表达自己的思想、观点，说服动员他人，以及解释、叙述事物的能力。

（3）综合分析能力：能否对所提出的问题抓住本质、要点，充分、全面、透彻而有条理地加以分析。

（4）人际协调能力：有人际交往方面的倾向与技巧，善于处理复杂人际关系，调和各种冲突。

（5）动机与岗位匹配性：对职位的选择是否源于对事业的追求，是否有奋斗目标，并为了目标积极努力、兢兢业业、尽职尽责。

（6）计划能力：对实际工作任务提出实施目标，进行宏观规划，并制订实施方案的能力。

（7）组织、协调能力：根据工作任务，对资源进行分配，同时控制、激励和协调群体活动过程，使之相互配合，从而实现组织目标的能力。

（8）应变能力：在实际情景中，面对意外事件能迅速地做出反应，寻求合适的方法，使事件得以妥善解决的能力。

（9）情绪稳定性：情绪的自我控制能力，语调、语速的控制，语言的遣词等是否理性，以及对压力、挫折、批评的承受能力。

（10）专业学识和技能部分表现在以下几方面。

①专业性知识水平和培训经验：应试者的教育背景和学历水平，以及曾参加过的进修、培训的时间和水平。

②专业应用水平和操作技能：对高专业化仪器的功能和使用的了解和掌握程度，或者在相关专业项目的程序设计、组织和监控等方面的经验和技术熟练度。

③一般性技术能力水平：如计算机应用水平、驾驶水平等。

④外语水平：所掌握的外语语种和数量，在听、说、读、写方面可达到的熟练水平，已获得的有关等级证书。

4. 结构化面试的步骤

采用结构化面试方法甄选应聘者，HR 可按照以下步骤进行操作。

（1）岗位分析。在进行岗位分析时，HR 应明确招聘岗位的岗位职责，进而确定岗位的任职资格。同时，HR 还应确定应聘者的性别、年龄、学历、工作经验等，从而确定面试问题的设计依据和考评要素，以达到将适合的人选放在合适的岗位上。

（2）确定测评要素。HR 应先对职位进行分析，确定结构化面试的具体测评要素，然后在每个测评的维度上预先编好面试题目及相应的评分标准，以对应聘者的行为表现进行划分和界定，使每位考官对应聘者的评价有统一的维度，保证甄选测评的公平、合理。

（3）确定面试试题。结构化面试的考题通常采用开放型试题，如行为类试题"请简述你认为自己做得最成功的一件事"，情景类试题"假如你现在已经应聘成功，你将如何开展各项工作"，以及解决问题型试题"当上级领导提出的方案与你不同时，你会怎样做"等。

（4）确定考评标准。面试考评标准通常包括以下 3 个方面。

①指标，即反映应聘者素质的典型行为表现。

②评价等级，即描述这些行为所体现的各种能力和心理素质的数量水平和质量等级。

③评价标准，即不同等级对应的指标表现与评价。

读者可参考 4.3.2 节《销售主管结构化面试方案》中的《结构化面试评分表》，以进一步了解考评标准的设计思路与方法。

4.3 面试与甄选实操范本

在面试与甄选环节，非常强调规范化的流程管理与科学、有效的面试方案，以及表单、工具的设计与应用，以提高招聘面试的工作效率、人员甄选的准度，并在候选人心目中树立良好的雇主形象。

4.3.1 范本：面试与甄选实操制度 / 流程 / 表单

有很多企业，虽有应聘登记表等面试时需要用到的工具表单，却没有规范面试工作的管理制度，以致面试工作效率大打折扣。因此，在进行面试与甄选工作时，应遵循相应的管理制度，按照相应的流程来操作。

1．员工面试管理制度

面试管理制度用以规范公司面试的各个环节，下面是某公司的员工面试管理制度，供读者参考。

员工面试管理制度

第一章 总则

第 1 条 目的

为了规范面试管理工作，提高面试效率，为公司更好发展招聘到合适的人才，特制定本制度。

第 2 条 适用范围

本制度适用于公司所有面试管理工作。

第 3 条 面试管理职责

1．人力资源部负责面试的组织、实施工作，并有效解决面试过程中出现的问题。

2．用人部门负责对通过初试的人员进行复试，并将复试结果通知人力资源部，同时做好与人力资源部的配合、沟通工作。

第二章 面试的准备

第 4 条 面试官安排

面试官安排一览表		
面试岗位级别	初试面试官	复试面试官
副总、总监、总工	人力资源主管副总	总经理
经理级	主管副总/人力资源总经理	总经理/主管副总
主管级	人力资源部经理/招聘主管	部门经理
普通员工	招聘主管、专员	部门经理
备注	面试官不能与候选人有任何私人关系	

第 5 条 面试考官应具备的条件

1．本公司人力资源部工作人员作为面试官，需要给人一种好感，能够很快与应聘者交流意见，因此面试官必须表现得十分开朗，让应聘者愿意将自己想说的话充分表达出来。

2. 面试官必须培养极为客观的个性，理智地去判断一些事务，绝不能因某些非评价因素而影响了对应聘者的客观评价。

3. 不论应聘者的出身、背景之高低，面试人员都应尊重应聘者所表现出来的人格、才能和品质。

4. 面试官必须对整个公司组织情况、各部门功能、部门与部门间的协调情形、人事政策、薪资制度、员工福利政策有深入的了解，才能应对应聘者随时提出的问题。

5. 面试官必须彻底了解该应聘职位的工作职责和必须具备的学历、经历、人格条件与才能。

第 6 条　从面试中应获得的信息

1. 观察应聘者的稳定性。应聘者是否无端常换工作，尤其注意应聘者换工作的理由，假如应聘者刚从学校毕业，则要了解应聘者在学校中参加过哪些社团，其稳定性与出勤率如何。另外，从应聘者的兴趣爱好中也可以看出应聘者的稳定性。

2. 研究应聘者以往的成就。应聘者过去有哪些特殊工作经验与特别成就。

3. 了解应聘者应付困难的能力。应聘者过去面对困难或障碍时是经常逃避，还是能够当机立断解决问题。

4. 了解应聘者自主能力。应聘者的依赖心是否极强？如应聘者刚从学校毕业，则可观察他/她在读书时是否一直喜欢依赖父母。

5. 对事业的忠心。从应聘者谈过去主管、部门、同事及从事的事业，就可判断出应聘者对事业的忠诚度。

6. 与同事相处的能力。应聘者是否一直在抱怨过去的同事、朋友、公司及其他各种社团的情形。

7. 应聘者的领导能力。当公司需要招聘管理者时，特别要注意应聘者的领导能力。

……

> **Tips**　由于内容较多，书中只列出了本管理制度的部分内容，其详细内容将在模板中提供，读者可下载完整的管理制度进行参考、使用，下载方法见前言说明。

2. 面试管理流程

整个面试流程就是企业与应聘者互动、相互认知的过程。这个过程的组织、安排是否专业、有计划性、有礼有节，将直接影响应聘者对公司的初步印象，是应聘者是否愿意加盟公司的重要考虑依据。面试管理流程如表 4-1 所示。

表 4-1 面试管理流程

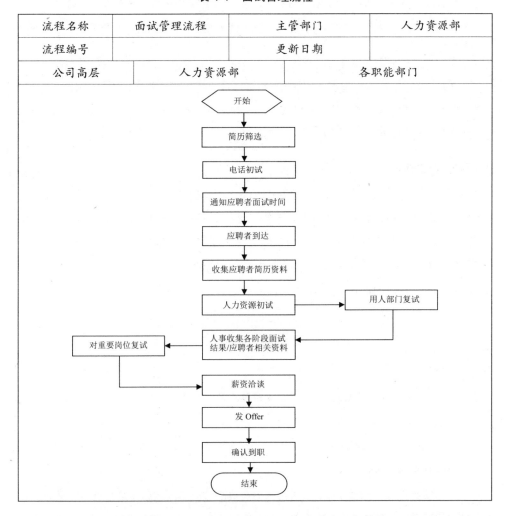

> **Tips** 在面试流程的设计工作中,有两点需要特别注意。
>
> 其一,不同层级的岗位其人事决策权也在不同层级的管理者手中,具体要依据公司最高负责人对于人事权限的下放情况而定。但是人力资源部应主导和推动最高负责人进行人事权限的下放和明确,避免任何层级的岗位人事流程都走到公司最高负责人一级。否则会流程过长,影响效率;而且更重要的是,如果中层干部没有任何人事决策权而只有提案和审核权,并不利于调动他们的管理工作积极性和管理责任意识。
>
> 其二,虽然面试的题型和问题丰富多样,但是人才的甄选并非只有面试一种手段。笔试对于招聘频率较高的岗位可以大幅节约甄选时间,而且容易发现候选

> 人在面试环节被忽略或判断不准的关键特质；而无领导小组、文件筐、心理测试等人才测评技术的应用，有利于企业为核心、关键岗位更加有效、准确地甄选到匹配的人选。
>
> 另外，企业需要建立清晰、规范、有计划、分层级的面试流程；而具体的人才甄选则无须拘泥于程序，相反人才甄选更强调技巧、经验和对人心的洞悉。因此，企业如建立了面试流程，则无须再专门梳理甄选流程，而应该把精力花在对面试考官的考察和培训上。

3. 甄选管理制度

招募和甄选是人才招聘过程中两个相对独立的概念。人才招募是为了满足当前空缺岗位或未来新设岗位的用人要求，寻找、吸引、获取一定数量符合资格要求的应聘者到企业来应聘的过程。而人才甄选就是通过排除的方式来确定出哪些应聘者最有可能取得预期工作成果或达成绩效要求的过程。

下面是某公司的面试人员甄选管理制度，供读者参考。

甄选管理制度

1. 目的

为规范公司面试人员甄选，保证面试及招聘质量，特制定本制度。

2. 适用范围

本制度适用于公司面试工作过程中的面试人员甄选。

3. 甄选基本原则

（1）以德为选，德才并重。公司用人的先决条件是个人道德品质良好，在识别应聘者道德品质的基础上确认其工作能力。

（2）思维严谨，创新开拓。所选用的人员须具备严谨清晰的思维，不仅思路具有条理性和统筹性，而且创新意识和大胆开拓的精神要强。

（3）敬业专一，激情工作。所选用的人员须具有良好的敬业精神和对工作全身心投入的热情。

（4）形象端庄，诚恳谦和。所选用的人员须形象气质良好，且诚实守信、谦虚亲和，能与公司大集体很好地融合。

（5）任人唯贤，举贤不避亲。个人的专业素质水平和其工作能力是人员任用的关键。

4. 甄选约束条件

凡有下列情况者，不得选用。

（1）受有期徒刑宣告或通缉，尚未结案者。
（2）被剥夺公民权利尚未有权者。
（3）吸食毒品或有赌博嗜好者。
（4）亏欠公款受处罚者。
（5）患有精神病或传染病者。
（6）品性恶劣，被公、私营单位开除者。
（7）体检不适合公司要求者。
（8）未满16岁者。
（9）其他特殊要求。

5. 面试人员甄选应聘人员过程中应避免的错误

（1）与我相似。

大多数人都喜欢与自己相似的人，或者与自己的爱好（如都喜欢看足球）相似的人。因此，有时面试官很可能对与自己相似的候选人有更多的好感，甚至会因为这种好感而选择这样的候选人，并直接淘汰掉其他人选。

（2）晕轮效应。

晕轮效应又称"光环效应"，属于心理学范畴，是指当认知者对一个人的某种特征形成好或坏的印象后，他还倾向于据此推论该人其他方面的特征，这本质上是一种以偏概全的认知偏误。例如，面试官认为从事销售的人员应该西装笔挺，而求职者却穿着休闲装前来面试，由于面试官特别介意这一点，结果就未录用。

作为面试人员，应尽量做到客观、全面地考核应聘者，避免晕轮效应。

（3）对比效应。

对比效应是指试官面试了多名候选人，通过几人的对比，选出其中最优的，从而决定录用，却忽略了这名相比而言的最优者，是否真的符合岗位需求。面试人员在遇到这样的情况时，应牢记"最好的不一定是最适合的"。同时，面试人员还应注意以职位对照人，以素质要求对照人，而不是人比人。

（4）首因效应和近因效应。

首因效应和近因效应有很多相似之处，是指面试者在甄选应聘者时，通常能记住的是第一个和最后一个候选人，而与中间那些应聘者的面试访谈如未做好专门的面试记录，则很可能因淡忘而不会选择。因为会淡化，记不住他们，只记住第一个，称为首因，记住最近的，称为近因。

为了避免这个错误，每个面试人员应提前做面试计划，面试过程中做面试笔记，面试结束恰当评价。

（5）盲点。

面试者会刻意淡化应聘者与自己一样的缺点，这就是盲点。面试者在甄选应聘人员时，应时刻保持清醒和理智，甄选出合适的人选。

……

> **Tips** 由于内容较多，书中只列出了本管理制度的部分内容，其详细内容将在模板中提供，读者可下载完整的管理制度进行参考、使用，下载方法见前言说明。

4．面试通知单

面试通知单分为初次面试通知单和复试面试通知单，可通过邮件、手机短信的方式发送给应聘者。

（1）初次面试通知单。下面是某公司初次面试通知单的范本，供读者参考。

××有限公司
面试通知单

_____ 先生/小姐：

您投递我公司 _____ 职位的简历已收到，恭喜您通过简历筛选，现诚邀您到公司参加面试。

面试时间：____年__月__日__时__分

面试地址：_____

乘车路线：_____

联系电话：_____

注：届时请携带身份证、毕业证、技术职称证、一寸照片两张等相关材料。如有不便，请提前与本公司人力资源部联系。

××有限公司人力资源部
年　月　日

（2）复试面试通知单。下面是某公司复试通知单的范本，供读者参考。

××有限公司
面试通知单

_____ 先生/小姐：

恭喜您通过我公司 _____ 职位初次面试，现诚邀您到公司参加复试。

复试时间：____年__月__日__时__分

复试地址：_____

乘车路线：_____

联系电话：_____

注：如有不便，请提前与本公司人力资源部联系。

××有限公司人力资源部
年　月　日

5. 应聘登记表

应聘人员按面试邀约时间到达公司，在面试前应首先填写《应聘登记表》，如表 4-2 所示。本表主要用于应聘人员个人信息的填写，在面试过程中供面试官参考，并由面试官填写评价及录用意见。

表 4-2　应聘登记表

姓名		填表日期	年　月　日	照片
应聘岗位				
薪资要求		预计到岗日期	年　月　日	
（请认真填写以下各项内容，如达成聘用意向，我公司将依据您提供的资料内容进行资信调查）				
A、个人基本情况				
性别		出生年月		民族		现工作情况	□在职　□离职
籍贯		健康状况		身份证号码			
婚否	□是 □否	子女		□有 □无	户口所在地		
现住所	地址： 性质：□拥有产权　□与父母同住　□借住亲戚朋友处　□临时租住　□其他_____						
手机号码：		电子邮箱：		紧急联络人及联系方式：			
B、工作经历（按时间顺序由近期到早期排列）						
起止时间	工作单位		所属部门	职位		证明人及联系方式

续表

C、教育和培训经历（按时间顺序由近期到早期排列）

起止时间	毕业学校/培训机构	所学专业/培训内容	取得学历/证书	备注

D、家庭及社会关系主要成员情况

姓名	关系	工作单位及职务	联系方式	居住地

E、个人特长/性格/爱好

个人特长	
性格爱好	

F、相关了解

请您陈述对应聘岗位的理解及您能胜任的理由	请简述您的职业目标及三年内计划达到的目标

您是从何处知晓招聘信息	□网站 □招聘会 □报刊 □业务接触 □朋友介绍 □其他_____
考虑本工作的前三项因素	□薪资 □上升机会 □学习机会 □人际关系 □专业 □其他_____

您有亲戚或熟人在本公司或分公司就职吗？
□无 □有（如有请注明：姓名：_____ 所在部门：_____）

是否愿意加班：□可以 □不可以（原因：_____）

是否愿意驻外：□可以 □不可以（原因：_____）

本人谨此承诺：以上所填写内容属实，所提供相关资料信息真实合法，同意用人单位进行相关调查，愿意承担相应后果。

承诺人：_____ 年___月___日

续表

F、相关了解			
人力资源部门 面试评定 （综合素质测试）		面试结果说明	
		录用建议：□是 □否 □存档	
		试用薪资建议：	
		转正薪资建议：	
	签名：　　　日期：__年__月__日	签名：	
用人部门 面试评定 （专业技能测试）		面试结果说明	
		录用建议：□是 □否 □存档	
		试用薪资建议：	
		转正薪资建议：	
	签名：　　　日期：__年__月__日	签名：	
笔试情况：□优秀　□良好　□一般　□差　□非常差		评定人（签名）：_____	
总经理 面试意见		面试结果说明	
		录用决定：□是 □否 □存档	
		试用薪资	
		试用期限	
		转正薪资	
	签名：　　　日期：__年__月__日	签名：	
到岗时间（由人力资源部门填写）：____年__月__日			

> **Tips** 有的公司会将《应聘登记表》中的面试评价与录用意见分开。《应聘登记表》仅用于应聘者填写，《面试评价表》仅用于面试考官和人力资源部门填写，而将两表合二为一则更方便应聘资料的管理。当然，是分开还是合并，人力资源部门可结合面试流程的实际安排及工作习惯进行设计、调整。

6．面试提纲一览（通用）

面试提纲即在面试之前提前准备的面试问题，既有利于面试初学者迅速掌握面试方法，建立与应聘者沟通、面试的信心，也可用于规范化面试时进行面试记录。

面试提纲（通用）

姓名 _____　　申请的职位 _____

1．基本情况

请你用 3 分钟时间介绍你自己 _____

你是怎样知道我们的招聘信息的？_____

2．目前的工作状况

你现在属于在职状态，还是离职状态？_____

你最近的这份工作是何时离职的？离职的原因是什么？_____

既然目前在职，为什么申请这份工作？_____

如果可能，你什么时候可以来上班？_____

3．工作经历

（从申请人现在或最近一段任职经历开始询问，依次按时间顺序往前，了解所有工作经历，以最近一段或最后三段工作经历为主。军旅生涯也应包括在内）

单位名称？职务？公司地址？雇佣起止时间？_____

主要工作任务是什么？_____

你的上级是什么岗位？下级有几人？分别是哪些岗位？_____

每月的薪酬是多少？固定部分是多少？浮动部分是多少？_____

年薪是多少？年终奖是多少？_____

绩效考核如何与你的薪酬挂钩？_____

你的主管姓名是什么？你对他/她如何评价？_____

你喜欢那份工作吗？喜欢哪些方面？不喜欢哪些方面？_____

你为什么考虑离职？你考虑过重新回去工作吗？_____

4．教育背景

你认为你所受的教育或培训将帮助你胜任你申请的工作吗？_____

你受过的统招院校教育经历有哪些？_____

你受过的相关培训经历有哪些？（某个）课程的培训经历收获是什么？_____

5．工作以外的活动

工作时间以外你都做什么？你有第二职业吗？你多久参加一次体育运动？_____

你有什么兴趣爱好？你的特长是什么？_____

6．自我评估

你认为自己最大的优点是什么？为什么？这个优点会对工作有哪些帮助？_____

你认为自己最大的缺点是什么？为什么？这个缺点会对工作有哪些影响？_____

7. 其他问题

你认为这一职位涉及哪些方面的工作？_____

你为什么想做这份工作？_____

你为什么认为你能胜任这方面的工作？_____

你对待遇有哪些要求？_____

你愿意出差吗？_____

你周末可以上班吗？_____

注意：在申请人离开之前，如果没有向他们提供有关组织或工作信息的，应加以补充，同时向申请者提供有关工作地点、工作时间、主要工作任务，以及申请人可能感兴趣或询问的其他信息。

8. 面谈者的印象

对下表所示的每个特征进行等级评定，"1"为最高，"4"为最低。

等级评定表

评估维度	评估项目	1	2	3	4	说明
个人特征	仪表仪容					
	姿态					
	举止礼貌					
	与面谈者的协作					
与工作有关的特征	与本工作相关的经验					
	与工作相关的知识					
	人际关系					

9. 总的胜任情况

☐能较好地胜任　　☐胜任　　☐勉强胜任　　☐不满意

评语：_____

_____

面谈者：_____

日期：_____

4.3.2 范本：结构化面试方案/表单

伴随着各种《面试宝典》和《求职者面试指南》等书籍及相关课程的应运而生，求职者们拥有了丰富而实用的求职面试技巧。因此，这也对企业 HR 的甄选和面试工作提出了更高的要求，结构化面试已成为企业人才面试与甄选的趋势与内在要求。

1. 结构化面试方案

传统面试虽然是企业最常见的人才甄选手段，但是难免存在面试考官经验不足、提问随意、过于主观等问题。而结构化面试更突出面试问题的标准化和结构化，真正意义上的结构化面试要求在对拟任岗位进行工作分析的基础上预先编制面试题目。因此，企业在对员工进行结构化面试时，相同岗位的候选人面试提问的题目是相同的。

下面是某公司销售主管岗位的结构化面试方案，供读者参考。

销售主管结构化面试方案

第一条　背景

按照公司人才管理科学化要求，根据公司改制的整体部署，此次公司各部门经理、主管、领班岗位的招聘采用面向社会公开招聘的方式。在职位分析的基础上采用结构化面试的方式，以确保招聘人才的素质和能力水平符合公司发展的要求。

第二条　说明

本次竞聘面试采用结构化面试的方法。一般来说，面试按照结构化或标准化程度的高低可以分为结构化面试、半结构化面试及非结构化面试。所谓结构化面试，主要是指面试程序的结构化、面试题目的结构化和面试结果评定的结构化。结构化面试的主要优点是具备严密的测评要素和测评标准、严谨的面试程序和时间安排，以及统一的考官构成、面试的信度和效度较高。

第三条　面试流程

按照结构化面试的设计规则，结合公司的时间要求，具体流程如下。

1. 面试的前期准备

（1）确定面试时间、题量。

根据公司管理层的意见，确定完成一次面试的时间大致为 10 分钟，并由此决定面试的题量为4题。

（2）确定测评要素。

测评要素的确立首先要建立在对目标职位的分析基础上，并且要具备以下条件。

普遍性：能够涵盖职位所要求的个人素质和能力。

针对性：能够反映职位对人员素质的特殊要求。

实用性：保证测评要素含义明确，杜绝含义间相互交叉重复。

在对公司销售主管职位分析的基础上，确定通用管理性测评要素为以下6个方面。

①言语表达与仪表举止。

一般没有专门的题目对应。观察要点包括：口齿清晰、言语流畅；内容有条理、富有逻辑性；用词准确，具有感染力、说服力；仪表端庄、穿戴整洁、举止得体，使人感到有修养；真诚、热情、友善、精神饱满，让人感到精力充沛。

②思维与综合分析能力。

思维能力是指应聘者对考官所提出的问题进行综合分析的能力。考察的主要指标有：是否能抓住问题的实质，分析问题是否全面，思维是否具有逻辑性、灵活性、条理性，是否善于把握事物之间的联系等。

③组织管理与协调能力。

观察要点：提出目标，能够制订可行性计划；组织工作具有条理性、灵活性；能够充分利用和调动人、财、物等各种有关资源；能激励和团结部门内成员，发挥集体的作用。

④人际交往能力。

主要考察应聘者的人际关系处理能力，主要要点包括：能够主动与他人沟通和交往；理解组织中的权属关系；能够有效化解人际矛盾；在处理人际关系时原则性和灵活性相结合。

⑤应变能力。

观察要点：自我控制适度，在有压力的情况下情绪稳定、思维敏捷、反应迅速；面对压力能随机应变，但不丧失原则；处理问题方法灵活、周到得体。

⑥专业素质。

具备胜任岗位所需的基本的专业知识和专业技能。

（3）确定测评要素权重。

根据本公司销售主管职位类别的特点，赋予各类职位测评要素以不同的权重，具体如下。

①思维与综合分析能力：20分。

②组织管理与协调能力：20分。

③人际交往能力：20 分。

④应变能力：20 分。

⑤专业素质：15 分。

⑥言语表达与仪表举止：5 分。

合计：100 分。

（4）制定评分要点。

评分要点是对各测评要素的文字解释，是反映和体现面试内容或测评要素的行为表现或标志，它规定出从哪些指标行为方面去做各测评要素的测评结论。其目的是便于各考官对测评要素达成统一的认识，故要求语言运用简洁流畅，准确地描述该要素各层次的含义、特点。

（5）制定评分等级。

评分等级是用明确的分数标志各测评要素不同的等级顺序（如优良中差）。

（6）出评分表。

评分表由表头（考试名称）、应聘者姓名、报考职位及正表组成。其中，正表内容包括测评要素名称、权重分数（总分一般为 100 分）、评分要点、评分等级、得分栏、考官评语及签名。

……

> **Tips** 由于内容较多，书中只列出了本方案的部分内容，其详细内容将在模板中提供，读者可下载完整的方案进行参考、使用，下载方法见前言说明。

2．面试评价表

《面试评价表》的设计要求面试考官从既定的多个维度考察和评估应聘者，有利于更加客观地评价应聘者在面试中的表现，并提出录用意见。面试评价表如表 4-3 所示。

表 4-3　面试评价表

应聘人员姓名		应聘部门/职位	
人力资源部初试评价			
评价内容		综合评价	
教育背景	学校、专业、培训经历	☐匹配　☐较匹配　☐一般　☐不匹配	
工作经历	同业、同岗位工作经历及时间	☐匹配　☐较匹配　☐一般　☐不匹配	

续表

人力资源部初试评价		
评价内容		综合评价
个人素质	性格特点	☐匹配 ☐较匹配 ☐一般 ☐不匹配
	自我认识能力	☐匹配 ☐较匹配 ☐一般 ☐不匹配
	语言表达能力	☐匹配 ☐较匹配 ☐一般 ☐不匹配
	逻辑思维能力	☐匹配 ☐较匹配 ☐一般 ☐不匹配
	团队意识	☐匹配 ☐较匹配 ☐一般 ☐不匹配
	学习能力	☐匹配 ☐较匹配 ☐一般 ☐不匹配
	适应能力	☐匹配 ☐较匹配 ☐一般 ☐不匹配
	责任心	☐匹配 ☐较匹配 ☐一般 ☐不匹配
	进取心	☐匹配 ☐较匹配 ☐一般 ☐不匹配
	个人行为习惯	☐匹配 ☐较匹配 ☐一般 ☐不匹配
	与企业文化的匹配程度	☐匹配 ☐较匹配 ☐一般 ☐不匹配
求职动机	离职原因	☐匹配 ☐较匹配 ☐一般 ☐不匹配
	工作兴趣	☐匹配 ☐较匹配 ☐一般 ☐不匹配
	稳定性	☐匹配 ☐较匹配 ☐一般 ☐不匹配
	薪金要求	☐匹配 ☐较匹配 ☐一般 ☐不匹配
	对企业的期望和要求	☐匹配 ☐较匹配 ☐一般 ☐不匹配
综合评价		
面试意见	☐达到复试要求,建议用人部门面试 ☐未达复试要求,终止招聘 招聘主管: 　　　　　　　　　　　　日期: 　年 月 日	

续表

用人部门复试评价		
专业技能	工作经验	表达能力
☐优秀　☐良好 ☐一般　☐较差	☐优秀　☐良好 ☐一般　☐较差	☐优秀　☐良好 ☐一般　☐较差
沟通能力	应变能力	仪态仪表
☐优秀　☐良好 ☐一般　☐较差	☐优秀　☐良好 ☐一般　☐较差	☐优秀　☐良好 ☐一般　☐较差
综合评价			
录用意见	☐符合录用条件，建议分管领导面试 ☐有条件录用：① 待比较，择优录取；② 人才储备 ☐不录用 部门负责人： 　　　　　　　　　　　　　　　日期：　　年　月　日		
分管领导面试意见			
总经理/董事长意见			

3. 结构化面试经典问题示例表

结构化面试是根据特定职位的胜任特征要求，遵循固定的程序，采用专门的题库、评价标准和评价方法，通过考官小组与应聘者面对面的言语交流等方式，评价应聘者是否符合招聘岗位要求的人才测评方法。

结构化面试是指面试的内容、形式、程序、评分标准及结果的合成与分析等构成要素，按照统一制定的标准和要求进行的面试。

结构化面试首先根据对职位的分析，确定面试的测评要素，在每一个测评的维度上预先编制好面试题目并制定相应的评分标准，面试过程遵照一种客观的评价程序，对应聘者的表现进行数量化的分析，给出一种客观的评价标准，不同的评价者使用相同的评价尺度，以保证判断的公平合理性。

人力资源部门经典的结构化面试问题示例如表4-4所示，供读者参考。

表4-4 结构化面试经典问题示例表

	题目1
题目	"刺猬理论"认为：冬天刺猬将彼此身上的针状刺靠拢防寒，刺与刺之间保持一定距离，距离太小就会伤到对方，距离太大又起不到防寒的作用。这形象地说明了上下级之间的交往，必须把握好一定的"度"。你认为应如何把握这个"度"？
出题思路	智能性问题，考察应试者的综合分析能力
观测要点	（1）透过现象把握实质的能力 （2）对问题分析透彻，条理清晰，阐述全面，论证合理 （3）有基本的理论素养
评分参考	（1）领导者应注重与下属的沟通与相互往来，否则领导者会逐步失去影响力。但若与下属交往流于庸俗，领导者的威信会大受影响 （2）领导者应与下属加强感情沟通，但又必须防止领导者被私人感情所左右 （3）上下级之间要多些"君子之交"，少些"酒肉之交"，亲而不见，近而有节，让领导者在下属心目中保持一种可亲可敬的形象
评分标准	好：能深刻辩证地分析问题，论证合理充分，有说服力 中：能结合实际谈观点，论述问题较清晰，但分析不够透彻 差：泛泛而谈，没有自己明确的见解，或持偏激的观点而没有相应的论据支持
	题目2
题目	市环保局一行七人一周后将来我司进行考察调研，组织决定让你来承办该次接待的具体联络工作，请谈谈你的计划
出题思路	情景性问题，考察应试者的计划组织协调能力
观测要点	（1）方案的全面性、可行性 （2）组织工作的条理性、灵活性，充分利用资源 （3）有效协控活动
评分参考	（1）做好接待前的准备工作，了解来公司考察调研人员的基本情况、调研目的、日程安排、接待规格、接待的礼仪及忌讳事项等 （2）拟订接待方案，包括被接待人员的食宿安排、考察调研内容、接待场地、陪同人员安排、接待车辆及行程安排 （3）将接待方案报领导审定以后，予以印刷。组织相关工作人员召开协调会，明确并落实参加接待人员的工作职责，做好接待场地的布置等工作 （4）协助领导做好接待工作，及时联络各环节工作，做好会议记录。并根据情况，适时组织新闻媒体进行报道

续表

题目2	
评分标准	好：有较周全的计划安排，能组织协调多方并有效率地开展工作 中：有计划安排，有一定的组织协调能力 差：方案简单，缺乏可操作性，组织协调能力差

题目3	
题目	在工作中，假如遇到主要领导对你工作不支持，甚至处处与你为难，该怎么办？
出题思路	情景性问题，考察应试者的应变能力、自我情绪控制能力、主动协调人际关系的意识及解决问题的能力
观测要点	（1）思维敏捷、情绪稳定、反应迅速 （2）随机应变，表情和言语自然 （3）人际合作的主动性，处理人际关系的原则性与灵活性 （4）人际间的适应，有效的沟通，适当的改变
评分参考	（1）冷静对待，首先从自己身上找原因 （2）调查研究，找出症结所在 （3）若是自己工作失误，应及时调整工作思路 （4）若是主要领导失误，应讲明情况，求得支持 （5）若遇特殊情况，可及时向领导反映
评分标准	好：态度积极，处事稳妥，沟通顺畅 中：有较好的沟通意识，基本掌握人际交往的意识与技巧，但方法欠妥 差：固执己见，或者盲从，缺乏沟通

4. 应届毕业生结构化面试题示例表

应届毕业生由于没有工作经验，在设计其结构化面试题时，一般应侧重于了解其基本情况、求职动机和态度、对应聘岗位的了解、自知力和自控力、工作关系、职业规划、事业心、进取心、自信心等内容。

应届毕业生结构化面试题示例如表4-5所示。

表4-5 应届毕业生结构化面试题示例表

题目类别	题目	观测要点
基本情况了解	请自我介绍一下	了解应聘者的基本信息，同时观察其表达能力、概括能力
	在你朋友眼里，你是一个怎样的人？	人际交往能力的侧面考察
	你有什么业余爱好？	业余爱好可以反映应聘者的性格倾向、观念和心态

续表

题目类别	题目	观测要点
求职动机、态度	为什么选择来我们公司工作？对这个行业、对我们公司你有什么了解吗？	应聘者的了解程度反映了其对该职位的重视程度、求职的态度，只为找到一份工作糊口而盲目求职的应聘者培养潜力不高，但对公司是否了解不应成为考察重点
	你喜欢什么样的公司？	判断对方在本公司的适应可能和稳定性
	你在学校喜欢什么样的老师和同学？	喜欢什么样的人，自己往往也会成为那种人
	你为什么喜欢这份工作？	了解应聘者的职业倾向，以判断应聘者是否适合应聘的岗位
岗位了解	你觉得你所应聘的职位工作范围主要有哪些？	考察应聘者对应聘职位的了解程度
	对这份工作，你有哪些可预见的困难？	心理预期
	对于这份工作，你的优势、劣势在哪里？	自我认知
自知力、自控力	你认为自己的优点和缺点有哪些？	关注应聘者对自己缺点的描述
	你听见有人在背后议论你的坏话，你怎么处理？	关注应聘者思维的出发点
	老师和同学批评你时，你如何对待？	观察应聘者是否言不由衷
	老师在班会上当众批评了你，你如何处理？	应聘者无法回答时可形象举例
职业规划	能谈谈你3~5年的职业规划吗？	个人职业目标、职业规划
	如果有选择的机会，你最有兴趣做的工作是什么？为什么？	职业倾向、工作稳定性的考察，应聘者是否把这份工作仅仅当作一个过渡
事业心、进取心、自信心	你对自己的工作有什么要求？	如追求完美还是追求效率，或者"对得起这份薪水"等一般性回答，判断对方的工作特性
	假如你进了公司，你所在部门中有应付工作、混日子的现象，你怎么看待？	考察应聘者的进取心，可追问你有什么改善的建议
	领导交给你一个很重要又很艰难的工作，你怎么处理？	理想情况是应聘者在表述中突出战胜困难的决心和对策略、方法的运用，以及目标导向意识

续表

题目类别	题目	观测要点
工作态度、组织纪律性、诚实可靠性	你认为公司管得松一些好还是紧一些好?	无标准答案,关键在于对方思路
	在工作中看见别人违反规定和制度,你怎么办?	"挺身制止"并非最佳答案
	你如何看待工作超时和周末、休息日加班?	理想情况是既能接受加班,又不赞成加班

 专家支招

1. 电话邀约面试的技巧

在简历筛选后要进行的一个环节就是电话邀约面试,而越来越多的HR表示,电话邀约时对方的反应很正常,也答应要来面试,但到达率却很低,还有的直接答复说再了解一下公司,之后就再无音信。

从某种程度上来说,应聘者对HR的认可是企业成功招聘的第一步,一个优秀的HR也应该是一个优秀的营销者,他首先要成功地把自己销售给应聘者,无论招聘的结果怎样,这种影响将是长期且积极的。

电话邀约一般分为两种情况:一种是对主动投递简历者的邀约,一种是对被动者(我方搜索到对方简历)的邀约。首先要分析电话邀约的目的,目的不同,邀约的内容也有所区别。不管是哪一种情况,在电话邀约的前、中、后期都要做好相应的准备工作。

(1)打电话前的准备工作

①对企业的招聘信息进行包装。应聘者在接到电话通知后,一般会再查看自己简历投递的记录。良好的招聘信息,会增加应聘者参加面试的概率。

②在电话面试(沟通)之前做好相关职位和行业公司资料的准备。

③将应聘者的简历详细看过并标出需进一步了解或确认的关键信息。

④做好被质疑和拒绝的准备。

⑤设计好几个可以缓解气氛及引导应聘者的话题。

（2）电话邀约面试的技巧

①对主动投递简历者的邀约。这类人员已经明确了择业意向，而且随时准备参加公司面试。HR 可以选择在 11 时或 17 时与应聘者进行电话沟通。需注意的是语速适中，诚恳积极，描述清楚公司的名称和地址。

②对被动者的邀约。此类人员求职意向不明确，甚至没有意向，电话沟通最好在 18 时以后，这样既不会打扰对方正常工作，又能够保证完整的沟通时间。打电话给他们一定要列好清晰明确的提纲，沟通中需注意介绍公司、岗位、发展前景等信息，尽可能把公司闪光点介绍清楚，对被动者产生一定吸引力。注意，针对被动者的邀约最关键的是引导对方的意愿和约定面谈的时间、地点。

如果对方当时不能确定面试意向，邀约人员可表示会向对方发送电子邮件，在邮件中将进一步介绍公司和岗位的情况，这也是再一次对被动者的争取。当然，邮件的内容需要精心准备，否则也就失去了再次争取的必要。

（3）打电话时应注意的事项

①首先问好，然后询问对方现在是否方便接听电话。

②介绍自己和公司，把公司的优势做个简单的描述。

③表明资料来源和招聘的职位，现在很多应聘者在找工作时海投简历，如果有必要，可以简单介绍职位内容。这样做可以唤起应聘者的记忆，获得他的信任，也可以提高应聘者听电话的注意力。

④在学历、工作经历等方面适当称赞应聘者，增加应聘者对公司的认同度。

⑤告知对方已经通过了简历筛选，让应聘者觉得企业招聘有一定的门槛、流程正规，进一步增加应聘者对企业的认同度。

⑥沟通中注意倾听，并将自己的看法分享给对方。

⑦邀约时提供 1~2 个面试时间让对方选择，让其感受到企业的重视。

⑧确定时间后，在电话最后将面试的时间进行重复，和应聘者达成心理契约。

（4）电话结束后要做的工作

电话结束后要给对方发一个短信或邮件，告知对方面试时间、地点、行车路线、公司名称和联系人等信息。通常，如果有一封正式的邀约信函，那么对被邀约者来说会感觉受到重视。

HR 电话通知时的态度在很大程度上能决定该求职者最后是否来参加面试，而上述这些关键点及细节更能体现出 HR 的专业度。

2. 控制面试局面的技巧

面试官除了在面试过程中有效地提问、追问外,还需要对整个面试过程控场,如掌控时间进度、掌控交谈气氛、掌控对方的配合度等。下面就不同的候选人类型提供相应的控场方法。

(1)沉默紧张型(表现为少说话,并且说话很拘谨)。

①点头微笑,创造一种亲近、轻松的气氛,鼓励对方继续讲述自己的经历。

②言谈中对应聘者的某项工作表示诚恳的肯定。例如:"我知道这项工作的影响因素很多,您能控制住局面,真的很难得,能说说当时您是怎么做到的吗?"

③对应聘者过去不利的事例表示理解。例如:"我们公司以前也经常出现这样的情况,我完全理解,这不是您一个人所能决定和控制的。"

(2)滔滔不绝型(表现为对某一情况提供大量的事例试图取悦面试者)。

有礼貌地打断应聘者,话题转换到下一个问题。例如:"很好,谢谢刘女士,我已知晓您的意思。下面我们讨论另一个问题……"

有礼貌地打断应聘者,强调只就所问的问题针对性回答,不要展开详谈。例如:"好的,刘女士,您已经回答了我想要了解的信息,因时间的关系,细节方面咱们先不展开……"

(3)言不达意型(表现为回答问题切不中要害)。

礼貌地打断应聘者,并暗示应聘者就所问的问题而回答。例如:"哦!不好意思,可能是我没有表达清楚,我刚才是问……"又如,"刘女士,可能刚才我的意思表达得不太清楚,其实我想重点了解一下……"。

(4)啰唆型(表现在回答问题时逻辑性不强,语序颠三倒四)。

礼貌地打断应聘者,暗示分步骤来回答问题。例如:"抱歉,刘女士,为便于我更容易理解您的意思,能不能先告诉我您第一步会做什么?……噢!明白了,接下来您的重要步骤,用一句话来说是……"

当然,面试是一项复杂的工作,需要 HR 在工作中不断总结经验。除了上面几种情况外,运用沉默也是一种技巧。保持沉默可以从应聘者那里引导出更多的信息,而最富有价值的答案往往来自面试者保持一段时间沉默之后。

3. HR 如何面试专业性较强的岗位或技术人员

如财务、设计、研发、IT、技术工程师等专业性较强的岗位或技术人员，对于 HR 来说，面试的难度要大一些，有的 HR 甚至初试只能走走形式，就候选人的沟通谈吐、工作经历等基本信息做初步的了解和把关。事实上，HR 在面试交流中的不懂专业和不自信，是会被候选人感知到的。

当 HR 在招聘工作中遇到这样的尴尬或准备要面试此类自己不了解的岗位时，建议 HR 主动去了解公司的业务，以及该岗位和部门的工作流程与主要职责，同时，对于该岗位的招聘需求与用人部门深度沟通，多问几个"为什么""是什么""还有什么"。

让用人部门拟一份笔试题也是不错的选择，特别是对于招聘频率高的岗位，笔试，可以大大节约 HR 面试的时间。

另外，提前准备面试提纲并与用人部门探讨、完善，打有准备之仗，并在面试中熟练地运用 STAR 面试法，不但有助于 HR 轻松应对面试，还会快速提高 HR 的面试技能。

4. 如何面试高管人员

一家公司需要招聘的岗位可能涉及各个层级，而人力资源部门作为所有岗位初试的把关部门，很可能会遇到人力资源部负责初试的考官职级低于招聘岗位一个甚至多个层级。例如，招聘专员面试本部门经理甚至总监，招聘主管面试技术总监等。低职级考官面试高职级应聘者时，容易遇到考官的经验、阅历、气场等方面无法让应聘者信服的尴尬；面试考官对应聘者答复问题后的反应，也容易让应聘者猜测面试考官可能根本听不懂，而采取应付性的回答。此时，如果面试考官缺乏一定的控场能力和对招聘岗位一定程度上的认知与了解，不但容易引起应聘者的不理解与反感，甚至可能造成错失优秀人选的情况。

建议人力资源部门在面试公司高职级岗位的应聘者时，应从以下几个方面入手。

（1）面试前做好充足的功课，对应聘岗位的主要职责、专业知识和必备技能尽量熟知。

（2）面试开始前研究和准备一套面试提纲，面试中按照预先设计的问题有序询问，不要因求职者的职级高而自乱阵脚。

（3）对于职场经历尚浅的面试考官，如果确实无法与对方对等交流，面试时可首先向应聘者说清楚，自己代表公司人力资源部，主要是对候选人的工作经历等基本任职情况进行核实把关，同时为候选人介绍公司的概况、部门情况、职位职责及面试程序等。

（4）高管岗位是公司的重要岗位，该岗位人员的异动和工作情况往往影响到下辖的部门、有业务往来的部门，甚至整个公司，所以在高管候选人的甄选程序中，建议不要仅仅依靠面试一种甄选手段，应考虑同时配套笔试、人才测评等方式，以提高人才甄选的效率。

高效工作之道

1. 用 Word 批量制作与发送面试通知单

一般都是招聘专员或 HR 先根据应聘者提交的个人简历来进行筛选，只有筛选后符合岗位任职资格的人员才会接收到面试通知。如果符合任职资格的面试人数只有两三个，HR 一般会采用电话直接通知面试；如果招聘任务重，符合任职资格的面试人数较多，通过电话通知就比较麻烦，这时就可采用发送电子邮件的方式来通知，效率会更高。

面试通知单是发送电子邮件通知面试人员必不可少的文档，下面将使用 Word 批量制作面试通知单，并通过邮件的形式批量发送给面试人员，具体操作步骤如下。

步骤 1 新建一个【面试通知单】文档，将纸张大小设置为宽为【25】、高为【15】，页边距上下左右均设置为【1.5】，输入面试通知内容，然后将鼠标光标定位到文档最后，单击【文本】组中的【日期和时间】按钮，如图 4-1 所示。

步骤 2 打开【日期和时间】对话框，在【可用格式】列表框中选择【2018 年 5 月 28 日星期一】（此日期会根据计算机系统时间的改变而改变）选项，单击【确定】按钮，如图 4-2 所示。

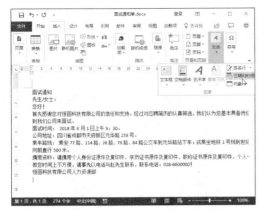
图4-1 输入文档内容

图4-2 插入日期和时间

步骤③ 设置标题的字体格式和对齐方式,将文档落款段落的对齐方式设置为【右对齐】,再选择除标题外的所有段落,在其上右击,在弹出的快捷菜单中选择【段落】命令,如图4-3所示。

步骤④ 打开【段落】对话框,将【特殊格式】设置为【首行缩进】,【行距】设置为【1.5倍行距】,单击【确定】按钮,如图4-4所示。

图4-3 设置文本格式

图4-4 设置缩进和行距

步骤⑤ 为【面试时间、面试地点、乘车路线和携带资料】相关的段落添加编号,单击【邮件】选项卡【开始邮件合并】组中的【选择收件人】按钮;在弹出的下拉列表中选择【键入新列表】选项,如图4-5所示。

步骤 6 打开【新建地址列表】对话框,单击【自定义列】按钮,打开【自定义地址列表】对话框,在【字段名】列表框中选择【称呼】选项,单击【删除】按钮,在打开的提示对话框中单击【是】按钮,如图4-6所示。

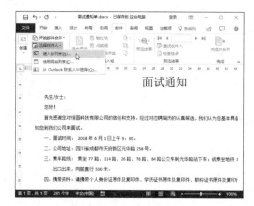

图 4-5 选择收件人选项

图 4-6 删除字段

步骤 7 使用删除字段的方法删除其他不需要的字段,然后选择【名字】选项,单击【添加】按钮,打开【添加域】对话框,在【键入域名】文本框中输入【应聘岗位】,单击【确定】按钮,如图4-7所示。

步骤 8 选择【单位电话】选项,单击【重命名】按钮,打开【重命名域】对话框,在【目标名称】文本框中输入【联系电话】,单击【确定】按钮,使用相同的方法将【名字】更改为【姓名】,单击【确定】按钮,如图4-8所示。

图 4-7 添加域

图 4-8 设置域名称

步骤⑨ 返回【新建地址列表】对话框,在字段下方的项目中输入面试人员信息,单击【新建条目】按钮,新建一个条目,在新建的条目中输入相应的信息,继续使用相同的方法新建条目,输入所有面试人员信息后,单击【确定】按钮,如图4-9所示。

步骤⑩ 打开【保存通讯录】对话框,在地址栏中设置保存位置,在【文件名】文本框中输入【面试人员名单】,单击【保存】按钮,对数据源进行保存,如图4-10所示。

图4-9 输入面试人员信息

图4-10 保存通讯录

步骤⑪ 在【选择收件人】下拉列表中选择【使用现有列表】选项,打开【选取数据源】对话框,选择需要的数据源【面试人员名单】,单击【打开】按钮,将鼠标光标定位到【先生/女士】文本前,单击【编写和插入域】组中的【插入合并域】按钮,在弹出的下拉列表中选择【姓名】选项,如图4-11所示。

步骤⑫ 继续插入需要的合并域,单击【完成】组中的【完成并合并】按钮,在弹出的下拉列表中选择【发送电子邮件】选项,如图4-12所示。

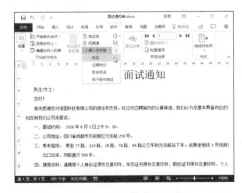

图4-11 插入合并域

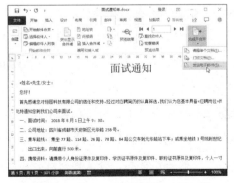

图4-12 执行合并

步骤⑬ 打开【合并到电子邮件】对话框，在【主题行】文本框中输入邮件主题【恒图科技有限公司面试通知单】，其他保持默认设置，单击【确定】按钮，如图4-13所示。

步骤⑭ 开始配置文件，启动Outlook程序，在【发件箱】中将显示所合并的邮件，并自动向关联的邮件地址发送邮件，待邮件发送完成后，在【已发送】中将显示发送的邮件，并且在右侧显示发送的面试通知单，如图4-14所示。

图4-13 合并到邮件　　　　　　　　　图4-14 查看发送的邮件

2. 用Excel制作员工应聘登记表

员工应聘登记表是应聘人员到公司必须填写的表格，它是招聘面试流程之一，也是公司自我保护的手段之一，能有效防止员工提供虚假信息，避免为公司造成人为损失，受到相关法律保障。一旦出现不真实信息，公司可提出因与登记表中的个人信息不符合，辞退员工。

下面使用Excel制作员工应聘登记表，并将其以网页的形式发布，这样就可以通过后台链接将其上传到公司网站或其他网站，方便其他人员浏览和下载，具体操作步骤如下。

步骤① 新建一个【应聘登记表】工作簿，在表格中输入需要的数据，选择A1:K1单元格区域，单击【合并后居中】按钮合并单元格，并设置单元格中文本的字体格式，将鼠标指针移动到第1行与第2行交界处，按住鼠标左键调整行高到合适的高度，如图4-15所示。

步骤 2 选择第 2~21 行，打开【行高】对话框，在【行高】文本框中输入【25】，单击【确定】按钮，如图 4-16 所示。

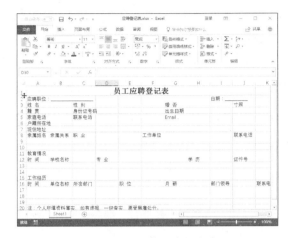

图 4-15 输入表格内容

图 4-16 设置行高

步骤 3 根据需要合并表格中的单元格，设置 A2:K21 单元格区域的字体为【Times New Roman】，选择 A3:K21 单元格区域，打开【设置单元格格式】对话框，选择【边框】选项卡，单击【内部】按钮，在【样式】列表框中选择较粗一点的线条，单击【外边框】按钮，再单击【确定】按钮，如图 4-17 所示。

步骤 4 拖动鼠标根据需要调整表格的列宽，选择 J3 单元格，单击【方向】按钮，在弹出的下拉列表中选择【竖排文字】选项，如图 4-18 所示。

图 4-17 设置边框

图 4-18 设置文字方向

步骤 5 在【边框】下拉列表中选择【擦除边框】选项,此时鼠标指针变成 形状,在第 20 行与第 21 行交界边框线条上单击,将其擦除,如图 4-19 所示。

步骤 6 根据需要调整表格中文本的对齐方式和部分单元格的行高,按【Ctrl+P】组合键切换到打印界面,将鼠标指针移到对应列间距控制线上,分别调整宽度,让登记表的所有字段全部显示在同一页中,然后进行打印,如图 4-20 所示。

图 4-19　擦除边框　　　　　　　　图 4-20　调整打印区域

步骤 7 打印完成后,在打印界面左侧选择【另存为】选项,单击【浏览】按钮,打开【另存为】对话框,设置工作表的保存位置、保存名称,将保存类型设置为【网页(*.htm;*.html)】,单击【发布】按钮,如图 4-21 所示。

步骤 8 打开【发布为网页】对话框,对发布内容、发布形式进行设置,选中【在浏览器中打开已发布网页】复选框,单击【发布】按钮,如图 4-22 所示。

图 4-21　设置保存为网页　　　　　　图 4-22　发布为网页

步骤 9 即可将当前工作表中的内容发布为网页形式,随后会自动启动浏览器打开发布的网页,效果如图 4-23 所示。

图 4-23　发布后的效果

3. 用 Excel 制作面试评估表

面试评估是人事招聘专员每次面试必须做的重要工作,也是对面试过程的一次再现。面试评估表的形式多种多样,常见的有两种:文档报告式和列表式。HR 可根据公司的实际情况和部门的使用情况决定。下面使用 Excel 制作一份文档报告式的面试评估表,具体操作步骤如下。

步骤 1 新建【面试评估表】工作簿,在表格中输入相应的数据,将鼠标光标定位在【前】和【中】两个文字之间,单击【插入】选项卡中的【符号】按钮,如图 4-24 所示。

步骤 2 打开【符号】对话框,将字体设置为【Wingdings】,选择【正方形图形】符号,单击【插入】按钮,如图 4-25 所示。

步骤 3 复制插入的正方形符号,将其粘贴到相应的位置,由于 A10 单元格中的数据字体为【等线】,正方形变成了引号,选择它,在【字体】文本框中输入【Wingdings】,按【Enter】键确定,选择的引号即可变成正方形,如图 4-26 所示。

图 4-24　输入表格数据

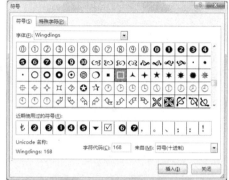
图 4-25　插入符号

图 4-26　复制符号

步骤 4 对表格格式进行相应的设置,并为表格添加粗外侧框线,在【边框】下拉列表中选择【线型】选项,在其扩展列表中选择较粗的线条,如图 4-27 所示。

步骤 5 此时鼠标指针变成 ∥ 形状,在第 2 行和第 3 行之间绘制黑色直线线条,用同样的方法在表格中绘制其他直线,如图 4-28 所示。

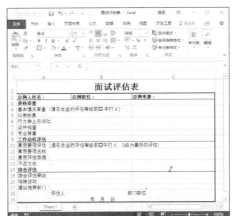

图 4-27　设置边框线　　　　　图 4-28　绘制边框

步骤 6 根据需要对表格行高进行设置,选择【开发工具】选项卡,单击【插入】按钮,在弹出下拉列表中选择【复选框】控件,如图 4-29 所示。

步骤 7 在表格中绘制复选框并在其上右击,在弹出的快捷菜单中选择【编辑文字】命令,进入复选框控件名称编辑状态,删除原有的名称内容,输入【较好】,单击表格中其他任意位置退出文本编辑状态,如图 4-30 所示。

图 4-29　选择控件　　　　　图 4-30　编辑控件

步骤 8 复制粘贴控件,在复选框控件后输入【可以】,通过复制粘贴的方法制作其他评估选项,选中【仪表形象】对应的 3 个复选框控件,单击【对齐】按钮,在弹出的下拉列表中选择【垂直居中】选项,让选择的 3 个控件垂直水平对齐，如图 4-31 所示。

步骤 9 继续选择【横向分布】选项，让选择的 3 个复选框控件的水平相距位置相等，选择需要左对齐的复选框控件，在【对齐】下拉列表中选择【左对齐】选项，让选择的复选框控件以第一个复选框的左边对齐，如图 4-32 所示。

图 4-31　垂直居中对齐

图 4-32　左对齐

步骤 10 用同样的方法对齐表格中的复选框控件，在【查找和选择】下拉列表中选择【选择对象】选项，在表格中拖动鼠标选中所有的复选框控件，如图 4-33 所示。

步骤 11 在任意复选框控件上右击，在弹出的快捷菜单中选择【组合】→【组合】命令，如图 4-34 所示。

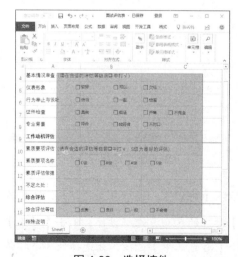

图 4-33　选择控件

图 4-34　组合控件

步骤⑫ 选择【视图】选项卡，取消选中【网格线】复选框隐藏表格中网格线，完成整个操作，最终效果如图 4-35 所示。

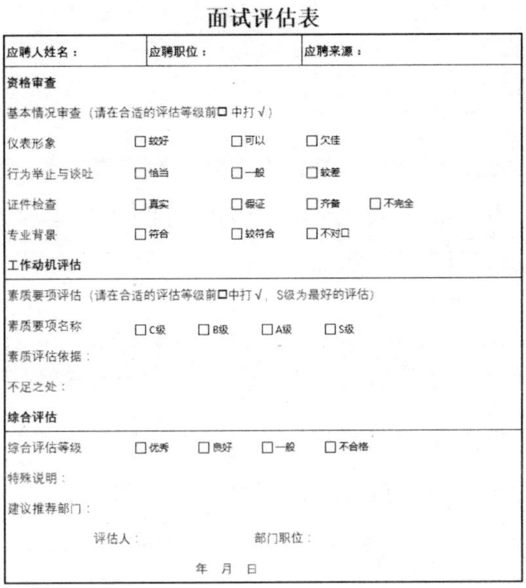

面试评估表

应聘人姓名：		应聘职位：		应聘来源：	
资格审查					
基本情况审查（请在合适的评估等级前□中打√）					
仪表形象	□较好		□可以		□欠佳
行为举止与谈吐	□恰当		□一般		□较差
证件检查	□真实		□假证	□齐备	□不齐全
专业背景	□符合		□较符合		□不对口
工作动机评估					
素质要项评估（请在合适的评估等级前□中打√，S级为最好的评估）					
素质要项名称	□C级	□B级	□A级	□S级	
素质评估依据：					
不足之处：					
综合评估					
综合评估等级	□优秀	□良好	□一般	□不合格	
特殊说明：					
建议推荐部门：					
	评估人：		部门职位：		
		年 月 日			

图 4-35 最终效果

第 5 章

录用与转正管理

通过公司面试甄选，经录用决策，人力资源部门将向招聘岗位最终确定的候选人发出录用通知。从候选人入职到员工转正，期间的入职手续办理、试用期管理和转正考核是人力资源部门的重点工作内容。

5.1 新员工录用及入职前的准备工作

经过两轮甚至多轮的面试与甄选，公司最终确定拟录用人员，并邀请对方加入公司。在对方到公司报到上班之前，人力资源部门需要完成相应的录用审批手续和一系列准备工作。

5.1.1 录用决策

录用决策是指对甄选评价过程中产生的信息进行综合评价与分析，确定每一个候选人的素质和能力特点，根据预先设计的人员录用标准进行挑选，选择出最合适的人员的过程。

录用一般由人力资源管理部门负责初试筛选，为用人部门负责人提供经过筛选的候选人名单，由拥有录用岗位人事决策权的领导最终决策。没有人力资源管理部门的小型企业，直接由用人部门的主管独立完成整个招聘过程。在工作团队和 HRBP 普及的今天，一些公司已在尝试由工作团队来完成面试甄选并做出录用决策。

1. 总结应聘者的有关信息

根据企业发展和职位的需要，评价小组最终把注意力集中在"能做"与"愿做"两个方面。"能做"是指知识和技能以及获得新知识和技能的能力(或潜力)。"愿做"是指工作动机、兴趣和其他个人特性。用简单的公式表示为：工作表现＝"能做什么"×"愿做什么"。

2. 分析录用决策的影响因素

（1）是注重应聘者的潜能，还是根据组织的现有需要。

（2）企业现有的薪酬水平与应聘者之间的差距。

（3）是以目前适应度为准，还是以将来发展潜力为准。

（4）合格与不合格是否存在特殊要求。

（5）高于合格标准的人员是否在考虑范围之内。

3. 选择决策方法

（1）诊断法。该方法简单，成本较低，但主观性强。主要根据决策者对某项工作和承担者资格的理解，在分析应聘者所有资料的基础上，凭主观印象做出决策。

（2）统计法。这种评价方法对指标体系的设计要求较高，比诊断法所做决定更客观，首先要区分评价指标的重要性，赋予权重，然后根据评分的结果，用统计方法进行加权运算，分数高者即获得录用。可采用以下3种不同的模式。

①补偿模式：某些指标的高分可以替代另一些指标的低分。

②多切点模式：要求候选人达到所有指标的最低程度。

③跨栏模式：只有在每次测试中获得通过才能进入下一阶段的挑选和评判。

4. 做出最后决定

经人力资源部门初试，有潜力的应聘者进入诊断性面试，让用人部门负责人（或专家小组）及拥有该招聘岗位人事决策权的领导给出录用建议。对于决定录用的候选人，还应确定拟发放的试用期待遇与转正后待遇。

录取通知通常经过面谈或电话告知应聘者。通知应聘者录用消息时应充满热情；最好亲自向应聘者告知录取消息，如有可能可以回忆面试过程中的某些积极方面；继续从应聘者那里了解其所关心或担心的问题，了解其何时能做出接受录用的决定，以及加盟公司的意向性是否强烈等。

通知应聘者被录用时，人力资源部门应重点与其确定两个信息：第一，就试用期待遇及转正待遇达成一致；第二，就入职时间达成一致。

5.1.2 背景调查

当前，一方面企业人才空缺、求贤若渴；另一方面人才市场鱼龙混杂、良莠不齐，这对企业面试官提出了极高的要求。作为人才招聘"防火墙"的入职背景调查被人力资源从业者越来越认同，已经成为招聘流程的一个重要环节。做好入职员工背景调查不仅可以减少招聘风险，也可以为企业选拔合适的人才提供决策依据，从而提高招聘的有效性。

<u>背景调查就是通过各种正常的、符合法律法规的方法和途径，获得被调查员工背景资料的相关信息。</u>背景调查的内容通常包括其以前的受教育背景、工作经历、担任职务等。

背景调查虽然可以做到程序化，但操作中还有以下细节需要注意。

（1）背景调查前应告知应聘者，获得对方允许和理解。

（2）不对未离职候选人的现在职单位进行调查。

（3）最迟在决定聘用之前做背景调查。

（4）如时间允许，最好亲自拜访候选人曾任职的公司，以保证调查效果。

（5）到候选人曾任职的公司进行背景调查前，先与对方约好拜访时间，尽量避免突然袭击。

（6）电话调查时把握重点，礼貌有效提问。

（7）调查人员做背景调查时应先做简单的自我介绍，再说明来意。

（8）如果对方较忙，问问题不必面面俱到，要把握重点。

把握好以上要点，做好背景调查，不仅为企业选择合适的人才提供了事实依据，还能有效减少公司用工与劳动等各方面风险。

5.2 新员工入职 / 试用 / 转正管理

看似平常的员工录用与转正，却涉及公司重要的人事权限，因为它们将直接决定公司的人员素质和人岗匹配程度，会在相当程度上影响公司的运营与管理。通过对本节的学习，将有利于读者掌握新员工从入职、试用期管理，直到转正这一阶段的具体工作及管理要点。

5.2.1 新员工入职手续

新员工入职手续的办理是劳动风险的高发地带，人力资源部门应做好入职程序的管理、入职资料的收取，以及入职手续的办理，有效降低企业用工风险。

1．入职管理程序

俗话说，好的开始是成功的一半，入职管理工作也是如此。虽然经过层层面试与筛选，但不能说明新员工入职后就能融入公司、适合公司提供的岗位需求，而这很大程度上取决于入职管理。在入职管理这一环节，人力资源应安排专人做好如图 5-1 所示的 5 项工作。

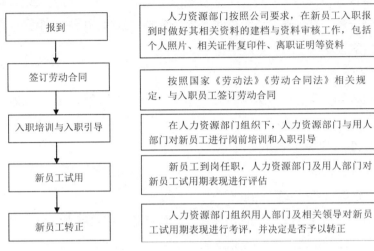

图 5-1　入职管理程序

除上述 5 项工作外，企业可根据管理需要，在这一环节增设其他工作事项，如入职体检等。

2．入职资料

新员工办理入职手续所需资料一般包括以下几项。

（1）员工个人简历一份。

（2）身份证、相关毕业证、学历证、各类资质等级证书复印件各一份（验原件）。

（3）学信网打印出来的学历验证报告书一份（允许招收大专以下学历的不需要）。

（4）盖有上家单位公章或人力资源部章的离职证明。

（5）一寸彩色照片 3 张。

（6）社保卡、住房公积金卡复印件各一份（验原件）。

（7）区级以上正规公办医院入职体检表一份（或 3 个月以内有效的健康证明）。

（8）面试评价表一份（有需要的还有背景调查表一份）。

（9）入职登记表一份。

（10）员工签名的入职承诺书一份（有需要的还要有员工签名的保密及竞业避止协议）。

（11）员工签名的劳动合同一式两份。

（12）新员工薪资核定表一份。

人力资源部门应对每一位员工准备专门的档案袋，并将员工入职资料、转正资料、培训资料，直到离职所收集和产生的各类资料归入档案袋中，指定专门责任人做好档案管理。

3．入职风险防范

为规避入职风险，人力资源部门在办理员工入职手续时，应重点做好以下两个方面的工作。

（1）入职登记表或承诺书。

重点要注意入职登记表的最后一栏或员工入职承诺书上要有写明类似的以下几点内容，并要员工本人签字确认。

①我保证所填写的每一项内容真实，如有虚假，即使被贵公司录用，贵公司也可随时无条件解雇我。

②我愿意接受贵公司的背景调查、培训、试用，如达不到贵公司要求，不予录用我为公司正式员工。

③我保证到贵公司报到前，已与原单位解除劳动合同等关系，并不将原单位的任何商业（军事等）秘密带到贵公司。

④如与原工作单位因原劳动合同或商业（军事等）秘密问题出现法律纠纷，我愿意承担一切责任。

⑤本人已阅读公司下发的《员工手册》及公司各项规章制度并理解规定的内容，对其没有任何异议。经过公开、公示，我认为程序是公正的，内容是公平的，我承诺将遵守员工手册及公司的各项规章制度，包括员工手册和各项制度的后续更新修订内容，都会严格遵守执行，如有违反，我自愿按照相关规定接受处罚。

（2）注意劳动合同的签订风险防范。

与新员工第一次最好签三年期劳动合同，并约定试用期为6个月（具体视公司管理要求及候选人可以接受的情况综合确定）；工作岗位最好用大类岗位；工作地点最好写明公司总部及各分支机构；最好将公司的考勤管理制度、奖惩制度、员工手册等各项规章制度在合同中写明作为本合同的附件，具有同等法律效力。

5.2.2　新员工入职引导

新员工入职以后，初期的管理是对新员工管理的重要阶段，这个阶段需要做好新员工的管理与引导工作，一方面有助于新员工更快地融入企业及所在团队，让新员工尽快进入工作角色和工作状态；另一方面，这个阶段的新员工管理做得好，也可以有效降低新员工的流失率，对企业与员工个人而言，都具有重要意义。

新员工入职引导是 HR 的基础工作，相信绝大多数的企业和 HR 都会做，至于是否要做深和做细，则取决于公司及人力资源部门对这项工作的认识和重视程度。

入职引导不等同于新员工入职培训，它是在做培训之前，尤其是在新员工报到入职第一天、第一周和第一个月要重点做好的工作，它可不是带着新员工认识一下同事这么简单，而是需要做好各方面的工作。一般来说，新员工入职引导由人力资源部门和新员工的导师共同完成。导师由部门负责人指定，或者由人力资源部门按照制度、规则确定，一般由部门负责人或部门内部有责任心的老员工担任。

在新员工入职引导的工作方面，人力资源部门如何与导师分工、配合，各自的工作内容和工作要点是什么，可参阅《新员工入职引导管理制度》。

5.2.3　新员工试用期管理

试用期通常是指新员工在被企业正式录用前的试用阶段，也是新员工与企业相互了解、相互磨合的阶段。通过这个阶段的磨合，新员工可以更充分地了解企业与自己岗位的工作，企业也可以对新员工进行试用期考察。

当新员工入职后，在试用期间常常出现不能很好地胜任工作、不能融入自己的团队、不适应企业的文化，或者与面试时所测试到的重要能力不符等情况。而这些情况将导致企业的新员工流失率及招聘成本大幅提高。

为了有效地减少此类问题的出现，企业的 HR 可以从以下几个方面入手。

（1）重视试用期管理。企业应制定试用期管理制度与新员工沟通计划，注重新员工的沟通引导与心理疏导。

（2）组织形式多样、内容丰富、具有针对性的试用期培训与岗前培训。

（3）招聘面试时提供给应聘者客观、真实的企业与岗位信息，严格按公司制度执行各项管理工作，营造诚信的企业形象。

（4）挑选合适、称职的引导人或导师，切实为新员工提供有效的帮助与指导，减少新员工在入职初期的孤独与无助感。

5.2.4 新员工转正考核

试用期结束或员工提前申请，通常企业应对新员工进行转正考核，通过转正考核的员工即正式录用为企业正式员工。转正考核是人力资源管理工作的必要环节，通常来说，新员工通过考核转正而非试用期满自动转正的目的大致如下。

（1）确保新员工符合岗位要求。面试时，应聘者具有一定的"伪装性"，企业有可能在未准确测评的情况下，将应聘者招聘入职。但在试用期工作期间，企业应考察新员工是否真正符合岗位的要求。

（2）留下书面证据，避免劳动纠纷。有很多企业对《劳动合同法》产生误读，认为只要在试用期就可以随便辞退员工，而《劳动合同法》中的相关原文是"劳动者在试用期间被证明不符合录用条件的，用人单位才可以单方解除劳动合同"。因此，如果企业想及时终止与试用期员工的劳动合同，转正考核是有效且必需的书面证据。

（3）督促新员工在试用期间努力适应企业与团队，尽快融入工作角色。因为有新员工转正考核的把关，新员工为了能够顺利通过考核，往往在试用期用心工作、积极表现。从这个方面来讲，转正考核也具有正向的引导和激励作用。

（4）通过试用期考核，让新员工了解自己的差距与不足，明确转正之后的工作目标及前进方向。

（5）通过试用期考核的仪式感，带给转正员工归属感与安全感。

对于新员工转正，人力资源部门应做好以下几个方面的工作。

（1）根据劳动合同的签订期限，确定符合《劳动合同法》规定的试用期期限。通常新员工的试用期期限及转正后的待遇会签订在劳动合同中。

（2）公司应在转正时间到来前完成对新员工的转正考核与审批，以避免如转正不合格，公司打算辞退员工，但约定的试用期已过，因而增加了公司辞退员工的难度与成本的情况。

（3）员工可在约定的转正时间到来前，申请提前转正，但提前转正的条件与程序，公司应给予明确的规定。原则上，应是试用期表现特别优秀，或者成绩提前达标的新员工，方予以提前转正。

（4）如在约定的试用期到来前，公司认为员工的能力与表现距离转正要求尚有差距，但又想给予员工机会，可与员工协商，经员工同意并签字确认后，可适当延长试用期。但员工总的试用期不应超过劳动合同期限所对应的合法试用期时间。

（5）员工的转正审核应经过必要的程序，一般来说应由员工本人提出申请，经部门负责人审核同意、人力资源部门审核同意，以及具备该岗位人事决策权的人审核同意方可。

（6）既然是转正考核，往往应有相应的转正考核指标及评价标准，而不是没有任何考核要求的纯主观转正审核。同时，这也是企业规避因试用期辞退员工而产生劳动风险所必要的程序。

5.3 录用与转正管理实操范本

新员工的录用从开始的录用决策、通知新员工入职，入职手续办理与入职引导，再到员工入职以后的试用期管理，人力资源部门可根据管理的需要就新员工录用流程中的流程节点和重要工作环节制定具体的管理制度和工作标准。本节将从新员工录用管理、入职与试用期管理、实习生管理和新员工转正管理4个方面为读者提供管理范例和工作参考。

5.3.1 范本：新员工录用管理制度/流程/表单

虽然通过招聘入职的员工是经公司层层面试、甄选的，但新员工的入职仍需要相应的审核、审批程序。不应将面试的审核程序代替入职审核程序，因为员工的入职审核还涉及新员工的试用期待遇、转正待遇等重要的决策事项。

1. 员工录用管理制度

员工录用管理制度用于规范新员工入职程序、手续、岗位定级、入职引导、新员工培训等入职与试用期管理工作。下面是某公司员工录用管理制度，供读者参考。

员工录用管理制度

1. 目的

（1）为规范员工的录用工作，明确录用双方的权责。

（2）公司本着量才适用、择优录取的原则，公开、公平、公正地进行人员录用程序，为公司招揽适用的人才。

（3）根据专业系列构建中层和基层员工发展通道，拓展员工上升空间。

（4）使员工的职业发展得以围绕其个人能力的提升来进行。

（5）管理层级扁平化，促进管理人员的能力提升。

2. 适用范围

适用于各下属项目及总监以下的管理系列和专业系列的员工录用。

3. 定义

（1）管理系列：包括中层管理职位（即部门副经理、部门经理）及高层管理职位（即总监/副总经理、常务副总、总经理）。部门副经理的职位之下，可以临时性设置项目经理职位，管理因工作需要而组建的临时性工作团队。

（2）专业系列：除管理系列之外，其他职务均为专业系列，包括文员/见习、助理员/师、副高级员/师、高级员/师、总监。

4. 职责

（1）股东会负责

①对公司高层以上人员及财务部经理的聘任、晋级和晋升进行评议和审批。

②对上述人员自动晋级的确认。

（2）总经理负责

①对非自动晋升（晋级）的员/师级及以下员工聘任（晋级）的审批。

②部门经理及以上管理人员试用期定级、转正及转正定级的审批。

③其他特殊申请需要审批的事项。

（3）常务副总经理负责

①部门经理以下员工试用期定级、转正及转正定级的审批。

②对员/师级及以下员工的聘任（晋级）进行审核。

③对员/师级及以下员工自动晋升、晋级的确认。

④对管理系列的部门经理级和专业系列的总监级人员的聘任进行提名。

（4）人力资源部负责

①对员工综合素质进行评估。

②初步审查各部门提出的聘任、晋级或晋升建议，并对经提议拟晋升的员工进行跟踪考察。

（5）业务分管领导负责

①定期对员/师级以上员工提出晋级或晋升的建议。

②不定期提出对员工的晋级或晋升建议。

③审核主管部门对员/师级及以下员工提出的晋级或晋升建议。

（6）各部门负责

定期对员/师级及以下员工提出晋级或晋升的建议。

……

> **Tips** 由于内容较多，书中只列出了本管理制度的部分内容，其详细内容将在模板中提供，读者可下载完整的管理制度进行参考、使用，下载方法见前言说明。

2. 新员工录用管理流程

员工的录用需要经过一系列流程和手续，通过员工录用管理流程的建立，可以直观地显示从向候选人发送录用通知到新员工试用期管理期间的一系列工作程序与步骤。新员工录用管理流程如表5-1所示。

表5-1 新员工录用管理流程

流程名称	新员工录用管理流程	主管部门	人力资源部
流程编号		更新日期	
公司高层	人力资源部		各职能部门

```
公司高层                 人力资源部                    各职能部门

                          ┌─────────┐
                          │  开始   │
                          └────┬────┘
                               ↓
  ┌──────────────┐      ┌──────────────┐
  │审批合格面试人员│ ───→ │与拟录用人员约定│
  └──────────────┘      │   入职时间    │
                          └──────┬───────┘
                                 ↓
                          ┌──────────────┐
                          │  发送录用通知  │
                          └──────┬───────┘
                                 ↓
                          ┌──────────────┐
                          │新员工按录用通知│
                          │按时到公司报到 │
                          └──────┬───────┘
                                 ↓
                          ┌──────────────┐
                          │ 为新员工办理 │
                          │   入职手续    │
                          └──────┬───────┘
                                 ↓
                          ┌──────────────┐        ┌──────────────┐
                          │  公共入职引导  │ ────→ │ 专业入职引导 │
                          └──────┬───────┘        └──────┬───────┘
                                 ↓                        ↓
                          ┌──────────────┐        ┌──────────────┐
                          │配合、支持与监督│ ←──── │  试用期管理   │
                          └──────┬───────┘        └──────────────┘
                                 ↓
                          ╱──────────────╲
                         │  进入员工转正   │
                         │    管理流程    │
                          ╲──────────────╱
```

3. 新员工录用审批表

一般情况下，在某岗位若干候选人面试甄选后，对经用人部门与人力资源部门商议确定的拟录用人员，人力资源部门应完成对新员工录用的审核、审批手续，经批准同意，方可邀请候选人加入公司并商定入职时间。

表5-2所示为某公司新员工录用审批表，供读者参考。

表5-2　新员工录用审批表

拟录用员工姓名		录用部门	
岗位		计划入职时间	
最高学历		专业	
毕业学校		籍贯	
毕业时间		工作年限	
招聘渠道	□网站　□猎头　□同事推荐　□校园招聘　□招聘会　□媒体广告　□其他		
招聘周期	年　月　日至　年　月　日		
招聘依据	□年度计划内　□填补人员离职空缺　□其他因素		
薪酬待遇			
面试记录	面试官姓名	主要意见	面试日期
录用审批栏	直接主管经理意见：		
	人力资源部意见：		
	主管副总意见：		
	总经理审批：		

> 新员工的待遇一般分为试用期待遇和转正待遇，有的公司会在此填入两个阶段的待遇标准，有的公司只填写试用期待遇

> **Tips** 并非每个岗位候选人的录用都要经过副总或总经理的审批,关键取决于公司人事权限的分配,该岗位的人事审批权在哪个层级,哪个层级就进行录用审批,无须将所有流程都走至总经理处。
>
> 如果公司对于每个层级或每类岗位的人事审核、审批权有明确的界定,可在本表下方添加注释栏说明,以便表格的填写和使用人员明确流程节点。

4. 背景调查授权书

以雇佣关系为前提,通过合法的调查途径及调查方法,了解应聘者个人基础信息,以及过往的工作背景、能力及工作表现,形成对应聘人员的综合评价,是公司在甄选应聘人员中必不可少的流程。在对应聘人员进行背景调查之前,应取得应聘人员的书面授权。

下面是背景调查授权书范本,供读者参考。

背景调查授权书

我同意授权_____公司对本人最近就职的公司于___年___月___日后进行背景调查。

1. 公司名称:_____
联系人(人力资源部):_____ 职务:_____
办公电话:_____ 手机:_____
联系人(直接主管):_____ 职务:_____
办公电话:_____ 手机:_____

2. 公司名称:_____
联系人(人力资源部):_____ 职务:_____
办公电话:_____ 手机:_____
联系人(直接主管):_____ 职务:_____
办公电话:_____ 手机:_____

授权人(签名):_____

授权日期:_____

5. 背景调查表

背景调查应按预先设定好的内容与项目进行,尽量详细并如实记载,如表5-3所示。

表 5-3　背景调查表

应聘者姓名		应聘部门及职位		
调查内容		情况核实		
基本信息核实	姓名：			
	性别：			
	出生年月：			
	联系方式：			
教育背景核实	（从最高学历经历开始）			
履历核实	单位名称：			
	证明人：		与被调查者关系：	
	核实情况（包括任职起止时间、任职岗位、工作评价、同事关系、离职原因）：			
	单位名称：			
	证明人：		与被调查者关系：	
	核实情况（包括任职起止时间、任职岗位、工作评价、同事关系、离职原因）：			
聘用风险提示		□基本无风险　□有一定风险　□有风险		
调查日期		调查部门		调查人

（教育背景核实栏旁注：在学信网中可对员工的学历情况进行核查）

6．录用通知书

人力资源部门与拟录用人员约定了入职时间后，一些公司会以邮件的形式向拟录用人员发送《录取通知书》以示规范，同时告知办理入职手续应携带的资料与注意事项等事宜。录用通知书如表 5-4 所示。

表5-4　录用通知书

尊敬的_____先生（女士）： 　　您好！ 　　祝贺并欢迎您加入我们的大家庭！为了保障您的权益，入职相关事项通知如下	
录用职位	
薪酬待遇	您的试用期薪资为转正后工资的____%，试用期工资为月人民币____元（税前，大写为_____），公司通用的福利按公司规定发放
报到日期	请您最迟于____年____月____日前正式入职（逾期视同您放弃被录用资格），请于上述到职日期9:00到公司报到，填写员工情况登记表，签订《劳动合同》，接受新员工入职培训等
试用期	您的试用期为____个月，试用期如不符合录用条件最多延长到6个月
录用标准	您的个人技能达到所应聘岗位录用标准，并接受职位所要求的标准考核，必须具备的条件如下： （1）_____ （2）_____
相关手续	如无异议，请您办理下列相关手续： （1）开具与原单位解除劳动关系证明（应届生要有报到证等相关手续） （2）体检：具体要求为_____入职前6个月内体检报告有效 （3）其他：_____
报到与入职	以上手续办理完毕后，请持以下材料于____年____月____日____时，到人力资源部报到，所需材料如下： 关键材料（1）：与前一单位的解除劳动关系证明（必须盖公章，应届生不需要） 关键材料（2）：身份证或户口簿原件和复印件 关键材料（3）：学历、学位证原件和复印件 关键材料（4）：3张2寸证件照（近照） 可选材料： （1）职称及其他证书等原件和复印件 （2）获得各项荣誉和奖励证明 （3）能证明本人技能水平的个人代表作品
特别提示	如关键材料提交不全，视同您不符合录用条件，本公司将不予办理入职手续
录用确认	请在收到邮件48小时内回复邮件确认，以示您接受录用（逾期视同您放弃入职资格） 如有任何问题，请随时与人力资源部门联系

5.3.2 范本：入职与试用期管理制度/流程/表单/方案

企业通过外部招聘，甄选到合适的人才并通知入职，在员工入职的第一天需经过规范的入职程序和手续办理，并进入试用期管理，直到员工转正或在试用期间离职。为规范员工的入职和试用期管理，企业需要建立相应的管理机制。

1. 新员工入职引导管理制度

新员工入职当天，人力资源部门首先要做的工作就是入职手续的办理，而其后的入职引导工作由于不涉及劳动风险、人力资源部门人手紧缺、用人部门不配合等原因，在一些公司就被省略了。而事实上，入职引导工作的质量、细致度，以及给新员工的感受，对于新员工的入职稳定及尽快进入工作角色是非常重要的。下面是某公司新员工入职引导管理制度，供读者参考。

新员工入职引导管理制度

1．目的

为保障新员工尽快了解、适应、融入公司企业文化，认同公司的价值观及企业理念，熟悉公司规章制度并了解本岗位工作流程及标准，特制定本制度。

2．适用范围

适用于公司新员工的入职引导工作的开展。

3．职责规划

（1）人力资源部

①负责新员工入职引导公共部分的培训实施。

②协同各用人部门完成入职引导专业部分的培训工作。

（2）各部门

①负责指定入职引导人负责新员工入职引导专业部分的培训。

②负责对新员工入职引导工作的实施情况进行监督、指导。

4．入职引导内容及要求

（1）新员工入职引导培训工作按照内容可划分为公共部分和专业部分，并可以通过讲授、讨论、案例学习、自学、跟岗实习等形式开展。

（2）公司人力资源部门负责入职引导公共部分教材的编制与修订，其他部门应负责入职引导专业部分教材的修订及管理。公司及各项目部严格按照入职引导工作要求执行。

（3）入职引导公共部分是对公司现有情况的概况及描述，主要包括公司简介、公司发展历程、企业理念、企业文化、公司项目简介及参观、公司组织架构、公司各部门职能及相关领导、公司规章制度、办公环境介绍及办公区域指引、公司办公设备操作、公司网站

（4）入职引导专业部分是对部门业务层面及本岗位工作相关内容信息的详细介绍，主要内容包括部门职能及整体情况详细介绍、部门领导与相关部门领导介绍、部门内部同事的熟悉、业务关联部门相关同事的熟悉和了解、部门内部管理制度及业务流程的培训、部门内部管理与工作关系、本岗位相关工作流程的培训、与工作相关的知识和技巧培训等。

5. 入职引导人资格及要求

（1）各部门根据部门人员情况负责入职引导人的指派，入职引导人应满足以下要求。

①司龄1年以上的正式员工。

②熟悉本部门业务管理制度及流程。

③责任心强，有较强的业务技能、组织能力和管理能力。

④性格豁达开朗，善于沟通，有积极进取心。

（2）新员工入职引导人应严格按照入职引导工作要求对新员工开展培训工作，如发现在入职引导过程中未按公司要求执行，公司人力资源部门有权降低其本周期绩效评估等级。

6. 入职手续办理

（1）公司人力资源部门应提前通知拟录取员工来公司办理入职手续，同时将员工入职信息通知用人部门。

（2）公司人力资源部门及用人部门准备好办公座位、办公设备、计算机、电话号码、工卡、OA账号等。

（3）新员工入职时，公司人力资源部门应引导新员工办理入职手续，完成入职手续后，公司人力资源部门将启动新员工入职引导工作。

7. 入职引导实施

（1）新员工入职后，公司人力资源部门应按照《新员工入职指引表》对新员工进行入职引导公共部分的培训，新员工对培训内容进行确认。

（2）各部门指派的入职引导人应协同公司人力资源部门按照《新员工入职指引表》实施入职引导专业部分的培训，新员工对培训内容进行确认。

（3）在入职引导专业部分实施期间，公司人力资源部门应与新员工及入职引导人进行持续沟通，了解新员工入职引导工作开展情况，监督和检查入职引导人专业部分的实施情况。

（4）新员工通过学习和培训，将以前的工作经验与本岗位工作结合起来，努力提高专业技能，以适应公司的需要。

（5）部门经理或人力资源部门可以随时向新员工了解入职引导人的培训情况，新员工也可随时与部门经理或人力资源部门沟通。

8. 入职引导工作评价

（1）入职引导结束后，入职引导人应向公司人力资源部门和部门直接领导沟通新员工整体的学习培训情况，该评定作为新员工是否转正及员工定岗定级的重要依据。

（2）公司人力资源部门在新员工转正前应当进行入职引导效果考评，以面谈为主要考核方式，考核内容应当覆盖入职引导主要内容。考核结果应作为新员工转正的重要参考依据，同时作为部门内部管理工作效果评判的重要依据。

（3）新员工应在转正之前提交《员工转正申报表》，人力资源部门负责按新员工转正考评流程与标准组织对新员工转正考评及转正意见的审核、审批。

9．本制度的解释权属人力资源部

10．本制度自颁布之日起执行

11．以前文件或规定有与本制度相抵触的条款和规定，按本制度执行

2．新员工入职引导管理流程

《新员工入职引导管理流程》旨在规范新员工入职引导工作中人力资源部门与用人部门之间的分工与衔接配合，如表5-5所示。

表5-5　新员工入职引导管理流程

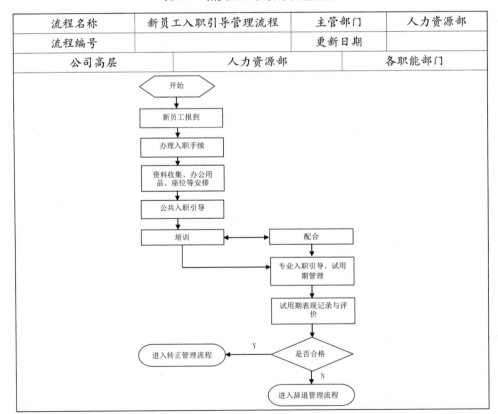

3. 新员工入职引导表

《新员工入职引导表》用于新员工对入职引导内容与实施流程的了解，并对已接受培训和学习的内容进行确认。表5-6所示为某公司新员工入职引导表，供读者参考。

表5-6 新员工入职引导表

姓名		入职日期		入职部门	
入职岗位		引导日期		引导人	
培训主题				计划日期	备注
1. 人力资源信息 （1）企业发展、文化 （2）公司各项行政、人事制度 （3）工作描述说明、试用期信息					
2. 部门信息 （1）组织结构、部门核心价值引导 （2）部门管理制度、工作流程 （3）办公设备、邮箱信息等					
3. 入职引导流程 （1）入职 ①熟悉部门同仁（了解每位同事的工作范围） ②工作现场的布置（了解工作场所的布置、所需用具、工作装的领用手续办理、上下班打卡、交通、就餐、例会等日常例行事情） ③阅读部门及公司有关管理规定及材料（本部门职能、组织结构、部门工作程序、沟通程序、相关流程和规定；公司考核制度、请假制度、着装要求、礼仪规范等） （2）试用期 ①掌握岗位职责、各项规章制度 ②熟练掌握工作流程 ③个人工作安排及计划构思 ④及时完成工作任务 ⑤工作开展具有计划性与条理性 ⑥积极与部门及工作相关部门人员沟通配合 ⑦提高工作积极性，富有激情地工作 ⑧每月10号前提交《试用期月考评表》，作为试用期考核依据					
4. 员工签字确认 我已接受了以上的入职引导（签字）： 年　月　日					
注：新员工试用期结束后，请将此表附上具体的入职培训材料，交回人力资源部，此表将放入员工的人力资源档案袋中					

4. 新员工入职手续办理清单

人力资源部门可以通过《新员工入职手续办理清单》的方式推进员工入职手续的办理和入职引导，同时也有利于人力资源负责人对下属工作执行情况的监督。表 5-7 所示为新员工入职手续办理清单。

表 5-7　新员工入职手续办理清单

新员工资料	姓　名		性别		民族		工　号	
	生日（阳历）	月　　日	报到日期				手机号码	
	入职部门		担任职务				直接上级	

	行政准备工作	人事准备工作
入职前准备	□计算机配置（含所需软硬件、网线、网络及打印机等外设的安装与测试） □话机配置，直线电话 _____ 　传真 _____，分机 _____ □门禁卡　　□用餐卡 □钥匙（办公桌、柜、办公室房间等） □基本办公用品 □办公位及办公桌、椅安排妥当 □企业邮箱： 　　　　　　经办人签字：	□邮件形式发《录用通知书》并确认 □通知用人部门做好新员工到岗准备工作 □《入职指南》与《入职手续清单》的准备 □《劳动合同书》与《保密协议》的准备 □其他相关人事表单、协议的准备 □前台接待的安排衔接 　　　　　　经办人签字：

入职当天	入职手续办理明细	办理情况	经办人签署
人事手续	1. 查验员工个人入职必备资料并归档： □学历学位证书　□职业技能资格证书　□1寸彩照4张 □离职证明或相关资料　□基本医疗手册　□体检报告 □身份证原件及复印件　□其他		
	2. 发放《新员工入职指南》		
	3. 填写：《员工履历表》《社保登记表》等相关表单		
	4. 办公环境、公司领导、部门领导与同事介绍		
	5. 照片扫描并于入职当天发公司新员工入职 PPT 介绍		
	6. 《劳动合同》及相关声明/协议的说明与签署		
	7. 职位说明书、试用期考核标准的说明与签署		
	8. 员工内部档案的建立、更新花名册和员工通讯录		

续表

入职当天	入职手续办理明细	办理情况	经办人签署
行政手续	1. 钥匙、计算机、电话与基本办公用品的领用签收		
	2. 电话分机与邮箱地址开通告知,保证正常使用		
	3. 按需进行名片制作及发放,办公工位的确认		
	4. 公司网络信息平台的说明及相关信息答疑		
	5. 计算机/笔记本各类日常办公必备软件的安装测试与正常使用		
固定资产领用声明	1. 由公司提供给员工使用的计算机仅限员工个人办公使用,不得出租或外借		
	2. 员工有权使用公司所提供的办公资产,但也有义务对公司办公资产进行保护,保证领用资产的完好性		
	3. 员工应对所领用资产负责,有损失任何物品时,由领用人负责赔偿		
	4. 如发现资产是人为损坏,公司有权要求领用人支付维修产生的费用		
员工确认	1. 承诺:本人已经阅读了"固定资产领用声明",并承诺遵守此项规定中的各项条款		
	2. 我已办完入职手续,清楚以上内容,开始在公司正式上班		
	新员工签字: 日期:		

注:此表填写完整后交行政人事中心留存。

5. 新员工录用条件确认函

在试用期内,企业享有一项权利,如果发现劳动者不符合录用条件,可以随时解除劳动合同。但这项权利的行使是有条件的,即用人单位需要证明劳动者不符合录用条件。企业如果在新员工入职时请其阅读《新员工录用条件确认函》并在其上确认签字,就可以很好地规避可能存在或发生的劳动风险。表5-8所示为新员工录用条件确认函。

表5-8 新员工录用条件确认函

拟录用员工姓名		拟录用岗位	
当有下列情形之一时,为不符合该岗位的录用条件			
1. 通用条件			
(1)不具备政府规定的就业手续的			
(2)无法提供办理录用、社会保险等所需要的证明材料的			
(3)不能胜任甲方安排的工作和甲方规定的岗位职责的			
(4)患有精神病或按国家法律法规应禁止工作的传染病的,或者身体健康条件不符合工作岗位要求的			

续表

（5）与原用人单位未依法解除、终止劳动合同或劳动关系的
（6）与原用人单位存在竞业限制约定且在限制范围之内的
（7）通缉在案或被取保候审、监视居住的
（8）未经甲方书面许可不按本合同约定时间到岗的
（9）入职后不同意购买社会保险或不按甲方制定的劳动合同版本签订劳动合同的
（10）隐瞒曾经受过法律处罚或纪律处分事实的
（11）试用期内请假超过3天或迟到超过2次，或者有旷工现象的
（12）向公司提供的材料和信息内容有虚假或隐瞒的

2. 专门条件
（1）不具备本岗位所要求的各项技能的
（2）试用期考核在70分以下的
（3）不能完成试用期内工作任务的，其工作任务如下
①
②
③
④
⑤

签收栏：
　　　上述通知我已收取，内容已知悉。

> 本表由新员工本人确认签字后，人力资源部回收备档

签收人：
　　　　　年　月　日

Tips　《劳动合同法》第二十一条规定，在试用期中，除劳动者有本法第三十九条和第四十条第一项、第二项规定的情形外，用人单位不得解除劳动合同。用人单位在试用期解除劳动合同的，应当向劳动者说明理由。第三十九条规定了6种用人单位可以随时解除劳动合同的情形；第四十条第一项、第二项规定，用人单位在提前三十日以书面形式通知劳动者本人或额外支付劳动者一个月工资且在按照法定标准支付劳动者经济补偿金后，可以解除劳动合同。

　　试用期内用人单位可解除劳动合同仅限于劳动者有下列情形之一。

（1）在试用期间被证明不符合录用条件的。
（2）严重违反用人单位的规章制度的。
（3）严重失职，营私舞弊，给用人单位造成重大损害的。
（4）劳动者同时与其他用人单位建立劳动关系，对完成本单位的工作任务造成严重影响，或者经用人单位提出，拒不改正的。
（5）因本法第二十六条第一款第一项规定的情形致使劳动合同无效的。
（6）被依法追究刑事责任的。

> （7）劳动者患病或者非因工负伤，在规定的医疗期满后不能从事原工作，也不能从事由用人单位另行安排的工作的。
> （8）劳动者不能胜任工作。
> 除上述情形外，用人单位不得在试用期内随意解除劳动合同。

6. 薪酬确认单

《薪酬确认单》用于新员工入职时，以书面的形式对员工薪酬的一种书面确认与保证。部分公司如果是财务部门计算薪酬，此单还可作为薪酬核算依据，由人力资源部门移交财务部门。表 5-9 所示为薪酬确认单。

表 5-9　薪酬确认单

姓名		性别		出生日期		
入职单位				入职部门		
入职岗位				入职日期		
工作地点						
试用时间	总计____个月，自____年____月____日至____年____月____日止					
试用期薪资及福利待遇	月固定工资	_____元（税前）				
	其他					
	其他应说明事项					
转正工资及福利待遇	月固定工资	_____元（税前）				
	月度考核工资	_____元（税前）		年度绩效奖金		___万
	其他					
	其他应说明的事项	年薪为____万元（税前），月发____元（税前），剩余绩效年薪____元（税前）年终发放				
待遇说明	公司将在您的月工资中按国家规定代扣个人所得税的个人缴纳部分及其他国家规定的有关保险等费用					
以上内容本人确认	本人认可上述所填写内容 本人签字：　　　　　　　　　　　　　　　日期：					

5.3.3　范本：实习生管理制度/流程/方案

无论企业是否重视实习生的招募与使用，企业都有必要建立相应的实习生管理制度与规范，因为实习生在企业工作和学习，与企业之间并非劳动关系，管理不善或管理不当，企业都将面临各种劳动风险。

1. 实习生管理制度

在校统招大中专应届毕业生需要在最后一学期按学校规定与安排联系实习单位，进行就业实习。实习期满，得到实习单位给予的实习鉴定后返回学校，直至毕业。一般情况下，毕业后，其中一部分学生会回到原实习单位入职就业，一部分学生会另寻公司应聘入职。

下面是某公司的实习生管理制度，供读者参考。

实习生管理制度

1. 目的

为选拔应届优秀学生，为公司注入新生力量，保持团队活力；树立良好的企业形象和提高企业的知名度，体现公司企业文化。

2. 适用范围

适用于来我公司实习的在校学生，以及实习期考核合格后的正式录用。

3. 术语/定义

（1）实习生：未取得毕业证的在校统招大中专应届毕业生。

（2）见习期：指统招大专以上应届毕业生自取得毕业证后参加工作一年内的时间。

4. 职责规划

（1）人力资源部门

①根据用人部门实习生需求情况，制订实习生招聘计划。

②负责实习生的招募及录用，进行实习生的工作安排。

③负责实习生招聘计划及录用申请的提报。

（2）总经理

负责实习生的招聘需求及录用的审批。

5. 实习生招聘程序

（1）各部门如有招聘实习生的计划，提报申请流程与临时增员申请流程一致：填写《招聘需求申请表》→部门负责人审核、分管领导审核→人力行政部门审核→董事长审批。

（2）公司人力资源部负责实习生招募方案的实施。

（3）内部推荐实习生无参与推荐奖励方案。

（4）实习生录用审批流程同普通员工录用审批流程。

（5）实习生录用程序及审批权限如下表所示。

实习生录用程序及审批权限表

类别	提案人	初审	复审	核准
实习生聘用申请	用人部门	分管领导	人力资源部	董事长
实习生录用审批		人力资源部	分管领导	董事长

6. 实习生录用手续

（1）提供学校的就业推荐书、成绩单原件及复印件（应届毕业生）。

（2）提供学校的体检报告（部分特殊岗位）。

（3）身份证原件及复印件。

（4）一寸免冠照片3张。

7. 实习生待遇

（1）实习生实习期一般为3个月，校招实习生每月给予补贴：本科学历3000元/月，硕士及以上学历3500元/月，内含通信、交通等各项补贴。

（2）实习生不享有公司其他社保、奖金、福利政策。

8. 实习转正及见习期待遇

（1）实习生实习期满后须写实习总结，并结合引导人的实习评估进行转正评价与考核。

实习生实习期满后，如符合部门要求可正式录用，填报《录用审批表》，参照公司《招聘录用管理制度》执行。

（2）实习生被公司正式录用后，需要进行为期一年的大学生见习期，见习期享受社保和福利待遇，工资比有经验的同岗位员工低一级，见习期满经考核合格给予定岗和工资定级。

9. 对实习生的管理和要求

（1）实习生的日常管理由其所在实习部门负责。

（2）实习生的考勤管理需严格按照公司考勤管理制度执行，结合实际情况进行打卡/签到。

（3）单个部门实习学生超过3人以上的，部门需指定实习负责人，组织或开展有益活动，并定期组织实习生的沟通交流会，提高实习生成长速度及对公司的认同感。

（4）实习生应严格遵守公司的各项管理制度和操作流程规范，因主观过错，出现任何违章操作给公司造成损失的，应按损失进行赔偿。

（5）实习生应严格遵守国家的法律、法规及公司的各项规章制度，严格遵守工作程序。如有违法违纪行为，一经发现立即取消其实习资格，由此产生的一切后果，由实习生个人负责。

10. 实习结束

（1）在公司进行毕业设计的实习生回校进行毕业答辩前，凭《实习鉴定表》到人力资源部办理实习终止手续（具体操作同离职手续），并结算最后一个月的工资；若毕业后返回公司，则按应届毕业生办理新员工入职手续。

（2）进行短期实习的实习生，实习结束后凭《实习鉴定表》办理离职手续，并结算最后一个月的工资。

（3）实习生离开公司前须进行工作交接，指导老师为监交人。实习期间的各项工作成果归公司所有。

11. 本制度的解释权属人力资源部

12. 本制度自颁布之日起执行

13. 以前文件或规定有与本制度相抵触的条款和规定，按本制度执行

> **Tips** 不同企业引进实习生的目的并不一样。一部分企业引进实习生是因为实习生较低的用工成本，加之企业刚好有实习生能够胜任的基层岗位；一部分企业引进实习生是因为企业自身的部分岗位社会招聘难度大，一时不能满足业务用人需求，因此引进相关专业的实习生，由工作经验较为丰富的员工作为师父，采用"师带徒"方式，带教实习生，这样实习生可以分担一部分难度较低的操作或技术性工作；还有一些企业是将实习生的引进作为重要的人力资源策略，比前两类企业更加注重实习生素质要求和严格甄选；同时，着力于企业良好的雇主品牌打造，对于实习生工作期间的培训和保留作为人力资源和用人部门的工作重点，争取让那些为公司所看好的实习生在毕业以后能够回流公司，为公司继续效力，成为公司的正式一员，甚至是企业未来干部的培养人选。

2. 实习生管理流程

实习生管理流程是否清晰、有序，实习生管理是否严谨、规范，将很大程度上决定实习生对公司的总体印象，并最终影响实习生实习期满后决定是否在毕业后返回公司。实习生管理流程如表5-10所示。

表5-10 实习生管理流程

流程名称	实习生管理流程	主管部门	人力资源部
流程编号		更新日期	
公司高层	人力资源部		各职能部门

```
公司高层          人力资源部                    各职能部门

                     ┌──开始──┐
                          ↓
 ┌─────────────┐   ┌─────────────┐   ┌─────────────┐
 │审批拟录用实习生│←→│向拟录用实习生发送│←→│审核拟录用实习生│
 └─────────────┘   │《实习生录用通知》│   └─────────────┘
                   └─────────────┘
                          ↓
                   ┌─────────────┐
                   │实习生按录用通知按│
                   │时到公司报到    │
                   └─────────────┘
                          ↓
                   ┌─────────────┐
                   │签订《实习协议》及│
                   │《保密协议》     │
                   └─────────────┘
                          ↓
                   ┌─────────────┐
                   │公共入职引导    │
                   └─────────────┘                   ┌─────────────┐
                          ↓─────────────────────────→│专业入职引导    │
                   ┌─────────────┐                   └─────────────┘
                   │实习总结及评价  │←──────────────────────┘
                   └─────────────┘
                          ↓
 ┌─────┐         ◇是否留用◇              ┌─────┐
 │ 审批 │←───────               ───────→│ 审核 │
 └─────┘         Y↓        N↓            └─────┘
              ┌─────────┐  ┌─────────┐
              │进入招聘流程│  │进入离职流程│
              └─────────┘  └─────────┘
```

> **Tips** 事实上,部分公司的实习生管理非常随意,人力资源部门甚至不知道实习生是什么时候来的。直到实习生要走时,因为学校要求学生要有实习用人单位的实习鉴定并加盖公章,这时才找到人力资源部门。这样松散、被动的实习生管理存在诸多弊病,如果人力资源部门对实习生的录用与实习期间的表现失去了掌控,一旦发生一些经济、责任问题,人力资源部门将难辞其咎。

3. 实习生管理方案

实习生不同于公司的员工,员工与公司是劳动关系,而实习生不属于劳动法意义上的劳动者,与实习单位不是劳动关系。所以,企业在实习生的管理上应有特殊的方案,专门约定实习生的权宜和管理。

下面是某公司的实习生管理方案,供读者参考。

实习生管理方案

随着公司规模逐步扩大，下半年将大量招聘2018届毕业生，为了合理地用好该批次实习生，为其提供良好的工作环境、发展空间，同时秉承公司的人才理念，特制定本方案。

1. 总则

（1）毕业生实习是公司人事管理工作的重要组成部分，为进一步规范公司毕业实习生管理工作，现结合公司实际，特制定本方案。

（2）凡来公司实习的毕业生，实习期限为3~6月。

（3）本方案适合在公司工作的大中专毕业（已学完学校规定课程进入实习期在校的）实习生。

2. 录用实习生基本要求

（1）以各部门的工作要求为依据，按办公条件许可、所学专业对口，择优录取。

（2）实习生原则上为本科，特殊岗位可接收品学兼优的专科生，且必须学完学校规定的课程，并按学校规定进入实习期的应届毕业生（以学校实习推荐信为准）。

（3）具备健康心理素质和身体素质，具有竞争意识和开拓精神。

（4）具有良好的团队合作精神。

（5）在校期间遵纪守法、无不良记录。

3. 录用程序

（1）校园宣讲。

（2）校园招聘。

（3）达成意向，签订三方协议。

（4）按公司要求前往公司报到，并办理相关手续。

4. 实习生待遇

（1）实习生在实习期间给予实习补贴：本科生3000元/月，专科生2400元/月。

（2）实习生在实习期间原则上不安排出差，如果确有必要，则按公司一般员工出差待遇执行。

（3）公司提供统一住宿。

（4）实习期间，公司统一购买意外伤害保险一份。

（5）实习期间，公司免费提供工作餐。

（6）其余参照公司员工管理办法实行。

5. 实习生培训

（1）人力资源部分阶段做好实习生培训计划，并严格按照培训计划实施。

（2）实习生分为岗前培训与后续培训两个阶段。

①岗前培训。岗前培训主要内容为企业文化、公司各项规章制度、职业素养、三级安全教育、公司产品工艺、设备操作规程、质量控制方法、产品检测方法等基本知识。

②后续培训。后续培训根据实习生在实习过程中遇到的问题，以及实习部门根据实习生的表现提报的培训需求制订培训计划并安排实施。

（3）每阶段培训结束后进行培训效果考核，根据考核结果选取10%为优秀者，按名次给予1000~2000元奖励，考核成绩过差者解除实习协议。

6. 宿舍管理

宿舍管理按照公司员工宿舍管理办法实行。

7. 激励措施

（1）实习生第一阶段培训结束后，10人为一组，选取一名组长，组长每月给予500元管理补贴，同时，作为组长应承担以下责任。

①督促本组人员严格遵守公司员工宿舍管理办法。

②督促本组人员严格遵守公司各项规章制度。

③定期组织本组人员每日学习交流，经验分享。

④组织本组人员学习公司下发的各种文件精神。

⑤通知本组人员参与公司各项活动。

（2）实习期间，每月评出一名优秀小组团队，给予1000元小组活动经费。

（3）实习期间，每月进行考核，评选出总人数的5%为本月之星，给予每人500~2000元奖励。考核结果过差者，解除实习协议。此结果也作为转正后核算转正工资的依据。

（4）在实习期间，对公司生产工艺、设备使用、生产管理等方面提出合理可行建议者根据实际情况给予一定额度的奖励。

（5）其余参照公司奖惩制度执行。

8. 其他事宜

（1）实习生在实习期间，必须严格遵守国家有关法律法规及公司的各项规章制度。

（2）用人部门要加强对实习生的管理，特别要加强保密教育。未经允许，实习生不得将接触到的公司内部信息、资料向外泄露。

（3）对违反公司有关规定、作风散漫、表现不好的实习生，部门可随时报人力资源部，取消实习资格。

（4）除上班时间在我公司实习外，其他时间的一切活动，所发生的一切事情与本公司无关。

（5）实习结束后，有关部门对实习生在实习期间的表现用书面形式做出评价，并报人力资源部备案。人力资源部结合各部门的意见考虑是否将其转为正式员工。实习生考核项目如下表所示。

实习生考核项目表

考核项目	权重	考核要点
工作态度	30%	出勤、各项纪律、主动性、资料或信息提交
业　绩	40%	任务完成情况、典型事迹
学习与成长	15%	指定培训、辅导、自学项目掌握情况、可行性建议数量
潜　质	15%	销售岗位的适合程度、可培养性

5.3.4　范本：新员工转正管理制度/流程/表单

新员工试用期届满，企业将决定是否留用，而决策的方法最常见的就是新员工转正考核和新员工转正申请与审核。每个公司对于新员工转正的考察标准与考察程序都不尽相同，这就需要公司的人力资源部门建立相应的制度、流程和表单以规范和明确本公司的要求。

1. 员工转正管理制度

员工与企业签订了劳动合同后，有一个考察期，即试用期。通常情况下，试用期为1~6个月，3个月的情况最为常见。具体试用期依据《劳动合同法》规定的劳动合同签订周期与最长试用期间的关系，以及公司新员工转正管理的政策、规定而定。

下面是某公司的员工转正管理制度，供读者参考。

员工转正管理制度

1. 目的

为加强对员工转正工作的管理，确保员工转正程序的透明性、公正性和公平性，特制定本制度。

2. 适用范围

公司全体员工。

3. 转正条件

（1）试用期间参加过公司新员工培训。

（2）试用期间参加过部门新员工上岗辅导，并通过考核。

（3）试用期间通过公司转正考核及判定其能胜任本职工作。

（4）试用期间未受到警告级以上的行政处罚。

（5）试用期满及满足以上条件，经部门主管签字和总经理批准后转正。

4. 试用期

一般情况下，新员工试用期为3个月，同时也有提前转正和延期转正的情况。

5. 员工转正程序

（1）正常转正

新员工工作满3个月时，由人力资源部安排进行转正评估，具体程序如下。

①由员工关系专员在新员工试用期届满前10天向员工发放《新员工转正评估表》。

②由新员工本人填写《新员工转正评估表》并附已填写完毕的《新员工入职引导手册》交入职引导人、部门负责人、分管领导签字审批。

③审批完成后汇总由新员工本人将上述两份纸质文档交给人力资源部员工关系专员进行后续转正审批流程。

④集团五等以下的员工转正由人力资源部经理、人力行政中心总经理负责签字审批；五等及以上的员工转正由人力资源部经理、人力行政中心总经理、对应分管中心领导、董事会分管领导、董事长签字审批。

⑤分（子）公司五等及以上的员工转正审批与集团同级转正手续一致，五等以下员工则由分（子）公司自行审批。

⑥审批完成后由员工关系专员将新员工的所有资料、审批文档归入专用档案袋并做好标识，存放于员工档案柜。

⑦员工关系专员应在当月工资结算日前统计，并以书面形式将员工转正日期告知薪酬福利专员，以便及时、准确地核算转正后薪酬。

⑧员工关系专员应在手续完成后及时在EHR中更新转正员工基本信息（转正日期、在职状态）。

⑨五等及以上员工转正完毕后等任命应由总部员工关系专员在OA系统发起通用审批流程，终审人为董事长，审批完成后转发流程至行政部负责人，由行政部梳理发文。

⑩审批任命完成后，应由人力资源部经理进行转正后沟通。

完成时限要求：新员工应转正前一日必须全部完成。

（2）提前转正

新员工试用期间表现非常出色者，可由所在部门申请提前转正，具体程序如下。

①由新员工本人向直接上级提出提前转正申请，由其直接上级与新员工中心分管领

导、人力资源部经理、人力行政中心总经理（五等及以上）沟通后进入提前转正流程。

②由员工关系专员发放《提前转正业绩报告》至新员工，由其本人按表格要求填写并交部门负责人、中心分管领导签字审批后交员工关系专员进行后续审批；后续审批流程为人力资源部经理、人力行政中心总经理签字审批。

③《提前转正业绩报告》审批通过后，由员工关系专员发放《新员工转正评估表》，由其本人填写后并附《新员工入职引导手册》交入职引导人、部门负责人、分管领导签字审批。

④审批完成后汇总由新员工本人将上述三份纸质文档交给人力资源部员工关系专员进行后续转正审批流程。

⑤所有提前转正员工审批均须由人力资源部负责人、人力行政中心总经理、董事会分管领导、董事长签字审批。

⑥分（子）公司所有员工提前转正审批与集团手续一致。

⑦审批完成后由员工关系专员将新入职员工的所有资料、审批文档归入专用档案袋并做好标识，存放于员工档案柜。

⑧员工关系专员应在当月工资结算日前将员工转正日期告知薪酬福利专员，以便及时结算转正后薪酬。

⑨员工关系专员应在手续完成后及时在EHR中更新转正员工基本信息（转正日期、在职状态）。

⑩五等以上员工转正完毕后应由员工关系专员在OA系统发起通用审批流程，终审人为董事长，审批完成后转发流程至行政部负责人，由行政部梳理发文。

（3）延期转正

新员工入职期间表现不甚理想的，实习期满可考虑延期转正，具体流程如下。

①由员工关系专员发放《新员工转正申请表》至新员工本人，由其本人填写并上交部门负责人、分管中心领导签批延期转正意见。

②由员工关系专员收取批示后的《新员工转正申请表》后报人力资源部经理、人力行政中心总经理签批延期转正意见。

③由员工关系专员告知新员工延期时间，由人力资源部经理与新员工本人进行延期转正沟通。

④期满之后若满足转正要求，则按照正常转正流程办理。若仍不满足转正要求则按试用期解除劳动合同办理。

完成时限要求：新员工应转正前一日必须全部完成。

6. 本制度的解释权属人力资源部

7. 本制度自颁布之日起执行

8. 以前文件或规定有与本制度相抵触的条款和规定，按本制度执行

2. 员工转正管理流程

员工转正分正常转正、提前转正和延期转正 3 种情况，下面分别进行介绍。

（1）员工正常转正管理流程。一般情况下，大多数公司规定新员工的正常转正时间为 3 个月。员工正常转正管理流程如表 5-11 所示。

表 5-11　员工正常转正管理流程

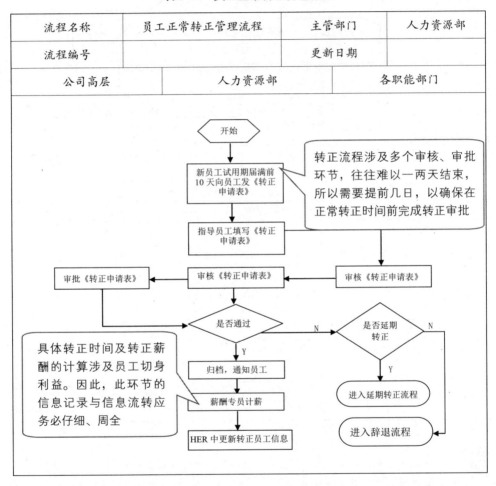

（2）员工提前转正管理流程。如果公司规定正常转正时间为 3 个月，那么未到 3 个月转正的情况就视为提前转正。员工提前转正管理流程如表 5-12 所示。

表 5-12　员工提前转正管理流程

流程名称	员工提前转正管理流程	主管部门	人力资源部
流程编号		更新日期	
公司高层	人力资源部		各职能部门

```
                                              ┌──────┐
                                              │ 开始 │
                                              └──┬───┘
                                                 ▼
                                        ┌────────────────┐
   ┌──────────────────────┐             │ 新员工提出提前转正 │
   │ 部门负责人应严格审核员工的提 │             │ 意见           │
   │ 前转正资格，同时，人力资源部 │             └────────┬───────┘
   │ 门也应在相关制度中明确提前转 │                      ▼
   │ 正的资格与审核标准      │           ┌────────────────┐   N
   └──────────────────────┘    ┌──Y──┤ 沟通，确定是    ├────┐
                               │       │ 否提前转正     │    │
                               ▼       └────────────────┘    │
                    ┌──────────────────┐                     │
                    │ 指导员工填写《提前 │                     │
                    │ 转正业绩报告》《转 │                     │
                    │ 正申请表》       │                     │
                    └────────┬─────────┘                     │
                             ▼                               ▼
   ┌──────────┐      ┌──────────────┐           ┌──────────────┐
   │ 审批《转正 │◄─────│ 审核《转正申请表》│◄──────────│ 审核《转正申请表》│
   │ 申请表》  │      └──────────────┘           └──────────────┘
   └────┬─────┘
        ▼
   ┌──────────┐    N      ┌──────────────┐
   │ 是否通过 ├──────────►│ 进入正常转正流程 │
   └────┬─────┘            └──────────────┘
        │Y
        ▼
   ┌──────────────┐
   │ 归档，通知员工 │
   └──────┬───────┘
          ▼
   ┌──────────────┐
   │ 薪酬专员计薪  │
   └──────┬───────┘
          ▼
   ┌──────────────┐
   │ HER 中更新转正员工 │
   │ 信息          │
   └──────────────┘
```

> **Tips**　如果公司有规范的新员工入职引导，应有配套的《新员工入职引导手册》并通过相应的审核与审批（相关方案可借鉴《新员工入职引导管理制度》）。因此，新员工转正时，其转正审核、审批材料，除了《转正申请表》外，还应附上《新员工入职引导手册》；如果是提前转正，还应附员工按标准要求撰写和提交的《提前转正业绩报告》。

（3）员工延期转正管理流程。正常转正时间届满前，公司应完成对新员工的转正审批，如果转正申请未通过，公司可辞退员工或与员工协商延期转正。但延期转正应经员工本人同意，且延期具体期限应约定明确，并经员工本人签字确认。员工延期转正管理流程如表 5-13 所示。

表 5-13 员工延期转正管理流程

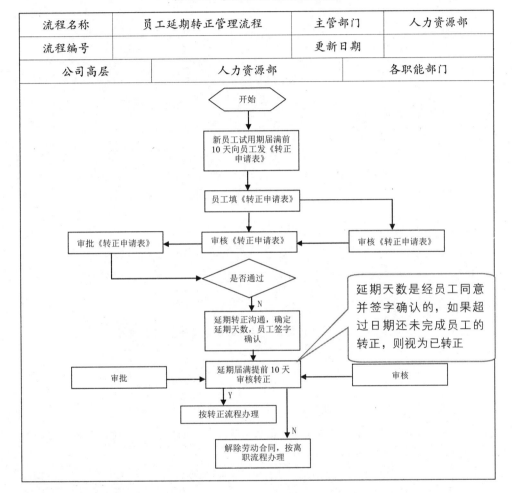

3. 员工转正申请表

在《员工转正评估表》范本中提到员工需填写并提交《员工转正申请表》作为转正评估审核的依据。表 5-14 所示为该公司配套的《员工转正申请表》，供读者参考。

表 5-14 员工转正申请表

姓 名		部门		职位	
试用期起始日期			试用期终止日期		
试用期述职（陈述试用期的工作内容及平时工作表现、成果）					
转正后工作如何开展的计划					
其他方面的意见或建议					
申请人签字： 日期：					

4. 员工转正评估表（经理级及以上级别员工适用）

《员工转正评估表》用于员工提出转正申请，并由公司对转正申请进行审核和审批。表 5-15 所示为某集团公司的经理级及以上级别员工适用的《员工转正评估表》，供读者参考。

表 5-15 员工转正评估表（经理级及以上级别员工适用）

部门		职位名称		入职时间	
姓名		性别		试用期限	
最高学历		专业		辅导员	
个人评价	请附个人转正申请表（内容含工作内容、完成情况、工作贡献、对本岗位的看法、培训需求、对公司或部门的建议等）				
请根据以下评核内容进行评分					
项目名称	评核内容	评分标准	自评	辅导员评分	部门负责人评分
工作能力（80%）	工作任务完成情况	20			
	工作质量	20			
	工作效率	15			
	部门管理	15			
	成本控制	10			

续表

项目名称	评核内容	评分标准	自评	辅导员评分	部门负责人评分
工作态度（20%）	责任心	10			
	主动性	10			
	总分	100			
辅导员评估意见	☐优秀 ☐超满意（超过要求）☐满意（符合要求）☐不满意（部分不符合）☐差 评价： 待改进的方面： 　　　　　　　　　　　　　　签名：　　　　　　　年　月　日					
部门意见	试用期：　年　月　日至　年　月　日，共___个月 建议　☐正式录用　☐辞退 　　　☐延长试用，延长试用期至：　年　月　日，共　个月 部门负责人评价： 　　　　签名： 　　　　　　　　　　　　　　　　　　　　　　年　月　日 分管领导评价： 　　　　签名： 　　　　　　　　　　　　　　　　　　　　　　年　月　日					
被评估人确认	签名： 　　　　　　　　　　　　　　　　　　　　　　年　月　日					
集团人力资源部意见							

集团人力资源部意见：

试用期工资总额	职等	档次	月固定工资	月绩效工资	年终考核工资	月效益工资
转正后工资总额	职等	档次	月固定工资	月绩效工资	年终考核工资	月效益工资
试用期考评结果建议	☐正式录用　☐辞退 ☐延长试用，延长试用期至：　　年　月　日，共　个月					
建议转正时间	年　月　日					

续表

分管领导审核	
人事行政总经理审核	
副董事长批准	
总裁批准	
董事长批准	
备注（由HR填写）	最后核定转正后工资总额： 转正时间为：

5. 员工转正评估表（经理级以下级别员工适用）

表5-16所示为某集团公司的经理级以下级别员工适用的《员工转正评估表》。不同层级员工的转正申请表，最主要的区别在于转正考评的项目不同，以及审批权限的不同。

表5-16 员工转正评估表（经理级以下级别员工适用）

部门		职位名称		入职时间	
姓名		性别		试用期限	
最高学历		专业		辅导员	
个人评价	请附个人转正申请表（内容含工作内容、完成情况、工作贡献、对本岗位的看法、培训需求、对公司或部门的建议）				
请根据以下评核内容进行评分					
项目名称	评核内容	评分标准	自评	辅导员评分	部门负责人评分
工作能力（70%）	工作品质	10			
	工作效率	10			
	工作态度	10			
	工作方法	10			
	工作执行力	10			
	理解力及判断力	10			
	学习能力及精神	10			

续表

项目名称	评核内容	评分标准	自评	辅导员评分	部门负责人评分
学识（20%）	专业知识	10			
	专业技能	5			
	管理技能	5			
其他（10%）	配合性	2			
	遵守规章制度	2			
	个人品行、操守	2			
	责任感	2			
	可塑性、发展潜力	2			
	总分	100			
辅导员评估意见	□优秀 □超满意（超过要求） □满意（符合要求） □不满意（部分不符合） □差 评价： 待改进的方面： 签名： 年 月 日					
部门意见	试用期： 年 月 日至 年 月 日，共___个月 建议 □正式录用 □辞退 □延长试用，延长试用期至： 年 月 日，共 个月					
	部门负责人评价： 年 月 日					
	分管领导评价： 年 月 日					
被评估人确认	签名： 年 月 日					
集团人力资源部意见						

集团人力资源部意见：

试用期工资总额	职等	档次	月基本工资	月绩效工资	福利
转正后工资总额	职等	档次	月基本工资	月绩效工资	福利

续表

试用期考评结果建议	☐正式录用　☐辞退 ☐延长试用，延长试用期至：　　年　月　日，共　个月
建议 转正时间	年　　月　　日
人力行政中心 总经理审核	
总裁批准	
备注（由HR 填写）	最后核定转正后工资总额： 转正时间为：

6. 试用期管理层员工考核表

与《员工转正评估表》相比，表5-17所示的《试用期管理层员工考核表》也用于员工转正申请的提出与审核、审批，其最大的不同是后者引入了绩效考核指标的描述与评分方法，使得员工的试用期考核更具权威性和可操作性。另外，该表也将员工转正申请和转正考评并入。

表5-17　试用期管理层员工考核表

员工姓名：	部门：	岗位：	上级领导：
考核时期：自　　年　月　日至　　月　　日			
1.请试用期员工填写下述问题			
（1）试用期的最大体会：（企业文化、办公环境、团队合作等）			
（2）试用期遇到的问题：			
（3）对公司及部门的认识、意见及建议：			
被考核者签名：　　　　　　　　　　　　　日期：			

续表

2. 请对下列考核项目进行评分

	评分项目	标准描述	评分标准	自评	上级领导评分
考核评分	积极主动性（20分）	能积极主动服务同事与客户，获得较好的评价	19~20 分		
		遇事能积极主动寻找解决方法，能够按时按质完成工作	15~18 分		
		工作热情，不推卸职责内的工作	8~14 分		
		对于职责履行敷衍了事，得过且过	0~7 分		
	对客户的关注程度（15分）	已得到客户的认可，客户有困难时能够主动提供帮助，客户也时常为员工的需求提供建议	14~15 分		
		除客户的基本信息与需求外，还通过其他渠道了解到客户的个人喜好、行为习惯等信息，为后期工作的开展奠定了基础	11~13 分		
		知道客户的基本信息与需求，并且沟通比较顺畅	6~10 分		
		仅知道客户的基本信息，其他层次未做了解	0~5 分		
	专业技能（15分）	具备丰富的知识和经验，能将之前的专业基础同公司实际相结合，基本可以单独完成工作	14~15 分		
		具备目前工作所必需的知识和经验	11~13 分		
		专业知识尚可，经指导能基本解决专业内的问题	6~10 分		
		专业知识欠佳，常常不能解决专业内的问题	0~5 分		
	培养及领导下属的能力（10分）	能主动指导下属工作，指正问题易于接受，提出的意见具有建设性	10 分		
		能主动指导下属工作，指正问题易于接受	7~9 分		
		下属求助常常能给予指导性的意见	4~6 分		
		对下属的问题视而不见，认为下属该有自己的解决方式	0~3 分		
	工作效率（10分）	工作掌握轻重缓急，能按时完成工作任务	10 分		
		偶有任务完成质量不高，经指导后可提出解决方案	7~9 分		
		完成工作常常需要提醒，提醒后可以按时完成工作	4~6 分		
		工作任务常常拖沓，经提醒后无改进	0~3 分		

续表

考核评分	工作效果（10分）	工作成绩优秀，有发展潜力	10分		
		工作效果良好，能够胜任	7~9分		
		偶尔出错或失误，需要加以指导	4~6分		
		经常出错或失误，不能单独工作	0~3分		
	团队合作（5分）	以集体利益为重，与任何人都能合作，并对他人施以良好的影响	5分		
		乐于与他人合作，共同完成本部门工作	4分		
		能够与他人合作，不产生摩擦和冲突	2~3分		
		只关心自我利益，与同事合作共事有困难	0~1分		
	纪律服从性（5分）	自觉遵守和维护公司各项规章制度	5分		
		偶有迟到、违反公司规章制度	4分		
		纪律观念不强，经常违反公司制度	1~3分		
		不遵守公司制度，并且仇视遵章守纪同事	0分		
	认同度（5分）	认真学习并能充分理解和认同公司的管理模式	5分		
		偶有不能完全认可的情况，但通过适当的方式反馈后，能够获得个人理解	4分		
		对公司大部分管理模式不认可，经引导未能理解	2~3分		
		完全不认可公司的管理模式	0~1分		
	适应性（5分）	完成了新公司、新同事、新岗位的转变和适应，经过一个月的时间已经能游刃有余地应对公司的人和事，为具体工作的开展奠定了扎实的基础	5分		
		已经能适应新公司和新环境，经过一个月的试用期基本可以应对公司的人和事	4分		
		还不大能适应新公司和新环境，经过一个月的试用期，对于公司的人和事在做事方法及流程方面尚有欠缺，还需要后期引导	2~3分		
		经过一个月的试用期还是不能适应新环境，待人接物方面经引导仍未能改进	0~1分		
合　计					

续表

综合得分公式：自评 ×40%+ 上级领导评 ×60%=
综合得分：满分 100 分，得分 59~69 分延期试用一个月，得分 70~85 分按期转正，86 分及以上提前转正，59 分以下试用期不合格劝退处理
用人部门领导评语： （示例：经试用，该员工各方面表现优秀，团结同事，工作积极主动，得到了所有同事的一致认可，符合转正条件，同意转正） 签名：
行政人事部领导综合评语： （示例：已与该员工领导沟通，该员工试用期表现高度符合岗位要求，同时该员工领导已提出了对该员工今后的工作要求与期望，希望该员工能够充分发挥自己的主观能动性，带好团队，打造公司的优质品牌，同意转正） 签名：
结果：□不予录用　□延期一个月　□按期转正　□提前转正　转正日期：　年　月　日
建议转正薪资：　　　社保基数：　　　公积金基数：
董事长（总经理）审批：

说明	（1）此表为试用期管理层员工转正考评表，分为自评、部门经理评价和部门主管领导评价
	（2）提请试用期管理层员工和用人部门领导严肃对待此表，且认真、客观地进行总结和评估
	（3）请新员工部门主管领导填写评分结果，由人力资源部统一计算考核分数
	（4）管理层员工的转正审批需要部门领导、董事长（总经理）审批

7. 提前转正业绩报告表

一般情况下，大部分新员工应按公司的标准转正时间转正，只有试用期表现优异或达到提前转正条件的员工可由本人提出申请，经审核、审批通过，方可提前转正。提前转正应有较为严格的审核程序，表 5-18 所示的《提前转正业绩报告表》就是其中必要的一项审核资料，由员工本人填写，并作为提前转正的附件资料，同《转正申请表》等一同递交。

表 5-18　提前转正业绩报告表

姓名		部门		职务	
业绩报告	请准确描述试用期内所做出的典型事迹及业绩产出，宜有数据说明，可另附详细内容				
部门/单位审核	部门评语： 直接领导：　　　　　　　　　　　部门/单位负责人： 日期：　　　　　　　　　　　　　日期：				
集团人力资源部审核	签字： 日期：				
集团人力行政中心总经理审批	签字： 日期：				

8. 员工转正通知单

员工的转正申请经审核、审批通过，人力资源部往往会以书面的形式通知员工，以示规范和重视。表 5-19 所示为员工转正通知单。

表 5-19　员工转正通知单

＿＿＿＿先生/女士： 　　您于＿年＿月＿日加入本公司，试用期至＿年＿月＿日止。根据您在试用期内的工作能力和工作表现，符合公司录用条件，经试用期考核及领导审批，恭喜您的转正申请获批，特此通知您。 　　您将从＿年＿月＿日起转正为公司正式员工，按照公司相关规定享受正式员工的全部待遇，财务部门将根据转正评估表上获批工资标准给予调整工资。 　　希望您继续努力工作，为公司的发展做出贡献。 　　　　　　　　　　　　　　　　　　　　　　　　　　　公司人力资源部 　　　　　　　　　　　　　　　　　　　　　　　　　　　　　年　月　日 注：本通知由人力资源部及员工本人留存并抄送财务部。

专家支招

1. HR在发录用通知书时应注意哪些方面

经过前期的招聘和面试后,用人单位一般会在决定录用应聘者后,向其发出录用通知,而录用通知的形式又分多种。有的公司仅通过电话进行录用通知;有的公司会在电话通知之后,再发送附有录用通知书的邮件,以示规范。

录用通知书中一般包括工资待遇、试用期、社保、福利、报到时间等与入职和员工利益等相关的主要事项。然而,由于录用通知书是书面材料,容易作为法律依据,也就相应地增加了企业的劳动风险。因此,HR在发送录用通知书时应注意以下问题。

(1)企业应在确需录用该员工的前提下,才能发出录用通知书。同时,企业还应在录用通知书中列明不予录用的情形,以保留一定的录用与解聘主动权。录用通知书一经发出即具有法律效力,用人单位不得随意单方面变更其中的内容。

(2)企业在编制录用通知书时,应特别注意两个要点:其一,应限定候选人答复的期限,超过期限,候选人没有回复同意入职,公司有权取消此录用;其二,应明确双方违约责任,如一方未按通知书规定时间报到,公司有权要求其承担相应的违约责任。

(3)录用通知书只表明用人单位愿意录用应聘者,而员工一旦入职,企业应尽快和员工签订劳动合同,并在劳动合同中约定签订劳动合同的同时录用通知书失效。

2. 企业能拒绝录用乙肝病原携带者吗

根据《劳动合同法》的规定,用人单位对劳动者的身体状况有知情权,尤其是员工患有潜在的疾病或职业病,这将给未来的用工带来巨大的风险和成本。因此,用人单位有权要求应聘者提供正规的体检报告,或者要求应聘者到指定医院参加体验。但国家为了规范和避免用人单位滥用知情权,2010年2月10日,人力资源和社会保障部出台了《关于进一步规范入学和就业体检项目维护乙肝表面抗原携带者入学和就业权利的通知》,明确规定了用人单位在就业体检中,不得要求乙肝项目检测,不得因应聘者是乙肝病原携带者而拒绝招用或辞退。

在实际中,除非用人单位能够书面证明拟聘用的员工将在本单位从事国家法律、法规和卫生部规定禁止乙肝病原携带者从事的工作,如餐饮、医疗、保育等服务行业的相关工作;否则,用人单位不能在入职体检中强制要求员工参加乙肝项目检测,也不能拒绝录用乙肝病原携带者。

3. 在试用期内,用人单位是否可以随时终止劳动合同

根据《中华人民共和国劳动法》第三十二条规定,有下列情形之一的,劳动者可以随时通知用人单位解除劳动合同。

(1)在试用期内的。

(2)用人单位以暴力、威胁或非法限制人身自由的手段强迫劳动的。

(3)用人单位未按照劳动合同约定支付劳动报酬或提供劳动条件的。

而《中华人民共和国劳动法》第二十五条则规定,劳动者有下列情形之一的,用人单位可以解除劳动合同。

(1)在试用期间被证明不符合录用条件的。

(2)严重违反劳动纪律或者用人单位规章制度的。

(3)严重失职,营私舞弊,对用人单位利益造成重大损害的。

(4)被依法追究刑事责任的。

也就是说在试用期内,劳动者可以随时提出解除劳动合同的请求,而用人单位则应当是劳动者在试用期间被证明不符合录用条件时才可以解除劳动合同。

4. 试用期不合格可以延长试用期吗

试用期不合格可以延长试用期,但必须注意以下几点。

(1)用人单位与劳动者协商一致。

对试用期不合格员工延长试用期,其实是对双方之前签订的劳动合同条款的变更,因此必须经过双方协商一致。试用期可以在法律规定的范围内延长,但是任何一方都没有单方面决定延长试用期的权利。因此,未经劳动者的同意,用人

单位不能单方面随意延长试用期。

（2）延长后的试用期不得超过法定上限。

即使是用人单位与劳动者协商一致同意延长试用期，延长后的总期限也必须在法律规定的最高上限内，即如果用人单位之前已经约定了法定上限作为试用期期限，那么即使双方协商一致也不能延长。

（3）必须在之前约定的试用期届满前延长。

用人单位与劳动者关于延长试用期的协商及一致意见的达成，都必须在之前约定的试用期届满之前提出，否则试用期届满后，任何一方都没有提出延长试用期的权利，而只有履行劳动合同的义务。

5．如何应对员工的突然离职

刚入职和试用期的员工往往是离职率最高的群体，为此 HR 应主动采取必要的防范和应对措施。例如，可以借鉴下面的一些工作方式。

（1）了解员工的心理动态。紧急招聘是每个企业都会碰到的问题，需要管理人员及时了解和掌握下属的思想动态、心理变化和生活状况，不能只把员工当作工作的机器或工具。当管理人员发现下属员工有离职的倾向时，应及时进行沟通、交流，以情感、环境和职业前景等挽留员工。即使最终没能留住员工，至少可以预警人力资源部门，进行提前招聘和预备。

（2）人性化管理。管理人员不但要重视下属员工对于薪酬的满意程度，还应通过生活上的关怀，使员工对企业、对团队产生认同感和归属感。管理人员可以通过帮助员工进行职业生涯规划，以及通过培训帮助员工成长，让员工能够看到自己在企业平台的发展前景，从而愿意留在企业。在日常管理中，管理人员要注意与下属员工沟通的方式、方法，实行人性化管理。

（3）人才蓄水池，即人力资源储备库的建立。在招聘工作中，有的候选人即使当时不适宜选择录用，但其简历和联系方式应留下来进入后备人才库中，等到公司需要紧急招聘时可以很快联系到候选人。

（4）人才服务机构的合作。企业可以和人才市场、猎头公司等人才中介机构建立联系或长久合作关系，当企业紧急需要员工时，这些招聘渠道有时可以快速提供备选人员。

（5）人才梯队建设。即使企业目前的岗位并不缺人，也要未雨绸缪，针对重要岗位培养接班人，做好人才储备。当这些重要岗位发生人员变动时，能及时地有后备人才可以补充和顶替，而这批接班人仿佛站在依次递升的梯子上一样，形象地称其为"人才梯队"或"人才梯队建设"。

6．利用离职证明规避劳动风险

根据《劳动合同法》的规定，用人单位招用了与其他用人单位尚未解除或终止劳动合同的劳动者，给其他用人单位造成损失的，用人单位应当承担连带赔偿责任。

因此，HR 在录用员工时，必须要求应聘者提供已与原用人单位解除或终止劳动合同的证明，即《离职证明》。在员工无法提供的情况下，HR 可要求员工提供原单位的联系方式或证明人，以便进行工作背景调查。HR 只有严格审查，才能避免因招用未解除劳动关系的应聘者而承担连带赔偿责任。

7．劳动合同必须约定试用期吗

并非所有的劳动合同都需要约定试用期，根据《劳动合同法》的相关规定，下面三类劳动合同不能约定试用期。

（1）短期劳动合同，劳动合同期限不满 3 个月的（不包括正好 3 个月的劳动合同）。

（2）以完成一定工作任务为期限的劳动合同。

（3）非全日制用工的劳动合同。

高效工作之道

1．用 Word 制作入职流程图

当面试人员面试通过被录用后，就会收到录用通知，要求什么时间到公司进行报到。报到并不是说到公司就可以正式上岗工作，还需要办理相关的入职手续。

很多公司为了使新员工能够快速办理完相关的入职手续,一般都会为新员工制作一个入职流程图,然后让新员工按照流程图到相关的部门进行办理即可,这样可以提高入职效率。

使用 Word 制作流程图一般有两种方法:一种是通过 SmartArt 图形来制作具有一定规律,且层次内容较少的流程图;另一种是通过形状制作没有规律,且流程顺序较多的流程图。下面使用 Word 的 SmartArt 图形来制作员工入职流程图,具体操作步骤如下。

步骤 1 新建一个【入职流程图】空白文档,在鼠标光标处输入标题【入职流程图】,并对标题格式进行相应设置,单击【插入】选项卡【插图】组中的【SmartArt】按钮,打开【选择 SmartArt 图形】对话框,在左侧选择【流程】选项,在中间选择【分段流程】选项,单击【确定】按钮,如图 5-2 所示。

步骤 2 删除 SmartArt 图形中不需要的形状,选择最后一个形状,单击【SmartArt 工具 - 设计】选项卡【创建图形】组中的【添加形状】下拉按钮,在弹出的下拉列表中选择【在后面添加形状】选项,如图 5-3 所示。

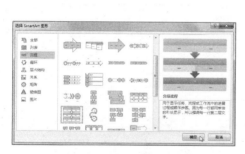

图 5-2 选择 SmartArt 图形

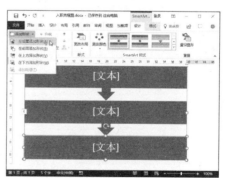

图 5-3 添加形状

步骤 3 在选择的形状后面添加一个形状,使用相同的方法继续在形状后面添加 3 个形状,将鼠标光标定位到 SmartArt 图形的形状中,输入需要的文本,并对字体格式进行设置,如图 5-4 所示。

步骤 4 调整 SmartArt 图形的大小和位置,使形状中的文本全部显示出来,并居于页面中间对齐,选择 SmartArt 图形,单击【SmartArt 工具 - 设计】选项卡【版式】组中的【更改布局】按钮,在弹出的下拉列表中选择【垂直流程】选项,如图 5-5 所示。

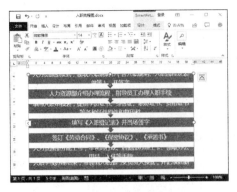
图 5-4 输入文本

图 5-5 更改布局

步骤 5 选择 SmartArt 图形中需要调整形状宽度的多个形状,将鼠标指针移动到图片中间左侧或右侧的控制点上,按住鼠标左键不放进行拖动,调整形状宽度,如图 5-6 所示。

步骤 6 选择 SmartArt 图形,单击【SmartArt 工具 - 设计】选项卡【SmartArt 样式】组中的【更改颜色】按钮,在弹出的下拉列表中选择【深色 2 轮廓】选项,如图 5-7 所示。

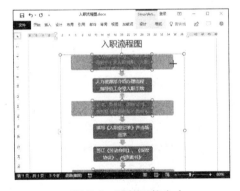
图 5-6 调整形状大小

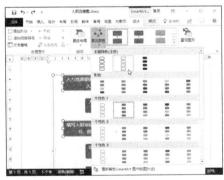
图 5-7 更改颜色

步骤 7 将 SmartArt 图形更改为选择的颜色,完成本例的制作,最终效果如图 5-8 所示。

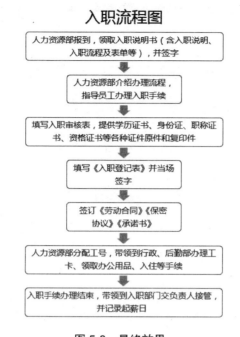

图 5-8 最终效果

2. 用钉钉进行员工转正申请管理

钉钉是阿里巴巴集团推出的一款可跨平台使用，提供 PC 版、Web 版和手机版，支持手机和计算机间文件互传，全方位提高企业沟通和协同效率的软件，让工作更简单、高效、安全，使企业进入智能化移动办公时代。

钉钉包含的功能比较多，其中钉钉的审批功能融合通信移动办公，可以随时随地对请假、补卡、报销、出差、外出、物品领用、加班、转正、离职、离职交接、录用、调岗及合同等进行申请和审批，快速完成各项审批工作，提高企业的办公协同能力。

下面使用钉钉对员工的转正申请进行管理，具体操作步骤如下。

步骤① 启动钉钉 App，在首页点击【常用应用】栏中的【审批】按钮，如图 5-9 所示。

步骤② 在打开的审批界面中点击【转正】按钮，如图 5-10 所示。

步骤③ 在打开的转正界面中对申请转正需要填写的内容进行如实填写，如填写入职日期、试用期岗位及相关总结等，填写完成后，点击【提交】按钮，如图 5-11 所示。

图 5-9　钉钉移动端首页

图 5-10　审批首页

图 5-11　转正申请页面

步骤 ④ 负责转正审批的人员在【我审批的】页面中可看到员工发送的转正申请，点击该申请，如图 5-12 所示。

步骤 ⑤ 在打开的转正审批界面中对员工的转正申请进行查看和审批，确认转正就点击【同意】按钮，不同意就点击【拒绝】按钮，如图 5-13 所示。

步骤 ⑥ 点击【同意】按钮后，将在申请同意的页面显示【审批通过】的印章，表示完成审批，效果如图 5-14 所示。

图 5-12　待审批的记录

图 5-13　对转正记录进行审批

图 5-14　审批通过

> **Tips** 如果要查看某段时间内的入职员工转正记录,那么需要登录到钉钉管理后台。进入钉钉后台管理首页,单击【试用期转正】按钮,如图 5-15 所示。在打开的界面中选择好需要查询员工转正记录的开始时间和终止时间,系统会自动开始查询结果,如图 5-16 所示。

图 5-15 钉钉后台管理首页

图 5-16 查看转正记录

3. 用打印机扫描证件照片

新员工入职时,企业都会要求新员工上交一张或多张证件照,用于存档保存和办理工作证等,但如果要上传到企业 OA 办公化系统或电子存档,就需要将证件照片扫描出来。扫描既可以通过带扫描功能的打印机设备扫描,也可以通过扫描仪扫描,不管是通过哪种方式进行扫描,都需要先将设备连接到计算机,然后启动设备,将证件照放置在扫描区域,在计算机中执行扫描即可。下面将介绍使用打印机进行扫描的方法,具体操作步骤如下。

步骤 1 启动计算机和打印机,将证件照放置在扫描区域,在控制面板中单击【设备和打印机】按钮,打开【设备和打印机】窗口,在计算机连接的打印机上右击,在弹出的快捷菜单中选择【开始扫描】命令,如图5-17所示。

步骤 2 打开【新扫描】对话框,在其中对扫描的颜色格式、文件类型、分辨率等进行设置,单击【扫描】按钮开始扫描,如图5-18所示。

图 5-17　选择扫描选项　　　　　图 5-18　开始扫描

> **Tips** 在扫描证件照时,也可在【新扫描】对话框中单击【预览】按钮,先预览扫描的效果,然后再执行扫描操作,如图5-19所示。

图 5-19　预览效果

步骤 ③ 扫描结束后，打开【导入图片和视频】对话框，左侧显示扫描的证件照，在【标记这些图片（可选）】下拉列表框中输入保存的名称，单击【导入】按钮，如图 5-20 所示。

步骤 ④ 开始导入证件照，如图 5-21 所示。导入结束后，即可打开扫描的证件照。

图 5-20 设置保存名称　　　　　图 5-21 导入证件照

第6章
员工培训管理

本章从培训需求的调研与分析、培训计划的制订、培训方案的设计、培训实施、培训评估等企业主要的培训管理工作出发,帮助读者更专业和系统地掌握企业的培训管理实操。

6.1 人力资源培训与开发概述

越来越多的企业开始建立自己的企业大学和培训平台,说明企业对培训工作和培训的价值越来越重视。而随着互联网的发展,培训本身也面临着升级换代,企业和人力资源从业者都需要适应、更新和树立现代化的企业培训理念。

6.1.1 现代化培训的含义

在各大中型企业中,一般的员工往往要接受培训,因此许多人认为培训就是企业给员工上课。其实这种理解不是很全面,那么到底什么是培训呢?广义上讲,培训可以理解为人力资源开发的重要手段;狭义上讲,培训即企业为提高员工实际工作能力而实施的有组织、有计划的介入行为。

英国官方的培训委员会对培训的定义是:"通过正式的、有组织的或有指导的方式,而不是一般监督、工作革新或经验,获得与工作要求相关的知识和技能的过程。"

现代化的培训是指通过改变受训人员的知识、技能和态度,从而提高其思想水平和行为能力,以使其拥有相当的能力去处理现在担当的工作,并准备迎接将来工作上新的挑战。因此,现代培训必须在观念、方法、内容、工具、途径、资源等各方面有所突破与更新,以适应企业发展与互联网时代的需要,其转变主要体现在以下3个方面。

(1) 企业培训由"注重组织发展"向"注重组织发展和个人发展相结合"

转变。

大多数情况下，企业发起培训往往基于要达到组织的某种目的，如新技术的引进、问题的解决、员工态度的转变、员工绩效的提升等。然而，如果培训的目的与员工的需求没有关联，往往员工的学习积极性并不高，企业组织培训的目的也容易落空或大打折扣。因而企业培训除了要考虑企业发展需求外，更要重视对员工职业生涯的设计，将企业的发展与员工的发展有机结合，使培训为员工的发展提供助力，只有将培训从"要你培训"变为"我要培训"，才能取得比较理想的效果。

（2）培训内容由"补缺型"向"挖潜性"转变。

传统的培训理念往往是"缺什么、补什么"，通过员工绩效及员工岗位胜任能力分析，就存在的差距提供培训；而现代培训的理念强调培训与开发，而且更加强调开发，建议企业通过人才开发解决企业管理人才供应的问题，而不是所有的岗位单一地通过外部招聘解决。

（3）培训方式由"承袭式"向"创新式"转变。

虽然很多传统的培训方式适合于部分中国企业和中国式管理的需要，但也不能年复一年地照搬几年前甚至十几年前的老知识。现代培训还需要吐故纳新，不断迭代新的思想和方法，只有这样才能适应现代企业和新一代员工的实际发展需要。

6.1.2　培训的分类

在企业整体培训体系设计中，存在着多种不同的分类方式，它们既可以用一个标准做单一分类，也可以用多个标准做多维度分类，下面就用企业常用的分类标准进行介绍。

1. 以受训对象为分类标准

通常是按照相同的岗位，甚至考虑级别或年资来归类，如管理类人员、市场与销售类人员、生产类人员、研发与技术类人员、管理辅助人员、其他类人员等。这样不同岗位人员的培训课程不同，但是在通用技能方面也可能有相同的课程设计。

2. 以受训学员所需要具备的技能为分类标准

通常这类课程不单一针对某个岗位，只考虑各个岗位普遍需要的能力，各个岗位的人员可能会一同参加培训，一般是以 ASK 模型设计的。

（1）A（态度类）：职业素质类、工作习惯类等。

（2）S（技能类）：沟通类、管理类、执行力等。

（3）K（知识类）：产品知识、专业知识等。

3．以企业培训目的为分类标准

企业在培训设计的初期，首先考虑企业培训的基本目的，并以此来设计课程，通常有以下 3 种形式。

（1）体系化培训：和受训对象的单一个体的表现无关，也不考虑受训学员的初始状况，只针对员工在各岗位上的时间段，像传统教育一样，比较符合个人发展不同阶段的成长需求，外资和大型企业通常采用这样的培训课程设计方式。

（2）问题解决式培训：在企业经营管理过程中，员工的实际工作能力很难完全符合实际工作任务的需要。例如，各地要开始招标采购了，如果销售人员没有相关工作经验，就要对他们组织实施相关的培训来解决在实际工作中遇到的具体问题。这类课程往往是以解决实际问题为出发点，邀请外部培训公司一同研发设计。国内企业往往喜欢这样培训形式设计的课程。

（3）企业变革式培训：企业在发展过程中，有时为了变革，会针对企业经营、管理、运营的某个方面或多个方面做出调整，在调整过程中，必然涉及原有岗位员工的工作内容、组织架构、管理模式发生变化，这就需要员工具备新的知识和技能。例如，原来是招商模式的企业，开始在各地招人组建销售团队，那么为了配合组建营销团队就要设计相关方面的培训，如销售管理人员的招聘面试能力、绩效管理能力等。由于是企业发生的变革，这些相关的内容将逐渐在内部达成共识，并形成新的体系化的培训内容。

4．以受训学员个人成长学习的必要性为标准

（1）必修类课程：通常以岗位技能为主，结合解决实际工作问题的能力。

（2）选修类课程：通常以职业素质和能力为主，更多注重提升思维方式、行为习惯等。

（3）晋升类课程：不论受训学员的实际能力如何，在职业晋升前要完成相应的培训，并达到相关要求才能取得晋升机会。

综上所述，在企业内部要想搭建一个高效合理的培训课程体系，首先要有培训课程的整体分类，而这个（或几个）分类依托于符合企业实际需要的分类标准。

在此标准下,再针对不同人员、不同阶段和不同培训形式等多方面因素进行综合考虑,才能设计好企业的培训课程,更有效地针对受训学员实施培训。

6.2 培训的计划与实施

开展培训之前,企业应该首先制订培训计划,而不是盲目或临时安排培训。这个培训计划需要基于企业培训目的,综合企业现有资源条件和各层级员工的能力素质基础,既要考虑企业可以投入培训的成本预算及设备、时间等,还要考虑企业人才培养制度及人才培养的超前性和培训效果的不确定性,进而确定培训方式和培训内容。

6.2.1 培训需求分析

培训需求是指特定工作的实际需求与任职者现有能力之间的距离,用下面的公式可以形象地说明:

$$需求具备的全部 - 现在已有的 = 还需要的$$

上面所说的"还需要的"也就是通常所说的培训需求。培训需求按照产生的原因分为目前的培训需求和潜在的培训需求。其中,目前的培训需求是为维持企业继续运作而产生的,而潜在的培训需求要根据企业的发展战略来决定。

培训需求分析的基本分析框架,指出了培训需求分析的方法可以归纳为以下3个步骤,只要配以一定的分析工具,获取必要的信息,并辨认信息的实际含义,就能帮助管理者完成相关分析。

1. 查找绩效差距

绩效差距是培训需求分析的切入点,通过找到员工在哪些方面存在绩效差距,从而找到培训需求分析的目标。当然,在进行绩效差距分析时,离不开员工所在部门管理人员的参与和意见。

2. 分析和查找绩效差距产生的原因

培训需求分析切忌"头痛医头,脚痛医脚",而应客观分析造成员工与团队绩效差距的因素,分清主次、先后。通常,企业中造成员工绩效差距的因素有很多,有时更是多个因素综合作用的结果。在寻找原因时,HR可以从企业战略层面、组织层面、岗位与任务层面、员工层面等综合分析。

3. 制订解决方案

找出了差距原因之后，就会发现有的原因并非员工本身造成的，不同原因需要不同的策略来解决，并非只有培训。同时，需要注意的是，即使确定了绩效差距是由于员工能力与方法造成的，也需要考虑员工是否具备学习的条件。其实，培训是一项昂贵的解决方案，企业需要认真考虑并综合制订解决方案。如果员工缺乏完成工作的知识和技能而又愿意学习和能够通过学习提升，那么培训才是适当解决之道。

通过培训需求调研与分析，企业将最终获得以下 3 个方面的成果产出。

（1）为什么培训（培训的目的）；谁需要培训（培训的需求对象）；培训什么（培训的内容）；培训的深度与广度（培训的目标）。

（2）企业对培训的态度；员工对培训的态度；其他培训可能的障碍与问题。

（3）企业具有的培训资源；可利用的外部资源有哪些。

6.2.2 培训计划

培训计划是按照一定的逻辑顺序排列的记录，它是从组织的战略出发，在全面、客观的培训需求分析基础上做出的对培训内容、培训时间、培训地点、培训者、培训对象、培训方式和培训费用等的预先系统设定。

培训计划必须满足组织及员工两方面的需求，兼顾组织资源条件及员工素质基础，并充分考虑人才培养的超前性及培训结果的不确定性。

1. 培训的横向划分

从培训计划的层次来划分，培训计划可以分为 3 个层面，即公司级培训计划、部门培训计划和个人培训计划。

（1）公司级培训计划。公司级培训计划将保障组织内部的整体培训目标和培训战略的贯彻，也可以理解为组织的整体发展计划。公司级培训计划主要包括岗前管理培训、岗前技术培训、质量管理培训、企业管理培训等。

（2）部门培训计划。部门培训计划根据部门的实际培训需求制订。培训部门应该向各部门负责人明确：部门级培训由培训部门协助各部门进行，而不是由培训部门全权负责。

（3）个人培训计划。个人培训计划虽然基于企业与岗位的实际需要与员工的绩效差距，但应将企业发展与员工个人发展结合起来，将员工职业生涯规划与培训结合起来，这样员工的学习才有动力和方向，也才能更好地支持企业的发展。

2．培训的纵向划分

以培训计划的时间跨度来分类，可以将培训计划分为长期、中期和短期培训计划3种类型。中期培训计划是长期培训计划的阶段性细化，短期培训计划是对中期培训计划的分解与承接。

（1）长期培训计划。长期培训计划一般指时间跨度为3~5年甚至5年以上的培训计划，该计划的重要性在于明确培训的方向、目标与现实之间的差距和资源的配置。

（2）中期培训计划。中期培训计划是指时间跨度为1~3年的培训计划，它起到承上启下的作用，是长期培训计划的进一步细化，同时又为短期培训计划提供参考。

（3）短期培训计划。短期培训计划是指时间跨度在1年以内的培训计划。<u>年度培训计划即属于短期培训计划</u>。制订短期培训计划需要着重考虑两个要素：可操作性和效果。因为没有短期培训计划的点滴落实，组织的中、长期培训目标就是空中楼阁。

6.2.3 培训实施

在做培训准备和培训组织实施时，最佳的方法是拿着一份检查清单，逐项落实。这样做的好处是不容易发生错漏，确保培训的顺利进行。对于一些大型的培训，最好事先模拟一下，特别是重要器材，如投影仪的操作，以及与计算机的匹配，都应课前测试好。表6-1所示的是一份用于培训准备的分工与检查表，可供读者参考。

表6-1 培训准备分工与检查表

时间	工作	责任人
实施日两月前	计划拟定、课程确定、讲师联系、初步地点确定	
实施日一月前	课程培训调查、讲师最终确定、培训信息反馈、培训大纲审查	
实施日前两周	成立项目小组、召开会议做好分工、制作课程表	
实施日前一周	课程讲义复印、支援事项排定、器材用品准备、培训通知制作发放	

续表

时间	工作	责任人
实施日前三日	讲师行程再次确认、课后心得制作、评估表制作、签到表制作	
最后清点项目	（1）签到表（2）课后心得（3）评估表（4）签到表（5）培训记录表（6）培训讲义（7）计算机（8）摄像仪（9）麦克风（10）扩音器（11）摄像仪（12）照相机（13）电源插排（14）海报、条幅	
培训前一天	布置培训教室、灯光调试、空调调试、试听设备调试、桌椅摆放、悬挂条幅、粘贴海报、联系讲师、培训前信息沟通	
培训当天	学员签到、开场白、介绍讲师、领导讲话、授课资料发送、突发事件处理	
上课工作项目	维持课堂纪律、出勤安排协调、配合讲师工作、反馈学员信息	
后续工作项目	教室打扫、设备归位、撰写培训报告	

6.3 培训评估

所谓培训评估，就是企业组织在人员培训过程中，依据培训的目的和要求，运用一定的评估指标和评估方法，检查和评定培训效果的过程。这个工作主要由培训经理组织实施。

在实际评估的过程中，培训评估的主要内容包括学员的反应、学员的学习效果、老师的授课质量、课堂气氛、员工培训前后的工作表现、经营业绩的变化等。

6.3.1 为什么需要培训评估

培训的目的是解决、预防工作中的问题，或者为即将到来的新任务做准备。培训评估的目的在于：培训是否起到作用了？这对培训的组织部门、业务部门经理、投资培训的决策层而言，都是一个应该明确回答的问题。否则，就会产生盲目投资的行为，既不利于企业的发展，也不利于培训负责人组织的下一个项目的立项和审批。

而作为培训负责人，应全面掌握并控制培训的质量，对不合格的培训，能够及时找到失误的地方进行纠正。同时总结工作中成功的亮点，本着不断改进培训质量的原则，把培训工作越办越好。

通过科学的培训评估可以确定受训人知识技术能力的提高或行为表现的改变是否直接来自培训本身。评估培训活动的支出与效益对比，有利于培训资金更合理地配置。

通过培训评估，可以为管理者决策提供所需的信息。而且管理者（特别是公司高层领导）对培训结果与效果的重视，往往也会引起企业其他人员对培训的重视，从而促进全员参与培训的积极性和投入更多的热情。

6.3.2 培训评估的分类

人们最熟悉的培训评估方式就是在培训刚结束时，向学员发放培训评估调查问卷，通过问卷反馈获得培训评估的参考信息。在培训评估调查问卷中，可以询问学员对于培训师的意见，以及对于课程选择、设置与课程设计的意见，甚至还可以询问学员对于培训组织实施的意见。

如果在培训过后，培训组织者并没有进行问卷调查，那么他仍然可以对培训进行评估，如口头询问学员的意见，或者在培训过后，征询学员直接上级的意见。

前面的问卷调查就属于正式的培训评估，而后面的访谈则属于非正式评估。

1. 正式评估

正式评估往往具有详细的评估方案、测度工具和评判标准，它尽量排除主观因素的影响，从而使评估更具可信度。正式评估有以下几个优点。

（1）在数据和事实的基础上做出判断，使评估结论更有说服力。

（2）更容易将评估结论用书面形式表现出来，如记录和报告等。

（3）可以将评估结论与最初的计划比较核对，以确定是否达到预期的培训效果。

2. 非正式评估

一般而言，非正式评估是主观的。换句话说，它往往根据"觉得怎样"进行评判，而不是用事实和数字来加以证明。非正式评估有以下几个优点。

（1）不会给培训对象造成太大的压力。

（2）可以更真实准确地反映出培训对象的态度变化，因为这些态度在非正式场合更容易表现出来。

（3）可以使培训者发现意料不到的结果。

（4）方便易行，几乎不太耗费额外的时间和资源。

6.3.3　培训效果评估的内容

针对不同的培训，可以综合选择不同的培训评估方式与内容，关键取决于评估的目的是什么。培训评估的内容包括以下几个方面。

（1）培训需求整体评估。

（2）培训对象知识、技能和工作态度评估。

（3）培训对象工作绩效评估。

（4）培训计划评估。

（5）培训组织准备工作评估。

（6）培训环境和现代培训设施应用评估。

（7）培训对象参与培训情况评估。

（8）培训内容和形式的评估。

（9）培训者的评估。

（10）培训进度和中间效果的评估。

（11）培训目标达成情况评估。

（12）培训效果效益综合情况评估。

（13）培训工作者的绩效评估等。

6.4　员工培训管理实操范本

本节从培训的职责、培训需求调研与培训计划管理、在职培训与新员工培训、外派培训的管理等几个方面提供了公司培训管理的实操范本。读者可将前面学习的知识与本节中的实际应用方案相结合，理论联系实际，掌握企业中培训工作的实操技能。

6.4.1 范本：培训部责权与培训岗位职责

不是每个企业都有培训部门或专门的培训岗位。通常来说，规模较大的企业或集团公司总部，会从人力资源部门中单独将培训板块的工作抽出来，成立专门的培训部门或设置专门的培训岗位。下面是某公司培训部门和培训岗位的工作职责，供读者参考。

1. 培训部工作职责

培训部全面负责公司员工培训管理及培训工作的组织与统筹，进行培训需求调研，编制培训计划，并组织实施。培训部具体工作职责如下。

（1）负责根据公司具体情况进行深入有效的培训需求分析，制订跟进培训计划。

（2）负责组织企业新老员工参加入职培训、在职培训及各类知识班、研讨班讲座等活动。

（3）负责对整个培训工作进行总结，撰写培训工作报告。

（4）负责根据培训计划组织实施培训，对参加人员进行有效的考核评估。

（5）负责根据公司具体情况组织活动，对员工的知识、技能、能力、态度及行为方式做进一步的培训。

（6）负责组织收集、筛选、编写、翻译、审校各类培训教材和资料。

（7）负责对培训中心各种培训设备、仪器、设施进行管理，如保养、维修，以及审查新器材的选型、采购等。

（8）负责建立和管理培训档案。

（9）负责对所有课件进行统一的维护和管理，包括分类存放和更新等。

（10）负责收集各企业培训信息资料，分析总结现有培训政策效果，提出改进咨询意见。

（11）负责根据人力资源培训教育发展规划编写年度工作计划与培训预算，并报领导批准。

（12）负责提供教学设备、教室和教学参考资料，并检查督促落实。

（13）负责协助各部门编写出各项培训课程的教材，并使之完整配套，根据形势发展变化不断修改补充完善。

（14）负责协助并督促有关部门制定各级员工的综合能力考核标准，作为今后考核、晋升及制定培训各级人员的评估依据。

（15）负责组织建设企业的培训文化，为员工营造良好的培训氛围和培训环境。

2. 培训主管岗位职责

公司设置培训主管岗位，旨在根据公司的发展战略完善公司培训体系，制订年度培训计划，并组织协调公司各个部门的员工培训与开发工作，为公司的经营管理提供人力资源的保障和支持。表6-2所示为某公司培训主管的岗位职责，供读者参考。

表6-2 培训主管岗位职责

培训主管岗位职责
一、制定公司培训管理制度、流程，以不断完善培训管理体系 1. 根据业务发展需要拟定培训相关管理制度与流程 2. 结合制度实施情况，以年度为单位组织制度评审与更新，以保证制度有效性 3. 监督检查培训制度的执行
二、负责培训需求分析、培训预算的编制，并拟订年度培训计划 1. 根据公司工作分析与人才评价结果提取培训需求，同时结合公司年度战略目标，做好培训需求分析 2. 根据培训需求分析结果制订培训计划，报送人力行政副总核准后组织实施 3. 组织实施培训计划，进行过程管理，不断改进培训工作，提升培训效果
三、联系外部培训机构并建立良好合作关系 1. 联系外部培训机构，并与其建立良好的合作关系，交流培训经验 2. 收集适合公司发展的最新培训课程，了解最新培训动态 3. 结合内部需求，安排员工出去参加培训或组织内训
四、公司内部培训师队伍的建设和管理 1. 组织公司内部讲师的选拔与培养 2. 负责公司内训师日常管理与考核 3. 组织内训师的年度审核和晋级工作
五、开发内部培训资源，建立公司内部课程体系 1. 建立内部课程评审标准与评审方案 2. 组织开发内部培训课程，以及内部课程评审 3. 对内部课程资源进行管理和更新
六、组织培训效果分析并撰写培训总结，更新培训记录台账，建立员工培训档案 1. 进行培训效果分析，编写分析报告；根据培训课程内容，设计培训考核 2. 撰写培训总结，发掘存在问题，改善培训措施 3. 建立员工培训管理档案

续表

培训主管岗位职责
七、结合公司发展需求,构建内部人才培养机制 　　1. 负责拟定内部人才管理及培养方案 　　2. 定期组织内部人才盘点,并及时进行结果输出和应用 　　3. 结合人才盘点结果进行人才培养,并进行内部干部的日常管理
八、完成上级交办的其他工作任务

3. 培训专员岗位职责

培训专员岗位职责主要是协助培训主管做好公司人力资源培训与开发工作。具体工作职责将视其与培训主管的工作分工而定。表6-3所示为某公司培训专员的岗位职责,供读者参考。

表6-3　培训专员岗位职责

培训专员岗位职责
一、培训制度及计划的完善和实施 　　1. 编制、修订、完善员工培训办法,建立岗位职业发展方向,完善培训体系 　　2. 负责公司及各部门培训需求调查分析,会同上级主管共同确认年度培训需求 　　3. 根据培训需求调查结果,结合公司实际情况编制公司《年度培训计划》
二、培训过程管理 　　1. 负责指导、协助各相关部门贯彻并落实各项培训项目 　　2. 配合上级主管做好内部培训师培训组织和安排工作,负责跟进各部门培训教材的制定、培训效果的评估和管理 　　3. 做好培训记录的登记和管理
三、年度培训计划的跟进 　　1. 每月28日前公布下月各部门培训计划安排,并将培训计划分解到各周跟进执行 　　2. 每月30日检查各部门培训计划执行的情况,并于次月3日前公布当月培训计划的执行情况
四、入职培训 　　1. 新员工入职培训的统筹,根据人数每周或每两周安排一次入职培训 　　2. 负责跟进入职培训导师准时到场培训 　　3. 负责部分入职培训课程的授课 　　4. 负责入职培训的考核、成绩公布和记录整理 　　5. 负责入职培训教案的优化、更新

续表

培训专员岗位职责
五、各类培训资料的收集与保管
1. 负责有关部门培训协议的起草、归档工作
2. 负责督促外出培训员工及时提供受训各项资料
3. 按照ISO质量管理体系的要求，做好培训记录、培训考核的管理工作
4. 建立员工培训档案，配合员工自我开发，做好个人培训资料的存档
六、完成上级交办的其他工作任务

6.4.2 范本：培训计划管理流程/表单

培训需求调研是培训计划的前提，也是整个培训工作的起点，所以开展培训计划管理应与培训需求调研相结合，培训计划的制订应基于企业战略、组织发展、绩效提升及员工职业生涯规划的需要。

1. 培训需求调查表

《培训需求调查表》是人力资源部门进行培训需求调查的一种有效工具，调查的内容可根据需要进行灵活调整。培训需求调查表如表6-4所示。

表6-4 培训需求调查表

培训是企业经营管理中不可或缺的重要环节，为了配合公司战略发展需要，以及更好地提升公司员工职业技能，公司将组织开展员工培训，请您根据实际情况填写调查问卷，感谢您的配合。			
姓名		性别		年龄	
部门		职务		入职时间	
您认为培训对于自身发展的作用	□开阔视野　□提高技能　□端正态度　□增加知识 □增强沟通　□可升职、加薪　□其他（　　　）			
如何有效激励员工积极参与培训	□与绩效考核挂钩，直接影响其绩效工资 □建立奖励机制，对于积极参与培训的员工进行奖励 □让员工感受到参与培训对工作能力提升等方面的实际价值 □其他（　　　）			
您认为过去一年为员工设计的培训最让您满意的是哪方面	□培训组织与服务　□培训内容和教材　□培训时间的安排 □培训方式和手段　□培训讲师的水平　□对实际工作的帮助 □培训的频率　□每次培训时间的长短　□其他（　　　）			

续表

您认为培训安排在什么时间比较适宜	□双休日　□上班期间　□下班后　□其他
您期望的培训时间安排	□上午　□下午　□晚上　□周末　□其他（　　）
您认为每次培训课多长时间最适宜	□4小时　□3小时　□2小时　□1小时
您喜欢哪种培训方式	□课堂讲授　□操作示范　□游戏培训　□模拟培训 □多媒体试听　□案例研讨　□专门指导　□其他（　　）
您希望参加的培训课程	□质量管理培训　□自我发展类培训　□管理与领导能力培训 □专业技能培训　□职业素养培训　□其他（　　）
您认为合适的培训频率	□每月一次　□每两月一次　□每季度一次　□每半年一次
您对培训的需求大小	□很大　□大　□一般　□很小　□小
您经常参加培训，但没能解决实际问题	□非常不符合　□不符合　□一般　□符合　□非常符合
在您当前工作中，您面临最大的问题是什么，与职务要求相比，您还欠缺哪些方面的知识与技能？	
您认为自己急需参加哪些类型的培训？为什么？	
您对个人未来发展有什么计划（近期/中期/远期）？	
您对公司组织的培训有哪些建议？	

Tips 如果企业采取问卷调查法进行培训需求调研，在设计完调研问卷后，培训部门应进行小范围的调研，待确定调研问卷适用且有效后，再进行正式的问卷发放与调研。

2. 年度培训计划表

一个好的年度培训计划是奠定公司一整年培训工作的基础，是全年培训工作开展与培训预算管理的依据。表6-5所示为某公司2019年年度培训计划表，供读者参考。

表 6-5　2019 年年度培训计划表

序号	课程名称	课程目标	课程对象	培训时间（月份）	参训人数	培训课时（小时）	培训方式	费用预算（元）		备注
								讲师费用	行政费用	
1	财务知识	了解基本的财务知识	中高层管理人员	11	50	7	外训	15000	500	讲师费用按目前市场行情预算；行政费用按10元/人预算
2	目标管理	让目标管理落到实处	中高层管理人员	2	50	7	外训	15000	500	
3	沟通技巧与冲突处理	学会沟通，有效处理部门内部和部门之间的冲突	中高层管理人员	4	50	7	外训	15000	500	
4	团队建设与激励技巧	提高工作积极性、团队凝聚力，保持团队稳定	中高层管理人员	7	50	7	外训	15000	500	
5	公司、部门绩效管理与考核	打造高绩效团队，配合公司绩效考核	中高层管理人员	3	50	7	外训	15000	500	
6	售后服务人员素养	提升服务人员的服务形象	全体服务人员	2	100	7	外训	15000	12500	差旅费按125元/人/天预算
7	营销人员技能提升	提升销售人员营销技巧，提高销量	全体营销人员	2	100	7	外训	15000	12500	
8	采购技巧及供应商谈判技巧	学习找到降低采购成本的方法	采购人员	3	30	7	外训	15000	300	
9	企业文化	了解公司文化、发展历程	新员工	1~12	200	15	内训	1050	300	
10	产品知识及岗前培训	了解公司产品	新员工	1~12	200	15	内训	1050	300	
11	公司人事规章制度	了解公司人事管理制度	新员工	1~12	200	15	内训	1050	300	
12	公司保卫制度	了解公司保卫、消防规定	新员工	1~12	200	15	内训	1050	300	
13	公司行政管理制度	了解公司行政制度	新员工	1~12	200	15	内训	1400	300	
14	员工安全教育	提高员工安全意识，提升安全素质	全体员工	2、10	160	4	内训	280	0	
15	技术拓展培训	掌握基础技能	技术人员	9	13	14	内训	980	0	

6.4.3 范本：在职培训管理制度/流程/表单/方案

专业而规范的企业培训管理，不仅要做好培训需求调研、培训计划编制、培训的组织实施，还需要进行培训效果评估，以及培训资源的统筹与配置等。建立培训管理制度体系，将有助于企业实现规范的培训管理，实现良好的培训效果，达到培训目的。

1. 培训管理制度

在职人员培训管理制度是公司培训管理的依据。下面是某公司在职人员培训管理制度，供读者参考。

培训管理制度

1. 目的

为了建立、健全公司培训体系，确保公司员工知识、能力的发展与公司发展相匹配，确保公司战略目标的实现，特制定本制度。

2. 原则

（1）战略原则：公司培训必须服务、服从于公司战略的需要。

（2）统一体系分类管理原则：在公司统一的培训体系中，各类培训的具体实施流程不同。

（3）效益原则：公司进行的各类培训都必须有明确、可评估的效果。

（4）培训原则：在职培训为主、正规教育培训为辅，内部培训为主、外部培训为辅。

3. 适用范围

本制度适用于公司总部员工及分公司片区经理级以上（含片区经理级）员工，各分公司参照本制度制定相关实施细则后执行。

4. 定义

培训：公司有计划地对新员工或现有员工传授其完成本职工作所必需的基本技能的过程。

5. 权责

（1）人力资源部

负责公司年度培训规划的制定、培训项目的组织实施、培训有效性的评估、培训跟踪与校正、培训制度的修订及培训资源的日常开发与管理。

（2）受训员工及相关单位

受训员工按计划接受培训、参加测试、反馈培训效果、进行再次培训或转训。相关单位按培训规划协助人力资源部进行专业培训教材的编撰与培训讲师的资格审查，提供受训员工转训所需条件与支持，以及培训效果与成果的反馈等。

6. 培训流程

（1）制定培训规划

分析培训需求：培训专员根据公司培训规划的整体要求，对各种培训需求进行分析。

培训需求分析方法有以下几种。

①重大事件分析法。通过分析本年度关键绩效领域发生的重大不良事件，发现企业运营管理方面存在的不足，从流程、制度、能力三方面分析原因，若是能力不足，则安排相关培训。

②绩效考核分析法。分析员工绩效不佳的原因，有针对性地提出个人能力提升计划；分析员工行为表现，得出文化、制度、技能等方面的培训需求。

③访谈法。通过访谈公司领导、各部门负责人、业务骨干，了解业务实际运行状况和员工个人需求，从而筛选培训需求。

④问卷法。设计培训需求调查问卷，调查流程、部门运作状况和员工职业发展信息，从而筛选培训需求。

⑤观察法。通过观察培训对象的现场表现，了解其与期望标准的差距，以确定培训需求。

制定培训规划：人力资源部在综合分析公司年度培训需求的基础上，拟订年度员工培训规划，作为公司人力资源规划的一部分，并上报审批。

审定培训规划：公司董事长审定培训规划。

培训规划的修改：由人力资源部或受训员工所在部门或分公司提出修改意见，经人力资源部负责人同意、上报分管副总裁、总裁批准。增补培训规划的，应补报培训费用预算。

（2）实施培训

①培训专员根据年度员工培训规划执行进度及具体培训项目，拟订培训项目实施计划，报人力资源分管副总裁批准后实施。

②培训组织

……

> **Tips** 由于内容较多，书中只列出了本管理制度的部分内容，其详细内容将在模板中提供，读者可下载完整的管理制度进行参考、使用，下载方法见前言说明。

2. 内部培训师管理办法

规范内部培训师管理有助于公司有效利用培训资源，建设公司强有力的培训师资队伍。下面是某公司的内部培训师管理办法，供读者参考。

内部培训师管理办法

第一条 目的

为了建立公司内训师队伍,实现培训的正规化和科学化,有效开展全员培训,帮助员工改善工作及提高绩效,有效传承企业相关技术和企业文化并实现知识共享,形成规范的培训师管理体系,特制定本管理办法。

第二条 适用范围

本管理办法适用于公司全体员工。

第三条 内训师定义

内训师是指能够结合公司目前的实际经营发展状况,研究开发针对公司实际需要的培训项目,以及根据公司经营、管理的需要,掌握并运用现代培训理念和培训工具,策划、开发培训项目与培训课程,制订、实施培训计划,并从事培训咨询和培训执行活动的人员。

第四条 内训师管理模式

1. 总经理办公室负责建立并管理内训师队伍。
2. 内训师均采用公司内部员工兼职的方式。
3. 内训师在日常工作中归属其原部门管理,在培训工作中归属总经理办公室管理。
4. 各部室根据业务需要和人才选拔需要设立,每部门至少设置2名内训师。
5. 各级管理者及各部室应当协助并支持内训师的培养和授课,鼓励本部门优秀员工加入公司内训师队伍,并妥善安排其授课期间的工作衔接事宜,使内训师授课不受工作影响。

第五条 内训师基本要求

1. 热爱培训工作,思想活跃,具备较强的学习、组织和语言表达能力。
2. 遵守公司规章制度,传播公司理念和价值观。
3. 结合实际,因需施教;以身作则,为人师表。
4. 服从安排,认真备课,保质保量完成培训任务。
5. 不断积累和创新,不断提高教学水平。
6. 不得泄露公司商业秘密和损害公司声誉。
7. 能在安排好本职工作的前提下参加培训工作。

第六条 内训师岗位要求

1. 应聘初级内训师需在本企业或本岗位工作1年以上。
   应聘中级内训师需在本企业或本岗位工作2年以上。
   应聘高级内训师需在本企业或本岗位工作3年以上。
2. 品行端正,责任心和团队意识强;对于企业文化、核心价值观等具有较高的认知度。
3. 具备深厚的专业理论知识、丰富的实践经验和管理经验,会使用现代化教学设备、教学手段，具备一定的课程开发能力。

4．善于沟通，具有较强的书面和语言表达能力，一定的亲和力和感染力。

5．技术人员原则上应当是各技术部门的业务骨干或高级专业人才。

第七条　内训师的岗位职责

1．根据培训需求或培训计划，开发培训课程及编写培训教材或讲义。

2．根据培训管理工作安排，保质保量完成课前准备、授课、学员管理、培训效果评估等工作。

3．掌握培训师必备的电子讲义（PPT）制作、培训现场管理等基本技能，主动提升自身水平。

4．严格遵守公司培训管理制度。

5．内训师应根据自己所在部门的实际情况，主动调查部门员工的培训需求，填写《培训需求调查表》并及时反馈给总经理办公室。

6．负责参与公司年度培训工作总结，对培训效果、培训方法、培训内容等提出合理的意见或建议，协助总经理办公室建立并不断完善公司培训体系。

第八条　内训师招聘选拔基本原则

1．内训师的招聘选拔应按照公开、公平、公正的原则组织进行。

2．内训师分为初级内训师、中级内训师、高级内训师。

3．首次通过内训师选拔的员工均为初级内训师。

4．根据实际工作需要，公司可在部分优秀员工、业务精英和专业技术骨干中指定内训师。

第九条　内训师招聘选拔程序

1．总经理办公室根据内训师岗位说明书的要求发布内训师招聘公告。

2．采取本人申请、部门推荐两种方式，到总经理办公室领取《内训师应聘登记表》。

3．总经理办公室从发布内训师招聘公告之日起10个工作日内接收《内训师应聘登记表》。

4．总经理办公室结合内训师岗位说明书和实际工作需要对应聘人员进行初步筛选，3个工作日内公示筛选结果。

对符合要求的由总经理办公室负责填写《内训师试讲通知书》并通知其试讲；对不符合要求的则将该应聘者列入公司后备内训师人才储备库。

5．公司每年组织一次内训师选拔工作（包括选拔初级、中级、高级内训师），采取部门推荐和个人申请的方式，并填写《初级内训师应聘申请表》《中高级内训师应聘申请表》，由公司内训师评审小组审议通过后聘任。

……

由于内容较多，书中只列出了本管理办法的部分内容，其详细内容将在模板中提供，读者可下载完整的管理办法进行参考、使用，下载方法见前言说明。

3．员工培训管理流程

表6-6所示为某公司的《员工培训管理流程》，通过这个流程读者可以总览整个培训管理工作的全流程，具有较好的实操指导性。

表6-6 员工培训管理流程

流程名称	员工培训管理流程	主管部门	人力资源部
流程编号		更新日期	
公司高层	人力资源部		各职能部门

```
                        开始
                         │
                         ▼
  公司发展战略 ────→ 培训需求分析 ←──── 提出培训需求
                         │
                         ▼
        审批 ←──── 汇总、编制公司年度
                    培训计划
                         │
                         ▼
        审批 ←──── 组织执行培训计划，
                    编制培训实施方案
                         │
                         ▼
                   开展培训准备，发培
                    训通知 ────────→ 组织相关人员参
                         │            加培训
                         ▼
                   对参加培训人员考核
                         │
                         ▼
                   培训效果评估
                         │
                         ▼
        审批 ←──── 培训费用报销
                         │
                         ▼
                   建立培训档案
                         │
                         ▼
                   培训调查分析
```

4．培训评估管理办法

下面是某公司的《培训评估管理办法》，通过本办法的学习，读者将对培训评估的层次、类型、评估的实施程序步骤及评估方法有更系统而清晰的认识。

培训评估管理办法

一、目的

为了验证培训项目的作用与效果，利用评估所得数据以改进培训质量，对培训项目进程实现有效控制，帮助受训人员提高知识应用能力，特制定本管理办法。

二、适用范围

适用于公司范围内的所有培训活动。

三、职责权限

1．公司分管副总

全面负责公司培训效果的评估工作。

2．人力资源部经理

负责公司培训效果评估工作的组织与审核。

3．培训主管

负责培训效果评估工作的具体实施。

4．各级管理人员

负责本部门开展的各项培训活动的效果评估。

四、培训评估类型

1．反应层评估（一级评估）

课程结束后通过调查问卷等方式对受训人员展开调研（包括对材料、老师、设施、方法和内容等的看法）。

2．学习层评估（二级评估）

培训结束后通过笔试、技能操作、工作模拟的方式对受训人员知识（包括原理、事实、技术和技能掌握的程度进行评估）。

3．行为层评估（三级评估）

培训结束后一段时间，由上级、同事或客户观察受训人员是否在工作中运用培训中学习到的知识（行为在培训前后是否有差别）。

4．结果层评估（四级评估）

培训活动结束后通过对员工流失率、销售业绩、员工士气、客户满意度等进行有效的评价，确定培训活动对组织的影响是否是积极的，组织是否因培训而经营得更加顺畅、更好或取得更好的业绩。

不同培训评估级别的主要目的、涉及的主要问题和采用的衡量方法如下表所示。

培训评估

评估级别	主要目的	涉及的主要问题	衡量方法
反应层评估（一级评估）	衡量受训者对培训项目的评价	（1）受训者对该培训课程是否认可 （2）课程对学员自身是否有用 （3）学员对培训讲师及培训设施等有何意见	培训签到表、培训效果调查表
学习层评估（二级评估）	衡量受训者对原理、事实、技术和技能的获取程度	（1）检查学员的学习结果，受训者在培训项目中学到了什么 （2）培训前后，受训者知识及技能方面有多大程度的提高	课程相关试题、心得报告、案例研究、技能操练、工作模拟
行为层评估（三级评估）	衡量受训者在培训项目中所学习的技能和知识的转化程度	（1）衡量培训前后的工作表现，受训者在学习的基础上有没有行为改变 （2）受训者在工作中是否用到培训所学到的知识	《行动改善计划表》（由上级、同事、客户、下属进行绩效考核、测试、观察和绩效记录）
结果层评估（四级评估）	衡量公司经营业绩的变化	（1）行为的改变对组织的影响是不是积极的 （2）组织是否因培训而经营得更顺畅、更好 （3）员工流动率、销售业绩、员工士气、客户满意度等指标的变化	考虑到公司培训工作现状，暂不推行

……

> **Tips** 由于内容较多，书中只列出了本管理办法的部分内容，其详细内容将在模板中提供，读者可下载完整的管理办法进行参考、使用，下载方法见前言说明。

5. 培训积分管理办法

采用培训积分制可以促进公司培训工作的持续性与系统化。下面是某公司培训积分管理办法，供读者参考。

培训积分管理办法

一、目的

为了提高公司员工的整体素质，建立学习型组织，充分调动员工培训积极性，实现员

223

工与企业同步发展，特制定此办法。

二、适用范围

本办法适用于公司全体员工。

三、积分的定义

员工通过参加培训和提供授课的方式获取积分，行政人事部给员工建立培训档案并定期更新培训积分。培训积分既是衡量员工个人学习进步的标尺之一，也是作为员工绩效、薪酬、晋升等的参考标准之一。

（一）积分类型

培训积分分为两类：A类积分为接受培训积分，B类积分为授课积分。

（二）积分的要求和目标

不同职位的员工全年学习培训积分要求有所不同，职位越高，学习培训积分也要求越高。经理级以上人员在达到A类培训积分要求的同时还应达到B类积分要求。积分未达标的员工将在年底绩效考核时予以扣分，具体参见部门考核指标。全年各级别员工学习培训积分目标如下表所示。

全年各级别员工学习培训积分目标

岗位级别	A类积分达标值（分/年）	B类积分达标值（分/年）
部门负责人	20	20
经理级	30	10
主管/工程师	40	0
员工级	40	0

四、获得积分渠道

（一）作为学员参加培训

1. 公司内部培训：参加公司及集团总部举办的各类讲座、专题培训、研讨会等形式的课程均可申请培训积分。

2. 外部培训：员工参加完成公司委派的外部培训课程，持《培训心得报告》及结业证、考试成绩或其他证明材料到行政与人力资源部备案后可申报培训积分。

3. 个人业余进修：参加公司认可的业余进修，取得进修合格证明材料后可申报培训积分。

4. 业务交流、考察：参加业务交流或考察，持《培训心得报告》或其他证明材料到行政与人力资源部备案后可申报培训积分。

5. 读书分享：行政与人力资源部将根据企业发展及营运需要，有计划地推荐、下发员工自学书目，持《培训心得报告》或其他证明材料到行政与人力资源部备案后可申报培训积分,按照 2 积分 / 本计算。

(二)作为内部讲师进行授课

1. 内部讲师按时完成行政与人力资源部安排的课程,可申报培训积分。

2. 内部讲师在部门内自行组织的培训,在行政与人力资源部备案后可申报培训积分。

……

> **Tips** 由于内容较多,书中只列出了本管理办法的部分内容,其详细内容将在模板中提供,读者可下载完整的管理办法进行参考、使用,下载方法见前言说明。

6. 培训签到表

无论参训学员人数多少,《培训签到表》都应作为培训准备工作的一项必备内容,不可忽视或省略。填写后的《培训签到表》应归入培训档案中。表 6-7 所示为某公司的《培训签到表》,供读者参考和借鉴。

表 6-7 培训签到表

培训课题:					
培训时间:	年 月 日	时 分——		时 分	
培训地点			参加人数		
序号	姓名	部门	签名确认	签到时间	备注
1					
2					
3					
4					
5					
6					
7					
8					
9					
10					

7. 培训效果评估表

培训效果的评估分为正式评估和非正式评估,在正式评估中,问卷法是其中较为普遍采用的方法。表 6-8 所示的《培训效果评估表》就是采用问卷调研法,它有利于培训部门快速而多方面地获得培训评估意见。

表 6-8　培训效果评估表

亲爱的同事：										
欢迎您参加本次培训。为有效了解您在此次课程中的收获，以及评估本次课程、讲师及组织工作的专业水平，收集您对培训的意见和建议，请填写以下表格，以利于我们改进工作，为您提供更优质的培训。谢谢您的支持！ 　　请用"P"标示您选择的项目。										
一、培训内容信息 / 请填写										
培训项目名称		开课时间			培训地点			主讲		
二、您对培训课程的评价	请打分，1分最低，10分最高（6分为及格）									
^	1	2	3	4	5	6	7	8	9	10
培训内容与需求的符合程度										
培训内容对工作的启发帮助										
课程体系重点 / 条理 / 深度										
时间安排合理程度										
学习资料价值（练习 / 案例的有效程度）										
三、您对培训讲师的评价	请打分，1分最低，10分最高（6分为及格）									
^	1	2	3	4	5	6	7	8	9	10
专业水平高且课程准备充分										
良好的表达能力、讲解清晰										
善于安排课堂活动，促进互动										
鼓励学员参与、回答问题										
时间把握及现场控制良好										
为人师表、富有激情和热忱										
四、您对培训组织服务的评价	请打分，1分最低，10分最高（6分为及格）									
^	1	2	3	4	5	6	7	8	9	10
对培训场地、布置的满意度										
对培训组织实施的满意度										
对视频、音响质量的满意度										

续表

五、您的总体评价
1. 您在本培训中的收获：□5很多 □4较多 □3还可以 □2较少 □1几乎没有 □不好说
2. 培训的满意度：□100% □90% □80% □70% □60% □50% □40% □30% □20% □10%
六、您的心得与建议
1. 本次培训收获最大的三点是：
2. 本次培训最需要改进的三点是：
3. 您最迫切需要但本次培训没有涉及的是：
4. 您对我们的建议是：

8. 员工培训档案表

《员工培训档案表》是培训部门为每一位员工建立的培训档案，通常可以配合《员工培训积分管理办法》使用，以利于更好地激励员工的学习积极性。员工培训档案表如表6-9所示。

表6-9 员工培训档案表

姓名		性别		文化程度		入职时间		
部门				职务				
培训记录								
序号	培训时间		培训地点	培训内容		学时数	费用	证书	备注
1									
2									
3									
4									

续表

序号	培训时间	培训地点	培训内容	学时数	费用	证书	备注
5							
6							
7							
8							
9							
10							

6.4.4 范本：新员工培训管理制度／办法／表单／方案

新员工的试用期管理重在培训与引导，培训、引导工作的质量将在很大程度上决定新员工试用期的稳定性和快速适应企业与团队的程度。通过建立新员工培训与引导机制，将有利于企业实现规范化与更优质的新员工试用期管理。

1. 新员工入职培训管理制度

新员工入职培训主要涉及企业文化、规章制度和入职引导等方面的培训，因此，新员工培训管理制度应从上述几个方面做出详细的规定。下面是某公司新员工入职培训管理制度，供读者参考。

新员工入职培训管理制度

第一条 培训目的

1. 使新员工在入职前对公司有一个全方位的了解，认识并认同公司的事业及企业文化，坚定自己的职业选择，理解并接受公司的共同语言和行为规范。

2. 使新员工明确自己的岗位职责、工作任务和工作目标，掌握工作要领、工作程序和工作方法，尽快进入岗位角色。

第二条 培训周期及时间安排

新员工入职培训周期为每半月一次（月中、月末各一次），将半个月内新入职的员工进行集中入职培训。时间为周五 14:00—16:00。

第三条 培训对象

公司所有新进员工。

第四条　培训方式

1．脱岗培训：由人力资源部制订培训计划和方案并组织实施，采用集中授课及讨论、参观的形式。

2．在岗培训：试用期内由新员工所在部门负责人对其岗位职责、工作任务和工作目标等进行指导培训，人力行政部跟踪监控。

第五条　培训职责

1．脱岗培训由人力行政部相关负责人组织并实施培训。

2．在岗培训由新员工所在部门负责人负责指导培训。

第六条　培训教材

《员工手册》《岗位说明书》等。

第七条　培训内容

1．企业概况。

2．组织架构。

3．人事管理制度。

4．行政管理制度。

5．财务管理制度。

6．在岗培训：岗位职责、业务知识与技能、业务流程、部门业务周边关系等。

第八条　培训效果评估

培训考核分为书面考核和应用考核两部分，脱岗培训以书面考核为主，在岗培训以应用考核为主。书面考核考题由人力行政部统一印制考卷；应用考核通过观察、绩效考核等手段考查新入职员工在实际工作中对培训知识或技巧的应用及业绩行为的改善，由其所在部门的领导、人力行政部相关负责人共同签订，书面考核和应用考核结果作为员工试用期转正的评价依据。

新员工入职培训是新员工转正前的必备流程，未参加新员工入职培训或新员工入职培训考核不合格（书面考核不满60分）的员工，在试用期内需再次进行培训并通过考核，否则延长试用期或辞退。

第九条　培训工作流程

1．人力行政部根据新入职员工的规模情况确定培训时间并拟订培训实施方案，并通知各部门负责人及新员工。

2．人力行政部负责与各相关部门协调，做好培训全过程的组织管理工作，包括经费申请、人员协调组织、场地的安排布置、课程的调整及进度推进、培训质量的监控保证及培训效果的考核评估等。

3．人力行政部负责在每期培训当日对新入职员工进行反馈调查，由受训人员填写《新员工入职培训反馈意见表》。

4．新员工在相关部门岗位接受在岗培训，由各部门负责人在新员工试用期间以绩效考核或书面形式反馈新员工的岗位业绩情况，并在试用期结束时填写《新员工转正申请表》报人力行政部。

5．人力行政部在新员工接受上岗引导培训期间，应根据受训者在实际工作中对培训知识和技巧的运用及行为的改善情况，评估培训结果，调整培训策略和培训方法。

第十条　附则

1．本制度由人力行政部制定，并由人力行政部负责解释和修订。

2．本制度经公司核准，自下发之日起执行。

2．新员工培训评定表

表6-10所示的《新员工培训评定表》，用于企业对试用期员工培训与引导工作的效果与质量进行书面评定与备档。

表6-10　新员工培训评定表

姓名		岗位		所属部门			
学历		培训时间		培训机构			
受训心得（培训启发下想到的对公司的一些建设性意见或对本次培训内容的个人收获，15分）： 签字/日期：							
考核说明： 　1．请根据评定项目和内容向新员工提问，并结合回答情况进行评价（在对应的选项内打"√"）； 　2．评定项目为15分的，优、良、中、差分别对应15分、12分、9分、6分；评定项目为10分的，优、良、中、差分别对应10分、8分、6分和4分。							
评定项目	内容描述		分值	评定等级			
				优	良	中	差
对企业基本情况的了解	（1）了解公司经营理念 （2）能随口说出公司理念 （3）对经营理念的认同 （4）能就公司理念感悟出自己的感想		15				
对公司价值的了解	（1）了解公司存在的意义 （2）了解公司的社会使命 （3）了解公司利益与社会利益的关系 （4）了解自己的利益与公司利益的关系		15				

续表

评定项目	内容描述	分值	评定等级			
			优	良	中	差
对公司概况的了解	（1）能画出公司组织架构图 （2）了解各部门的工作职能 （3）了解公司产品特征、优点 （4）了解并接受公司LOGO及形象识别标识	10				
对公司规章制度的了解	（1）基本了解公司一些规章制度 （2）了解公司的大部分规章制度 （3）明白公司规章制度的内容及要求的流程 （4）清楚并知悉规章制度的适用范围及各项规定	10				
对所在岗位的了解	（1）是否了解工作流程 （2）是否了解公司上下关系的重要性 （3）是否了解公司横向的联系、合作关系 （4）是否认识到做一件工作必定有始有终	10				
对指示、命令重要性的了解	（1）是否了解上司指示、命令的重要性 （2）指示、命令若有不明了之处，是否确认到懂为止 （3）是否复诵指示、命令，并加以确认 （4）是否遵守指示、命令	10				
培训过程中的整体表现	（1）是否了解培训的目的与意义 （2）在培训过程中，是否能保持较积极与认真的态度 （3）积极参与，并能提出自己的见解 （4）对所施予的培训工作项目均清晰理解	15				
分值及对应等级	A：80分以上　　　　　B：70~79分 C：60~69分　　　　　D：60分以下	合计得分				

3．新员工培训管理方案

　　新员工培训的内容取决于企业，部分企业的新员工培训仅限于企业和与劳动关系紧密相关的制度的介绍；但部分企业的新员工培训不但丰富了培训的内容和形式，还很好地调动企业内训师参与新员工的培训中。下面是比较有参考价值的一家企业的《新员工培训管理方案》。

新员工培训管理方案

1．方案设计目的

使新进人员了解企业的概况和规章制度，了解企业的文化和价值观，以及企业的整体运作，了解本部门职责、工作程序及方法，熟悉企业整体情况的培训和部门基本技能训练，从而使新员工尽快适应工作环境，胜任新工作。

2．方案适用范围

本方案适用于公司全体新员工。

3．方案实施原则

公司实行"先培训、后上岗"原则。

4．培训计划

培训计划编制和组织实施由人力资源部门全权负责。企业主要领导须参与新员工入职培训，并负责部分内容的培训工作。企业全体员工尤其是相关部门的骨干都有责任协助新员工的入职培训工作。

5．培训内容

新进人员培训包括岗前培训、军事培训。

（1）岗前培训

①企业的发展历史及现状。介绍企业的发展历史、经营现状、经营项目、生产经营目的、历史使命及行业地位。

②企业当前的业务、具体工作流程。

③企业的组织机构及部门职责。

④企业的经营理念、企业文化、规章制度及一些约定俗成的内容。

⑤工作岗位介绍、业务知识及技能技巧培训。新员工未来的工作岗位要求及特征，以及与其他部门互相配合的事项。

（2）军事培训：另行安排。

6．培训实施

（1）培训管理

①凡指定需要接受培训的人员，除有特殊情况经审核被给予准假或免训者外，必须参加培训。

②新员工培训由公司人力资源部负责，应在新员工报到后进行。

③凡公司正式报到的员工由于个人原因未参加新员工培训，不得转为正式员工。

④培训期间人力资源部监督学员出勤情况，并以此为依据对学员进行考核。

⑤人力资源部负责对培训过程进行记录，保存过程资料，如电子文档、录音、录像、

幻灯片等，培训结束后以此为依据建立公司培训档案。

⑥人力资源部为每一位经过培训的员工开具培训证明。

⑦培训结束后，由人力资源部进行考核。合格者，获得结业证明；不合格者，重新培训。新员工培训合格者凭结业证明进入上岗实习期。

（2）关于入职培训时间的规定

①入职培训一般要持续一周，可根据实际情况适当延长或缩短。

②集中培训的时间应安排合理，提前计划并告知相关部门负责人及受训人员。

③实地培训时间应与企业的作息时间一致。

④参观培训的时间视具体情况而定，确定后应提前一天告知相关部门。

（3）关于培训方法的规定

①培训方式分为课堂授课、视频教学、团体讨论、实地观摩、军训和拓展训练等。

②专业技能培训采取实地培训的方式，到实习工厂、车间、部门实际操作和练习。

③在入职培训过程中，尽量让新员工多接触工作中的实践知识，如多提供参考资料和视听教材，以及新员工动手操作的机会。受训员工要将培训的感想和认识写出来，提高自己的观察、记录和公文写作能力。

……

> **Tips** 由于内容较多，书中只列出了本管理方案的部分内容，其详细内容将在模板中提供，读者可下载完整的管理办法进行参考、使用，下载方法见前言说明。

6.4.5 范本：外派培训管理制度 / 流程 / 表单 / 方案

员工外派培训的重点在于外派资格的审批、培训费用的分摊和培训协议的签订。本部分内容将结合这些管理要点，为读者提供外派培训管理体系建立的参考范本。

1. 员工外派培训管理制度

员工外派培训也是一种培训方式，特别适用于公司管理人员及专业技术类人员。下面是某公司员工外派培训管理制度，供读者参考。

员工外派培训管理制度

1. 目的

为规范公司员工外派培训管理，通过外派培训使员工学习业界先进知识技能，提高员工素质，特制定此制度。

2. 适用范围

本制度适用于公司全体员工。

3. 审核

集团及分（子）公司应在上报年度培训计划时同时提出年度外派培训计划并报批核准。临时外派项目，申请人需按管理权限及申报程序逐级审批。

4. 外派培训的形式

（1）全脱产。

（2）半脱产。

（3）在职培训。

5. 外派培训内容

培训内容包括参加专题业务研修班、MBA进修培训、企业经理人培训、证件考取、参观考察等。

6. 外派培训适用情形

（1）新管理体系、新技术、新设备引进等所需要的外派培训。

（2）公司重要岗位、紧缺专业等需要通过外派培训培养人才，提高企业管理能力和技术力量。

（3）集团内部没有相关讲师或讲师能力不能达到培训要求的重要课程。

7. 外派培训人员资格

（1）外派培训人员基本要求。

①认同集团企业文化，并且有长期服务于集团的意愿。

②在公司任职满两年以上，并且年度绩效考核为合格及以上。

③公司管理、技术骨干人员，或被列为公司人才储备和培养的人员。

（2）人力资源部门根据外派培训项目的具体要求，对外派人员制定关于学历、能力等方面的资格要求，必要时进行考试选择。

8. 外派培训处理程序

（1）外派培训人员分为指定、推荐及个人申请3种情况。

（2）参加培训的员工均须填写《外派培训申请表》，经审批通过后方可报名参加，并在人力资源部备案。

①单次或年累计培训时间在7天（含）以内的培训，由公司总经理审批。

②单次或年累计培训时间在7~30天的培训，由公司总经理、分管副总裁逐级审批。

③单次或年累计培训时间在30天（含）以上的培训，以及公司出资费用超出总经理财

务审批权限的培训,由公司总经理、分管副总裁、执行总裁逐级审批。

(3)由公司出资外派培训进修的员工,出资费用达到一定额度须与所在单位签订《外派培训协议书》,约定服务期等相关事项。

中层及以下管理人员出资金额按以下标准执行,高层及以上管理人员出资金额按以下标准翻倍执行。

① 3000元/年,服务期延长1年。

② 3000~10000元/年,服务期延长2年。

③ 10000~30000元/年,服务期延长5年。

(4)费用报销。

①外派培训费用的报销包括学费、教材费、往返交通费、食宿费等。

②员工参加外派培训应注意节约费用,发生的交通费、食宿费,公司按照必须发生的最低标准来报销。

③外派培训结束后,如果员工因个人原因而没有取得学历证书或相关证件,培训所有费用由员工自行承担。

④员工须在培训结束后7天内凭有效票据到财务部门办理报销手续,报销手续须经人力资源部对报销事项、标准等审核签字后,按财务审批权限报销。

(5)工资发放。

员工参加外派培训期间,绩效工资按当月实际出勤天数计算,其他工资执行原工资标准;培训期间社会保险及其他福利待遇按集团统一标准执行。

(6)效果评估。

①培训结束后7天内,员工应向公司人力资源部递交《培训合格证书》(未办证除外)、《培训(考察)报告》、培训记录、学习笔记及相关培训资料(或复印件)。

②培训结束一个月内,员工须整合培训重点内容,形成讲义或课件,在人力资源部的安排下针对目标对象授课。

③参训人员的直属上级应以适当方式考察员工接受培训的效果,员工是否将所学知识技能应用于工作岗位,将作为其绩效考核的依据之一。

9. 本制度的解释权属人力资源部

10. 本制度自颁布之日起执行

11. 以前文件或规定有与本制度相抵触的条款和规定,按本制度执行

2. 外派培训申请表

《外派培训申请表》用于员工外派申请的提出,以及企业对员工外派资格的审核,如表6-11所示。

表 6-11 外派培训申请表

申请外派部门		外派培训地点	
培训项目名称			
培训单位名称			
培训起止时间		培训费用	元
外派培训人员名单			
序号	姓名	性别	学历	工种、岗位	职务（职称）
申请培训理由：					
外派部门意见： （部门盖章） 主管领导签字：　　　年　月　日					
人力资源部审核意见： （部门盖章） 主管领导签字：　　　年　月　日					
主管经理审批意见： 主管领导签字：　　　年　月　日					

3. 外派培训协议

由于员工外派培训可能涉及全部或部分培训费用由企业承担，企业为了降低员工培训后离职的风险与损失，因此与员工签订《外派培训协议》，以明确双方权利、义务，以及员工的服务期限。下面是某公司外派培训协议，供读者参考。

外派培训协议

甲方：

乙方：　　　　　　　　身份证号：

为提高员工的基本素质和职业技能，公司鼓励并支持员工参加职业培训。为确保员工圆满完成培训学业，并按时返回公司工作，甲乙双方订立如下协议：

一、甲方安排乙方赴＿＿＿＿＿＿市参加由＿＿＿＿＿＿公司/学校/机构举办的＿＿＿＿＿＿＿＿培训，培训期自＿年＿月＿日至＿年＿月＿日，共计＿＿天；培训费用合计＿＿＿元（其中学费＿＿＿元、教材费＿＿＿元、食宿费＿＿＿元、交通费＿＿＿元、其他费用＿＿＿元）。

二、培训期间，甲方须按时支付乙方工资，乙方的绩效工资按当月实际出勤天数计算，其他工资执行原工资标准；社会保险及其他福利待遇按集团统一标准执行；乙方的学习时间计入工作时间之内，连续计算工龄。

三、乙方受训合格，培训期间学费、教材费由甲方承担＿＿％，乙方承担＿＿％；餐饮费、住宿费、往返公司的交通费按公司出差相关管理办法执行。乙方须按甲方财务管理制度提供有效票据方可报销。

外派培训结束后，如果员工因个人原因而没有取得学历证书或相关证件，培训期间所有费用由员工自行承担。

四、乙方接受培训后，同意在以前签订服务年限的基础上，继续为甲方服务＿＿年，续增的服务年限为＿＿年＿月＿日至＿＿年＿月＿日，合计＿＿月。

五、乙方如在服务年限（含续增）期间离职，须按以下办法向甲方补偿由甲方承担的培训费用（包括乙方报销的学费、教材费、食宿费、交通费等）。

1．未履行服务义务或服务年限未满6个月（含）的，补偿全部费用。

2．超过6个月的，按剩余服务月份乘以月补偿金额计算应补偿费用，具体计算如下：

培训补偿金额＝（约定的服务月数－已履行的服务月数）×月补偿金额

月补偿金额＝甲方承担的培训费用÷约定的服务月数

3．乙方如多次参加培训，则分别计算培训费用，培训补偿金等于历次培训补偿金额的总和。

六、本协议一式两份，甲乙双方各执一份。

甲方（盖章）：　　　　　　　　　　　乙方（签字）：

　　年　月　日　　　　　　　　　　　　年　月　日

专家支招

1. 签订培训协议时企业如何约定服务期

根据《劳动合同法》的规定，企业与劳动者提供专项培训费用，对其进行专业技术培训的，可以与劳动者约定服务期。可见，企业出资提供专业技术培训，是其能与劳动者约定服务期的前提条件，但是关于"专项培训费用"和"专业技术培训"，法律法规没有给出明确的界定，在实际工作中，HR主要把握以下两点。

（1）企业提供了培训费用。

一般来说，企业应当是委托具有培训和教育资格的第三方单位进行培训，并且有第三方出具的、企业为劳动者参加培训出资的货币支付凭证；同时，这笔培训费用的数额应当是比较大的，但这个数额到底是多少，法律也没有规定一个具体的数字，在现实操作中还是由仲裁庭和法官根据当地的实际情况自由裁量。

（2）企业给员工提供的是除义务性培训以外的专业技术培训。

义务性培训主要是指企业根据法律要求，为劳动者提供的安全卫生教育、岗前培训或转岗培训等。对员工进行义务性培训，是用人单位的法定义务，因此不能约定服务期。专业技术培训是指为员工提供的专业知识和职业技能的培训，一般包括4种：①委托大专院校、科研院所、培训中心、职业学校代为培训；②学历教育；③专项能力培训，如外语培训、专业职称培训等；④出国或异地培训、进修、研修、做访问学者等。

2. 签订培训协议应注意的问题与风险

培训对企业和员工双方都是有利的，但是受训员工在培训后就另谋高就的现象比比皆是，使得企业的培训投入全部付诸东流。因此，企业HR应做好防患未然的工作，尤其是要与员工签订书面的培训协议，对培训费用、服务期和违约责任等做出明确规定，以最大限度地保护企业的利益。企业HR在签订培训协议时应注意以下5个方面。

（1）确定受训人员。对企业哪些员工提供出资培训，需要企业综合考虑各方面的情况后做出决定。HR需要注意的是，试用期的员工应当尽量排除在外，以避免其违反服务期约定，企业却索赔无门的尴尬。

（2）明确培训费用。培训协议中应明确约定培训费用的数额和包括的项目，如果培训前无法确定的，应明确费用的支付依据和支付标准，并规定由劳动者先行垫付，培训结束后凭有效票据报销。

（3）约定合理的服务期限。企业在订立培训协议时，切忌约定过长的服务期，否则，过长的部分将会因显失公平，被认为无效或可撤销，对劳动者丧失约束力。例如，有的企业提供一个3个月的出资培训，却为员工约定10年服务期，这个显然是不合理的。一般来说，服务期以3~5年为宜。

（4）约定培训期间的待遇。法律对于培训期间员工工资和福利待遇的支付没有做出强制性规定，因此，企业可以根据具体情况，与劳动者协商确定培训期间的工资和福利待遇支付标准。例如，员工脱产培训期间，由于未向企业提供正常劳动，因此可以约定企业不支付工资或仅支付最低工资。

（5）明确违约金标准。企业应当利用好法律赋予的权利，明确劳动者违反服务期约定的违约责任。在确定违约金的数额或计算方法时，应严格遵守法律关于违约金上限的规定，不能随意扩大。

3. 企业内训如何选择培训师

企业的培训分为内训和外训，内训是指企业内训师或企业邀请外部培训师为企业学员提供培训；而外训是指企业选派学员参加外部的公开课等培训课程。企业选择内训还是外训，主要考虑的是培训人数和培训费用；内训课程是选择内训师还是外部培训师，则主要考虑课程内容和学员受众的层级。部分公司的相关业务类、专业类、操作类课程，受众为基层员工，如果管理人员具备这类业务和专业的相关知识和经验，以及一定的课程开发与授课技能，企业就可以考虑由企业内部的管理人员作为培训讲师；如果是管理类的课程，或者企业没有合适的管理人员具备培训技能或培训课题所要求的知识和经验，即企业内部没有适合担任讲师的人选，则适合邀请外部培训师提供培训。

为了保证培训效果，在外部培训师的选择上，一部分HR或培训负责人倾向于选择自己听过课并认可的培训师，或者同行、熟人推荐的培训师；如果都没有，则相当数量的HR会邀请培训机构提供可以讲对应课题的培训师的资料，然后根据该培训师的简介、曾经服务过的企业、曾经讲授过的课程，在培训费尽量不超过公司培训费预算的情况下择优录取。而事实上，企业组织这场培训想要解决的问题及想达到的培训目标，才是选择培训师首先要考虑的问题。

那么如何做呢？简单地讲，主要把好两个关卡：第一，管理类课程尽量要求培训师曾经有多年企业高管经历和实操经验，这样的培训师讲授的课程相对更为落地；第二，培训师对于课题的呈现思路，也就是课纲要与企业具体培训需求及企业现状问题的根源和解决途径相契合。

高效工作之道

1. 用 Word 制作企业培训方案

培训是培养人才最重要的一种手段，所以在进行培训之前，需要根据企业当前的实际情况制订出相应的培训方案或计划，并按照指定的方案或计划执行，以保证培训工作的顺利开展和实施。使用 Word 制作企业培训方案的具体操作步骤如下。

步骤 1 打开"素材文件\第 6 章\企业培训方案.docx"文件，选择需要转换为表格的段落，在【表格】组中的【表格】下拉列表中选择【文本转换成表格】命令，打开【将文字转换成表格】对话框，对表格列数及文字分隔位置进行设置，单击【确定】按钮，如图 6-1 所示。

步骤 2 将段落转换成表格，使用相同的方法将文档中其他需要转换成表格的段落转换成表格，对表格中文本的字体格式和对齐方式进行设置，选择需要合并的单元格，单击【合并】组中的【合并单元格】按钮，如图 6-2 所示。

图 6-1　文字转换成表格

图 6-2　合并单元格

步骤 ③ 将所选单元格合并为一个单元格后,继续执行合并单元格的操作,并对所有表格进行相应的设置,将鼠标光标定位到标题中,为其应用【标题】样式,如图6-3所示。

步骤 ④ 将鼠标光标定位到第一段中,在【样式】下拉列表中选择【创建样式】命令,在打开的对话框中单击【修改】按钮,打开【根据格式设置创建新样式】对话框,设置样式名称和格式,单击【确定】按钮,如图6-4所示。

图6-3 应用内置样式

图6-4 新建样式

步骤 ⑤ 为相同的段落应用【二级标题】样式,设置正文第二段文本为【首行缩进】,双击【剪贴板】组中的【格式刷】按钮复制段落格式,拖动鼠标选择需要应用复制段落格式的段落,如图6-5所示。

步骤 ⑥ 使用相同的方法继续应用复制的段落格式,并加粗显示部分段落,单击【页面】组中的【封面】按钮,在弹出的下拉列表中选择【花丝】选项,如图6-6所示。

图6-5 复制段落格式

图6-6 选择封面样式

步骤 7 在文档首页插入封面,对封面中的文本及文本的格式进行修改,在页眉处双击,进入页眉页脚编辑状态,在【页眉页脚工具-设计】选项卡【选项】组中选中【首页不同】复选框,如图6-7所示。

步骤 8 单击【字体】组中的【清除所有格式】按钮,清除封面页眉处的横线,在第2页页眉处输入【恒图科技有限公司】,并对文本的字体格式进行设置,单击【导航】组中的【转至页脚】按钮,如图6-8所示。

图6-7 设置页眉页脚选项

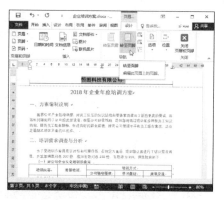

图6-8 设置页眉

步骤 9 将鼠标光标定至页脚,在【页眉页脚】组中单击【页码】按钮,在弹出的下拉列表中选择【页面底端】选项,在扩展列表中选择【大型彩色2】选项,如图6-9所示。

步骤 10 对添加的页脚进行设置,在【位置】组中将【页眉顶端距离】设置为【1厘米】,【页脚底端距离】设置为【1.2厘米】,如图6-10所示。

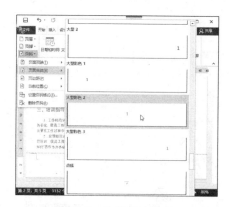

图6-9 选择页脚样式

图6-10 设置页眉页脚位置

步骤⑪ 在页面其他位置单击,退出页眉页脚编辑状态,完成本例的制作,最终效果如图 6-11 所示。

图 6-11 最终效果

2. 用 Excel 制作培训需求问卷调查

为了使培训工作更具针对性和实用性,企业决定对员工进行培训之前,一般会要求人力资源部门对全体员工进行培训需求调查,以快速了解哪些员工需要培训、为什么要培训及培训什么等问题,根据调查结果来制订培训计划,使培训工作的准确性、及时性和有效性得到保障。使用 Excel 制作培训需求问卷调查的具体操作步骤如下。

步骤① 新建一个【培训需求调查表】空白工作簿,在工作表中输入相应的内容,并对其格式进行相应的设置,选择 A3 单元格,在【边框】下拉列表中选择【其他边框】选项,打开【设置单元格格式】对话框,在【边框】选项卡中单击【左框线】、【右框线】和【下框线】按钮,为单元格添加左框线、右框线和下框线,如图 6-12 所示。

步骤② 选择【填充】选项卡,单击需要的颜色,再单击【确定】按钮,为选择的单元格添加底纹颜色,如图 6-13 所示。

图 6-12　添加边框

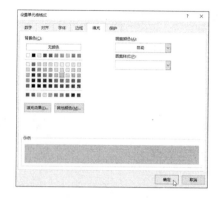
图 6-13　设置底纹

步骤 3 在第 4 行和第 5 行中输入相关的信息，选择【姓名：】文本后的空格，单击【字体】组中的【下划线】按钮 U，为空格添加下划线，使用相同的方法为其他空格添加下划线，在第 7 行和第 8 单元格中输入相应的内容，在功能区中显示出【开发工具】选项卡，单击该选项卡【控件】组中的【插入】按钮，在弹出的下拉列表中选择【选项按钮（窗体控件）】选项，如图 6-14 所示。

步骤 4 拖动鼠标在 A9 单元格中绘制窗体控件，选择控件中的文本，将其更改为【非常重要】，在窗体控件上右击，选择窗体控件，按住【Shift+Ctrl】组合键，水平向右拖动复制窗体控件，如图 6-15 所示。

图 6-14　选择窗体控件

图 6-15　复制控件

步骤 5 释放鼠标复制窗体控件，更改控件中的文本，使用相同的方法制作第 1 个问题的选择答案。若在制作选项按钮窗体控件时不小心选中了单选按钮，再次单击则不能取消选中，需要在选项按钮上右击，在弹出的快捷菜单中选择【设置控件格式】命令，如图 6-16 所示。

步骤 6 打开【设置控件格式】对话框,在【控制】选项卡中选中【未选择】单选按钮,单击【确定】按钮,即可取消选中该单选按钮,如图6-17所示。

图6-16 更改控件文本内容

图6-17 设置控件格式

步骤 7 在A10单元格中输入第2个问题,单击【插入】按钮,在弹出的下拉列表中选择【复选框(窗体控件)】选项,如图6-18所示。

步骤 8 在问题下方拖动鼠标绘制复选框窗体控件,并输入相应的文字,选择同一列中的选项按钮和复选框窗体控件,单击【绘图工具-格式】选项卡【排列】组中的【对齐】按钮,在弹出的下拉列表中选择【左对齐】命令,如图6-19所示。

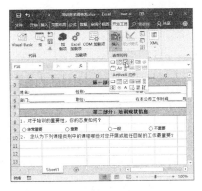

图6-18 选择复选框控件

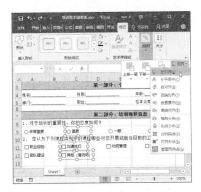

图6-19 设置对齐

步骤 9 左对齐选项按钮和复选框,在【形状】下拉列表中选择【直线】选项,按住【Shift】键,拖动鼠标在表格相应位置绘制一条直线,并为直线应用样式,如图6-20所示。

步骤 10 继续制作第二部分的调查问题和答案,当问题可以选择多个答案时,就用复选框窗体控件；当问题只有一个答案时，就用选项按钮窗体控件，制作的效果如图 6-21 所示。

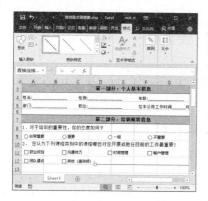

图 6-20　绘制直线

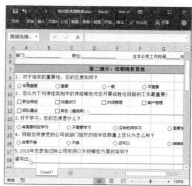

图 6-21　继续制作调查表

步骤 11 通过复制第二部分的内容，继续制作调查问卷的第三部分和第四部分，最终效果如图 6-22 所示。

2019年培训需求调查问卷（全员）

为制定有效的培训管理机制，提高工作绩效，特附上本调查问卷，敬请惠予宝贵意见。调查结果和相关资料信息将仅用于制订2019年度培训计划。请于1月18日前填妥交还至人力资源部，以便整理统计。感谢您的协助与支持，并祝工作愉快！

第一部分：个人基本信息

姓名:______ 性别:______ 年龄:______

部门:______ 职位:______ 在本公司工作时间______月

第二部分：培训现状信息

1. 对于培训的重要性，你的态度如何？

○非常重要 ○重要 ○一般 ○不重要 ○没必要

2. 您认为下列课程类别中的课程哪些对您开展或胜任目前的工作最重要？

□职业规划 □沟通技巧 □时间管理 □客户管理 □专业知识

□团队建设 □其他（请说明）：

3. 对于学习，您的态度是什么？

○有需要时在学习 ○不需要学习 ○没有时间学习 ○需要学习

4. 目前您所接受的公司或部门组织的培训在数量上您认为怎么样？

○非常不够 ○不够 ○还可以 ○绰绰有余

5. 2018年您参加过除公司安排以外的哪些方面的培训？

请写出：

第三部分：培训需求信息

1. 您认为您的部门和团队成员整体专业技能如何？有哪些方面需要进一步加强？

2. 您认为自己所在职能部门必须具备的核心能力是什么？

3. 您认为针对本部门人员的培训内容应该侧重在哪些方面？

4. 您今后的职业发展目标是什么？为达到该目标，您认为需要哪方面的培训？

第四部分：对培训的评价和期望

1. 您认为，最有效的教学方法是什么？

□课堂讲授 □案例分析 □情景模拟 □现场参观 □在职指导

□小组讨论 □拓展训练 □自学 □电子教学

□其他方式（请说明）：

2. 您认为目前阻碍您工作绩效的主要因素是什么？请圈出您认为最主要的1~2个因素。

□体制问题 □公司政策与运作程度 □工作分配不合理

□缺少必要的管理培训 □专业技能滞后于岗位发展的需求 □工作比较被动，缺乏热情

□其他（请说明）：

3. 您认为过去一年内参加的内部培训课程最让您满意的是：

□培训组织与服务 □培训内容和教材 □培训方式和手段

□培训讲师的安排 □对实际工作的助益程度 □培训时间的安排

□其他（请说明）：

4. 您认为过去一年内参加的内部培训课程让您最不满意的是：

□培训组织与服务 □培训内容和教材 □培训方式和手段

□培训讲师的安排 □对实际工作的助益程度 □培训时间的安排

□其他（请说明）：

5. 您认为过去一年内参加的外部培训课程最让您满意的是：

□培训组织与服务 □培训内容和教材 □培训方式和手段

□培训讲师的安排 □对实际工作的助益程度 □培训时间的安排

□其他（请说明）：

6. 您认为过去一年内参加的外部培训课程让您最不满意的是：

□培训组织与服务 □培训内容和教材 □培训方式和手段

□培训讲师的安排 □对实际工作的助益程度 □培训时间的安排

□其他（请说明）：

7. 您认为对培训效果影响最大的是什么？

□培训组织与服务 □培训内容和教材 □培训方式和手段

□培训讲师的安排 □对实际工作的助益程度 □培训时间的安排

□其他（请说明）：

8. 您认为如下方法中哪些对你提高专业知识和管理技能最有效：

□接受上司的指导 □从同事那里借鉴 □在工作中学习

□看书，上网学习研究 □参加外部和内部培训课 □看有关培训的VCD光盘

□其他（请说明）：

9. 您对2019年培训工作开展有何建议：（如培训体系、课程实施、培训流程等方面）

10. 请说说您个人的职业发展规划？

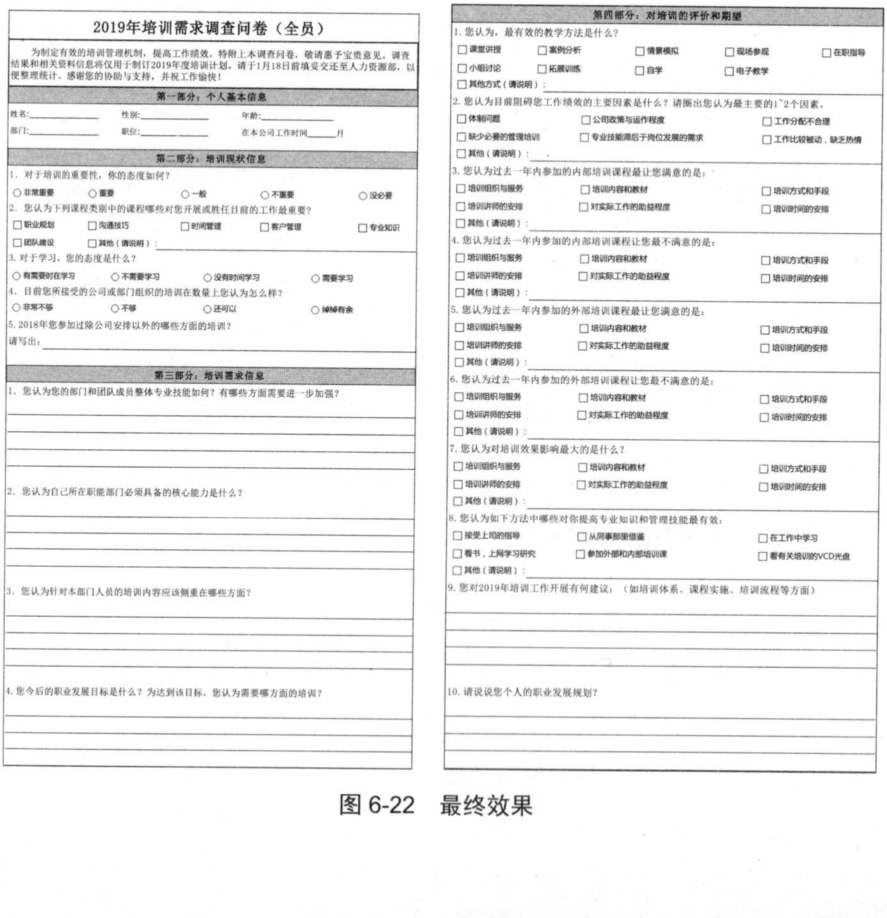

图 6-22　最终效果

3. 制作"新员工入职培训PPT"

公司对新进员工进行培训时，一般会以PPT的形式呈现出要培训的内容，这样不仅可以让新员工快速了解培训的大致内容，还能让培训变得更生动、形象、有意义，并增进新进员工之间的感情。制作新员工入职培训PPT的具体操作步骤如下。

步骤① 新建一个【新员工入职培训】空白演示文稿，单击【设计】选项卡【自定义】组中的【幻灯片大小】按钮，打开【幻灯片大小】对话框，将【宽度】设置为【25.4厘米】，【高度】设置为【14.2厘米】，单击【确定】按钮，如图6-23所示。

步骤② 在打开的对话框中单击【确保合适】按钮，打开【设置背景格式】任务窗格，保持选中【纯色填充】单选按钮，将填充颜色设置为【冰蓝（RGB：226，234，236）】，单击【全部应用】按钮，为整个PPT应用相同的背景颜色，如图6-24所示。

图6-23　设置幻灯片大小

图6-24　设置背景颜色

步骤③ 在幻灯片占位符中输入标题，并对文本格式和占位符进行设置，在标题和副标题占位符之间绘制一个矩形，将矩形颜色设置为【蓝色（RGB：0，118，218）】，在公司名称前面插入LOGO图片，选择图片，单击【颜色】按钮，在弹出的下拉列表中选择【设置透明色】选项，如图6-25所示。

步骤④ 在图片白色背景上单击，删除图片背景，在幻灯片右侧绘制一个菱形，单击【形状样式】组中的【形状填充】下拉按钮▼，在弹出的下拉列表中选择【图片】选项，如图6-26所示。

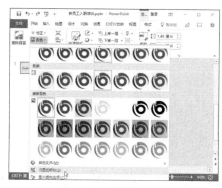

图 6-25 设置透明色

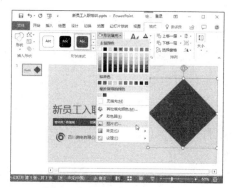

图 6-26 选择填充方式

步骤 5 选择需要的图片填充菱形,单击【裁剪】下拉按钮,在弹出的下拉列表中选择【调整】选项,此时,菱形中的图片呈可编辑状态,将图片调整到合适的位置和大小,使图片填满形状,如图 6-27 所示。

步骤 6 在菱形周围绘制 3 个小菱形和一个直角三角形,在菱形中输入相应的文本,使用【图片 2】填充直角三角形,新建一张幻灯片,删除幻灯片中的占位符,插入【图片 3.jpg】,在图片右侧绘制一个平行四边形,将形状的旋转角度设置为【339°】,如图 6-28 所示。

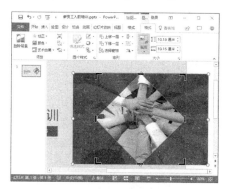

图 6-27 裁剪图片

图 6-28 旋转形状

步骤 7 选择图片,再选择平行四边形,在【合并形状】下拉列表中选择【组合】选项,将图片和形状组合成一张不规则的图片,设置图片【亮度】为【-20%】、【对比度】为 0%(正常)】,并在幻灯片中绘制需要的形状和文本框,输入需要的文本内容,如图 6-29 所示。

步骤 8 执行【复制幻灯片】命令,删除不需要的内容,绘制需要的形状,并在幻灯片中输入需要的文本内容,效果如图 6-30 所示。

第6章 员工培训管理

图 6-29 制作目录幻灯片　　　　图 6-30 制作过渡页

步骤 9 使用前面的方法制作第 3 张幻灯片,在第 4 张幻灯片中插入【圆形图片层次结构】SmartArt 图形,输入文本,添加形状,选择【销售部】形状,单击【创建图形】组中的【降级】按钮,如图 6-31 所示。

步骤 10 使形状下降一个级别,并对形状中部分形状位置、文本框位置和文本格式进行设置,然后单击【董事长】SmartArt 图形中的图片,打开【插入图片】对话框,单击【自图标】按钮,打开【插入图标】对话框,在右侧选中需要插入的图标,单击【插入】按钮,如图 6-32 所示。

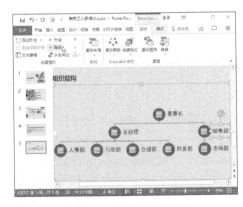

图 6-31 调整形状级别　　　　图 6-32 插入图标

步骤 11 开始下载图标,下载完成后插入幻灯片中,使用相同的方法将其他 SmartArt 图形中的图片更改为图标,并对图标颜色进行相应的修改,用前面制作幻灯片的方法制作第 6~12 张幻灯片,在第 12 张幻灯片中添加需要的文字并插入饼图,打开【Microsoft PowerPoint 中的图表】对话框,

249

输入需要在图表中展现的数据，如图 6-33 所示。

步骤 12 在图表中添加需要的元素，并对图表进行设置，然后使用前面制作幻灯片的方法制作其他幻灯片，选择第 1 张幻灯片右侧的形状，单击【动画】组中的【动画样式】按钮，在弹出的下拉列表中选择【进入】栏中的【浮入】选项，如图 6-34 所示。

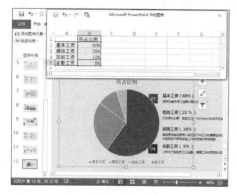

图 6-33　插入饼图　　　　　　　图 6-34　添加进入动画

步骤 13 选择幻灯片左侧的形状和文本框，为其添加【擦除】进入动画，选择标题文本框，单击【动画】选项卡【高级动画】组中的【添加动画】按钮，在弹出的下拉列表中选择【强调】栏中的【画笔颜色】选项，如图 6-35 所示。

步骤 14 选择 LOGO 图片，为其添加第 2 个进入动画【旋转】，单击【高级动画】组中的【动画窗格】按钮，打开【动画窗格】任务窗格，选择标题的第 2 个动画效果选项，按住鼠标左键不放，向上拖动至标题的第 1 个动画效果选项后，出现的红线位置表示移动的目标位置，如图 6-36 所示。

图 6-35　添加强调动画　　　　　　图 6-36　调整动画顺序

步骤 15 使用相同的方法将公司名称动画效果选项移动到最后,选择标题的第 1 个动画效果选项,将效果选项设置为【自左侧】,使用相同的方法将其他擦除动画效果选项都设置为【自左侧】,在动画窗格中选择需要设置开始时间的多个动画效果选项,在【动画】选项卡【计时】组中的【开始】下拉列表框中选择【上一动画之后】选项,在【持续时间】数值框中输入【01.00】,如图 6-37 所示。

步骤 16 选择第 2 个【图片 6】动画效果选项,在其上右击,在弹出的快捷菜单中选择【计时】命令,打开【旋转】对话框,设置【开始】为【上一动画之后】、【延迟】为【0.5】、【期间】为【中速(2 秒)】、【重复】为【直到幻灯片末尾】,单击【确定】按钮,如图 6-38 所示。

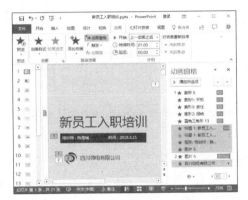

图 6-37 设置动画开始和持续时间

图 6-38 设置动画计时

步骤 17 使用相同的方法对目录页、过渡页和结束页幻灯片中的对象添加相应的动画效果,并对动画的效果选项、播放顺序、开始时间、持续时间等进行设置,完成本例的制作,PPT 最终效果如图 6-39 所示。

图 6-39 最终效果

图 6-39　最终效果（续）

4. 用 PowerPoint 制作"培训体系流程图 PDCA"

PDCA 是英语单词 Plan（计划）、Do（执行）、Check（检查）和 Act（改善）的首字母组合，指通过不断的实践，总结经验、教训，再次投入实践过程中这样一个不断循环的、提高质量的过程。而培训体系流程图 PDCA 就是用图示化来展现 PDCA 培训体系包含的内容，让其更加直观，便于阅读和快速传递信息，被广泛应用于企业培训、绩效管理中。使用 PowerPoint 制作 PDCA 流程图的具体操作步骤如下。

步骤 ① 新建一个【PDCA 培训流程图】演示文稿，删除幻灯片中的占位符，单击【SmartArt】按钮，打开【选择 SmartArt 图形】对话框，选择【关系】→

【基本饼图】选项，单击【确定】按钮，如图 6-40 所示。

步骤② 删除 SmartArt 图形中的【文本】字样，并在 SmartArt 图形中添加一个形状，调整 SmartArt 图形中的扇形位置，将扇形使用不同的颜色进行填充，在 SmartArt 图形上绘制一个正圆形，取消正圆形轮廓，将其颜色填充为【白色，背景 1】，如图 6-41 所示。

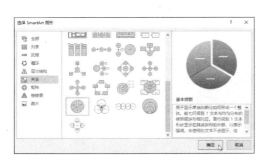

图 6-40 选择 SmartArt 图形

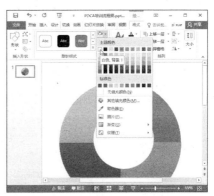

图 6-41 设置正圆形效果

步骤③ 在正圆形上绘制一条垂直直线和水平直线，为直线应用【细线，强调颜色 3】样式，再在扇形上绘制一个弧形，将其颜色填充为【白色，背景 1】，箭头类型设置为【样式 2】，如图 6-42 所示。

步骤④ 复制弧形，将其粘贴到其他扇形上，并对弧形的旋转角度进行设置，在正圆形上绘制一个横排文本框，输入需要的文本，并对文本的字体格式和对齐方式进行设置，如图 6-43 所示。

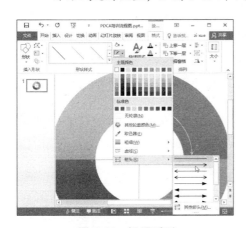

图 6-42 设置弧形

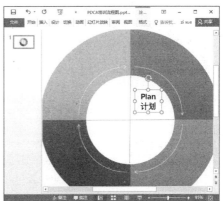

图 6-43 输入文本

步骤 5 复制文本框,将其粘贴到正圆形其他位置和扇形中,对文本框中的文本进行修改,并根据需要对文本格式进行设置,完成PDCA流程图的制作,最终效果如图6-44所示。

图6-44 最终效果

第 7 章
绩效管理

绩效管理在企业人力资源管理系统中占据着核心的地位，发挥着重要的作用，并与人力资源管理的其他几个模块相辅相成。绩效管理作为人力资源管理的重要环节之一，不仅是人力资源市场化发展的需要，是管理转变的需要，是推动经济发展方式转变和提升企业创造力的需要，更是传递企业战略、提升员工业绩、培育和挽留核心人才、保障企业运营机制和提高企业竞争能力方面的需要。建立完善的企业绩效管理体系，建设积极向上的考核文化和公正、有效的绩效测评系统，是每个企业走向成功的必由之路。本章将会从绩效管理系统设计、员工绩效考核、考核结果运用及专用绩效考核为大家呈现企业绩效管理。

7.1 绩效管理系统设计

如何建立科学规范的绩效管理体系，已经成为企业绩效管理的普遍问题。在建立和完善绩效管理体系的过程中，虽然部分企业取得了一定的成功，但我们不能照搬硬套，因为每个企业都有自身独特的发展情况、企业文化及企业中的组织结构等，建立的绩效管理体系也应该不一样，企业必须建立适合自身组织的绩效管理体系。而建立绩效管理体系又是一个循序渐进、逐渐完善的过程，因此，企业要想建立一个科学有效的绩效管理体系，就必须对绩效管理体系有一个较为全面的认识。

7.1.1 绩效管理与绩效考核

很多公司在开展绩效管理工作时，对绩效管理并没有清楚的认识，认为绩效管理就是绩效考核，把绩效考核作为约束、控制员工的手段，通过绩效考核给员工增加压力，把绩效考核不合格作为辞退员工的理由。有些企业在企业文化、业务特点和管理水平等方面都不成熟的情况下，盲目利用绩效考核在企业内部实行末位淘汰制，那么绩效考核工作自然就会受到员工的抵制。

在认识绩效管理和绩效考核之前，先来了解一下什么是绩效，有人认为绩效就是业绩，这个答案最常见，也符合很多管理者的心理，很多企业喜欢打着以业绩为导向的旗号，提倡没有任何借口地完成工作目标；也有人认为绩效是行为，因为影响业绩的因素是非常复杂的，甚至是员工个人不可控的，但所有的业绩都是通过行为产生的，有效的行为产生期望的结果；还有人认为绩效是素质和能力，有了需要的素质和能力，自然会做出期望的行为和期望的业绩。事实上，不同企业对绩效的定义都会根据其价值导向有所偏重。总体而言，无论是业绩、行为还是素质和能力，都是指组织期望的结果，是组织为实现其目标而展现在不同层面的有效输出。

根据对绩效的认识，再来理解绩效管理和绩效考核。事实上，绩效管理和绩效考核是不同的。绩效管理是一个完整的循环，由绩效计划制订、绩效辅导沟通、绩效考核评价、绩效结果应用等几个环节构成。绩效管理的目的不仅是为了工资发放，也不仅是为了奖励或处罚，<u>绩效管理的真正目的是持续提升企业和个人的绩效，从而保证企业发展目标的实现</u>。绩效考核是为了正确评估企业或个人的绩效，以便有效进行激励，是绩效管理最重要的一个环节。绩效管理如果要取得成效，绩效考核是关键，否则就不会达到绩效提升的效果。

绩效考核是绩效管理重要的一部分。绩效考核的成败不仅取决于考核本身，很大程度上取决于与绩效考核相关联的整个绩效管理过程，而绩效管理活动的成功与否，将决定绩效考核的有效性。

绩效管理是一种让员工完成工作的提前投资。通过绩效管理，员工将知道企业希望他们做什么，可以做什么样的决策，必须把工作干到什么样的程度，需要有哪些输出。做好了绩效管理，既提高员工的工作效率，也节省管理者的时间。

可见，绩效考核与绩效管理不可同日而语。<u>绩效管理是人力资源管理体系中的核心内容，绩效考核是绩效管理中的关键环节</u>，这样一来就比较清楚两者之间的关系。

7.1.2 绩效考核指标体系

绩效考核是企业管理的一项重要工作，绩效考核的制度化在企业中越来越受到重视。然而，由于绩效考核方法繁多、考核维度众多、考核的动态性、考核者的情感因素等，导致考核效果不满意的情况却很常见。在诸多因素中，指标评价体系设定和权重选择的不科学是一个重要的原因。结合企业实际，设计绩效考核指标，合理设定指标的权重、建立科学的考核指标体系是一项重要工作。

1. 绩效考核指标体系的构成

为了更好地与企业的经营战略紧密结合，一般把绩效考核指标体系分为关键绩效指标（Key Performance Indicators，KPI）和非关键绩效指标。关键绩效指标是指标体系的核心，是基于企业战略而设计的，是将企业发展战略进行分解、提炼而得出的指标。关键绩效指标是企业战略的风向标，把企业战略目标经过层层分解最终落实到具体部门乃至具体工作岗位。

在实际工作过程中，在对关键绩效指标进行分解时会发现，不是每个岗位都承担着企业的关键绩效指标，承担着关键绩效指标的岗位只是企业的部分岗位，而且不同岗位之间承担的关键绩效指标数量和重要程度不均衡。所以，关键绩效指标不能完全概括绩效考核指标体系，除了关键绩效指标外，还应该有非关键绩效指标，以此来补充关键绩效指标所不能涵盖的岗位及核心职责，从而全面有效地衡量绩效水平。非关键绩效指标是基于公司制度、流程、部门职能、岗位职责的绩效指标，也就是基于岗位职责的绩效指标。

2. 绩效考核指标体系的设置

绩效考核指标是基于企业战略出发，经过逐层分解落实到具体岗位。为了能够建立完善的指标体系，分解指标按层级进行。从企业战略目标到最后的员工目标，绩效指标体系需要有哪些层级呢？一般而言，绩效指标体系可分为4个层级：公司层级、部门层级、岗位层级和员工层级。不同的层级具有不同的特点，指标设计方面也存在着差异。公司层级指标是直接来源于企业的战略目标，考核的方法以平衡计分卡为主；公司层级指标向下分解就是部门层级指标，部门层级指标是根据公司层级指标再结合部门职能分解下来的。但分解下来的部门层级指标不一定会包含部门的所有重点工作，甚至有些辅助部门没有分解下来的关键绩效指标，对于没有或比较少关键指标的部门，则需要根据部门职责提取部分非关键绩效指标。因此，部门层级指标是关键绩效指标与非关键指标的结合。从部门的职能来看，业务部门的关键绩效指标比较多，应以关键绩效指标为主，职能部门关键绩效指标少，应以非关键指标为主。部门层级指标向下分解就是岗位层级指标，岗位层级指标分为承担关键绩效指标的岗位指标和不承担关键绩效指标的岗位指标；岗位层级指标再进一步分解就到具体的员工。其中，员工也分为关键业务员工和辅助业务员工两大类型，关键业务员工的指标以关键绩效指标为主，非关键绩效指标为辅；辅助业务员工则采用非关键绩效指标考核。4个层级的指标环环相扣，既要自上而下地逐层分解，也要自下而上逐层支撑，为战略目标的实现提供有效的责任保障体系。

3．关键绩效指标的确定

（1）公司、部门层级关键绩效指标的确定。

公司、部门层级关键绩效指标是企业绩效考核指标体系的关键组成部分。公司层级关键绩效指标是企业战略的直接提炼和承担，部门层级绩效指标是公司层级指标的分解和支撑，又是一般岗位绩效指标制定的基础。因此，<u>公司层级、部门层级绩效指标的有效性关系整个绩效考核指标体系的成败</u>。公司层级、部门层级关键绩效指标的制定需以企业发展战略制定为基础，分析企业战略，确定战略的关键驱动因素，根据关键驱动因素确定公司层级KPI，进而对公司层级KPI进行分解，确定部门层级关键绩效指标。

（2）岗位、员工层级绩效指标的确定。

岗位层级绩效指标是部门层级关键指标的进一步分解，要从工作可量化的岗位和工作不可量化的岗位分别加以考虑。可量化岗位的绩效指标可以根据部门层级绩效指标直接确定。例如，销售部经理的考核指标有"销售额""回款率""销售费用"等，这些指标也是销售部业务员的考核指标。不可量化岗位的绩效指标则要根据岗位工作内容及职责确定。

4．绩效考核权重、周期的设计

（1）绩效考核权重的设计。

权重是针对某一个或一些指标而言的。一般来说，具体指标的权重意味着该指标在所有考核指标中的重要程度。同一考核指标在不同职位或不同管理层次的职务中考核所占的权重一般不同；同一职位的不同考核周期其权重也有所不同；同一职位的不同考核目的其权重也有所不同。

（2）绩效考核周期的设计。

考核周期是指多长时间对员工进行一次绩效考核。考核周期一般分为月度考核、季度考核、年度考核。考核周期的设计主要根据被考核者的工作性质和企业绩效考评目的来决定。例如，用于奖金发放的，则对业务人员考核以月为考核周期，而对管理人员进行考核则以季度为考核周期更为合适，对企业高级管理人员则适用于年度考核，另外用于提拔任用的，也以年度考核为佳。

企业绩效考核指标体系的建立应当从企业战略出发，将企业战略进行分解提炼，提出公司层级关键绩效指标，并层层有效分解到相关部门及岗位。部分没有承担关键绩效指标或承担的指标无法全面反映其重点工作的部门和岗位，需根据相关职责提炼一般绩效指标，对指标体系进行有效补充，以全面、有效地衡量其工作绩效。

7.1.3 绩效考核方法

对于企业来说，绩效考核方法的选择尤为重要，因为不同的发展阶段，需要实施的绩效考核方式和侧重点会有所不同。例如，在企业成长的初期，企业人员与业务结构都相对比较简单，员工绩效通过简单的定量与定性评价就能完成，此时如果使用复杂的绩效管理体系，反而会给企业造成阻碍。

企业绩效考核方法比较多，大体可分为三大类：行为导向型考核方法、结果导向型考核方法、综合型绩效考核方法。每大类又包含多个具体考核方法，本节主要讲解关键绩效指标法、目标管理法、平衡计分卡和360度考核法四大常用的绩效考核方法。

1．关键绩效指标法

关键绩效指标是用于衡量工作人员工作绩效表现的量化指标，是绩效考核体系设计的基础。

（1）关键绩效指标作为绩效考核体系设计的基础，可以从3个方面深入理解。

①关键绩效指标是可以衡量的。关键绩效指标是用于考核和管理被考核者绩效的可量化的或可行为化的标准体系。关键绩效指标是一个标准化的体系，它必须是可衡量的，要么可以量化，要么可以行为化。如果可量化和可行为化这两个特征都无法满足，那么就不是符合要求的关键绩效指标。

②关键绩效指标体现对组织战略目标有增值作用的绩效指标。关键绩效指标是连接个体绩效与组织战略目标的一个桥梁。既然关键绩效指标是针对组织战略目标起到增值作用的工作产出而设定的指标，那么基于关键绩效指标对绩效进行管理，就可以保证真正对组织有贡献的行为受到鼓励。

③通过在关键绩效指标上达成的承诺，员工与管理人员就可以进行工作期望、工作表现和未来发展等方面的沟通。

（2）企业在建立关键绩效指标体系时，必须遵守以下原则。

①体现企业的发展战略与成功的关键要点。

②强调市场标准与最终成果责任,并且在实施关键绩效指标体系时,所有关键绩效指标是可以测量与控制的。

③在责任明确的基础上,强调各部门的连带责任,促进各部门的协调,不迁就部门的可控性和权限。

④主线明确,重点突出,简洁实用。

在关键绩效指标体系设计的原则下,究竟如何来设计关键绩效指标?企业关键绩效指标的产生,不是仅靠管理者的想象,而是由专家、管理者和员工群策群力集体分析得出的结果,其中专家的意见尤其重要。通常,公司关键绩效指标由以下几个层级构成:一是公司层级关键绩效指标,是由公司的战略目标演化而来的;二是部门层级关键绩效指标,是根据公司层级关键绩效指标和部门职责来确定的;三是岗位或员工层级关键绩效指标,是由部门关键绩效指标落实到具体岗位(或子部门)的业绩衡量指标。一般来说,公司关键绩效指标体系就是由以上3个层面的关键绩效指标构成的。在关键绩效指标体系中,公司层级关键绩效指标的制定尤为重要,因为后续的关键绩效指标均依据公司层级关键绩效指标来制定,若公司层级关键绩效指标不合理,将导致后续的关键绩效指标可操作性差,影响公司的绩效管理。因此,公司层级的关键绩效指标制定,一定要经过深入调查、分析及论证,要与公司的经营目标和发展战略相适应。

(3)公司关键绩效指标体系的建立通常需要关键绩效指标专家的指导。公司层级关键绩效指标体系建立的主要步骤如下。

①建立专家团队。成立专家团队,包括外部专家和公司内部高管。外部专家确认后,让关键绩效指标专家充分了解本公司的战略发展目标及公司的组织结构和运作情况。

②由公司的高级管理人员和关键绩效指标专家一起,利用头脑风暴法、鱼骨分析法等方法,找出公司的业务重点,这些业务重点即为公司经营过程的关键结果领域,由此确定关键结果领域的关键业绩指标。

③建立公司层级的关键绩效指标体系。公司层级关键绩效指标确立后,就可以在专家的指导下,各部门主管对相应部门的关键绩效指标进行分解,分解出各部门层级的关键绩效指标,然后,各部门主管和部门管理人员再将部门层级的关键绩效指标分解为更细的关键绩效指标及岗位的绩效衡量指标,这样就产生了整个公司的关键绩效指标体系。

> **Tips** 关键绩效指标体系不是一次就能完成的,要经过制订—试行—修订的反复的过程,使其不断完善。

2. 目标管理法

目标管理法（Management by Objectives，MBO）是众多国内外企业进行绩效考核最常见的方法之一。该法之所以能得到广泛推广，主要有两个原因：一是其做法与人们的价值观和处事方法相一致；二是它能更好地把个人目标和组织目标有机地结合起来，达成一致。

（1）目标管理法的优势。

相对于其他绩效考核方法来说，目标管理法具有许多管理上的优势。

①目标管理使各级部门及员工知道他们需要完成的目标是什么，从而可以最大化地把时间和精力投入到实现这些目标的行为中。

②目标管理对企业中容易度量和分解的目标带来良好的绩效。对于那些在技术上具有可分性的工作，由于责任、任务明确，目标管理会起到非常好的效果。

③目标管理将个人利益和组织利益紧密联系起来，从而增强员工的自觉性，调动员工的主动性、积极性和创造性，提升员工的效率。

④因为目标管理的绩效标准是按相对客观的条件来设定的，减少了考核过程中产生的偏见，因而更加公平。

（2）目标管理法的劣势。

当然，目标管理法也存在一定的缺陷和不足。

①企业中的许多目标都是难以定量化和具体化的，许多技术上的问题难以攻克，环境、社会等可变因素越来越多，这些都将导致企业的目标难以制定。

②由于目标商定需要上下沟通，达成一致，这就需要花费大量的时间，而且在具体目标确定时，部门或个人更倾向于关注自身目标的完成情况，很可能忽视相互协作和组织目标的实现，这就可能会导致管理成本的增加。

③虽然目标管理能使员工的注意力集中在目标上，但它没具体指出达到目标所要求的行为，缺乏必要的"行为指导"，这对于一些新员工来说，是一个非常不利的问题，不利于目标的实现。

④目标管理也倾向于短期目标，即能在每年年底加以测量的目标，这就容易导致员工为了达到短期目标而忽视长期目标。

（3）目标管理法的实施步骤。

①设定绩效目标。上下级共同确定各层级要达到的绩效目标，然后为实现这个目标而展开工作。目标主要指所期望达到的结果，以及为达到这一结果所应采取的方式、方法。

②制订目标进度计划。为实现设定的绩效目标来制订完成计划，合理安排时间，如先做什么，再做什么，什么时候完成什么工作等，主要是对时间进行约束，以保证在有效的时间内完成设定的绩效目标。

③实际绩效水平与绩效目标相比较。帮助考核者找出为什么未能达到既定的绩效目标，或为何实际达到的绩效水平远远超出了预先设定的绩效目标的原因。这不仅有助于决定对于培训的需求，还有助于确定下一绩效考核周期的各级绩效指标。同时也能提醒上级考核者注意到组织环境对下属工作表现可能产生的影响，而这些客观环境是被考核者本人无法控制的。目标管理的考核不是考核行为或其他，而是考核绩效。如果目标确立是具体的、可验证的，那么考核过程就简单。管理者与员工讨论他们是否完成了目标，并研究为什么能完成或不能完成，管理者将这些考核工作情况记录下来并成为正式的绩效考核。

④制定新的绩效目标及为达到新的绩效目标而可能采取的新的战略。对于已实现绩效目标的被考核人员，可以参与下一个新的绩效考核目标的设置，而对于未达到既定绩效目标的被考核人员，就需要与上级沟通，共同找出未达成绩效目标的原因及解决办法，然后才能参与新一轮考核周期绩效目标的设置。

虽然目标管理能激发员工的工作表现、工作热情等，但有时却很难确定有关产出方面的工作衡量标准。有时工作的过程、工作行为、工作态度等与工作结果同样重要，例如，如果员工通过不正当手段达到既定的绩效目标，这种行为对于企业来说是不可取的，这时仅仅以目标管理作为绩效考核的依据是不行的，需要综合多方面来进行考核。

为了避免在使用目标管理法建立绩效目标并以此为考核依据时可能会遇到的难题，可以建立多元考核的政策。例如，企业在对员工进行考核时，目标的实施情况只占绩效考核的50%，而另外50%是考查员工基本责任的完成状况，换句话说，要考查员工的整体工作表现。

3. 平衡计分卡

平衡计分卡（Balanced Score Card，BSC）是常见的绩效考核方式之一。围绕企业的战略目标，利用平衡计分卡可以从财务、顾客、内部过程、学习和创新这4

个方面对企业进行全面的测评。

（1）财务方面：财务方面指标是解决"股东如何看待我们"这一类问题。告诉企业管理者他们的付出是否对企业的经济收益产生积极的作用。财务方面指标包括传统的财务指标，如销售额、利润额、资产利用率等。

（2）顾客方面：顾客方面指标是解决"顾客如何看待我们"这一类问题。通过顾客的反映来看企业，从时间(交货周期)、质量、服务和成本几个方面关注市场份额及顾客的需求和满意程度。其指标可以是送货准时率、顾客满意度、产品退货率、合同取消数等。

（3）内部过程方面：内部过程方面指标是解决"我们必须擅长什么"这一类问题，了解企业内部效率，关注提升企业整体绩效的决策和行动，特别是对顾客满意度有重要影响的企业，如企业生产率、生产周期、成本、合格品率、新产品开发速度、出勤率等。

（4）学习和创新方面：学习和创新方面指标是解决"我们是在进步吗"这一类问题，就是将注意力引向企业未来的发展，涉及雇员问题、知识资产、市场创新和技能发展。但在当今市场经济下，保持不变是不行的，企业必须要不断创新、改进和提升企业竞争力，这样企业才能够进入新的市场，增加收入和利润。

平衡计分卡就是要对上述4个方面进行平衡，4个方面并不是孤立地存在，每一个方面又包括一组指标，而这些指标自身又相互关联并最终都以各种直接或间接的形式与财务结果相关联。

平衡计分卡被广泛应用的原因在于它能够满足企业多个方面的需要。

（1）平衡计分卡具有战略管理的功能，借助它不仅可以进行有效的战略思考、资源的优化配置，还可以将企业的战略转化成具体的目标和评估指标。

（2）平衡计分卡可以有效地推动企业的变革，借助它不仅可以有效地处理企业内部、外部各种变量在变革中的相互关系，还可以保证企业在变革过程中的均衡性。

（3）平衡计分卡是一套完整的企业评估系统，它不仅克服了企业传统的绩效考评系统的片面性、主观性，还强化了从绩效目标的制定、行为引导、绩效提成整个绩效考核系统的管理。

（4）平衡计分卡是一套系统的管理控制系统，它不仅将企业的财务指标控制和非财务指标控制紧密地连接在一起，还将企业的短期目标与长期目标、组织目标与个人目标有机地联系起来。

（5）平衡计分卡可以实现有效的激励，将平衡计分卡与薪酬连接在一起时，不仅可以强化所期望的行为和结果，还可以实现企业对员工薪酬的承诺。

在实施平衡计分卡时，需要按照一定的步骤，具体的基本程序如下。

（1）说明远景，它有助于就组织的使命和战略达成共识。人们经常会听到诸如"成为某某地区最大的供应商""成为世界多少强"等豪言壮语，但这些难以转化为有用的行动指南，所以对负责斟酌远景和战略表述语的人来说，对远景的说明要有一套完整的目标和测评指标，要得到所有管理层的认可，不能用一些不切实际的语言来阐释。

（2）充分沟通。沟通可以使管理者对战略要求进行上下沟通，并将它与各部门及个人的目标联系起来，并且使部门及个人目标与之保持一致。

（3）业务规划，让业务计划与财务计划一体化。几乎每个企业都在根据社会形势进行各种改革，而在实施各种改革方案时，就会发现每个方案都是独成一体来完成的，管理者们很难将这些不同的举措组织在一起，常常导致各个方案实施结果不理想。当管理者利用平衡计分卡所制定的目标作为分配资源和确定优先顺序的依据时，他们只会采用那些能推动自己实现长期战略目标的新措施，重视并加以协调。

（4）反馈与学习，让公司拥有战略性学习的能力。当企业管理体系以平衡计分卡为核心时，企业就可以从顾客、内部流程及学习与发展3个角度来监督短期结果，并根据最近的业绩考核来调整战略。因此，平衡计分卡使公司能够修改和调整战略以随时反映学习所得。

4．360度考核法

360度考核法又称为全方位考核法，360度考核法是常见的绩效考核方法之一，是指通过员工自己、上司、同事、下属、顾客等不同主体来评价员工工作绩效，通过各方面的评价意见，考核员工的绩效情况，进而达到提高员工的目的。360度考核法的特点是评价维度多元化（通常是4个或4个以上），适用于对中层及以上的人员进行考核。

360度考核法与其他绩效考核方法相比，有着比较明显的一些优势。

（1）考核比较公平公正。360度考核是全方位考核，比较全面，而单纯由直接上级对下属进行考核，可能会有两个弊端：其一，滥用权力，打击报复与自己有严重分歧或敌对的人，提拔阿谀奉承自己的人；其二，主观性强，虽然直接上级对员工工作完成情况判断更准确，但容易产生片面性和出现晕轮效应。而在360

度绩效考评中，考核团成员通过听取被考核人的陈述，再结合各自对被考核人多侧面的了解和认识给予考核，就可弥补单纯由直接上级进行考评的不足。

（2）加强员工相互了解。360度绩效考核程序包含直线主管介绍员工岗位职责和员工自我介绍工作的内容、特点、职责、成绩和困难，以及为克服这些困难所付出的努力，因此这种方式增进了整个企业内员工的相互了解，促进了员工在以后的工作中能从对方的角度出发考虑问题，化解矛盾，相互配合。

（3）比较容易开展工作。360度绩效考核的考核结果比较客观公正，企业根据考核结果实施奖惩措施较易推行，如采用360度绩效考核法发放年终奖的做法就获得了大多数员工的支持，领导也较满意。

采用360度绩效考核法来提取员工绩效信息，由于参与考核的主体比单一考核主体更为复杂，因此需要采取相应的措施来保证考核信息的质量。可以建立以下保障措施以使考核信息的质量达到最优和可接受程度达到最大。

（1）确保匿名。确保员工不会知道其他任何人对他的考核（不包括上司）。

（2）使信息反馈者富有责任感。公司应该与每个参与考核的人员进行培训及跟踪沟通，让每个人知道是否正确使用了考核标准、是否做出了可靠考核及如何参与考核。

（3）防止对系统"开玩笑"。有些人试图通过给满分或低分来帮助或伤害某个员工。小组成员有可能串通一气统一打高分，要查出这些明显的"作弊"行为。

（4）辨认和鉴别偏见。如检查是否存在年龄、性别、种族或其他方面的偏见。

表7-1所示的是针对研发岗位的360度考核表，供读者参考。

表7-1　研发岗位360度考核表

项目	考核评定内容	上级	平级	下属	关联
工作目标	（1）清楚、简单地使他人理解公司研发中心的工作目标，了解组织的方向 （2）激励他人致力于完成公司研发中心的工作目标；以身作则 （3）想得远，看得广，向想象挑战 （4）如果必要，需完善公司的工作目标以反映不断加剧的变化影响着公司的业务				
主人翁精神	（1）在公司的所有活动中加强公司的使命感及战略紧迫性；用积极的态度使他人了解公司碰到的挑战 （2）用专业技能有效影响公司及研发中心的行为和业务决策，敢于承担责任				

续表

项目	考核评定内容	上级	平级	下属	关联
以顾客为中心	（1）听顾客发表意见，把令顾客满意作为工作的最先考虑，包括令公司内部的顾客满意 （2）通过跨功能、多元化的意识展示对业务的全面掌握和认识 （3）打破壁垒，发展业务之间、功能之间、团队之间的相互影响的关系 （4）做出的决策要反映公司的全球观及顾客观 （5）将速度作为一种竞争优势				
责任心	坚持公司道德的最高标准；服从并宣传公司研发中心的所有政策——"做正确的事情"				
廉洁正直	（1）言行一致，受到他人的完全信任 （2）实现对供应商、顾客、管理层和雇员的承诺 （3）表现自己坚持信仰、思想及合作的勇气和信心，表现自己对防止环境受到危害有不可推卸的责任				
鼓励最佳表现	（1）憎恨/避免"官僚"，并努力实现简明扼要 （2）不断寻求新方法改进工作环境、方式和程序 （3）努力改进自己的弱项，为自己的错误勇于承担责任 （4）为最佳表现确定富有挑战性的标准和期望；承认并奖励取得的成就 （5）充分发挥来自不同文化、种族、性别的团队成员的积极性				
刺激变化	（1）创造真正的积极变化，把变化看作机遇 （2）积极质疑现状，提倡明智的试验和冒险				
团队工作	（1）迅速实施加以改进的好的工作方法 （2）提倡发表不同看法，因为这些看法对积极变化非常重要 （3）发挥既是一名团队领导，又是一名团队成员的积极作用 （4）尊重团队成员的才智和贡献；创造一种人人可以参与的环境 （5）将团队的目标和组织与其他团队的目标联系起来 （6）热情支持团队，即使团队处于困境当中，对团队的错误承担责任 （7）解决问题时不疏远团队成员				
自信	（1）承认自己的力量和局限，从团队成员那里寻求坦率的反馈 （2）境况不佳时也能保持性情不变 （3）公开诚实地和大家一起探讨问题，善于分享信息，易于接受新思想				

续表

项目	考核评定内容	上级	平级	下属	关联
沟通	（1）向团队成员和供应商解释研发中心的工作目标及挑战 （2）本着公开、坦率、清晰、全面及持续的态度进行沟通——欢迎不同意见 （3）与大家一起探讨开展一个项目、计划或程序的最佳做法 （4）积极倾听				
授权	（1）敢于将重要任务交给下属去做，而不是只让下属做自己不喜欢做的事 （2）给下属与责任相匹配的权利，并给他们完成工作必需的资源保证 （3）促进下属和同事独立发展的能力；恰当的时候应将功劳归于他们 （4）充分利用团队成员的多样性（文化、种族、性别）来取得成功				
发展技能	（1）使工作/任务利于雇员的个人发展与成长；与团队成员一起分享知识和专业技能 （2）确定富有挑战性的目标以促进提高现有水平，开发新技能 （3）给下属的表现和职业发展不断提供坦率的教导和信息反馈，并用书面形式记录结果 （4）尊重每个人的尊严，信任每个人				

> **Tips** 绩效考核方法都有各自的优缺点，企业应该根据自身的实际情况来选择合适的绩效考核方法。只有这样，才能达到绩效考核的目的，全面提高企业的绩效水平，促进企业的健康发展。

7.2 员工绩效考核

无论绩效体系如何健全，绩效方法如何先进，最后都落实到公司对员工的绩效评价，这就是绩效考核。绩效考核是针对企业中每个员工所承担的工作，应用各种科学的方法，对员工的工作行为、工作效果或对企业的价值进行评价，主要包括绩效计划的制订、绩效考核的准备、绩效考核实施及员工投诉处理等。

7.2.1 绩效计划制订

绩效计划是整个绩效管理的起点，也是绩效实施的关键和基础。绩效计划是管理人员与员工共同讨论以确定员工考核期内应该完成哪些工作和达到怎样的绩效水平的过程。很多人认为绩效评价是绩效管理最为重要的环节，而忽略了制订绩效计划的重要性，其实绩效计划比绩效评价更为重要，因为绩效评价仅仅是对已经发生、不可更改的结果进行评价，而绩效计划是往前看，以便在考核时能获得更好的绩效，而不是分析和关注那些过去的、不能改变的绩效。另外，绩效计划可以帮助管理人员和员工明确目标和努力的方向，避免事倍功半。绩效计划的制订过程分为准备、沟通和形成3个步骤。

1. 准备阶段

绩效计划通常是通过管理人员与员工双向沟通的绩效计划会议得到的，为了使绩效计划会议取得预期的效果，事先必须准备好相应的信息。这些信息主要可以分为3种类型。

（1）企业信息。为了使员工的绩效计划能够与企业目标有机结合在一起，在绩效计划会议中，管理人员与员工就需要对企业的战略目标、公司的年度经营计划进行沟通，达成一致意见。因此，在进行绩效计划会议之前，管理人员和员工都需要重新回顾企业的经营目标和战略规划，保证在绩效计划会议之前双方都已经熟悉了企业经营目标和战略规划。

（2）部门信息。部门的目标是根据企业整体的目标分解而来的，所以经营的指标不但要分解到生产、销售等业务部分，对于财务、人力资源等业务支持性部门的工作目标也应该与企业的经营目标紧密相连。例如，企业的经营目标是将市场占有率扩展到68%、产品要实现不断创新和降低管理成本3个方面，那么作为业务支持性部门人力资源部来说，就可根据经营目标将部门目标设定为：第一，建立激励机制，鼓励开发新客户、创新、降低成本的行为；第二，在人员招聘方面，注重在开拓性、创新精神和关注成本方面的核心胜任素质；第三，提供开发客户、提高创造力、预算管理和成本控制方面的培训。

（3）个人信息。员工个人的信息主要包括工作描述的信息和上一个绩效期间的评估结果两方面。在工作描述中，通常规定了员工的主要工作职责，以工作职责为出发点设定工作目标可以保证个人的工作目标与职位的要求联系起来。工作描述需要不断地修订，在设定绩效计划之前，对工作描述进行回顾，重新思考职位存在的目的,并根据变化了的环境调整工作描述。

2. 沟通阶段

绩效计划是一个双向沟通的过程,绩效计划的沟通阶段也是整个绩效计划的核心阶段。在这个阶段,管理人员与员工的沟通至关重要,需要通过沟通对员工在本次绩效期间内的工作目标和计划达成共识。

绩效计划会议是绩效计划制订过程中进行沟通的一种普遍方式。以下是绩效计划会议的程序化描述。但绩效计划的沟通过程并不是千篇一律的,在进行绩效计划会议时,要根据企业和员工的具体情况进行修改,但其重点主要还是沟通。

(1)选择适宜的沟通环境。管理人员和员工都应该确定一个专门的时间用于绩效计划的沟通,放下手中的所有工作,保证在沟通时不被其他事情打扰,专心致志地进行绩效计划的沟通,并且在沟通时氛围要轻松,不要给人太大的压力,把焦点集中在开会的原因和应该取得的结果上。

(2)回顾有关的信息。在沟通过程中,可以先回顾一下已经准备好的各种信息,在讨论具体的工作职责之前,管理人员和员工都应该知道企业的要求、发展方向,以及与讨论的具体工作职责有关系的其他信息,包括企业的经营目标、计划,员工的工作描述和上一个绩效期间的评估结果等。

(3)确定关键绩效目标。对绩效计划的相关信息进行回顾后,就应该尽快确定关键绩效目标,并把绩效计划的目标具体化,也就是对期待员工创造或达到的具体结果进行描述。管理人员和员工在设定目标时都应把注意力集中在结果上,而非过程上,要使每个目标尽可能地具体,并将每个目标与工作或结果联系起来,明确规定出结果的时限和资源使用的限制,使每个目标简短、明确和直接。

(4)制定衡量的标准。绩效标准是评判员工是否在既定时间内完成目标的一个评判条件。制定的绩效标准应该客观公正、具体、方便度量,而且是通过努力可以达到的,不能是遥不可及的。在制定绩效标准时,如果绩效计划目标设定得越具体,绩效标准就会与目标越相似,这样员工就能轻而易举达到,失去考核的意义,所以,在设定目标时,不要过于具体,要保持目标的灵活性,可以随着了解的加深不断地加以精确化。

(5)讨论计划实施的困难和需要提供的帮助。在绩效计划过程中,管理员和员工制定好绩效标准后,还需要了解员工完成计划和达到标准过程中可能遇到的困难、障碍和问题,尽可能防止计划执行过程中可能出现的各种问题,并且管理人员应对员工遇到的困难提供合理的帮助。

（6）讨论重要性级别和授权问题。管理人员和员工必须要明确每项任务或计划目标的重要性级别，是必须级、重要级还是一般级，并达成一致，这样员工就可以根据任务或目标的重要级别来自主分配时间，而不必事事请示上级。另外，对于每一个绩效目标，管理人员和员工还应讨论清楚员工拥有的决策权力，如完全授权、先执行后报告或请示等，这样员工就能知道哪些事情可以自己做决定，哪些事情需要请示上级等。

3. 形成阶段

经过准备和沟通两个阶段后，绩效计划就初步形成了，这时就需要审定下一绩效计划的工作是否已成功完成。当绩效计划结束时，管理人员和员工应沟通之后确认一下双方是否能达成以下共识。

（1）员工是否清楚地知道自己的工作目标与组织目标之间的关系，员工的工作目标与企业的总体目标是否紧密连接在一起。

（2）员工的工作职责和描述已经按照现有的组织环境进行了修改，可以反映本绩效期内主要的工作内容。

（3）管理人员和员工是否在员工的主要工作任务、各项工作任务的重要程度、完成任务的标准、员工在完成任务过程中享有的权限等方面都已经达成了共识。

（4）形成一个经过双方协商讨论的文档——绩效协议书。绩效协议书中应该包括员工的工作目标、主要工作结果、衡量工作结果的指标和标准、各项工作所占的权重、每项工作目标的主要行动计划等内容。绩效协议书主要在于明确当事人的绩效责任，并且管理人员和员工双方都要在该协议书上签字认可。

以上3个步骤就是有效制订绩效计划的关键步骤。按照这三步制订的绩效计划，员工对绩效计划的认可度高，管理人员对绩效计划的可控性高，最终达成绩效计划的可能性也就更大。这样就能够切实地利用绩效计划，缔造企业绩效管理的成功，从而最终缔造企业发展目标的实现。

7.2.2 绩效考核准备

绩效考核效果不佳，除了绩效计划不合理外，另一个比较重要的因素就是前期的准备没有做好，没有一个好的绩效管理基础和环境，给绩效的推行埋下了很多隐患。做好绩效考核实施前的准备，可以从以下几方面入手。

1. 成立绩效考核小组

为了保证企业绩效管理体系的顺利推行,可以专门成立一个绩效管理工作小组,而小组的组长最好由总经理来担当,人力资源部负责人作为副组长或干事,各部门负责人担任组员。如果由人力资源部负责人来当组长,那么绩效推行工作很有可能演变成人力资源部自己的事了,其他部门可能会不愿配合或配合力度不够。成立绩效管理小组,就是要保障绩效有效、有序地推行,让绩效方案得以充分地沟通,并达成一致的结果。

2. 明确绩效考核小组成员的职责

绩效管理的目的是保证企业战略能够落实到各级员工的日常工作中,使员工的工作重点方向能够保持一致。但是,要想绩效管理有条不紊地推行下去,就必须要明确绩效考核小组成员的职责,这样才能将企业目标分解落实到各个岗位和个人。绩效考核主管和绩效考核专员是绩效考核小组的重要成员,都是在企业既定绩效管理政策的原则贯彻实施企业的绩效管理制度,然后根据实施情况有效地进行反馈和修正,从而完善公司的绩效管理体系。下面以绩效主管和绩效专员的职责为例。

(1)绩效主管岗位职责

绩效主管应根据公司发展阶段及对绩效管理工作的目标要求,建立公司绩效管理体系、组织实施公司日常绩效管理工作、实施绩效监控、为公司各部门在绩效管理工作方面提供专业技术支持,营造良好的绩效文化与内部竞争氛围。具体来说,绩效主管岗位职责如表 7-2 所示。

表 7-2　绩效主管岗位职责

绩效主管岗位职责
一、根据公司发展目标,建立绩效管理体系 　1. 负责建立与修订完善公司绩效管理制度 　2. 负责对公司绩效管理情况进行跟踪与监控,并提供咨询与技术指导 　3. 负责配合公司实现绩效结果的运用,实现有效激励
二、根据公司发展阶段及各部门需要进行绩效管理优化 　1. 负责建立公司各部门关键业绩指标库,并定期更新 　2. 负责与各部门负责人进行沟通,确定各部门各岗位绩效考核指标,不断完善绩效管理实施
三、绩效考核日常工作的开展 　1. 负责每月绩效考核通知、收集与统计工作 　2. 负责对每月绩效考核运行情况进行分析,撰写分析报告 　3. 负责绩效考核资料的归档与保管工作及借阅、查询工作

续表

绩效主管岗位职责
四、根据公司发展，建立规范的职位体系 1. 负责公司岗位及组织结构的编制与整理工作 2. 负责公司岗位说明书的编制与整理工作 3. 负责公司岗位评估与人员评估的方案设置工作
五、企业绩效文化建设 1. 倡导公司的良性文化，并以考核的形式来引导 2. 对入职员工进行企业绩效文化的宣传和培训 3. 配合企业文化宣传部将绩效文化引入企业文化中

（2）绩效专员岗位职责

绩效专员是绩效管理工作主要的执行人之一，对协调和辅助企业内各部门绩效考核工作开展负有不可推卸的责任。具体来说，绩效专员岗位职责如表7-3所示。

表7-3　绩效专员岗位职责

绩效专员岗位职责
一、绩效规划 1. 制定和完善公司的绩效管理制度体系，包括《绩效考核管理办法》《绩效工资管理办法》《绩效管理操作指导》《指标库》等相关文件 2. 定期开展分项工作分析，修订岗位说明书，及时更新岗位职能 3. 依据公司现状，对年度绩效状况进行总结，提出改进意见，书写《年度绩效工作总结》 4. 关注每月部门绩效考核结果，应于每月提交《全员考核情况总结报告》
二、绩效推进 1. 依据绩效规划，通过培训、宣传、监督和检查，逐步将规划进行落实 2. 与相关人员进行持续有效的沟通，从而了解企业各部门、各岗位的工作内容 3. 指导和协助各部门进行绩效管理体系的完善，督促与绩效相关的流程优化工作
三、考核实施 1. 每月跟进部门绩效考核数据提交情况，并对提交的考核数据进行汇总统计 2. 每月汇总统计部门层级考核指标，提交上级审核 3. 每月5日前，汇总全员考核情况，并提交上级审核
四、绩效反馈 1. 监督各部门开展绩效面谈工作，使面谈工作确切落实 2. 每季度组织一次问卷调查，问卷调查覆盖范围不低于20% 3. 对绩效反馈的结果进行分类统计和分析

续表

绩效专员岗位职责
五、绩效申诉 1. 对各部门提出的异议进行收集，并反馈给上级 2. 协调组织绩效申诉的裁决，并通知裁决结果
六、绩效检查 1. 每月进行一次全员考核数据表单的抽查或全查，并做好相关记录 2. 每月对本部门的考核指标的表单进行检查和核实，并做好相关记录
七、绩效改进 1. 依据绩效结果及绩效检查情况的总结分析结果，提出绩效改进建议，并协调各部门进行考核方式、标准及流程的优化 2. 依据季度规划和年度规划，落实改进计划 3. 引进和导入优秀的考核系统，并落实到规划当中

3. 绩效考核培训

为了切实保证企业绩效考核的有效性和可行性，必须采取"抓住两头吃透中间"的策略，即获得高层领导的全面支持，赢得一般员工的理解和认同，寻求中间各层管理人员的全心投入。要做好各个层级的支持，就要做好绩效考核的培训与宣传。

绩效考核培训的对象分为两大类人员：一类人员是公司的中高层管理人员，培训的重点是绩效管理的最新理念和考核方法，绩效管理虽然由人力资源部牵头，但在具体实施考核的过程中，实际上是各部门管理人员在操作考核，所以他们必须掌握相应的考核方法和工具。另外还需要与中高层沟通，告诉他们实施绩效管理带来的好处及能解决的实际问题，让他们支持绩效管理的实施。另一类人员是基层员工，需要通过培训改变他们固有的"绩效就是扣大家工资"的旧观念。实施培训就是最大限度地让员工接受绩效考核，至于那些少数不能接受绩效考核的员工，将会在以后实施绩效管理过程中被慢慢淘汰。

另外，除了绩效考核培训外，还要保持与基层员工沟通，多了解员工的想法和顾虑。绩效管理不是单方面的公司考核员工、控制员工，更不是让员工被动接受。绩效管理需要企业与员工双方协商一致，要让员工心甘情愿地去施行，这样才能达到绩效管理的目的。

7.2.3 绩效考核实施

做好前期所有准备工作,接下来就是实施员工的绩效考核。绩效考核实施过程主要包括绩效考核启动、绩效沟通与辅导,以及员工数据的收集与分析。绩效管理的循环是从绩效计划开始,以绩效反馈和面谈等导入下一个绩效周期。

1. 绩效考核的启动

绩效考核启动方式包括组织一次正式的启动会议,再以文件或邮件通知全体员工,同时在员工、主管层面进行培训和宣传。

召开绩效考核启动会时,要求公司高层、中层管理人员参加,以及一部分骨干员工参与,统一思想。绩效考核启动会议议程如表 7-4 所示。

表 7-4 绩效考核启动会议议程

序号	议程	主讲人	主要内容
1	开场	HR 总监	介绍本次会议的意义与目的
2	领导讲话	总经理	介绍对绩效考核的期望,明确导向,提升各级管理人员的重视程度
3	方案介绍	绩效经理	本次方案的主要内容,就考核方案达成共识
4	关键流程节点	绩效经理	明确相关人员的职责,使相关人员明确各项工作的时间节点
5	沟通讨论	相关与会人员	讨论答疑
6	会议总结	HR 总监	确认问题,启动绩效考核

2. 绩效沟通与辅导

绩效沟通与辅导就是管理者和员工共同协作,以分享及交流有关信息的过程。沟通的信息包括工作进展情况、工作中存在的问题和障碍、可能的解决措施及管理者如何才能帮助员工等。它是连接计划和评估的中间环节。

究竟需要沟通哪些信息,这取决于管理者和员工关注的内容。管理者更多地考虑"作为管理者要完成的工作职责,需要从员工那里得到什么信息,需要提供哪些信息或资料帮助员工更好地完成工作",基于这个关键点出发,管理者和员工可以在计划实施的过程中,就下列问题进行持续而有效的沟通。

(1)工作开展的进度如何?

(2)工作过程中哪些地方做得比较好?

（3）哪些地方需要纠正或改善？

（4）员工的工作行为都在努力实现工作目标吗？

（5）如果偏离目标，管理者该采取什么纠正措施？

（6）管理者能为员工提供哪些帮助？

（7）是否有外界发生的变化影响着工作目标？

（8）如果目标需要进行改变，如何进行调整？

设计了沟通内容，在沟通方式方面又有哪些注意的？沟通方式在很大程度上决定着沟通的有效与否。将沟通的方式分为正式沟通和非正式沟通，沟通时以正式沟通为主，以非正式沟通为辅。

正式沟通主要包括书面报告、定期管理者与员工的面谈、管理者参与的小组会议或团队会议、咨询和进展回顾。

（1）书面报告。书面报告是绩效管理中比较常用的一种正式沟通的方式，是员工使用文字或图表的形式向管理者报告工作的进展情况，可以是定期的，也可以是不定期的，但这种沟通形式是员工向管理者的单向流动，缺乏双向沟通，很容易使沟通流于形式，不能起到实质性的作用。

（2）定期面谈。定期面谈是指管理者与员工定期进行的一对一的面谈沟通，它可以使管理者与员工进行比较深入的沟通，并且管理者可以根据员工提出的问题、遇到的问题等给予一定的引导和帮助，及时找到解决问题的方案。

（3）管理者参与的小组会议或团队会议。书面报告不能及时对提出的问题进行讨论和得出结论，而定期面谈不能对公共问题达成一致意见，因此，当需要多人及时对遇到的问题进行讨论、协商时，就需要用到管理者参与的小组会议或团队会议沟通方式，除了可以进行双向沟通外，管理者还可以向员工宣扬企业文化，传递企业战略信息。

（4）进展回顾。绩效进展回顾是一个直线管理过程，是对过去一段时间内的工作成果进行回顾，以及对新工作计划的明确，各相关发展计划的沟通，其目的是收集信息、分享信息，并就实现绩效目标的进一步计划达成共识，以便于及时调整当前所设定的工作目标。

3．考核数据的收集与分析

考核数据的收集和分析是有组织、系统地收集有关员工、工作活动和组织绩效的方法。一般来说，企业所有的决策都是以信息和数据作为支撑，绩效管理也一样。没有充足有效的绩效信息，就无法了解和掌握员工工作的开展进度和遇到的问题、困难，无法对员工的工作效果进行评价和反馈，无法使整个绩效管理循环运行，所以企业应注重绩效考核数据的收集与分析。

考核信息收集可以来自企业所有员工，既有员工自身的汇报和总结，又有同事的反馈与观察，还有上级的检查和记录或下级的反映与评价。如果企业中的所有员工都具备绩效反馈意识，那么就能给绩效管理带来极大的帮助和支持，这样也就能做出更真实客观的绩效考核，让企业绩效管理更加持续有效。

在收集绩效信息时，可以采用有效的信息收集方法来进行收集，常用的信息收集方法包括观察法、工作记录法、他人反馈法、关键事件记录法等，如图 7-1 所示。

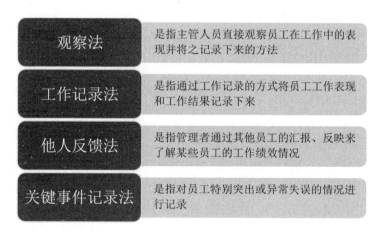

图 7-1　收集信息的方法

7.3　绩效考核反馈与应用

很多企业的绩效管理过程只进行到绩效考核就结束了，并没有将评估结果反馈给员工，也没有应用到工作中，导致绩效管理效果并不理想，企业高层也对绩效管理产生了质疑，阻碍了绩效管理的继续推行。

7.3.1　绩效考核结果反馈

绩效考核的目的是帮助员工提升绩效业绩，进而实现企业的经营目标。在这个过程中，就要随时保持与员工沟通，让员工了解自己的绩效结果，进而提升绩效。怎样才能让员工了解自己的绩效状况？怎样才能将管理者的期望传达给员工？

这就要通过绩效反馈与面谈来完成。

1. 面谈与反馈的内容

界定清楚预期的绩效目标，并对员工的实际绩效进行了考核，接下来就需要将绩效信息反馈给员工，从而帮助他们纠正自己的绩效不足。但是绩效反馈过程是非常复杂的，并且对于管理者和员工双方来说有可能都是非常不舒服的。

在面谈与反馈时，就应该将绩效考核的结果明确而委婉地表达给员工。对于在绩效周期内的优秀业绩和值得肯定的行为，一定要毫不吝惜地表扬与称赞，并且鼓励员工在今后的工作中继续保持和自我突破。但面谈重点应该放在分析不良业绩上，因为这可能是阻碍员工发展、影响业绩提高的"瓶颈"，员工的能力欠缺、态度不端可能就存在于此。

2. 绩效反馈中应注意的问题

很多管理者都觉得对下属进行评价是一件痛苦的事情，都不愿意去做绩效反馈。只要想到指出别人的弱点，很多人都会觉得非常不安。然而，如果说向别人发出负面反馈信息是令人痛苦的，那么得到这种信息的人更是极度痛苦的。因此，绩效反馈过程是非常重要的。

如果不让员工意识到他的工作绩效并没有达到预期的绩效要求，那么几乎可以肯定的是，他的绩效是不会有所改善的。事实上，情况可能会变得更糟。因此，管理者应当以一种能够诱发积极行动反应的方式来向员工提供明确的绩效反馈。下面的这些反馈原则将会有利于增强绩效反馈过程的潜在作用。

（1）反馈应当是经常性的，而不应该是每次考核结果出来后才做。首先，管理者一旦发现员工的绩效中存在缺陷，就有责任立即纠正。其次，员工对于评价结果的质疑程度是绩效反馈过程有效性的一个重要决定因素，所以应该向员工提供经常性的绩效反馈。

（2）鼓励员工积极参与绩效反馈过程，而不要让员工"置身事外"。在绩效反馈过程中，管理者可以通过如图7-2所示的3种方法鼓励员工积极参与绩效反馈过程。

（3）通过赞扬肯定员工的有效业绩。人们通常认为，绩效反馈过程的焦点应当集中在找出员工绩效中所存在的问题，然而事实却并非如此。绩效反馈的目的是提供准确的绩效反馈，这其中既包括查找不良绩效，也包括对有效业绩的认可。赞扬员工的有效业绩会有助于强化员工的相应行为。此外，这表明管理者并不仅仅是在寻找员工绩效的不足而增加了绩效反馈的可信程度。

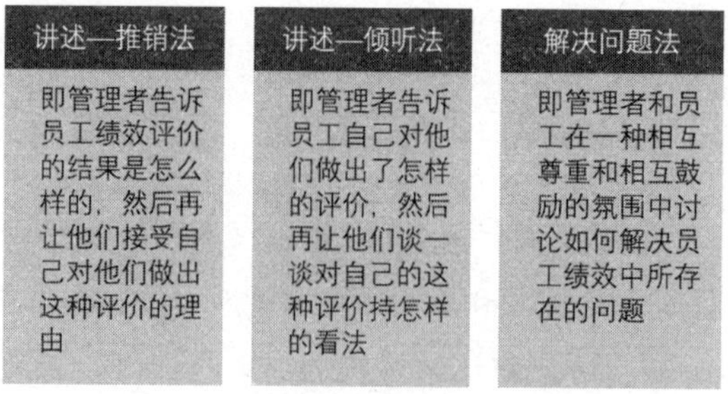

讲述—推销法	讲述—倾听法	解决问题法
即管理者告诉员工绩效评价的结果是怎么样的，然后再让他们接受自己对他们做出这种评价的理由	即管理者告诉员工自己对他们做出了怎样的评价，然后再让他们谈一谈对自己的这种评价持怎样的看法	即管理者和员工在一种相互尊重和相互鼓励的氛围中讨论如何解决员工绩效中所存在的问题

图 7-2　鼓励员工积极参与绩效反馈过程的方法

（4）把绩效考核的重点放在解决问题方面。管理人员往往把绩效反馈看成是一个对绩效不良员工进行惩罚的机会，因而总是告诉这些员工他们的绩效是如何的差。这样只会起到伤害员工的自尊以及强化他们的抵触情绪的作用，并不利于员工绩效的改善。

7.3.2　绩效考核结果应用

绩效考核的结果如果不应用，那么所有的绩效考核工作就等于零，企业重视绩效考核，也在于对考核结果的应用。考核结果出来后，如何兑现员工的"期待"，是必须处理好的问题。可以说，<u>绩效考核的应用是保证绩效考核闭环的关键</u>。

绩效考核结果可以应用于绩效分析、薪酬层级调整、奖金分配、员工培训与职业发展、员工淘汰等，它不仅可以提高员工的工作积极性和提升员工的工作能力，还是公司改善管理的有效手段。绩效考核结果主要有以下几种应用。

（1）绩效考核结果应用于找出员工绩效差距的原因。一般来说，对绩效考核完成后，管理者需要对影响绩效的原因进行分析，找出员工绩效差的原因，这时管理者就可以应用绩效考核结果来对员工的绩效进行分析，并针对分析的结果进行改进，如果是员工自身的问题，要及时与员工进行有效的沟通与反馈，如果是公司管理体系和机制的问题，公司也要及时做出改善。

（2）绩效考核结果应用于薪酬调整。绩效考核结果除了作为绩效改进的依据外，另一个主要运用就是与薪酬相结合。一般来说，为了增强激励效果，员工绩效直接影响薪酬待遇，在薪酬中有一部分是和员工绩效挂钩的。另外员工个人总体薪酬水平的调整也是以绩效考评的结果为依据的。对于绩效不良的员工，要降低绩效工资，促进其尽快改善，对于绩效优秀的员工要根据标准进行合理的上调，以示奖励。

（3）绩效考核结果应用于员工奖金分配。奖金一般有两种体现形式，一种是绩效工资，另一种是提成奖金。根据考核结果和事先确定的发放标准来发放奖金是公司激励员工常用的一种方法，能有效地激发员工对工作的积极性和对企业产生归属感，从而继续提升企业竞争力。其他的员工看到能够因绩效突出而受到奖励，也会纷纷向受到奖励的员工看齐，从而提升企业整体绩效水平，实现企业经营目标。

（4）绩效考核结果应用于培训。培训工作越来越被企业管理者重视，企业在培训方面投入也越来越大，因为有效的培训可以增强企业的竞争力。但企业也不能盲目地做很多培训，需要有针对性，这就需要对员工绩效差距进行分析，找到员工现有的能力表现和企业所要求的能力表现之间的差距，再根据差距确定培训内容。然后等到下一个绩效考评周期结束时，对照员工新的绩效考评结果，检查之前针对员工绩效不良的培训工作是否起到一定的效果。

（5）绩效考核结果应用于员工职业生涯规划。通过分析绩效考核结果，分析员工的优势与不足，再结合企业的实际情况，可以有针对性地做好员工的职业生涯规划。员工的职业生涯规划是关注员工长远发展的一个计划，根据员工目前的绩效水平和长期以来的绩效提高过程，制订一个长远的工作绩效和工作能力提高的系统计划，明确在企业中的未来发展路径。员工职业规划的确定，不仅对目前员工绩效进行了反馈，还可以增加员工对企业的归属感，大大提升员工工作的积极性和主动性。企业在实现战略目标的同时，员工也在实现自己的职业目标。通过绩效考核结果的运用，可以使员工职业生涯有序发展，而员工职业生涯的发展，也促进了企业的发展，两者相辅相成，相得益彰，实现企业与员工的双赢。

当然，除了以上普遍的应用外，绩效考核作为一个很好的战略性管理工具，还可应用于招聘，如具备特质的员工其绩效更好，或相对性价比更高，这就为企业招聘选拔指明了方向。绩效考核结果还可以指引企业文化价值观和引导员工行为等，其应用广泛，在此就不再详述。

7.3.3 制订绩效改进计划

绩效管理的本质在于员工绩效的实现与改进，所以绩效改进是绩效管理过程中的一个重要环节。传统绩效考核的目的是通过对员工的工作业绩进行评估，将评估结果作为确定员工薪酬、奖惩、晋升或降级的标准。而现代绩效管理的目的却是员工能力的不断提高及绩效的持续改进。所以，绩效改进工作的成功与否，是绩效管理过程能否发挥效用的关键。

1. 绩效改进内容

绩效改进是管理者与员工互动达成改进效果的过程，可以分阶段进行。有效的绩效改进应该是动态的过程，改进过程应该包括以下关键内容。

（1）明确绩效改进的前提和理念。

（2）目标设定，包括绩效目标和员工发展目标。

（3）制订完成目标的行动计划。

（4）解决完成目标过程中存在的难题和障碍。

（5）明确指导者的行动。

2. 改进计划的实施

实施绩效改进计划应该遵循一系列指导原则，在一定的指导原则下逐步开展。在实施绩效改进计划时，特别要强调情感这个要点，因为绩效的改进在情感上是十分脆弱的过程。员工的弱点被暴露出来，虽然问题解决后可以让员工感到骄傲和自信，但这一过程也会让员工产生恐惧、尴尬，有可能心理会受伤，如果处理不当，员工会产生抵触和不满的情绪。

所以，管理者在实施改进计划时，需遵循一个原则，那就是企业管理者应该把自己的绩效改进当作实施内容的一个组成部分。员工如果知道管理者也与员工一样努力地提高自己及改进绩效，那么会成为员工绩效改进的一种动力；反之，则可能让员工丧失前进的动力。

绩效改进的实施需要细致地策划及有组织地培训和指导。现在很多员工对引进任何旨在改进绩效的人力资源实践抱着怀疑态度。绩效改进计划内部支持者的可信度将对员工是否接受并愿意为绩效改进的实施付出努力起到关键作用。如果管理层并不真正支持绩效改进，或者不为大部分员工所信赖，绩效改进的实施就会困难重重。

7.4 专项绩效考核

企业的岗位体系并非唯一的，有高层管理人员，也有基层操作人员；有对外的销售人员，也有负责生产的人员。不同的岗位体系对应的绩效考核也应该不一样，每类岗位的绩效考核要具有针对性。针对不同的岗位，要设计与岗位相适应的绩效管理体系及方案，本节通过几个典型的绩效管理设计方案，希望给读者一点启发和参考。

7.4.1 高层管理人员绩效考核

在企业中，高层管理人员主要指公司各职能系统总经理及以上的管理人员。高层管理人员绩效考核方案的设计应参照公司下达的年度经营目标管理责任书来进行。下面是某公司高层管理人员绩效考核方案，供读者参考。

高层管理人员绩效考核方案

1. 考核目的

为完善公司绩效管理体系，建立稳定高效的高层管理团队，有效调动高层管理人员的积极性和创造性，提高企业经营管理水平，进而实现公司总体战略和可持续发展的最终目标。

2. 适用范围

本方案适用于公司所有高层管理人员，包括总裁、各事业部及职能系统总经理。

3. 考核原则

①考虑公司长远利益，促进公司可持续健康发展原则。
②定量与定性考核相结合，结果与过程相统一原则。
③收入水平与公司业绩及分管工作目标相结合原则。
④有奖有罚、奖罚对等，激励与约束并进原则。

4. 考核周期及时间

公司高层管理人员实行年度考核，于每年1月1日至2月10日对高层管理人员上年度工作绩效进行考核。

5. 考核内容

（1）《经营管理目标责任书》

①对总裁的考核内容及权重。对总裁的考核内容及权重如下表所示。

总裁考核内容及权重

考核内容	权重	备注
《经营管理目标责任书》	100%	根据年初签订的《经营管理目标责任书》

②对总裁以外高层管理人员的考核内容及权重。对高层管理人员的考核内容及权重如下表所示。

高层管理人员考核内容及权重

序号	考核内容	权重	备注
1	《经营管理目标责任书》	90%	根据各高层管理人员年初签订的年度《经营管理目标责任书》
2	公司年度经营目标	10%	根据公司年度经营目标实现情况

③总裁《经营管理目标责任书》中考核指标的设定以公司年度经营目标为依据,总裁以外高层管理人员《经营管理目标责任书》中考核指标的设定以公司年度经营目标为基础,根据所属部门职能和分管职责确定。董事会根据公司年度经营目标和各高层管理人员分管职责对各高层管理人员《经营管理目标责任书》进行确认。

④《经营管理目标责任书》于每年3月1日前签订。其中,总裁与董事长签订《经营管理目标责任书》,其他高层管理人员与总裁签订《经营管理目标责任书》。

⑤《经营管理目标责任书》中绩效指标分为主要绩效指标和其他绩效指标。主要绩效指标作为高层管理人员绩效工资计算的依据,其他绩效指标作为对高层管理人员进行综合评定(升级、降级、岗位调整、调薪等)的依据。经营年度中,《经营管理目标责任书》可根据经营环境等外界因素的变化做出适度调整,调整内容须经总裁或董事会审核确认。

(2)公司年度经营目标

公司年度经营目标作为各高层管理人员制定年度工作目标和经营计划的依据,是各事业部和职能系统年度工作任务的目标所指,各事业部和职能系统高层管理人员均对公司年度经营目标的实现负责。

……

> **Tips** 由于内容较多,书中只列出了本考核方案的部分内容,其详细内容将在模板中提供,读者可下载完整的考核方案进行参考、使用,下载方法见前言说明。

7.4.2 中层管理人员绩效考核

公司职能体系中,中层管理人员一般指各职能部门负责人,包括部门经理、副经理等。抓好了"火车头",自然就牵引了整个员工阶段,中层管理者考核的压力会层层传递到基层员工。因此,抓员工的考核并得到高层支持,应先从中层管理者抓起,这往往是撬动绩效考核的重要杠杆。根据中层管理者的岗位分析,结合管理者所管理的业务、管理能力、管理团队的特点,下面提供中层管理人员绩效考核方案,供读者参考。

中层管理人员绩效考核方案

1. 目的

为规范公司中层管理人员绩效考核管理工作,保障组织体系的顺畅运行,持续不断地提高和改进公司、部门的工作业绩,确保公司战略目标的达成及相关政策、制度的有效实施,特制订本方案。

2. 考核对象

各部门经理、副经理。

3. 考核责任

公司对中层管理者实行述职与评议会的考核体制,被考核者对总经理办公室最终做述职报告。

4. 考核周期

对中层管理者的考核周期,原则上半年进行一次。

5. 考核内容及程序

(1)考核内容

由于对中层管理者的考核实际上就是对各系统经营与管理状况进行的全面系统的检讨,因此对中层管理者的考评采取述职的形式,述职报告中应重点突出部门经营目标完成情况。

经营目标完成的考核重点集中在基于策略重点落实而制定的关键绩效指标的完成情况,具体包括以下项目。

①基于策略重点落实而制定的关键绩效指标的完成情况。

②绩效改善的情况。

③工作创新的情况。

(2)考核程序

①每一次考核期期末,中层管理者需依据公司的经营策略和经营计划,结合考核要素向公司提出下一考核期本部门的策略重点、策略执行方式、关键业绩和指标标准(或指标达成状况描述)及管理改进计划。

②中层管理者同直接上级沟通,就以上内容进行讨论、评议和审定。

③当被考核者与直接上级对此达成共识后,由被考核者将确认的内容填入《中层管理者述职表》中的"计划"栏内。

④在考核周期内,如被考核者发现业务进展的内外环境发生重大变化,可以申请对原定的工作目标进行阶段性调整,经直接上级领导同意后,记入述职表中"计划调整"栏内。

⑤考核期末,被考核者把工作目标完成情况记入《中层管理者述职表》中的"计划完成情况"栏,同时,被考核者需将其他应当由本人填写的部分填写完毕。

⑥被考核者进行述职,由被考核者本人对绩效完成情况进行说明,可以以相关人员参加的小组会议方式进行,由考核者根据目标达成情况和述职情况对被考核者作出评价,核计得分,并确定等级。

⑦最后,由被考核者和考核者共同确认考核结果,如果被考核者不同意考核结果,可以按公司绩效考核制度中有关规定向相关部门、人员申述。

6. 考核结果及运用

(1)考核等级

考核等级是被考核者直接上级对被考核者的绩效进行综合评价的结论。考核等级分为A(优秀)、B(良好)、C(合格)、D(需要改进)、E(不合格)5个层级。本方案在原则上规定了考核等级与百分制成绩之间的关系,如下表所示。

考核等级与考核分数对应关系表

考核等级	A	B	C	D	E
考核分数	90分以上	80~89分	70~79分	60~69分	60分以下

(2)考核比例的控制

①年度内中层管理者的中期、年终考核均遵循如下表所示的比例强制分布。

考核强制分布表

考核等级	A	B	C	D	E
分布比例	15%	30%	35%	15%	5%
注:当A、B考核等级的人数超过了比例规定,依据被考核人的考核分数排序进行强制分布;若在实际的考核中A、B考核等级相应的人数比例小于强制分布比例,则按照实际情况进行操作					

②中层管理者的考核,即部门绩效考核,结果会直接影响本部门员工的考核结果,具体影响如下表所示。

部门绩效考核对所属员工考核成绩影响表

部门绩效考核	部门所属员工考核成绩分布				
	A	B	C	D	E
A	30%	35%	20%	15%	
B	20%	30%	30%	15%	5%
C	10%	25%	35%	20%	10%
D	5%	15%	30%	35%	15%
E		10%	15%	50%	25%

任何部门评价其结果呈正态分布是客观规律。原则上比例分布的控制，一般以"部"为单位；若该部门的人数太少，也可以以"系统"为单位进行。

③年度考核。

a. 中层管理者的年度考核等级为年终述职等级。

b. 中层管理者连续两年年终评级为D级或E级的视同不称职处理。

（3）考核结果运用

考核结果将作为工资、绩效、职务晋升（降级）、任职资格等级调整的重要依据，具体规定参照公司绩效管理制度。

7.4.3 销售人员绩效考核

销售岗位在企业员工中是比较关键的岗位，销售人员绩效考核应从销售人员岗位说明书出发，主要考核销售业绩和行为。下面是某公司销售人员绩效考核实施方案，供读者参考。

销售人员绩效考核实施方案

1. 考核原则

①业绩考核（定量）+行为考核（定性）。

②定量做到严格以公司收入业绩为标准，定性做到公平客观。

③考核结果与销售人员薪酬挂钩。

2. 考核标准

（1）业绩考核

销售人员业绩考核标准为公司当月的营业收入指标和目标，公司将会每季度调整一次。

（2）行为考核

销售人员行为考核标准如下。

①遵守公司各项工作制度、考勤制度、保密制度和其他公司规定的行为表现。

②履行本部门工作的行为表现。

③完成工作任务的行为表现。

④遵守国家法律法规、社会公德的行为表现。

⑤其他。

其中：当月行为表现合格者为0.6分以上，行为表现良好者为0.8分以上，行为表现优秀者为满分1分。如果当月有少数表现突出者，表现突出者可以最高加到1.2分；如果当月有触犯国家法律法规、严重违反公司规定、发生工作事故、发生工作严重失误者，行为考核分数一律为0分。

3. 考核内容与指标

销售人员绩效考核表如下表所示。

销售人员绩效考核表

考核项目		考核指标	权重	评价标准
工作业绩	定量指标	销售完成率	35%	实际完成销售额÷计划完成销售额×100% 考核标准为100%，每低于5%，扣除该项1分
		销售增长率	10%	与上一月度或年度的销售业绩相比，每增加1%，加1分，出现负增长不扣分
		销售回款率	20%	超过规定标准以上，以5%为一档，每超过一档，加1分，低于规定标准的，为0分
		新客户开发	15%	每新增一个客户，加2分
	定性指标	市场信息收集	5%	1. 在规定的时间内完成市场信息的收集，否则为0分 2. 每月收集的有效信息不得低于100条，每少一条扣1分
		报告提交	5%	1. 在规定的时间内将相关报告交到指定处，未按规定时间交者，为0分 2. 报告的质量评分为4分，未达到此标准者，为0分
		销售制度执行	5%	每违规一次，该项扣1分
		团队协作	5%	因个人原因而影响整个团队工作的情况出现一次，扣除5分

续表

考核项目	考核指标	权重	评价标准
工作能力	专业知识	5%	1分：了解公司产品基本知识 2分：熟悉本行业及本公司的产品 3分：熟练掌握本岗位所具备的专业知识，但对其他相关知识了解不多 4分：掌握熟练的业务知识及其他相关知识
工作能力	分析判断能力	5%	1分：较弱，不能及时做出正确的分析与判断 2分：一般，能对问题进行简单的分析和判断 3分：较强，能对复杂的问题进行分析和判断，但不能灵活地运用到实际工作中 4分：强，能迅速地对客观环境做出较为正确的判断，并能灵活运用到实际工作中取得较好的销售业绩
工作能力	沟通能力	5%	1分：能较清晰地表达自己的想法 2分：有一定的说服能力 3分：能有效地化解矛盾 4分：能灵活运用多种谈话技巧和他人进行沟通
工作能力	灵活应变能力	5%	应对客观环境的变化，能灵活地采取相应的措施
工作态度	员工出勤率	2%	1. 月度员工出勤率达到100%，得满分，迟到一次，扣1分（3次及以内） 2. 月度累计迟到3次以上者，该项得分为0分
工作态度	日常行为规范	2%	违反一次，扣2分
工作态度	责任感	3%	0分：工作马虎，不能保质、保量地完成工作任务且工作态度极不认真 1分：自觉地完成工作任务，但对工作中的失误有时推卸责任 2分：自觉地完成工作任务且对自己的行为负责 3分：除了做好自己的本职工作外，还主动承担公司内部额外的工作
工作态度	服务意识	3%	出现一次客户投诉，扣3分

……

> **Tips** 由于内容较多，书中只列出了本绩效考核方案的部分内容，该方案的详细内容将在模板中提供，读者可下载完整的销售人员绩效考核实施方案进行参考、使用，下载方法见前言说明。

7.4.4 班组长绩效考核

对于制造业、生产型的公司,班组长的管理尤为重要。班组长绩效考核的设计,主要应该从产值达成率、产品质量合格达成率和排单计划达成率等方面来进行。下面是某公司班组长绩效考核实施方案,供读者参考。

班组长绩效考核实施方案

1. 考核目的

为加强生产车间的班组建设,提高班组长的素质,全面评价班组长的工作绩效,保证企业经营目标的实现,同时,为员工的薪资调整、教育培训、晋升等提供准确、客观的依据,特制订生产车间班组长绩效考核实施方案。

2. 考核原则

(1) 公平公开原则

①人事考评标准、考评程序和考评责任都应当有明确的规定且对企业内部全体员工公开。

②考评建立在客观事实的基础上进行评价,尽量避免掺入主观性和感情色彩。

③企业生产车间所有班组长都要接受考核,同一岗位的考核执行相同的标准。

(2) 定期化与制度化

绩效考核制度作为人力资源管理的一项重要的制度,企业所有员工都要遵守执行。将生产车间班组长考核分为季度考核和年度考核两种。

(3) 定量化与定性化相结合

生产车间班组长考核指标分为定性化与定量化两种,其中,定性化指标权重占40%,定量化指标权重占60%。

(4) 沟通与反馈

考核评价结束后,人力资源部或生产部门相关领导应及时与被考核者进行沟通,将考评结果告知被考核者。

在反馈考评结果的同时,应当向被考评者就评语进行说明解释,肯定成绩和进步,说明不足之处,提出今后努力方向的参考意见等,并认真听取被考核者的意见或建议,共同制订下一阶段的工作计划。

……

> **Tips** 由于内容较多,书中只列出了本实施方案的部分内容,该方案的详细内容将在模板中提供,读者可下载完整的班组长绩效考核实施方案进行参考、使用,下载方法见前言说明。

7.5 绩效管理实操范本

绩效管理是现代人力资源管理的重点，它涉及知识面广、牵涉人员利益多，因此，如何结合企业的战略目标和经营目标综合编制适合企业实际需要的管理体系，对 HR 来说是一件非常棘手、非常重要的事。本节将提供一些绩效管理的范本，为 HR 工作者参考使用。

7.5.1 范本：绩效考核管理制度/流程/表单

绩效考核是绩效管理的核心，要做好绩效管理工作，必须有比较健全的绩效考核体系。

1. 绩效考核管理制度

绩效考核管理制度是绩效管理的首要制度，是指导绩效考核过程的纲领性文件。完善的绩效考核管理制度有利于绩效考核工作的开展。下面是某公司员工绩效考核管理制度，供读者参考。

绩效考核管理制度

1. 目的

建立良好的战略绩效评价系统，支撑战略目标和公司经营管理目标落地，使绩效成为公司文化的重要组成部分，促进公司内各部门及各岗位员工的成长，促进组织业绩的提升。

2. 目标

绩效管理重在"管理"而非"考核"，考核仅仅是为了提升绩效而采取的衡量和评价手段。绩效管理要求达到的目标如下。

（1）通过绩效考核，确保员工行为和核心价值取向与公司整体战略目标一致，提高公司的核心竞争能力与整体运作能力。

（2）通过对部门工作业绩的评估，促进部门整体业绩的改善，增强部门员工的团队合作精神。

（3）依靠制度性的规范与约束，建立起自我激励、自我约束、促进优秀人才脱颖而出的人力资源管理体制。

（4）通过绩效管理，帮助每位员工提升工作绩效与工作胜任力，实现员工个人职业生涯的发展，建立适应企业发展战略的人力资源队伍。

（5）在绩效管理过程中，促进管理者与员工之间的沟通与交流，形成开放、参与、沟通、合作的团队氛围，增强企业凝聚力。

3. 适用范围

本管理制度适用于集团总部及下属房地产开发分（子）公司的员工（集团董事会成员不在本管理制度覆盖范围内，但建筑公司、物业公司总经理包含在内）。建筑公司、物业公司须针对本制度中的考核体系自行制定适用本行业的考核体系，但必须保证考核体系在同板块内的一致性，并按程序报集团人力资源部、人力行政总经理、董事会分管领导批准后执行。

本制度对以下员工进行特殊处理规定。

（1）违法犯罪者或严重违反公司制度者，绩效奖金全部为0。

（2）在当前考核期内主动离职员工，不作当期绩效考评，直接取0的绩效系数； 在当前考核期内被动离职员工绩效系数直接取0.5。

（3）在当前考核期内，休病假、产假、工伤假等的员工，在岗时间超过3个月（含）的，绩效系数直接取0.8；在岗时间未超过3个月的，绩效系数为0.5。

（4）关于试用期员工。

①处于试用期的员工，在入职一周之内，其所在部门主管应与其讨论绩效考核计划，并完善对该员工的考核内容。

②试用期结束前一周之内，应由其直接上级、所在部门负责人、人力资源部相关人员共同完成对其进行试用期考核，考核合格才能转正。

③在当期考核周期内入职的新员工，入职时间不足一个月的不参与当期的绩效评分，绩效系数直接取1。

4. 职责规划

（1）人力资源部。

①负责建立公司绩效管理体系。

②负责绩效管理体系推行的技术指导、培训与咨询服务工作，纠正考核过程中的不规范行为。

③组织部门和员工的相关绩效管理工作，包括组织绩效数据或证据的收集审核；组织能力素质测评及数据收集；汇总、审核相关部门的考核结果，进行考核结果的二次处理；处理绩效考核中的投诉等。

④根据实际情况参与绩效沟通，并负责组织对成绩异常员工的约谈沟通并记录。

⑤配合计划运营部门建立并维护公司的关键绩效考核指标体系。

⑥组织与各分管领导、各部门负责人签订绩效合同。

⑦建立考核档案，组织奖金发放、薪资调整、职务升降、岗位调动、员工职业生涯规划。

（2）计划运营部。

①负责组织建立、维护公司的绩效指标体系。

②审核绩效指标、绩效合同与公司年度经营计划、部门年度计划的符合性并提出修改意见或建议。

③收集并计算相关运营指标数据。

（3）各部门负责人。

①根据公司年度经营目标与重点工作，制订本部门的绩效计划。

②审核、确认下属员工的绩效计划。

③参加分管领导对本部门的绩效计划面谈。

④负责组织对其下属的绩效指导、考核及面谈。

⑤配合运营部门、人力资源部门收集并提供绩效指标数据。

（4）分管领导。

①根据公司年度经营目标与重点工作，制定自身年度业绩合同。

②审核分管部门负责人的绩效计划。

③负责组织对分管部门的绩效指导、考核及面谈。

④审批分管部门内员工的绩效成绩并提出修正意见或建议。

（5）考核小组。

①考核小组由公司人力资源部门牵头，运营部门、财务部门、其他部门负责人、各部门分管领导参与组成。

②审议年度绩效计划及相关业绩合同。

③审议绩效考核指标及评价标准。

……

> **Tips** 由于内容较多，书中只列出了本管理制度的部分内容，该管理制度的详细内容将在模板中提供，读者可下载完整的绩效考核管理制度进行参考、使用，下载方法见前言说明。

2．绩效考核管理流程

绩效考核制度需要考核流程来加以细化，制定绩效考核管理流程，让考核流程更加明确。绩效考核管理流程如表7-5所示。

表7-5 绩效考核管理流程

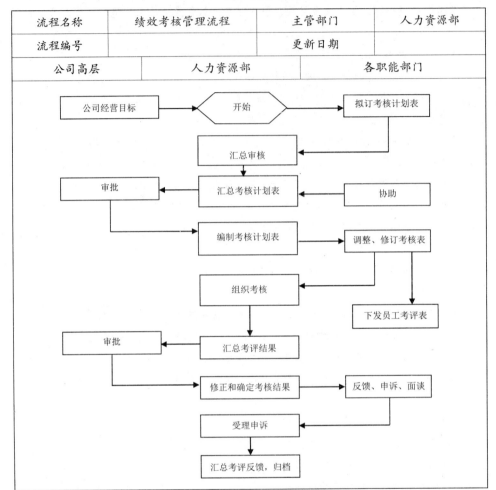

3. 绩效考核申诉流程

在绩效考核过程中，员工对于部分过程或结果存在疑问或不满意的，可以提出申诉。考核申诉流程如表7-6所示。

表7-6 绩效考核申诉流程

流程名称	绩效考核申诉流程	主管部门	人力资源部
流程编号		更新日期	
员工	人力资源部		考核管理委员会

续表

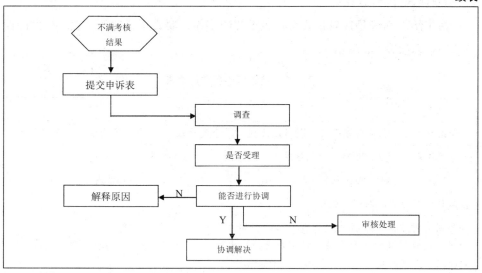

4．绩效考核申诉表

根据绩效考核申诉流程，设计员工申诉的表格。绩效考核申诉表如表7-7所示。

表7-7 绩效考核申诉表

申诉人		职位		部门		直接主管	
申诉事件：							
申诉理由（可以附页）：							
绩效执行小组处理意见： 签名：　　　　日期：							
绩效领导小组处理结果： 签名：　　　　日期：							
备注： （1）申诉人必须在知道考核结果5日内提出申诉，否则无效 （2）申诉人直接将该表交人力行政部 （3）人力行政部须在接到申诉表的5个工作日内提出处理意见并报绩效领导小组提出处理结果 （4）本表一式三份，一份人力行政部存档，一份交申诉人主管，一份交申诉人							

申诉理由一定要详细，并且管理小组要对申诉理由进行核实

5. 绩效面谈反馈记录表

员工绩效面谈是比较正式且比较重要的工作，要有正式的面谈表。绩效面谈反馈记录表如表 7-8 所示。

表 7-8　绩效面谈反馈记录表

姓名		部门		岗位	
面谈类型	□试用期面谈　□月度面谈　□季度面谈　□半年度面谈　□年度面谈					
考核周期	□试用期　□月度　□季度　□半年度　□年度					
面谈项目			记录内容		
在工作中哪些方面做得比较成功？					
哪些因素对于工作目标的达成有帮助？（如专业知识、技能、自身能力素质、可利用资源、上级的授权、上级的支持、工作氛围、企业文化等）					
在工作中哪些方面做得存在不足？					
哪些因素对于工作目标的达成有不利影响？（如专业知识、技能、自身能力素质、可利用资源、上级的授权、上级的支持、工作氛围、企业文化等）					
为绩效执行得更好还需要哪些技能？需要接受哪些方面的培训？					
您对本次绩效考核有什么意见？					
绩效改进计划和能力发展计划			有待改进之处		改进绩效或提高能力的措施和方法
面谈人签名			被面谈人签名		

> 被面谈人一定要签字，并存档，可作为以后员工关系处理的资料

7.5.2　范本：绩效计划责任书/表单

绩效计划是绩效管理的起点，准确合理的绩效计划是绩效考核发挥作用的前提。绩效计划范本包括年度经营管理目标责任书、部门月度工作计划表、部门周工作计划表。

1. 年度经营管理目标责任书

年度经营管理目标责任书一般是集团公司考核分（子）公司、公司考核职业经理人团队而签订的责、权、利方面的相关规定。下面是某集团公司与分公司签订的年度经营管理目标责任书样本，供读者参考。

2018 年年度经营管理目标责任书

为明确××分公司（乙方）2018年年度的经营目标，确实提高公司的经营绩效从而确保××集团（甲方）公司经营目标的实现，依据责、权、利对等原则，并根据集团公司绩效管理的相关规定，签署本目标责任书。

1. 责任书双方

（1）甲方（考核方）：××集团公司

（2）乙方（被考核方）：××集团公司××分公司

2. 经营目标责任期

（1）考核期为一年，即从公历2018年1月1日至2018年12月31日。

（2）集团公司对分公司进行年度考核，考核依据为年度绩效指标的完成情况。

3. 考核内容

（1）年度经营目标

年度经营目标表如下表所示。

年度经营目标表

名称	年度目标	备注				
销售额（亿元）	5	季度	1季度	2季度	3季度	4季度	汇总
		销售额	1	1	1	2	5
回款额（亿元）	3	季度	1季度	2季度	3季度	4季度	汇总
		销售额	0.6	0.6	0.6	1.2	3
管理费用（万元）	100	包括工资、福利费、职工教育经费、办公费用、汽车费用、企业文化活动费、房屋水电物管暖气费、电话费、业务招待费、差旅费				
营销费用（万元）	200	包括广告宣传费、绿化费、销售资料费、其他				
融资类指标（亿元）	2	投放到位，保证项目自身建设资金平衡				

续表

	重点工作计划（不超过20个点）			
	项目名称	工作内容	计划完成时间	完成标准
进度目标	A项目	取得项目一期一批次施工图审查批准书	2018-10-1	取得证书
		项目总平面规划方案审批通过	2018-9-1	审批通过
		取得项目一期一批次施工许可证	2018-11-1	取得证书
		项目一期主体一批次施工至预售条件	2018-12-1	取得预售证
		取得项目一期二批次施工图审查批准书	2018-10-30	取得证书
		取得项目一期二批次施工许可证	2018-12-30	取得证书
		完成项目销售中心及示范单位主体施工	2018-11-1	合格完成
		完成销售中心及示范单位内外装饰施工	2018-11-30	合格完成
		完成项目景观、光彩工程施工	2018-11-30	除销售中心
		项目销售中心及示范区亮相	2018-11-30	达到开放条件
		项目一期一批次开盘销售	2018-12-8	取得证件
	综合业务	完成分公司管理架构搭建和各项制度梳理报审发布	2018-7-30	人到位，制度修订并发布
质量安全	达到季度巡检要求			
管理提升类	（1）完善计划管理体系 （2）提高月度付款计划准确性 （3）推动落实绩效管理 （4）提高销售统计数据的及时性和准确性			
人力建设	（1）人员流失率≤12%；受训时间：人均20小时 （2）关键人员内部培养和输出：大于3人			
客户关系	客户满意度≥90%			
其他	（1）全年本地媒体无重大负面报道事件 （2）全年无政府处罚 （3）发生一项扣一分，最多不超过5分			

（2）年度经营责任量化标准

……

> **Tips** 由于内容较多，书中只列出了本目标责任书的部分内容，该目标责任书的详细内容将在模板中提供，读者可下载完整的年度经营管理目标责任书进行参考、使用，下载方法见前言说明。

2. 部门月度工作计划表

部门月度工作计划是年度责任书的分解，把年度目标逐月分解。部门月度工作计划表如表 7-9 所示。

表 7-9　部门月度工作计划表

部门名称		负责人			部门主管领导		
部门人数		填写日期			计划月份		
序号	工作事项及目标描述	权重	责任人	开始时间	完成时间	完成目标	资源需求
1							
2							
3							
4							
5							
6							
7							
8							
9							
10							

说明：
- 填写本月度工作计划事项
- 各项权重不能低于 5%；所有权重之和为 100%
- 详细填写工作计划的评分量化标准，工作完成到何种程度得多少分
- 完成工作计划需要的各种资源

3. 部门周工作计划表

部门工作除了月度计划外，还可以将计划更细化，分解到每一周，形成周工作计划。部门周工作计划表如表 7-10 所示。

表 7-10　部门周工作计划表

部门			计划日期		＿＿月＿＿周		
项目	序号	工作内容	时间安排		人员安排		备注
			计划	实际	责任人	执行人	
上周工作总结	1						
	2						
	3						
	4						
	5						
	6						
	7						
本周工作计划	1						
	2						
	3						
	4						
	5						
	6						
	7						

> 本周计划中包含上周未完成的工作

7.5.3　范本：员工奖惩管理制度／流程／表单

绩效不能为了考核而考核，相应的考核结果要在实际工作中应用，并且需要相关的奖惩管理制度、流程和表单来进行约束和规范，这样才能发挥绩效考核的作用。

1．员工奖惩管理制度

考核结果应用在员工奖惩方面要有一定的管理制度，下面是某公司员工奖惩管理制度，供读者参考。

员工奖惩管理制度

1．目的

为严格执行公司的各项管理制度，明确奖惩的依据、标准和程序，使奖惩公开、公平、公正,更好地规范员工的行为,保证集团各项制度的有效实施,鼓励和鞭策员工奋发向上,创造更好的工作业绩,特制定本制度。

2. 适用范围

本制度适用于公司全体员工。

3. 原则

对员工奖惩以精神鼓励和思想教育为主、经济奖惩为辅,奖惩以事实为依据,以本制度为准则,审慎行使。

4. 职责权限

①集团总裁负责本公司奖罚金额2000元/人次及以内(对于团队5000元及以内)的奖罚决定的审批。

②奖罚金额超过2000元/人次的(对于团队5000元以上),需报集团董事长批准后执行。

③部门领导或分管领导负责员工行政奖惩的提议。

④人力资源部负责公司奖惩的审核及奖惩结果的统计与执行。

⑤集团总裁(董事长)对员工奖惩提议批准。

5. 奖励

(1)奖励对象

①严格执行公司各项规章制度,工作积极、忠于职守者。

②超额完成公司计划指标,业绩显著者。

③积极向公司提出合理化建议,其建议被公司所采纳者。

④维护公司利益和荣誉,保护公共财产,防止事故发生与挽回经济损失有功者。

⑤维护公司的规章制度,对各种违纪和侵害公司利益的行为敢于制止、批评、揭发者。

⑥对社会做出贡献,使公司获得良好声誉者。

⑦有突出工作表现或出色完成专项工作者。

⑧具有其他功绩,公司认为应给予奖励者。

⑨公司其他规章制度规定的奖励项目中未明确具体奖励措施的。

(2)奖励种类

①通报嘉奖。由员工所在部门负责人或分管领导提议,经人力资源部审核,总裁(董事长)批准,在本公司进行通报表扬,视情节发放50元及以上奖金,并记入员工个人档案。

②工资晋级。由员工所在部门负责人或分管领导提议,经人力资源部审核,总裁(董事长)审批,按审批结果相应上调工资职级。

③优秀员工奖、优秀部门奖。每年评选一次,按评优相关办法执行。

④董事长(总裁)特别奖。表彰在某一项工作中做出突出贡献,为公司赢得显著社会

效益的部门或员工，由公司董事长（总裁）给予特别奖。

⑤伯乐奖。员工推荐公司急需的中层以上管理人员或技术人才（需经总裁认定），经公司录用并按期转正，公司将给予推荐者500~1000元奖励。

……

> **Tips** 由于内容较多，书中只列出了本管理制度的部分内容，该管理制度的详细内容将在模板中提供，读者可下载完整的员工奖惩考核管理制度进行参考、使用，下载方法见前言说明。

2. 员工奖惩管理流程

员工奖惩管理流程是对奖惩管理制度的更加细化，明确操作程序。员工奖惩管理流程如表7-11所示。

表7-11 员工奖惩管理流程

流程名称	员工奖惩管理流程	主管部门	人力资源部
流程编号		更新日期	
奖惩对象	人力资源部	公司高层	

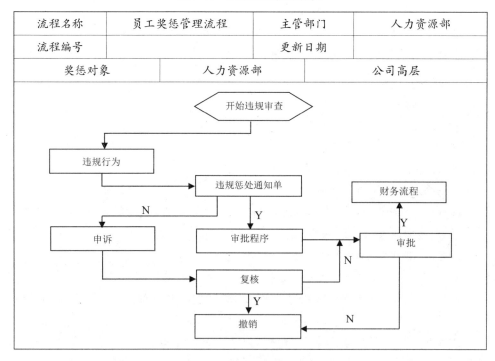

3. 绩效改进计划表

绩效考核的目的是帮助员工提高和改进绩效，对于绩效考核中存在的不足，要形成改进计划，督促员工进行改进。绩效改进计划表如表7-12所示。

表 7-12　绩效改进计划表

姓名		部门		岗位	
1. 绩效考核摘要					
杰出的绩效（按重要性排列）	（1）				
	（2）				
	（3）				
	（4）				
需要改进的绩效（按重要性排列）	（1）				
	（2）				
	（3）				
	（4）				
2. 绩效改进计划					
	应采取的行动			完成时间		
被考核者签名		直接上级签名		部门负责人签名	
备注	需到人力资源部备案				

 专家支招

1. 提取 KPI 考核指标的操作技巧

在企业管理过程中，相信很多人都听说过"二八原理"，即"80/20"规律，它指出一个企业的 20% 的骨干人员创造企业 80% 的价值。其实，KPI 法同样符合该管理原理。因为在一个企业的价值创造过程中，员工 80% 的工作任务是由 20%

的关键行为完成的,所以管理者必须抓住这20%的关键行为,对其进行分析和衡量,这样才能抓住绩效评估的中心。

2. 如何用"鱼骨图"分析法来设计人力资源部的KPI考核指标

因其形状如鱼骨,所以被称为鱼骨图,它是由日本管理大师石川馨所发展出来的,故又名石川图。它主要是用来发现导致问题出现的根本原因,鱼骨图原本用于质量管理,通过对导致问题出现的各项可能原因进行线性分析,最后找到产生问题的根本原因。通过鱼骨图分析法,可以将原因和结果按照相互关联性整理成条例清楚、层次分明的纵向图,正是因为它所具有的这种层次感,很多人也用鱼骨图分析法来整理那些带有结构关系、部分和整体关系的主题。

鱼骨图有3种类型,如图7-3所示。

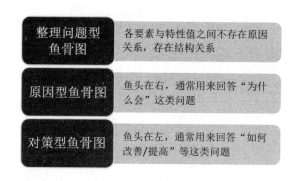

图7-3 鱼骨图类型

运用鱼骨图分析法分析时,一定要使用头脑风暴法,它是一种团队一起碰撞、集思广益,从不同角度找出问题所有原因或构成要素的方法,可以使分析结果更接近事实的真相。例如,要使用鱼骨图分析法进行部门绩效目标分解。

第1步:确定鱼头,也就是想要达到的总体目标。由于人力资源部门是辅助性部门,不像销售部、营销部等业务部门那么容易确定鱼头,感觉每个模块都非常重要,但似乎都不足以成为鱼头,其实再放大来看,人力资源部门就是一个服务性部门,所以鱼头肯定就是人力服务质量。

第2步:分解4~6个第一层级因素(也被称为大要素或大骨),这些因素和鱼头有直接因果关系,也就是说,这一层因素将对鱼头产生直接的推动作用。在分解因素时,可以使用头脑风暴法,采集多人意见来分解各项因素,可暂时先按照属性归入招聘、培训、绩效管理、薪酬福利、员工关系这几大模块中。

第3步：整理每个大因素的基础数据。整理大因素基础数据表，作为绩效目标分解计划参考值。

第4步：使用头脑风暴法，找出每个大因素下的中因素，决定每个大因素的关键指标，每个大因素的中因素不能超过7个，超过7个中因素，次因素的分解将会成为巨大的难题，而且数量越多，数据之间的钩稽关系越复杂。

第5步：对中因素进行赋值，就是将大因素需要承担的目标逐步分解到各中因素的过程。中因素赋值时要参考已经整理出来的基础数据。

第6步：继续使用头脑风暴法找出所有会影响中因素绩效目标的可能因素，将之命名为次因素。

第7步：以每个大因素为鱼头，其下属中因素为大骨（即大因素），重新建立鱼骨图。

第8步：对每个大因素的鱼骨图各项中因素进行赋值，也就是比照基础数据填写新数据的过程。

第9步：采用决策树（顺序是从左到右，每一个节点标注一次数字，节点向右不断分叉和延伸）模式梳理各项绩效指标，形成绩效指标分解系。

第10步：根据绩效目标分解系，编写绩效目标分解方案，就是将表格转化为文本的过程。编写完成后，如果部门内部没有异议，基本上绩效考核分解方案初稿就形成了。

3. 如何用述职报告来操作360度考核

360度考核也称为多视角考核或多个考核者考核，考核者可以是被考核者的上级、下属、同级和外部考核者，如供应商和客户等。可以说，考核的主体是很全面的，通过考核，形成定性和定量化的考核结果，积极地反馈至相关部门和被考核者，来达到改变行为、改善绩效的目的。下面介绍如何用述职报告来操作360度考核。

（1）要求被考核者书写个人述职报告。个人述职报告内容要具体、细化，人力资源部应从以下几个方面做要求。

①工作业绩，包括主要业绩指标达成情况和重点工作任务完成情况。

②内部管理与人才培养，包括制度建设和流程执行情况，以及梯队建设、内

部团队建设情况。

③工作中的亮点和不足，包括工作中取得的成绩和不足之处、主客观原因分析、改进措施与计划等。

④工作目标和重点，包括工作计划（要求量化目标）和重点工作的实施举措。

⑤需要公司支持和其他部门协调的事项及合理化建议。

⑥个人能力的不足及弥补计划。

（2）进行述职。述职后下级和同级进行民主打分。以工作过程和工作态度两大项（一般分成十几个小项）逐一评分。这样便于考评后的分类总结，也便于被考核者单项能力检查和相对应的提高。

（3）被考核者的上级进行打分，人力资源部根据权重的不同进行整理汇总，上级打分占总得分的35%，下级占30%，平级占25%，自己评分占10%，然后相加，得出被考核者的总分，这部分占整个绩效考核的40%。

（4）加上对工作结果的考核得分，这部分权重为60%，这样就得出被考核者的绩效得分。

4. 人力资源部在企业绩效考核管理中如何定位角色

传统意义上，因为人力资源部工作的特点，将绩效管理的工作推给了人力资源部。当然，绩效管理工作的推进者也可以不是人力资源部，有的公司成立了专门的部门进行管理。

人力资源部在绩效管理工作中的角色包括以下几种。

（1）人力资源部是绩效管理体系的建设者。

（2）人力资源部是绩效管理咨询顾问。

（3）人力资源部是绩效管理体系运行的推行者和督导者。

（4）人力资源部是绩效反馈和激励的合作者。

人力资源部作为企业中绩效管理专家，在企业实施绩效管理的过程中更多的是扮演了一种顾问或咨询师的角色，是教练而不是球员。

高效工作之道

1. 用 Word 编辑员工绩效考核管理制度文档

对于 HR 来说，需要制作的各种制度文档比较多，如果每个文档都需要从零开始制作，工作量会大大增加，为了提高工作效率，可以在网上下载的文档或原有的基础上进行加工。下面将使用 Word 对已有的文档添加自定义的编号和水印，具体操作步骤如下。

步骤 1 打开"素材文件\第7章\员工绩效考核管理制度.docx"文件，为标题设置相应的文本格式，选择第一段段落文本，单击【开始】选项卡【编辑】组中的【选择】按钮，在弹出的下拉列表中选择【选择格式相似的文本】选项，如图7-4所示。

步骤 2 即可选择文档中与所选段落格式相同的所有段落，单击【段落】组中的【编号】下拉按钮，在弹出的下拉列表中选择【定义新编号格式】选项，如图7-5所示。

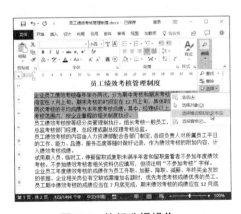

图 7-4 执行选择操作

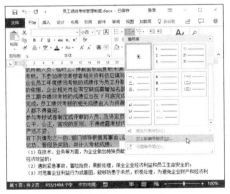

图 7-5 执行定义新编号格式操作

步骤 3 打开【定义新编号格式】对话框，在【编号样式】下拉列表框中选择需要的编号样式，在【编号格式】文本框的【一】前后分别输入【第】和【条】，单击【字体】按钮，如图7-6所示。

步骤 4 打开【字体】对话框，在【字形】列表框中选择【加粗】选项，单击【确定】按钮，如图7-7所示。

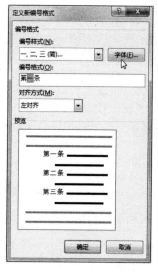

图 7-6 自定义编号格式

图 7-7 设置编号字体效果

步骤 ⑤ 返回【定义新编号格式】对话框，单击【确定】按钮，即可为选择的段落添加设置的编号，保持段落的选择状态，打开【段落】对话框，在【缩进】选项区域的【左侧】数值框中输入【0字符】，在【特殊格式】下拉列表框中选择【无】选项，在【间距】选项区域的【段前】数值框中输入【0.5行】，在【行距】下拉列表框中选择【1.5倍行距】选项，如图7-8所示。

步骤 ⑥ 单击【确定】按钮，返回文档中，然后单击【设计】选项卡【页面背景】组中的【水印】按钮，在弹出的下拉列表中选择【自定义水印】选项，如图7-9所示。

图 7-8 设置段落格式

图 7-9 选择水印选项

步骤⑦ 打开【水印】对话框,选中【文字水印】单选按钮,在【文字】下拉列表框中输入【初稿】,在【颜色】下拉列表框中选择需要的颜色,取消选中【半透明】复选框,单击【确定】按钮,如图7-10所示。

步骤⑧ 加水印后,会添加页眉分隔线,在页眉处双击,进入页眉页脚编辑状态,将光标定位到页眉中,单击【字体】组中的【清除所有格式】按钮,如图7-11所示。

图7-10　自定义文本水印　　　　　　图7-11　清除格式

步骤⑨ 退出页眉页脚编辑状态,完成文档的编辑操作,最终效果如图7-12所示。

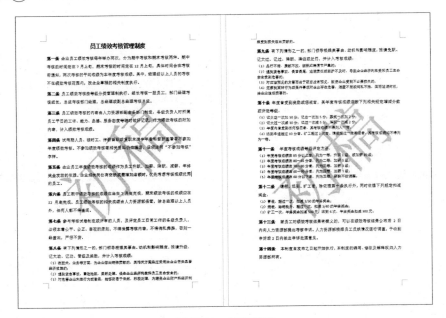

图7-12　最终效果

2. 用 Excel 制作月绩效考核评估表

月绩效考核评估表是按月对员工绩效进行考核，不同的企业、不同的部门，其绩效考核标准和考核的项目会有所区别，所以绩效考核人员在制作绩效考核评估表时，要根据企业自身特点和部门来灵活制定考核标准和考核项目。下面将使用 Excel 制作适合销售人员的月绩效考核评估表，并将其打印出来，具体操作步骤如下。

步骤 1 启动 Excel，新建一个空白工作簿，将其保存为【月绩效考核评估表】，在表格单元格中输入相应的内容，选择标题文本，将其字体设置为【微软雅黑】，字号设置为【22】，选择 A1:I1 单元格区域，单击【对齐方式】组中的【合并后居中】按钮，如图 7-13 所示。

步骤 2 将多个单元格合并为一个单元格，并将文本居中对齐于单元格中，继续对其他需要合并的单元格执行合并操作，并对单元格的字体格式和对齐方式进行设置，选择 A3:E18 单元格区域，单击【自动换行】按钮，如图 7-14 所示，即可根据列宽自动换行显示出单元格中的全部内容。

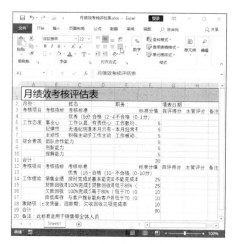
图 7-13　设置表格标题

图 7-14　自动换行

步骤 3 将表格行高和列宽调整到合适位置，选择需要添加边框的 A3:I19 单元格区域，单击【开始】选项卡【字体】组中的【边框】下拉按钮，在弹出的下拉列表中选择【线型】选项，在弹出的扩展列表中选择需要的线型样式，如图 7-15 所示。

步骤 4 再次单击【字体】组中的【边框】下拉按钮，在弹出的下拉列表中选择【所有框线】选项，如图 7-16 所示，即可为上一步选择的单元格区域添加边框。

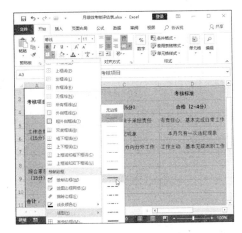

图 7-15 选择线型

图 7-16 添加边框

步骤 5 选择 A5:I10 单元格区域，单击【字体】组中的【填充颜色】下拉按钮，在弹出的下拉列表中选择【蓝-灰，文字2，淡色80%】选项，如图 7-17 所示。

步骤 6 使用相同的方法将 A14:I18 单元格区域填充颜色，完成表格的制作，效果如图 7-18 所示。

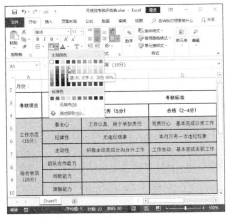

图 7-17 设置单元格底纹填充

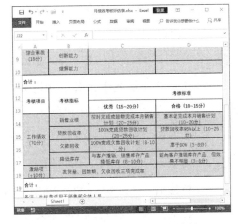

图 7-18 填充其他单元格的底纹

步骤 7 切换到【文件】选项卡的【打印】页面，将纸张方向设置为【横向】，单击页面右下角的【显示边距】按钮，在打印预览中显示出页边距，调整上下左右页边距,让表格显示在一页中,然后设置打印份数为【30】,单击【打印】按钮,即可进行打印,如图 7-19 所示。

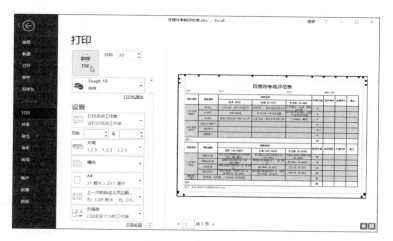

图 7-19　打印设置

3. 用 Excel 计算员工业绩评定表

业绩评定表是根据所限定的因素来对员工的绩效进行考核,并评出等级,是一种被广泛使用的考核方法。下面将使用 Excel 中的公式和函数制作一份销售人员通用的业绩评定表,让表中的数据根据人员不同,自动进行数据的计算和评估,具体操作步骤如下。

步骤① 打开"素材文件\第 7 章\员工业绩评定表.xlsx"文件,在 B2 单元格中输入【销售业绩表】工作表中存在的员工姓名,如输入【张浩然】,选择 D2 单元格,在编辑栏中输入公式【=IF(B2="","",VLOOKUP(B2,销售业绩表!$B$1:$O$29,2,0))】,按【Enter】键进行确认,如图 7-20 所示。

步骤② 选择 B4 单元格,在编辑栏中输入公式【=IF($B$2="","",VLOOKUP($B$2,销售业绩表!$B$1:$O$29,ROW(A3),0))】,按【Enter】键计算出结果,将鼠标指针移动到 B4 单元格右下角,按住鼠标左键不放向下拖动填充控制柄,复制 B4 单元格中的公式,计算出 B5:B15 单元格区域,如图 7-21 所示。

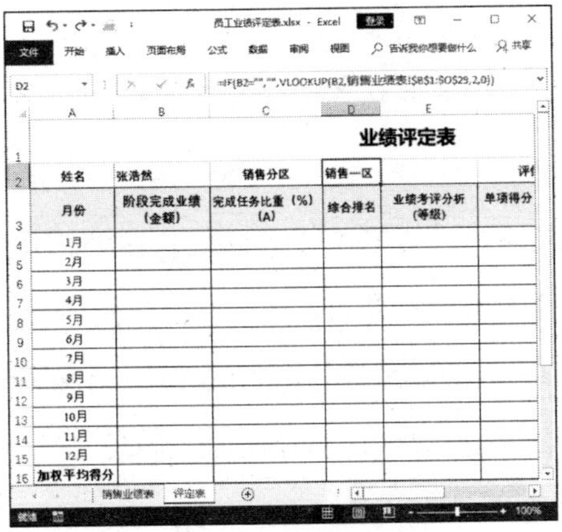

图 7-20　计算销售分区、

图 7-21　计算每月业绩

> **Tips**　【=IF(B2="","",VLOOKUP(B2,销售业绩表!$B$1:$O$29,2,0))】公式表示根据输入的员工姓名查找出该员工所属的销售分区；而公式【=IF($B$2="","",VLOOKUP($B$2,销售业绩表!$B$1:$O$29,ROW(A3),0))】中的"ROW(A3)"部分表示返回所在单元格的行号，也就是 3，并将结果作为 VLOOKUP 函数横向查找的列数，也就是根据员工姓名在 $B$1:$O$29 单元格区域的第 3 列中查找该员工的销售业绩。

步骤 3　选择 C4:C15 单元格区域，在编辑栏中输入公式【=B4/70000】，按【Ctrl+Enter】组合键计算出结果，如图 7-22 所示。

步骤 4　选择 D4 单元格，在编辑栏中输入公式【=RANK.EQ(B4,销售业绩表!D2:D29,0)】，按【Enter】键计算出排名，使用相同的函数计算该员工其他月份的业绩排名，如图 7-23 所示。

图 7-22　计算完成任务比重

图 7-23　计算综合排名

> **Tips** 公式中的“70000”表示每月规定需要完成的业绩。而公式【=RANK.EQ(B4,销售业绩表!D2:D29,0)】表示在【销售业绩表】工作表的D2:D29单元格区域中计算B4单元格销售业绩的排名情况。

步骤5 选择E4:E15单元格区域，在编辑栏中输入公式【=IF(D4<6,1, IF(D4<11,2, IF(D4<21,3,4)))】，按【Ctrl+Enter】组合键计算出结果，如图7-24所示。

步骤6 选择F4:F15单元格区域，在编辑栏中输入公式【=IF(100*C4>= 100,100, 100*C4)】，按【Ctrl+Enter】组合键计算出结果，如图7-25所示。

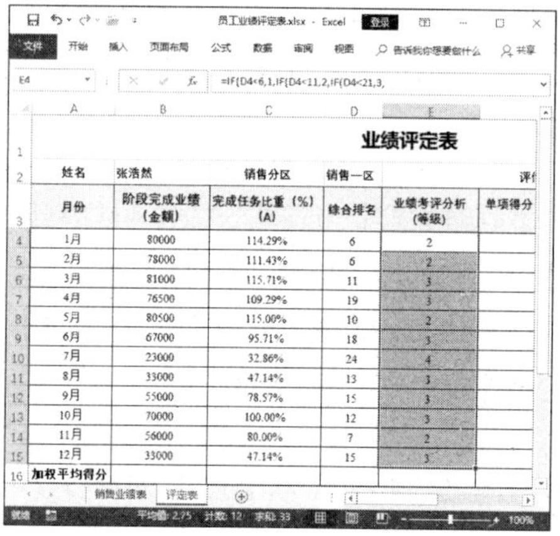

E4 =IF(D4<6,1,IF(D4<11,2,IF(D4<21,3,

业绩评定表

姓名	张浩然	销售分区	销售一区		评
月份	阶段完成业绩（金额）	完成任务比重（%）(A)	综合排名	业绩考评分析（等级）	单项得分
1月	80000	114.29%	6	2	
2月	78000	111.43%	6	2	
3月	81000	115.71%	11	3	
4月	76500	109.29%	19	3	
5月	80500	115.00%	10	2	
6月	67000	95.71%	18	3	
7月	23000	32.86%	24	4	
8月	33000	47.14%	13	3	
9月	55000	78.57%	15	3	
10月	70000	100.00%	12	3	
11月	56000	80.00%	7	2	
12月	33000	47.14%	15	3	
加权平均得分					

图7-24 计算考评等级

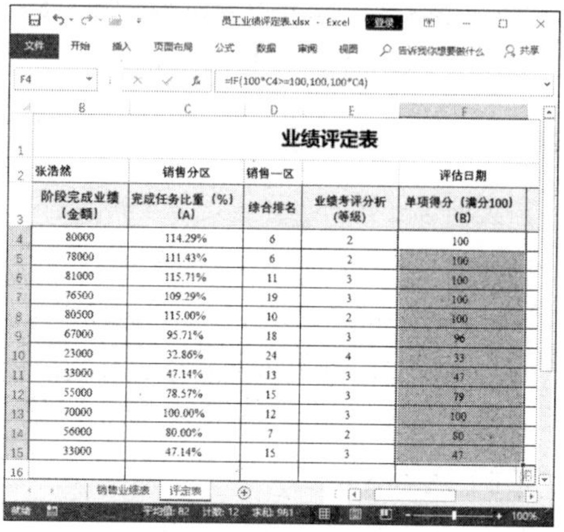

F4 =IF(100*C4>=100,100,100*C4)

业绩评定表

张浩然	销售分区	销售一区		评估日期
阶段完成业绩（金额）	完成任务比重（%）(A)	综合排名	业绩考评分析（等级）	单项得分（满分100）(B)
80000	114.29%	6	2	100
78000	111.43%	6	2	100
81000	115.71%	11	3	100
76500	109.29%	19	3	100
80500	115.00%	10	2	100
67000	95.71%	18	3	96
23000	32.86%	24	4	33
33000	47.14%	13	3	47
55000	78.57%	15	3	79
70000	100.00%	12	3	100
56000	80.00%	7	2	80
33000	47.14%	15	3	47

图7-25 计算考评得分

> **Tips** 公式【=IF(D4<6,1,IF(D4<11,2,IF(D4<21,3,4)))】表示，如果综合排名小于6，那么业绩考评等级为1级；若综合排名小于11，则为2级；若综合排名小于21，则为3级；剩余的则为4级。公式【=IF(100*C4>=100,100,100*C4)】表示当C4单元格中的值乘以100大于等于100时，返回100，否则返回C4单元格中的值乘以100的结果。

步骤7 选择G4:G15单元格区域，在编辑栏中输入公式【F4*0.5】，按【Ctrl+Enter】组合键计算出结果；选择H4:H15单元格区域，在编辑栏中输入公式【=CHOOSE(E4,"特优","优","良","差")】，按【Ctrl+Enter】组合键计算出结果，如图7-26所示。

步骤8 选择B16单元格，在编辑栏中输入公式【=AVERAGE(G4:G15)】，按【Enter】键计算出结果，如图7-27所示。

第 7 章 绩效管理

图 7-26 计算评估结果

图 7-27 计算加权平均得分

步骤 ⑨ 将 B2 单元格中的员工姓名更改为【黄燕】，按【Enter】键，表格中将自动显示该员工的绩效评定成绩，效果如图 7-28 所示。

姓名	黄燕		销售分区	销售二区		评估日期	2019/1/5	
月份	阶段完成业绩（金额）	完成任务比重（%）(A)	综合排名	业绩考评分析（等级）	单项得分（满分100）(B)	加权得分(B)×50%	评估
1月	70000	100.00%	14	3	100	50	良
2月	89500	127.86%	2	1	100	50	特优
3月	78500	112.14%	14	3	100	50	良
4月	63150	90.21%	25	4	90	45	差
5月	79500	113.57%	12	3	100	50	良
6月	65500	93.57%	19	3	94	47	良
7月	87000	124.29%	8	2	100	50	优
8月	28000	40.00%	15	3	40	20	良
9月	90000	128.57%	3	1	100	50	特优
10月	65000	92.86%	13	3	93	46	良
11月	21000	30.00%	22	4	30	15	差
12月	89000	127.14%	3	1	100	50	特优
加权平均得分	43.61						

图 7-28 计算其他员工的绩效评定成绩

第 8 章
薪酬与福利管理

在人力资源管理工作中，薪酬与福利管理是非常重要的工作内容。薪酬福利管理体系是否科学合理，以及员工的薪酬福利待遇是否恰当等，不仅关系到员工的切身利益，也将直接影响企业的人力资源管理效率和企业的生产效率，进而影响企业经营目标的实现。对于大多数员工来说，在企业工作是为了获得劳动报酬，虽然这些报酬有现金性的，也有非现金性的，但均是对员工工作的回报。同时，薪酬也决定了企业的支出，在一些高科技企业中，人工成本是主要的企业经营成本，其他成本几乎可以忽略不计。所以，薪酬管理不仅是企业高层管理者和所有员工最为关注的内容，也与企业和员工的切身利益密切相关。

8.1 薪酬设计

薪酬设计是以企业的发展战略为指导，以岗位分析岗位评价为基础，设计出合理的薪酬管理体系，并最终将薪酬体系贯彻落实。薪酬体系的合理性关系到员工工作积极性与潜能的充分发挥，涉及每个员工的切身利益。因此，薪酬设计的关注度比较高，是企业高层管理者应该高度重视的一个问题。

8.1.1 薪酬体系设计

薪酬体系设计是薪酬管理最基础的工作，也是所有薪酬管理工作的前提。设计薪酬体系最基本的原则是对内具有公平性、对外具有竞争力，而建立一套完善的薪酬体系，是目前很多企业人力资源管理方面的当务之急。要设计出一套合理科学的薪酬体系，一般按以下步骤进行操作。

1. 确定薪酬战略与策略

薪酬管理要为实现企业经营目标而服务，薪酬体系是基于人力资源战略设立的，而人力资源战略服务于企业发展战略。薪酬战略能够为企业薪酬管理体系设计和实施指引方向，是人力资源管理战略和企业经营战略的重要组成部分。清晰的企业薪酬战略，可以有效地向员工传达企业的薪酬导向和薪酬文化，让员工清楚企业的关注点和侧重点。制定企业薪酬战略时，要充分结合企业的整体战略、业务情况、发展阶段、人力资源战略、组织结构及企业的文化等内容。

薪酬战略与薪酬策略的确定是薪酬体系设计的第一步，也是薪酬体系设计的前提。企业薪酬策略是薪酬战略的具体操作与实施指引，薪酬策略又可以分为薪酬水平策略、薪酬标准策略、薪酬结构策略、薪酬制度策略、薪酬管理权限等具体内容。

2．岗位评估

岗位评估包括岗位分析与岗位评价。岗位分析是薪酬体系设计的基础工作，先进行岗位分析，再开展后续的工作评价。岗位分析也是薪酬结构设计的基础，薪酬结构将依据不同类型的岗位分类进行设计。岗位分析的主要内容包括梳理企业整体经营目标、业务模式、工作流程，明确部门的职责和工作划分，进行岗位职责的调查分析，编写岗位说明书。

岗位评价是以科学的方式比较企业内部各个岗位的相对价值，以形成岗位的序列、等级。岗位评价是以岗位分析为前提和基础的，根据岗位分析环节形成的岗位说明书，以多种方法对岗位进行多角度的分析与评价，并综合形成岗位评价结果，即企业的岗位序列和岗位等级。

岗位评估的最终输出成果有两个方面：一是输出岗位的相对重要性，分出岗位的级别，得出岗位等级序列；二是建立岗位评估标准，评估不同岗位类型之间的岗位级别，如岗位名称不同、工作要求不同、工作内容不同等岗位差异，可以通过岗位评估让不同岗位之间具有可比性，为薪酬的公平性奠定基础。在实施岗位评估的过程中，先进行岗位分析，再对每一个岗位所包含的内容进行比较。科学的岗位评价体系是通过综合评价各方面因素得出的工资级别，而不是简单地依据岗位名称或职务级别，尤其是不同岗位类型之间的级别比较。例如，高级工程师与技术部经理两个岗位，高级工程师不一定比技术部经理的等级低，前者注重技术，后者注重管理能力与综合能力，两者的特点不同。详细的岗位分析与评价将在8.2节讲解。

> **Tips** 岗位评价结果不是固定不变的，而是要根据企业的发展阶段及实际情况做出相应的调整。

3. 薪酬调查

薪酬调查可以分为内部薪酬调查（又称内部薪酬满意度调查）和外部薪酬调查（又称薪酬市场调查）。

内部薪酬调查主要是内部薪酬满意度调查，是指企业为了解员工对薪酬的满意程度、对薪酬的期望值、对企业薪酬管理制度、薪酬结构、薪酬水平的意见和建议等进行的内部调查。内部薪酬调查一般由企业管理者提出，或者由企业人力资源管理部门定期按制度规定执行。内部薪酬调查的周期分为固定期和非固定期，固定期的周期一般是半年或一年，很少按月调查；非固定期是指企业有特殊情况或特殊需要时，可临时做一次薪酬调查。通过内部薪酬调查可以掌握员工对于实际支付薪酬的满意程度，以及员工对于企业薪酬体系的意见和建议，还可以预测企业人才流动的可能性，进而帮助企业管理者做出决策。

外部薪酬调查是通过各种调查方式，先对市场薪酬情况进行分类、汇总和统计分析，再把企业目前的薪酬与市场薪酬进行对比分析，找到企业薪酬在市场薪酬中的水平，为企业薪酬体系设计提供依据及参考。薪酬调查根据调查目的不同而选择的范围也不同，如为企业引进人才而做的薪酬调查，则一般是以企业所处地区、行业为基础而开展的调查，因为这样更具有针对性，企业的目标人才一般会在这个范围内流动。外部薪酬调查的主要内容一般包括区域薪酬水平调查、行业薪酬水平调查、行业薪酬结构调查、薪酬趋势调查。市场薪酬调查的数据来源有5个方面：政府部门定期发布的薪酬报告、行业机构提供的薪酬数据、专业第三方机构提供的薪酬调查数据、企业组织联合薪酬调查数据、企业以自身的能力进行外部薪酬调查的数据。

4. 薪酬结构

岗位评估与薪酬调查之后，企业就可以根据自身的实际情况，确定出一个合理的薪酬结构。薪酬结构又称为薪酬构成，是指薪酬各组成部分的构成项目及各自所占的比例，如货币薪酬与非货币薪酬的构成、直接薪酬与间接薪酬的构成比例等。薪酬的构成要素由四部分组成：基础工资、浮动工资、津贴补贴、福利。其中，基础工资一般包括基本工资、岗位工资；浮动工资包括绩效工资、项目奖金等；津贴补贴一般包括学历补贴、夜班补贴、工龄补贴、交通津贴、通信补贴、餐费补贴、住宿补贴等；福利一般包括社会保险、住房公积金等。

企业要根据自身经营特点、工作特点、工作性质、工作任务及薪酬支付文化等设计出适合自身的薪酬结构。例如，某些企业选择岗位等级、员工技能与资历、员工绩效3个方面作为主要考虑的因素，它们在薪酬结构上分别对应岗位工资、技能工资、绩效工资。岗位工资是通过对岗位的分析和岗位的评价得出的评定结果，它是员工工资高低的主要决定因素。岗位工资应该是一个区间，而不应该仅仅是一个数值。企业可以从薪酬调查中选择一些数据作为这个区间的中间点，中间点可以是25分位，也可以是50分位，还可以是75分位，然后根据中间点确定每一岗位等级的上限和下限；由于员工在技能、经验、资源占有、工作效率、历史贡献等方面存在差异，导致他们对公司的贡献不同，并基于此确定技能工资；绩效工资是对员工完成业务目标而进行的奖励，可以是短期的，如销售奖金、项目浮动奖金、年度奖励，也可以是长期的，如股份期权等。

在企业不同发展阶段设计的薪酬结构也会不同，例如，企业在发展初期，要鼓励员工努力工作，让员工觉得只要付出就会有高额的回报，所以在设计薪酬结构时可以把浮动薪酬比例提高，而在企业发展的成熟期，为了提高员工稳定性，则可以降低浮动工资，把固定薪酬的比例提高。有些企业将岗位工资和技能工资合并考虑，作为确定员工基本工资的基础。

总之，薪酬结构设计是一个系统工程，无论它设计得怎样完善，随着时间的推移，总会存在部分结构不合时宜，这个时候就要根据实际情况进行调整。

5. 设计并完善薪酬制度

薪酬制度设计是薪酬体系设计的最后一个环节，也是整体薪酬体系设计中最重要的一个环节。完善的薪酬制度是进行薪酬日常事务管理的基础，更是绩效考核的重要保证。

薪酬制度包括薪酬管理的总体原则、薪酬结构、薪酬等级、薪酬考核、薪酬核算、薪酬发放、薪酬调整、福利管理、其他薪酬管理规定等具体内容，薪酬管理制度可以是一个综合的制度，也可以分解为若干子制度，如薪资管理制度、岗位工资制度、绩效工资制度、薪酬调整制度、工龄工资制度、学历津贴制度、福利管理制度等。

8.1.2 薪酬结构设计

要根据薪酬体系设计出具体的薪酬结构，如何把薪酬体系制度运用于实际的操作之中是其设计的一大难点。薪酬结构设计的关键点是确定薪酬的构成要素，以及各构成要素在总量中所占的比例。接下来将基于岗位与绩效的宽带结构为大家展开薪酬结构设计。

1. 设计薪酬结构项目

企业的薪酬结构主要由三大部分构成：工资（基本工资、岗位工资等）、奖金（年终奖金、特殊专项奖金）与福利（法定福利与补充福利）。年终奖金主要根据企业年终的超额利润计提分成，也是对一年来员工工作业绩的肯定，而特殊专项奖金主要由企业特殊专项基金提供。福利是企业根据国家规定与企业员工的需要制定的，可以作为员工的间接报酬。这里的工资结构主要是指固定工资与浮动工资。企业设计薪酬结构要通过企业内部充分调研，根据员工对决定薪酬因素（岗位、学历/职称、工龄及绩效等）的评价设计薪酬结构。基于岗位与绩效的宽带结构薪酬体系主要考虑岗位与绩效对工资的影响，同时考虑员工的个体差异，如学历/职称、工龄/司龄等。

2. 确定薪层、薪级、薪等

薪层、薪级、薪等的主要依据是岗位评价，岗位评价必须与薪酬的设计紧密结合。岗位评价是指从工作责任与风险承担、工作知识和技能要求、工作强度与工作条件等方面对所有岗位进行分析，并根据评价的分数进行有序排列，形成等级。在进行岗位排序时，要考虑各岗位之间的可比性，即在排序时要将决策层、管理层、执行层、操作层员工区分开。决策层岗位主要负责企业整体运营，管理层负责分解具体的工作，执行层负责执行，操作层主要进行事务操作，因此各个层级岗位不具有可比性，要区别对待。

在实际操作中可以将决策层、管理层、执行层、操作层直接形成薪层，然后在薪层内部根据岗位评价结果排序形成若干薪级，再将每个薪级区分成若干等级等。薪酬等级数目应视企业的规模和工作的性质而定，没有绝对的标准，但若级数过少，员工会感到难以晋升，缺少激励效果。反之，若级数过多，会增加管理的困难与费用。

3. 确定工资构成比例

工资构成比例主要是指固定工资与浮动工资的比例，构成的比例必须考虑岗位层级与岗位类别。从岗位层级方面看，一般而言，高层浮动工资的比例要高于中层，中层浮动工资的比例要高于基层。这主要由以下3个方面来决定。

（1）越往高层，对企业的影响越大，员工的主观影响因素也越大，员工的努力与否直接影响企业经营目标的实现。所以，员工的收入应该与企业的效益挂钩，员工付出越多，企业的效益就越好，员工的收入也就越高，故浮动工资的占比较大。

对于基层员工来说,他们只是在执行相应的工作安排,员工个人的工作努力对企业整体的经营目标实现与否影响不大,其工作行为对企业的影响程度不深,其收入与企业的经营效益关系也不大,故固定工资的占比较大。

(2)结合员工抗风险的能力考虑,高层员工的收入基本上会高于基层员工,因此他们的抗风险能力就比基层强,如果基层员工浮动工资收入比例过大,就会加大基层员工的抗风险能力,影响员工的工作情绪,不利于员工工作积极性的提高。

(3)从承担的风险来说,在工作中越往高层承担的风险就越高,越往基层承担的风险就越低,风险与收入是成正比例关系的,因此越往高层浮动工资的比例就越高,越往基层浮动工资的比例就越低。

4. 确定数值

(1)确定工资总额。工资总额可以通过两种方式确定:一种是按照营业收入的工资计提比例确定工资总额,这种方式适用于员工数量比较固定、营业额稳定的企业,即工资总额占营业收入比例比较稳定的企业;一种是根据当地的市场工资水平与行业的工资水平,结合企业的实际经营状况与支付能力等因素确定公司的工资水平,这种方式比较适合处于快速发展时期或经营状况不太稳定的公司。

在企业实际工作中,如果要推行新的薪酬体系,为了确保薪酬体系能够更好地执行,一般在新体系施行时都要增加工资的总额,提高大部分员工的工资水平以减少执行的阻力。

(2)确定薪级的关键值。关键值包括最大值、最小值与平均值。对处于同一薪级的岗位员工收入的历史数据进行处理,求出各薪级收入的最高值、最低值与平均值。根据薪级的平均值制定企业岗位工资水平线。当水平线处于市场水平线上方时,说明企业的工资水平有竞争力,否则就缺乏竞争力,应该提高低于市场工资水平的岗位工资。

5. 确定岗位薪点数

确定岗位的薪点数包括两个方面:一是制作岗位薪点表,二是进行工资测算。

(1)制作岗位薪点表。

首先,确定岗位工资水平。岗位工资水平要根据企业工资水平和市场工资水平来制定。在确定工资水平时,为了留住企业的关键人才,对于关键岗位的工资水平尽量坚持只升不降的原则,以免因工资水平的下降导致企业关键人才的流失。

其次,如果确定各薪级的最低薪点与最高薪点,就可以确定薪级的工资幅度、薪级之间的重叠度。

最后，根据各薪级的最低薪点与最高薪点，以及薪级内等差，确定每个薪等的薪点数。在确定每个薪等的薪点数时，一般遵循薪级之间从下而上的级差递增原则。

（2）工资测算。

①固定工资总额与浮动工资总额的比例测算。

假定薪点系数为1元/点，其固定工资与浮动比例及薪点和如表8-1所示。

表8-1　各薪层的固定工资与浮动工资比例及薪点和

薪层	固定与浮动比例	固定工资薪点和	浮动工资薪点和
高层	1∶1	x	x
中层	6∶4	y	$2/3y$
基层	7∶3	z	$3/7z$

所以，固定工资∶浮动工资 = $(x+y+z) \times 1 : (x+2/3y+3/7z) \times 1 = m : n$

由此可得：固定工资总额 = 工资总额 $\times m/(m+n)$

绩效工资总额 = 工资总额 − 固定工资总额

②实际薪点系数计算。

实际固定工资薪点系数 = 固定工资总额 / 固定工资薪点总数

绩效薪点总数 = $\sum$ 绩效薪点基础值 × 个人的绩效考核系数

实际绩效工资薪点系数 = 绩效工资总额 / 绩效薪点总数

于是，个人工资 = 固定薪点数 × 实际固定薪点系数 + 绩效薪点数 × 实际绩效薪点系数。

8.1.3　薪酬实施保障

建立适合企业的薪酬体系后，更重要的就是薪酬体系的实施。那么，在实施过程中制定怎样的保障措施才能实现薪酬在企业经营管理中的积极作用？可以从以下几方面着手。

（1）突破传统思维，建立先进的人力资源管理模式。

建立先进的人力资源管理模式，是保障薪酬体系有效运行的重要基础。一方面是在管理理念上突破传统思维，把人力资源当作资本，而不再是成本来对待，树立现代人力资源管理的理念。人才是组织中最宝贵的资源和资产，要把提高员工工作绩效与企业成长发展相结合，通过多种方式的激励来发挥员工的主观能动性和创造力。另一方面是在管理模式上，要确立人力资源的管理模式。在人力资源日常事务管理工作的基础上，不仅要加大对人力资源战略规划、员工激励体系设计、员工职业生涯规划等工作的投入，更要加强人力资源开发和人力资本投资及管理，最大限度地发挥薪酬管理在人力资源管理中的战略性作用。

实现人力资源管理模式的转变，就要充分发挥人力资源的引进、开发、考核、激励、整合五项基本职能，在企业战略目标实现的前提下实现员工的最大价值，发挥薪酬体系的基本功能，从而实现企业与员工的利益最大化。

（2）保持薪酬体系的动态适应性。

薪酬体系制定并实施后，并不是一成不变的，而是要根据薪酬实施的每个阶段、每个项目目标的运行情况对薪酬体系进行适当的调整。一方面，薪酬体系运行一段时间后，要及时跟踪反馈，评估薪酬体系的实用性，再针对人工成本控制、客户维护、产品开发和市场开发方面的改善和突破进行评估，根据评估结果对岗位薪酬、能力薪酬和绩效薪酬进行适当的调整。另一方面，企业外部的环境在变化，企业内部的发展状态在变化，企业人力资源管理模式也在变化，随之的薪酬体系也要做适当调整。例如，有些企业每年都会做薪酬市场调查和员工薪酬满意度调查，然后根据调查的结果，对内部的薪酬体系做出相应的调整。对于可替代性比较高或辅助性的岗位，为了控制企业人力成本，可制定与市场相对平衡的薪酬标准；对于核心人才或可替代性比较低的岗位，薪酬待遇要将岗位与能力相结合，薪酬市场定位在75分位及以上，更有助于稳定这些人才，并激发他们的积极性和能动性；针对技术和销售岗位人员，可以采用岗位与绩效相结合的薪酬，加大绩效薪酬比重，增加新产品市场销售的奖励额度；针对高层管理的薪酬体系，可实行高薪回报策略，但在实行过程中要对公司整体的经营目标及整体运营效果进行定期评估，以保障公司战略目标的实现。

在薪酬管理过程中要严格实行PDCA的管理原则，这是薪酬管理有序运行、不断提高的重要保证。在薪酬管理中，要充分调动员工的积极性，让员工参与企业薪酬管理系统的建立与运行，及时发现问题、分析问题、解决问题，提高员工的满意度，保证员工个人及组织的共同发展。

（3）塑造薪酬管理文化，营造薪酬管理良好环境。

要保持薪酬体系长期良好运行，还需要营造适合企业薪酬体系的薪酬管理文化。企业的薪酬文化是在日常薪酬管理过程中逐步形成的员工认同和共同遵守的价值观和行为规范,既具有强制性,也具有引导性,可演变为员工的自觉行为,具有不可复制性,良好的薪酬管理文化可以提高企业的人力资源管理水平,提升企业的核心竞争力,推动企业的可持续发展战略。

8.2 岗位评估

员工对薪资满意度不高的原因是薪酬的内部公平性,其公平性体现在很多方面。例如,两个能力不同的员工因为在同一岗位而使他们的薪酬水平相同,员工只有晋升到更高层次的岗位才会有更高的薪酬待遇,否则薪酬就一直在原来的水平,这样难免会影响员工的工作积极性。另外,随着市场经济的发展,劳动分工也越来越具体,一大批职业经理人应运而生,企业中有财务经理、市场经理、人力资源经理、生产经理等一系列的同级别岗位,这些同等级别的岗位是否都应享有同样的薪资水平,还是应该有不同的待遇,如果不同,又应该怎样区分,出现类似问题的根本原因是什么?级别相同的岗位由于任职要求、责任范围、工作难度等方面的要求不同,岗位的价值也不同,因此在薪酬待遇方面也应该不同。那么各岗位的价值如何确定?这就需要岗位评估。

岗位评估是确定公司岗位相对关系、岗位等级体系、实现薪酬内部公平和自我公平的重要手段,是公司进行薪酬决策和薪酬管理的基础。薪酬的内部公平是指员工所获得的薪酬收入与该岗位在企业整体中的价值相对应;薪酬自我公平是指员工获得的薪酬收入与员工的付出相对应。岗位评估是否科学、公正、有效,既关系到薪酬体系设计的公平性,又影响到员工的工作积极性和工作效率。因此,岗位评估最主要的目的就是评估岗位的相对价值,同时建立科学公正的岗位等级体系。

8.2.1 岗位评估方法

岗位评估的方法比较多,最常用的有排列法、分类法、因素比较法、评分法。下面详细介绍这四类评估方法。

1. 排列法

排列法也称为排序法、简单排列法,是一种较为简单的岗位评估方法,是由评定人员凭借自己的工作经验主观地进行判断，根据岗位的相对价值按高低次序进行排列。在采用本方法时，将每个工作岗位作为一个整体来考虑，并通过比较简单的现场写实观察等进行相互比较。在运用这一方法时，要求评价者对需要评价的岗位非常熟悉，否则就不可能做出准确的判断。排列法通常适用于规模较小、岗位数量不多、岗位设置较稳定的企业。

2．分类法

分类法是排列法的改进，是将企业的所有岗位根据工作内容、工作职责、任职资格等方面的不同要求，划分不同的类别，一般可分为管理类、营销类、技术类、操作类等，然后给每一类确定一个岗位价值的范围，并对同一类的岗位进行排列，从而确定每个岗位的岗位价值。分类法的典型特点是各个级别及其结构是在岗位被排列之前就建立了，对所有岗位的评价只需参照级别的定义套入合适的级别中。

3．因素比较法

因素比较法是由排序法衍化而来的，是一种相对量化的岗位评价技术。它是按要素对岗位进行分析和排序的，先选定岗位的主要影响因素，然后将其抽象为智力、技能、体力、责任及工作条件等要素，并对各要素区分成多个不同的等级，再根据岗位的内容将不同要素和不同等级进行对应，最后把每个岗位在各个要素上的得分通过加权得出一个总分，再根据分值决定岗位的价值高低。

4．评分法

评分法也称为点数法，是目前薪酬设计中运用最广泛的一种岗位评价方法，也是一种量化的岗位评价方法。该方法首先选定岗位的主要影响因素，并采用一定的点数或分值表示每一因素，然后按预先规定的衡量标准对现有岗位的各个因素逐一评比、估价，求得点数，再经过求和，最后得到各个岗位的总点数。

评分法的优点主要表现在两个方面：第一，评分法是一种比较精确、系统、量化的岗位价值评估方法，更加有助于评价人员做出正确的判断；第二，容易被人理解和接受，由于它是若干评定要素综合平均的结果，并且有较多的专业人员参与评定，从而大大提高了评定的准确性。评分法适合生产过程复杂，岗位类别、数目多的大中型企业。

评分法比较常见的操作方法有海氏（HayGroup）评价系统和美世（Mercer）评估体系等。其中，海氏（HayGroup）评价系统的主要含义是所有岗位包含的最主要的报酬要素有三类，每一类报酬要素又包括若干子因素，以此形成一个岗位评价系统。为什么用三个要素来评估一个岗位呢？该方法认为，一个岗位之所以能够存在的理由是必须承担一定的责任，即该岗位的产出成果。而产出需要的投入是该岗位所需要的知识和技能。岗位投入"知识和技能"通过"解决问题"这一生产过程，来获得最终的产出"产出成果"，并形成企业成果，故总结成最关键的三个评估要素。

8.2.2 岗位评估设计

岗位评估设计是岗位评估的重点工作，接下来将选用评分法来实际演示岗位评估的设计。评分法通过对公司岗位特征的分析，选择和定义一组影响岗位价值的关键且通用性评价因素，详细定义这些因素的等级并分别赋分，以此作为衡量岗位价值的标尺，再依据该标尺对岗位各因素进行等级评定，经统计分析后得出每个岗位的具体分值，从而达到衡量各个岗位相对价值的目的。

评分法是从"岗位投入—工作参量—岗位产出"的岗位价值链逻辑出发，对岗位的任职资格、工作职责和工作贡献等方面进行考察，确定影响岗位价值的三大维度（岗位投入、工作参量、岗位产出）及 10 个评估因素；在 10 个评估因素中又细分为 12 个子因素，这 12 个子因素覆盖了确定岗位价值大小的关键性决定因素。然后对每个子因素依据企业特点和实践经验进行总结，确定其权重并定级赋分（一般总分为 1000 分），从而形成岗位价值评估工具。在评估时针对岗位的实际情况，对岗位的各个子因素进行等级评定，在统计分析后得出每个岗位的分值，并依据分值大小确定岗位价值等级矩阵。

（1）设计岗位评估因素与分级。

岗位评估因素的定义与分级如表 8-2 所示。

表 8-2 岗位评估因素的定义与分级

评估因素		评估子因素	子因素定义
岗位投入	学历	学历	正规的教育和培训经历
	工作经验	工作经验	与本业务有关的工作年限
工作参量	工作环境	危险性	工作本身可能对任职者身体所造成的危害
	工作强度	体力劳动强度	工作所需体力劳动的辛苦程度
		脑力劳动强度	工作所需脑力劳动的辛苦程度

续表

评估因素		评估子因素	子因素定义
工作参量	内外协调责任	内部协调责任	与企业内部各部门协调所负有的责任
		外部协调责任	与公司外部维持工作关系所负有的责任
	管理督导	管理复杂度	指导、管理及领导他人时的幅度、层级及难易程度
	创造性	创造性	要求创造性解决问题的程度
	解决问题的复杂度	解决问题的复杂度	所面临问题是否已被明确界定和所解决问题的难易程度
岗位产出	影响范围	影响范围	对达成公司最终业绩成果的影响范围
	决策程度	决策程度	工作中做出决策的重要性及复杂度

（2）岗位价值评估因素等级赋分。

设计各个因素对应的分值和权重，权重之和为100%，各因素最高等级总分为1000分，如表8-3所示。

表8-3 岗位价值评估因素等级赋分

评估因素		评估子因素	权重	1级	2级	3级	4级	5级	6级	7级	8级	9级	10级
岗位投入	学历	学历	4%	4	6	9	14	20	29	40	—	—	—
	工作经验	工作经验	7%	7	10	15	20	28	37	50	70	—	—
工作参量	工作环境	危险性	1%	1	2	4	7	10	—	—	—	—	—
	工作强度	体力劳动强度	1%	1	2	4	7	10	—	—	—	—	—
		脑力劳动强度	5%	5	10	18	31	50	—	—	—	—	—
	内外协调责任	内部协调责任	5%	5	8	15	23	34	50	—	—	—	—
		外部协调责任	3%	3	8	17	30	—	—	—	—	—	—
	管理督导	管理复杂度	10%	10	20	32	45	65	100	—	—	—	—
	创造性	创造性	13%	13	19	28	41	60	89	130	—	—	—
	解决问题的复杂度	解决问题的复杂度	15%	15	21	30	44	65	95	150	—	—	—
岗位产出	影响范围	影响范围	22%	22	27	35	45	58	75	97	126	163	220
	决策程度	决策程度	14%	14	20	29	42	64	93	140	—	—	—

（3）对岗位等级进行排序，并做好对应的分值区间。

按照打分出来的结果，需要与岗位等级相对应，设计分值对应的岗位等级，如表8-4所示。

表8-4　岗位等级分值区间表

岗位等级	分值区间		岗位等级	分值区间	
13	288	316	25	909	1000
12	262	287	24	826	908
11	238	261	23	750	825
10	216	237	22	682	749
9	196	215	21	619	681
8	178	195	20	563	618
7	162	177	19	511	562
6	147	161	18	465	510
5	134	146	17	422	464
4	122	133	16	384	421
3	111	121	15	349	383
2	101	110	14	317	348
1	—	100			

（4）设计岗位评估打分表。

最后设计岗位评估的打分表格，在对岗位评价打分时使用。岗位评估打分表如表8-5所示。

表8-5　岗位评估打分表

序号	部门	岗位名称	学历	工作经验	危险性	体力劳动强度	脑力劳动强度	内部协调责任	外部协调责任	管理复杂度	创造性	解决问题的复杂度	影响范围	决策程度
1														
2														
3														

续表

序号	部门	岗位名称	学历	工作经验	危险性	体力劳动强度	脑力劳动强度	内部协调责任	外部协调责任	管理复杂度	创造性	解决问题的复杂度	影响范围	决策程度
4														
5														
6														
7														
8														
9														
10														

8.2.3 岗位评估实施

岗位评估主要步骤一般包括 6 个环节，即选择岗位价值评估方法、组建岗位价值评估委员会、岗位价值评估方法讲解、岗位价值正式评估、岗位价值评估数据分析与处理、岗位价值评估数据应用。

1. 选择岗位价值评估方法

选择岗位价值评估方法时，需要了解有哪些可选的岗位价值评估方法、这些方法有哪些优缺点、哪种岗位价值评估方法更合适。

2. 组建岗位价值评估委员会

岗位价值评估方法确定之后，接下来就是确定评估工作由谁来具体开展，评估工作的开展实施不单是人力资源部门就能够完成的，而是需要组建岗位价值评估委员会。对委员会成员进行职责分工，以及进行有效的培训，使委员会对评估岗位的工作职责、工作内容和任职资格等有一定的认识。

3. 岗位价值评估方法讲解

为了有效地开展岗位价值评估，需要在专家或人力资源部门的指导下就评估方法进行讲解，确保评估小组基本掌握相关方法。

4．岗位价值正式评估

在这个环节，评估时间、评估场所、评估材料和必要的用品（包括文具等）都应仔细准备，确保评估不会受到不相关的因素影响。

5．岗位价值评估数据分析与处理

汇总岗位评估数据，并对岗位价值数据进行分析处理。对岗位评估的数据进行分析与处理是岗位评估过程中的重点工作。在数据分析与处理过程中，首先核查所有评估数据，检查数据是否有效，排除无效数据；然后在确认数据有效的基础上进行数据统计工作，在统计过程中如果发现数据存在异常现象，应该组织讨论发生的原因及解决办法，如果原始数据存在严重的问题，有必要组织评估小组对个别岗位进行重新评估。

6．岗位价值评估数据应用

对评估数据进行分析与处理后，进入岗位价值评估工作中的最后一个环节——评估数据的应用。岗位价值评估数据是确定薪酬体系中各岗位级别和测算薪酬水平的基础，所以岗位价值评估数据主要应用在两个方面：一是确定各岗位层级；二是确定岗位价值系数。

> **Tips** 岗位评估的打分人员应是岗位评价的专家级别人员，并且要求对企业的岗位体系比较熟悉。

8.3 特殊薪酬设计

随着企业薪酬体系的不断完善与发展，特殊薪酬设计涵盖的范围和内容也越来越广，这里主要介绍3种常用的特殊薪酬，即项目奖设计、年终奖设计和员工持股计划。

8.3.1 项目奖设计

项目奖是用来激励员工部分或完全达到或超过了预定项目目标的一种奖励方式，也包括对员工取得令人惊喜的项目成绩或做出较大的贡献而实施的奖励措施。项目奖的类型包括研发项目奖、销售项目奖、管理项目奖等，本节主要以研发项目奖为例来展示项目奖金的设计。

研发项目奖主要针对研发人员设置,研发人员的薪酬构成通常包括三大部分:基本工资、技能工资、项目奖金。其中,项目奖的设计直接影响研发人员的工作积极性和工作效率,对研发人员的管理至关重要。如何才能设计出科学、公平、合理的项目奖金呢?以下是某公司研发人员项目奖设计方案,供读者参考。

某公司研发人员项目工资实施办法

第一章 总则

第一条 为体现公司对产品研发人员待遇的倾斜,激励产品研发人员提升工作热情、提高工作效率,研发更多、更好的适合公司长期发展的新产品,经公司研究决定,研发人员实施项目工资,作为绩效工资的一个补充单元。

第二章 实施范围

第二条 研发一室、研发二室从事产品研发、技术攻关的技术人员。

第三章 项目种类

第三条 产品设计和开发类。包括新产品设计开发、产品改进攻关、意向项目设计准备等。

第四条 产品工艺、工装设计类。包括新产品工艺设计及配套工装模具设计、定型产品工艺改进及工装模具设计改进等。

第五条 产品通用化、系列化、标准化类。

第四章 项目工资标准

第六条 产品设计和开发项目按照《设计和开发控制程序》规定,根据项目的复杂及重要程度,分为一、二、三级,原则上一级项目基础奖金200元/个,二级项目基础奖金500元/个,三级项目基础奖金1000元/个。

第七条 产品工艺及工装模具设计项目等级参照产品设计开发项目分级进行,标准为一级项目基础奖金200元/个,二级项目基础奖金500元/个,三级项目基础奖金1000元/个。

第八条 产品通用化、系列化、标准化项目等级根据项目复杂程度及工作量比照产品设计开发项目分级进行,共分三级,一级项目基础奖金200元/个,二级项目基础奖金500元/个,三级项目基础奖金1000元/个。

第九条 项目图纸文件审核参照产品设计开发项目分级进行,标准为一级项目基础奖金200元/个,二级项目基础奖金500元/个,三级项目基础奖金1000元/个。

第十条 项目工艺文件及工装模具文件审核参照产品设计开发项目分级进行,标准为一级项目基础奖金200元/个,二级项目基础奖金500元/个,三级项目基础奖金1000元/个。

第十一条 攻关改进项目奖金视项目具体情况单独设定,并考核发放。

第五章 项目工资计算方法

第十二条 各项目在实施前应先进行项目定级,定级工作由总工程师或其授权人负责。

第十三条 各项目实际奖金应按照项目工资标准规定的基础奖金并根据项目完成质量、完成时间等考核结果进行综合确定,计算公式为:项目实际奖金=项目基础奖金×项目考核系数。

项目考核系数应根据项目实际完成情况进行考核确定,各项目考核方案由各部门具体制定,并经总工程师批准,一般应包括图纸及技术文件的完整性、准确性、工艺性、标准化、项目完成时间等。

第十四条 项目实际完成情况考核工作由各部门负责人按照所制定的考核方案组织进行,并根据考核结果确定每个已完成项目的考核系数,该系数范围设置建议为0~1,原则上不超过1,对于完成质量好、完成时间短等超出预期的可适当上调,最高不超过1.2。

第十五条 对于由多人共同完成的项目,应根据参与人员所做贡献大小按不同比例进行分配。具体比例及分配办法由部门负责人制定,并经总工程师批准。

第六章 项目工资发放

第十六条 项目完成后,部门负责人应及时对项目进行考核,确定考核系数,并反馈给项目负责人,得到其确认后提交总工程师批准。

第十七条 各部门根据项目定级结果、项目考核系数计算项目实际奖金,进行汇总后填写《项目工资发放申请表》,写清项目名称、项目内容、项目类别、项目级别、项目负责人、进度要求、考核结果、项目实际奖金额度等,部门负责人签字后提交总工程师批准并执行。

第十八条 经总工程师批准后的《项目工资发放申请表》应于每月10日前送交人力资源部,人力资源部按所批金额在当月工资中统一发放。

第七章 管理规定

第十九条 对于项目负责人主观因素造成项目进展缓慢的,应取消其项目实施资格,转交他人进行实施,并重新下发项目任务书。

第二十条 对于因客观因素造成项目无法继续进行的,应转交他人进行或经总工程师批准后取消,同时根据项目实施人实际已完成工作量给予一定比例的奖金。

第二十一条 公司鼓励基层员工和其他技术人员对产品设计制造中的技术问题提出改进意见和建议,经确认采纳的由公司给予奖励。

第二十二条 公司鼓励员工就产品设计、制造技术及产品质量等进行技术攻关,并应按照相关规定进行立项申报,经批准后进行实施,项目结束后,经公司相关部门确认有应用价值的,公司给予奖励。

第二十三条 对于员工进行的有重大成果的项目,公司将给予重奖。

第八章 附则

第二十四条 本办法从下发之日起开始实行。

第二十五条 本办法由人力资源部起草,解释权归人力资源部。

8.3.2 年终奖设计

年终奖是企业根据当年盈利水平,按照某种分配制度或办法,根据员工权益和贡献来进行的福利分配。年终奖主要来源于企业经营利润的一部分,且发放的前提是企业盈利。

1. 年终奖金体系

年终奖金体系包括单层级奖金体系和多层级奖金体系。单层级的奖金体系没有分出层次,只有年终奖金一项,相对单一化,对员工起到的激励作用较为有限。单层级年终奖金典型的形式是年终双薪,这种奖金形式将奖金的分配逐渐演变成一种固定方式:奖金成为固定工资,固定工资成为福利,这也是年终双薪的最大问题——没有体现出差异化,因此缺乏激励性。需要注意的是,当企业在快速成长阶段时,单一层级的年终奖金体系难以激励员工,必须设计高激励的年终奖金体系或薪酬体系。

多层级的奖金体系是指企业将奖金体系设计成多层次、多层级的体系,可以对员工起到更好的激励作用。企业在进行奖金分配时,应体现出差异化。例如,非常优秀的员工在年终分配奖金时可以获得多项奖项,如年终奖、优秀员工奖、优秀管理者奖等,这样获得的奖金就比其他人多,体现出了差异性,可以起到较好的激励作用。在企业奖金体系构建中,需要明确奖金的本质是否具有激励性,而激励性是由群体差异产生的。因此,在构建年终奖金体系时,突出差异性很重要。

2. 年终奖金的来源

奖金的来源可以与公司的营业额挂钩,也可以与其利润挂钩,还可以两者兼有,企业要根据自身的情况确定。因此,对奖金来源的结构设计是管理者需要考虑的问题。

与营业额挂钩即将年终奖金与营业额挂钩,年终奖金占营业额的比例或有其他关联性。但这种方式也有一定局限性,当利润逐渐摊薄、毛利率逐渐下降时,会出现一种极端情况,即当奖金发放完毕后,公司出现亏损。

与利润挂钩即公司将年终奖金与利润挂钩，年终奖金占利润的比例或有其他关联性。但这种方式对于中小型企业而言，局限性在于其利润数据。例如，公司员工可能会对管理者结算出的利润表现出不信任。所以，对于这个敏感问题的处理有较大难度。

3. 年终奖发放评价标准和方法

　　从年终奖也能看出企业的发展现状和前景，大家都希望企业的经营越来越好，随之的年终奖金越来越多。大多企业都建立了自己的年终奖发放制度或约定，所以大部分员工往往关心的不是有没有年终奖的问题，而是关心奖金有多少的问题。那么对企业总经理或 HR 来说，主要考虑两个方面：一是年终奖总额，这需要根据企业的经营状况确定；二是年终奖金如何分配，年终奖金如果分配不合理或不公平，会严重影响员工的工作积极性，甚至产生不良的影响，因此分配的标准和方法就非常重要。分配的标准一般是根据员工的贡献来确定的，评价员工的贡献也是评价员工在企业中的贡献或价值，可以从以下几个方面或角度来考虑。

　　（1）工作时间。在统计核算年度内的工作时间时，要把长期休假、新人入职时间等情况考虑进去，工作价值首先是劳动时间的投入。

　　（2）岗位层级贡献。岗位设置时都是权责对应，岗位级别越高的员工承担的责任也越大，付出的努力也更多。企业内部决策、信息传递等是按照组织结构层级设置流传的，在高层级岗位上是管理者的角色。因此，在分配年终奖时，针对不同的岗位层级应该有明显的差异，如经理和主管、主管和员工的奖励系数应有分层。

　　（3）团队绩效。在企业经营过程中，越来越多的工作是依靠团队完成的，单人作战的情况越来越少，很多项目都需要相互配合才能完成。所以业绩也是依靠团队有效、有机协作来实现的。企业的业绩也是由各个内部结构或团队共同协作来创造的。从个人努力和绩效角度来看，最终也体现了个人对团队的贡献。所以团队绩效的高低是个人绩效的导向。如果组织或团队绩效不佳，个人绩效表现非常突出也没有用。所以，个人绩效常常与组织绩效挂钩，个人奖金也直接受组织绩效影响。在实际工作过程中，团队的绩效往往体现在部门绩效或班组绩效上。

　　（4）个人绩效。在团队绩效的框架下，还要考虑员工个人的努力，也就是员工个人的绩效。员工个人的绩效是指员工个人的努力和付出，是个人工作的过程和结果表现，是体现个体差异的最直接表现方式。员工个人的工作绩效及结果同样影响员工的年终奖金，做得越多且结果越好则年终绩效就越优秀，对应的年终奖励也应该越丰厚。员工个人的绩效是根据绩效考核来确定的，绩效考核的内容很多，有针对员工品质的考核，有针对工作行为的考核，也有针对工作结果的考核。在员工类型方面，技术和操作型岗位考核一般比较容易量化，可以考虑员工具体解决问题的价值和产量质量等；而管理型岗位可分为平时考核和年底考核，平时考核的权重可以占到60%~80%，然后再结合员工素质的测评。个人绩效在分配奖金上的主要作用是区分同级同类岗位员工的工作贡献度。

（5）附加因素。除了以上主要参考因素外，针对不同的岗位还可以有其他的附加因素，附加因素也不是所有岗位都需要有，如果没有特别突出的因素可以没有附加因素项。附加项可以是加分项也可以是减分项，是在主要因素的基础上增减一定的分数，但不是主导性的。例如，加分项常见的有培训和技能提升证明、技术改进、管理改进、内外部嘉奖或荣誉证明等，减分项则包括违反管理规定情况、重大责任事故等。附加因素的奖项一定要具体到员工个人，避免引起不必要的争议。

年终奖之所以成为趋势，一是社会文化的优良传统，二是合理分配和激励员工的需要。在企业管理中看重的还是激励员工的作用，让员工更努力地工作，为企业创造更多的价值。在设计和发放年终奖时要充分理解年终奖的价值，要有更高的格局和理念，只有理解年终奖在管理和激励中的作用，年终奖的设计与发放才能做好，才会成为企业发展的助力。

8.3.3　员工持股计划

员工持股计划（Employee Stock Ownership Plan，ESOP）是近年来在企业中广泛推行的一种企业产权形式。这一计划的核心是使员工成为公司股权的所有者，从而鼓励和保护员工人力资本的专用化技能，同时员工作为股东参与公司治理。员工持股计划是一种新型的薪酬福利与激励政策。

员工持股计划在不同的经济法律环境中的实施会有不同的规定和不同的做法，但有一些通用的原则和步骤。

（1）股东意见的一致性。因为即使大股东愿意实施员工持股计划出售自己的股份，也不能保证其他的股东都乐意拿出其股份。所以首先是股东意见的一致性，否则在进行这项计划时会遇到很多的麻烦。

（2）进行可行性研究。可行性研究可以由企业自己研究分析，也可以聘请外部咨询专家来完成。无论采用哪种方式分析，具体的内容都应该包括市场调查、管理层调查、财务调查等，还可以采取一些较为详细的内部商业计划的形式。在进行可行性研究分析的同时，还要仔细考虑两个问题：首先，企业有多少现金流量可以给员工持股计划，这些现金流量能不能满足员工持股计划的实施；其次，企业必须考虑员工薪资的水平。

（3）进行精确的价值评估。对于大多数企业来说，在可行性研究中使用的数据一般都是比较准确的，因此实施员工持股计划的价值是比较准确的。但对于有些企业，尤其是民营企业来说，价值评估就不一定准确了，有高也有低，低估价值，企业不愿意；高估价值，员工不会购买。所以在实施ESOP前进行准确的价值评估是十分关键的。

（4）专家咨询。专家咨询有两个方面：一是在前面几个步骤中寻求专家或专业咨询机构的帮助；二是在制作申报材料时请专业咨询机构协助，帮助企业成功顺利地实施理想中的计划。当然，对于一些有能力的企业也可以自己完成这些任务，而且完成的情况还比较理想。

（5）建立员工持股计划程序。员工持股计划程序建立的一个关键是选择基金的托管人。对一些小型公司来说，通常选择公司内部组织来完成，而一些大型公司更倾向于选择外部的托管人来管理信托基金。另外，还要组建员工持股计划委员会对整个计划进行管理。

以下是某公司员工持股计划方案，供读者参考。

员工持股计划方案

1. 关于激励对象的范围

1.1 与公司签订了书面的《劳动合同》，且在签订《股权期权激励合同》时劳动关系仍然合法有效的员工。

1.2 由公司股东会决议通过批准的其他人员。

1.3 对于范围之内的激励对象，公司将以股东会决议的方式确定激励对象的具体人选。

1.4 对于确定的激励对象，公司立即安排出让股权的创始股东与其签订《股权期权激励合同》。

2. 关于激励股权

2.1 为签订《股权期权激励合同》，创始股东自愿出让部分股权（以下简称"激励股权"）

作为股权激励之股权的来源。

2.1.1 激励股权在按照《股权期权激励合同》行权之前,不得转让或设定质押。

2.1.2 激励股权在本方案生效之时设定,在行权之前处于以下锁定状态。

2.1.2.1 对于行权部分,锁定解除进行股权转让。

2.1.2.2 在本方案适用的全部行权完毕之后,如有剩余部分,则锁定解除全部由创始股东赎回。

2.2 激励股权的数量由公司按照如下规则进行计算和安排。

2.2.1 公司股权总数为 100000000。

2.2.2 股权激励比例确定。

2.3 该股权在预备期启动之后至激励对象行权之前,其所有权及相对应的表决权归创始股东所有,但是相应的分红权归激励对象所享有。

2.4 该股权在充分行权之后,所有权即转移至激励对象名下。

2.5 该股权未得全部行权或部分行权超过行权有效期,则未行权部分的股权不再作为激励股权存在。

2.6 本次股权激励实施完毕后,公司可以按照实际情况另行安排新股权激励方案。

3. 关于期权预备期

3.1 对于公司选定的激励对象,其股权认购预备期自以下条件全部具备之后的第一天启动。

3.1.1 激励对象与公司所建立的劳动关系已满 1 年,而且正在执行的劳动合同尚有不低于 12 个月的有效期。

3.1.2 激励对象未曾做出任何违反法律法规、公司各项规章制度,以及劳动合同规定或约定的行为。

3.1.3 其他公司针对激励对象个人特殊情况所制定的标准业已达标。

3.1.4 对于有特殊贡献或才能者,以上标准可得豁免,但必须经公司股东会的决议通过。

3.2 在预备期内,除公司按照股东会决议的内容执行的分红方案外,激励对象无权参与其他任何形式或内容的股东权益方案。

3.3 激励对象的股权认购预备期为 1 年。但是,经公司股东会决议通过,激励对象的预备期可提前结束或延展。

3.3.1 预备期提前结束的情况如下。

3.3.1.1 在预备期内,激励对象为公司做出重大贡献(包括获得重大职务专利成果、挽回重大损失或取得重大经济利益等)。

3.3.1.2 公司调整股权期权激励计划。

3.3.1.3 公司由于收购、兼并、上市等控制权可能发生变化。

3.3.1.4 激励对象与公司之间的劳动合同发生解除或终止的情况。

3.3.1.5 激励对象违反法律法规或严重违反公司规章制度。

3.3.1.6 在 3.3.1.1 至 3.3.1.3 的情况下,《股权期权激励合同》直接进入行权阶段。在 3.3.1.4 至 3.3.1.5 的情况下,《股权期权激励合同》自动解除。

3.3.2 预备期延展的情况如下。

3.3.2.1 由于激励对象个人原因提出延迟行权的申请(不包括未及时提出第一次行权申请的情况),并经公司股东会决议批准。

3.3.2.2 公司处于收购、兼并或其他可能导致控制权变更的交易行为时期,并且按照投资人的要求或法律法规的规定需要锁定股权,致使行权不可能实现。

3.3.2.3 由于激励对象违反法律法规或公司的规章制度(以下简称"违规行为"),公司股东会决议决定暂缓执行《股权期权激励合同》,在观察期结束后,如激励对象已经改正违规行为,且无新的违规行为,则《股权期权激励合同》恢复执行。

3.3.2.4 上述情况发生的期间为预备期中止期间。

……

> **Tips** 由于内容较多,书中只列出了本计划方案的部分内容,其详细内容将在模板中提供,读者可下载完整的员工持股计划方案进行参考、使用,下载方法见前言说明。

8.4 员工福利管理

建立适合企业发展的员工福利体系有非常重要的意义。首先,良好的企业员工福利有利于增强企业在市场上的竞争力,"在员工福利计划中每投入1元就能促进经济效益增长6元"的观念已成为共识。其次,有利于保证企业财务稳健和永续经营。不确定的风险会导致企业现金流出现异常现象,影响企业财务稳健。例如,企业为员工购买团体意外伤害保险、团体健康保险,就可以减少突发事件导致的人员伤亡、疾病给企业带来的经济损失等,能未雨绸缪,帮助企业建立财务平滑机制,为企业健康发展服务。再次,有利于企业形成良性的分配机制,极大地激发员工的积极性。最后,有利于健全人力资源管理。综观全球知名企业,其共同特点都是以完善的福利回报员工,激发员工的工作热情。员工福利是企业薪酬福利制度的重要组成部分,是企业人力资源管理的重要机制。制订企业员工福利计划能增强企业的吸引力和凝聚力,形成优秀的企业文化,树立良好的企业形象。

8.4.1 员工福利设计

在员工福利设计方面,很多企业的福利计划还处于初级发展阶段,在福利设计上还很不成熟,在设计员工福利体系时考虑最多的因素是公司的成本;还有一些企业简单地参考行业水平来设计自己的员工福利体系。这些都是不合理的福利设计,那么如何设计适合企业的员工福利呢?

1. 员工福利设计的原则

(1)成本控制原则。在企业的人工成本费用中,员工福利占有很大比重。在福利设计过程中,企业既要尽量满足员工对福利的需求,又要合理控制企业的福利成本。所以,在设计员工福利时要制定切实可行的成本预算,在企业经济条件允许的范围内,尽可能提供符合员工需求的福利项目。

(2)战略导向原则。企业传统的福利项目具有普惠性,福利基本上属于必备项目,这样只能从一定程度上消除员工的不满,很难达到激励员工的效果。科学的福利设计,在很大程度上增强了福利对员工的激励作用,更能调动员工的积极性。企业福利的设计要与组织的战略发展目标相吻合,这样才能确保企业发展目标的实现。

(3)系统设计原则。员工福利的设计要考虑系统原则,员工福利体系属于企业薪酬福利体系,因此福利设计也要在薪酬福利管理制度下进行。在进行福利设计时不能盲目,而是要进行系统的考虑,不仅要考虑不同福利项目之间的匹配性,还要让薪酬激励与福利激励保持一致。系统的福利设计,能够使企业整体绩效与福利总额相结合,实现有限的成本收到最大的效益。

(4)动态调整原则。随着企业内部结构的调整和外部环境的变化,员工的需求在不同的时期也有很多不同之处,福利设计也应该随之做出适当的调整。福利内容和结构的调整,要把企业的现实状况和员工的实际需要作为出发点,在维持福利体系平衡的基础上保持一定的弹性。同时,还要进行动态跟踪和调查,及时调整不适之处,以更好地满足员工需求。

2. 员工福利设计的步骤

设计企业的员工福利时也要按照一定步骤,具体如下。

(1)充分了解法律法规。设计员工福利前,首先要充分了解国家相关的法律法规,只要是国家法律和政策规定的福利必须提供。但对于这方面的福利项目,员工往往不认为是企业提供的,为什么会这样呢?因为员工认为这是法律明确规定的，属于企业应尽的义务。员工产生这样的想法，就意味着企业提供的法定福利往往得不到任何回报，企业虽然付出很多，但在员工看来是理所当然的。企业要与员工保持沟通，让员工意识到企业所承担的福利成本。

（2）福利调查。企业给予员工福利而员工没有"感觉"，为什么会出现这样的现象？比较突出的原因就是企业提供给员工的福利没有满足员工的需求，不是员工希望的福利。为了避免这种现象的发生，在设计或完善福利计划前，组织需要对企业现有的福利项目与员工的需要、偏好进行调查与比较分析，调查的方法有问卷调查法、访谈调查法等。其中，问卷调查法就是设计调查问卷，让员工对组织可能提供的福利项目进行排序，调查员工需要的福利是什么，员工福利需求的群体差异分布状况如何，应该提供什么水平的福利，提供什么样的福利方式，以及通过什么形式提供；访谈调查法则是先设计访谈的内容，选择访谈的对象，再进行一一访谈，并做好访谈记录。

（3）福利预算。福利项目与工资项目一样，具有非常强的刚性特征，只要实施后就不能轻易收回和更改。这就要求企业在设计福利计划时，要先做福利预算、测算。福利预算与测算仅依靠人力资源部门难以完成，需要财务部门配合，主要是合理控制福利成本。福利预算与测算需要根据企业销售收入或营业利润，测算出可能支出的总福利费用和年福利成本占工资总额的百分比，进而确定主要福利项目的成本和年度福利成本，最后制订出相应的福利项目成本计划。同时在实施中也要注意福利项目的掌管、福利基金的财务和使用状况等。

3. 员工福利设计应该注意的问题

为了避免员工福利设计不适合企业实际情况，影响员工积极性，在设计员工福利时，需要注意以下几个方面。

（1）福利水平与企业的经济能力相适应。企业的福利总体水平要与其经济能力相适应，也就是说企业的福利是建立在经济基础上的，不能脱离企业的经济状况而单独设计福利。企业的福利要直接与经济利益挂钩，二者之间是相互协调、相互统一的。在市场竞争越来越激烈的今天，企业要控制成本，提高资源的利用率，就要用最少的投入获得最大的收益，即在不影响企业正常经营的前提下，尽量降低企业的经营成本。员工福利是企业经营成本的一个组成部分，福利投入的多少会对企业运营造成直接影响，企业要结合自身的发展情况和经济能力，制定出与其相适应的福利水平。

（2）把培训作为员工福利的一种形式。培训对于员工和企业发展都有非常重大的意义，不仅能够提高员工的知识和业务能力，还能有效提高工作效率，增强企业的凝聚力和竞争力。但很多企业把培训看作员工的工作，作为员工的义务，这样就造成员工参加培训是被动的。企业要让员工被动培训变为员工主动参加培训，把培训当成企业福利中的一个项目，让员工体会到参加培训是一种荣誉。尤其是在学习型组织理论的指导下，企业管理层和员工都要树立随时学习的思想，在工作中不断学习新知识，增强自身的工作能力，提升人力资本价值。因此，企业要把培训作为员工的一种福利形式，作为激励员工的手段，可以对不同员工进行不同内容的培训，在企业内部形成完整的培训体系，实现员工知识和技能的全面提高，为企业发展注入新的活力。

（3）正确处理福利与工资的比例关系。福利与工资都是企业为员工支出的重要组成部分，要正确处理好福利与工资的比例关系。工资和福利的增长都能有效提高员工的工作积极性，也是企业竞争力提升的一种表现，但企业的人工成本预算是有限的，总额是固定的。企业要处理好福利与工资的比例关系，把福利比例控制在一定范围内。

（4）实施"自助式"福利。企业的福利往往都是固定的，提供给所有员工的福利基本都是相同的，但每个员工的需求是不一样的。这样的福利形式难以满足员工个性化的要求，为了结合员工的需求，自助式福利就应运而生，即企业按照一定的资费标准，同时向员工提供多种类型的福利项目，员工可以根据自己的需求做出相应的选择。员工根据自身需要选择福利计划的内容，可以更好地满足员工的个性化需求，福利的激励效果也就更加突出。自助式福利一般包括集体旅游、住房补贴、饮食补助、娱乐休闲、生活物品等项目，以期给员工提供效用最大化的福利。

8.4.2 弹性福利计划

弹性福利计划（Flexible Benefit Plan）又称为柔性福利计划或自助式福利计划，即根据员工的特点和具体要求，列出一些福利项目，在一定的金额限制内，员工按照自己的需求和偏好自由选择和组合，这种福利计划具有很强的灵活性。弹性福利计划是企业把相关的福利项目汇总后，员工可以自主选择相应的福利，形成自己的福利结构。当然，自主选择并不是随心所欲，而是要根据企业的文化导向、员工收入水平等综合因素统筹考虑，制定出恰当的员工福利标准。对于传统的企业福利体系来说，弹性福利计划让企业员工拥有了主动权，让其获得自身的尊重感，在很大程度上体现了"以人为本"的管理模式。这样就摒弃了传统刚性福利机制的弊端，按照员工的具体工作绩效进行员工福利的分配，能有效带动员工的工作热情。对于很多企业来说，能够真正实行弹性福利制度的并不多，这是很多企业的短板，也是弊端。为此，应该努力尝试创新，大力倡导灵活的福利制度模式，将弹性福利制度有效应用于企业实践中。

1. 弹性福利计划的类型

弹性福利计划可以让员工选择满足其个人需求的福利项目，也能让员工了解各项福利及其费用，多收入来源家庭还能有效避免福利选择的重复。弹性福利计划主要表现为以下 5 类。

（1）附加型弹性福利计划。附加型弹性福利计划是最普及的弹性福利计划形式，是在现有的福利计划之外，再提供其他不同的福利措施或扩大原有福利项目的水准，让员工去选择。

（2）核心＋选择型。核心＋选择型由"核心福利"和"弹性选择福利"所组成。前者是每个员工都可以享有的基本福利，不能自由选择；后者可以随意选择，并附有对应选择条件。

（3）弹性福利账户。弹性福利账户是一种比较特殊的弹性福利计划，是指企业为每一位员工建立一个福利账户，可以将企业每一次的奖励或其他福利都划拨到这个福利账户中，员工可随时使用账户中的金额购买企业所提供的各种福利措施。

（4）福利套餐型。福利套餐是由企业同时推出的多项"福利组合"，每一个组合所包含的福利项目或优惠水准都不同，但福利档次差不多，员工可以任意选择其中一个弹性福利项目。

（5）选高择抵型。企业在提供福利计划时，有时会提供几种项目不等、程度不一的"福利组合"让员工选择。这样的福利计划是在企业现有的固定福利计划的基础上，再设计数项不同的福利组合，新设计出的福利组合的价值与原有的固定福利相比，有的价值高，有的价值低。如果员工选择价值较原有福利措施还高的福利组合，那么员工就需要弥补两项福利之间的差价；如果员工选择的是价值更低的福利组合，那么企业就将福利之间的差额弥补给员工。

2. 弹性福利计划的设计

设计企业弹性福利计划，可以按以下几个步骤进行。

（1）确定支出的福利总额。该步骤是设计中最为基础的，管理者必须在综合考虑企业的战略目标、财务状况和以往支出情况的基础上慎重决定。

（2）进行福利调查和形成福利菜单。福利调查的目的是了解员工的基本状况和福利需求，一般采取问卷调查法和访谈法收集信息。然后，企业根据调查结果与自身实际情况形成福利菜单。福利菜单包括福利项目的名称和具体内容等，一般而言，福利项目应由法定福利与自主福利组成。

（3）分配福利点数。福利点数是每个员工拥有的可以购买福利项目的虚拟货币，福利点数主要依据员工的资历、工作绩效及家庭情况等确定，可以参考以下公式进行计算。

员工的福利点数 = 标准福利点数 + 奖励福利点数

标准福利点数 = 当年税前工资总额 × 弹性福利占工资总额比例 ×（当年服务月份/12）× 年度经营业绩浮动系数

其中，奖励福利点数则是依据员工个人情况进行的相应加分奖励。

（4）进行福利项目定价。对于福利项目中可以衡量的实物与服务，可以参考以下公式进行定价。

某福利项目的点数价格 = 该福利产品的市场价格 / 企业福利点数单价

企业福利点数单价 = 企业福利总额 / 所有员工福利点数之和

难以用货币衡量的福利项目，如健身房等，则可以用其使用期内平均折旧额来定价。

（5）选择福利组合。员工依据自己的福利点数选择最为满意和需要的福利项目或组合，人力资源部进行信息的汇总整合后交予采购部门采购。此外，人力资源部还需在福利计划实施之后及时搜集和解决出现的问题，及时反思和吸取获得的经验教训，不断进行调整和改进。

3．弹性福利计划应注意的问题

在设计弹性福利计划时需注意以下几个方面。

（1）限定必选项目。在实施弹性福利计划过程中，员工都根据自身的实际情况选择福利计划，但有些福利项目从企业发展或员工发展的角度是应该选择的，员工不一定会选择。这样可能会造成员工后来发现自己在职业生涯的早期阶段做出了一个并不明智的福利选择，反而会导致员工对企业实施这种弹性福利计划不满意，这与企业实行弹性福利计划的目的背道而驰。因此，在实施弹性福利计划时，除了国家法律规定的必选福利项目之外，企业还可以限定某些福利项目是哪些员工必须选择的,在必须选择的基础上,员工才可以做出进一步的福利自由选择。

(2)福利调查分析。有些企业在实施弹性福利时,员工都不满足,认为企业是在浪费资源。在设计及实施弹性福利计划时,一定要做充分的福利调查,包括内部调查和外部调查。内部福利调查可以提供给员工一系列可供选择的福利项目,让他们确定自己的福利组合,企业一般提供多数员工选择的福利项目;外部福利调查是借鉴外部企业都提供哪些弹性福利计划,哪些是自己的企业可以借鉴使用的。

(3)避免"逆向选择"。在弹性福利制中容易出现的一个问题是"逆向选择",即员工仅挑选那些对他们有用的福利项目,这些项目有可能会对企业造成一定的影响。例如,有跳槽意图的员工很有可能选择与离职消费有关的福利项目,或者把相应的福利账户全部使用完等。这样就与企业设计弹性福利计划的目的相背离,还可能在企业造成不利的影响,使福利管理目标与企业人力资源整合目标相脱节,让企业在福利管理中处于被动地位。因此,在为员工提供弹性福利项目时,应采取如下措施:制定福利金额的上限;按统一标准提供核心福利项目;选择是在一定范围内的选择,而不是随意选择;福利账户不能一次性用完,要有一定的结余,如规定一次使用额度不超过80%或账户最低余额。

 弹性福利计划可以与积分管理制度结合应用。

8.5 社会保险与住房公积金

社会保险与住房公积金是员工福利的重要内容。为了保障员工和企业的利益,国家也制定了有关社会保险和住房公积金的法律条款,要求员工个人、企业按照各自的比例缴纳。

8.5.1 社会保险管理

社会保险是指国家通过立法,多渠道筹集,对劳动者因年老、失业、工伤、生育而减少劳动收入时给予经济补偿,使他们能够享有基本生活保障的一项社会保障制度。

1. 社会保险办理

企业要按规定为员工购买社会保险，《中华人民共和国社会保险法》第五十八条规定："用人单位应当自用工之日起三十日内为其职工向社会保险经办机构申请办理社会保险登记。未办理社会保险登记的，由社会保险经办机构核定其应当缴纳的社会保险费。"也就是说，员工进入公司后，在一个月内必须为员工缴纳社会保险，试用期间不缴纳社会保险是违法行为。

对于新公司没有企业账户的，要及时开通企业社会保险账户并为员工缴纳社会保险。《中华人民共和国社会保险法》第五十七条规定："用人单位应当自成立之日起三十日内凭营业执照、登记证书或者单位印章，向当地社会保险经办机构申请办理社会保险登记。社会保险经办机构应当自收到申请之日起十五日内予以审核，发给社会保险登记证件。"

2. 社会保险缴费

企业要足额定期向社会保险管理机构缴纳社会保险费用。社会保险费用由用人单位和职工共同缴纳，具体金额是根据职工的上年度月平均工资和缴费基数确定的。社会保险包含养老保险、医疗保险、失业保险、工伤保险、生育保险，每一项的缴费比例不同。缴费比例也根据地区的不同略有差异，各项保险的缴费比例大致为：养老保险的缴费比例是28%（企业20%、个人8%），医疗保险的缴费比例是10%（企业8%、个人2%），失业保险的缴费比例是3%（企业2%、个人1%），工伤和生育保险按工资总额的一定比例由企业全额缴纳（根据地区、行业不同缴纳比例不同，但比例不超过1%）。

养老保险费用 = 企业缴纳 + 员工缴纳

= 本人上年度月平均工资 × 企业缴费比例 + 本人上年度月平均工资 × 员工缴费比例

= 本人上年度月平均工资 ×20%+ 本人上年度月平均工资 ×8%

医疗保险费用 = 企业缴纳 + 员工缴纳

= 本人上年度月平均工资 × 企业缴费比例 + 本人上年度月平均工资 × 员工缴费比例

= 本人上年度月平均工资 ×8%+ 本人上年度月平均工资 ×2%

失业保险费用 = 企业缴纳 + 员工缴纳

= 本人上年度月平均工资 × 企业缴费比例 + 本人上年度月平均工资 × 员工缴费比例

= 本人上年度月平均工资 ×2%+ 本人上年度月平均工资 ×1%

工伤保险费用 = 企业缴纳 = 缴费基数 × 企业缴费比例

生育保险费用 = 企业缴纳 = 缴费基数 × 企业缴费比例

社会保险费用由企业统一向社会保险管理机构缴纳，员工应缴纳的社会保险费用由企业在职工应发工资中代扣代缴。

8.5.2 住房公积金管理

住房公积金是企业固定福利项目之一，是指企业与员工对等缴存，为员工提供的长期住房储蓄。住房公积金由两部分组成，一部分由企业缴存，另一部分由员工个人缴存。员工个人缴存部分由企业代扣后，连同企业缴存部分一并缴存到住房公积金个人账户内。

1. 住房公积金缴存

《住房公积金管理条例》规定，员工和单位住房公积金的缴存比例均不得低于职工上一年度月平均工资的 5%，不得高于职工上一年度月平均工资的 12%。例如，员工上年度月平均工资为 6000 元，公积金缴存比例为 5%，则员工和企业分别缴存金额 =6000×5%=300 元，缴存总额为 600 元。

2. 住房公积金使用

住房公积金实行专款专用，存储期间只能按规定用于购、建、大修自住住房，或者用于交纳房租。职工只有在离退休、死亡、完全丧失劳动能力并与单位终止劳动关系或户口迁出原居住城市时，才可提取本人账户内的住房公积金。

8.6 薪酬与福利管理实操范本

薪酬与福利管理是企业高层管理者及所有员工最为关注的内容，它直接关系到企业人力资源管理的成效，对企业的整体绩效产生影响。灵活有效的薪酬与福利管理体系对激励员工和保持薪酬体系的稳定性具有重要作用。

8.6.1 范本：员工薪酬管理制度/流程/表单

薪酬管理是薪酬与福利管理的核心，要做好薪酬管理工作，首先必须有比较健全的薪酬管理体系。薪酬管理体系将从薪酬管理制度、流程、表单为大家详细介绍。

1. 员工薪酬管理制度

薪酬管理制度是薪酬与福利管理的首要制度，是指导薪酬实施过程的纲领性文件。完善的薪酬管理制度有利于薪酬实施工作的开展。下面是某公司员工薪酬管理制度，供读者参考。

员工薪酬管理制度

1. 薪酬管理目的

（1）为适应公司的集团化运营和异地发展战略，发挥薪酬的激励标杆作用，提高各分（子）公司经营业绩及自主经营热情，推动各业务板块稳定持续发展。

（2）促进各分（子）公司业绩与经营管理长期利益结合，员工绩效与员工收益结合，企业整体效益与全员利益结合，保证集团、分（子）公司及员工等不同层面激励机制有效运行。

2. 薪酬体系管理原则

（1）战略导向原则：内部各分（子）公司薪酬制度、策略应遵照集团战略执行，薪酬水平与各分（子）公司的发展阶段、战略及效益相适应。

（2）总额控制、宏观调控原则：集团对各分（子）公司薪酬总额和薪酬策略进行统一控制，并根据公司发展经济效益情况和市场原则进行必要的调整。

（3）以岗位价值为基础分配原则：集团内采取统一岗位评价系统，根据岗位的基本背景、工作复杂程度、工作要求、工作责任等因素评分，建立集团内部一致岗位等级及福利标准，实行"因事设岗，以岗定薪，薪随岗动，岗薪联动"。

（4）动态竞争原则：各层级员工的绩效及能力将与调薪、异动等决策结合，根据绩效、能力考核结果确定绩效工资、奖金分配和薪酬等级的晋升，实行双向激励，做到"岗位能上能下，薪酬可高可低"。

3. 薪酬体系适用范围

本制度直接适用集团总部、分（子）公司（集团董事会不在本管理制度覆盖范围内）的薪酬制度的构建及管理，是集团下属分（子）公司的薪酬管理及规范的根本依据。

4. 薪酬管理组织

（1）薪酬管理委员会。

薪酬管理委员会作为薪酬管理的最高领导机构，统筹薪酬管理的全面工作。薪酬管理委员会由集团董事会、人力行政中心总经理、财务管理中心总经理等组成，根据议题，选择集团内部其他人员参加会议。

(2) 人力资源部。

集团人力资源部作为薪酬管理的具体执行和维护部门，负责薪酬管理委员会的日常联络、文件传递工作。

5．薪酬策略和薪酬总额管理

(1) 薪酬策略。

①集团薪酬策略主要关注增强市场竞争力和企业发展能力，保证薪酬内部公平性，同时注重内部合理性，对高管和核心岗位更倾向于接近或领先市场战略，不断增大薪酬差距和倾斜力度，加强薪酬针对性和激励性，提高人才吸引与保留能力，确保企业高速发展，同时建立战略导向的目标绩效系统，将员工薪酬回报与企业大目标实现结合起来，激励各层员工达成。

②集团对薪酬体系近五年推进目标规划如下表所示。

薪酬体系五年推进目标规划

周期	短期目标（一年内）	中期目标（三年内）	远期目标（五年内）
薪酬体系目标	集团全面建立薪酬管理体系，形成一个与绩效挂钩的薪酬机制和激励机制	（1）薪酬水平达到市场化标准，提高关键员工实际收入，有效控制人员膨胀 （2）通过动态薪酬管理和员工能力发展结合，做到人岗匹配	（1）完成集团薪酬体系推行及整合，形成"高理想、高能力、高工资"及追求业绩至上文化 （2）打造高度忠诚、职业化和高绩效员工团队

(2) 薪酬总额控制。

①集团公司根据薪酬比例控制、总额预算、绩效管理、定岗定编等制度进行薪酬总额调控。

②企业薪酬总额是指公司在一年内为所有雇用人员（含技术顾问、兼职及短期雇员等）所支出的报酬总额，包括岗位薪酬总额、绩效薪酬总额、年度奖金总额、福利及长期激励计划支出。

③集团总部人力资源部根据年度经营目标，结合公司经济效益及承受能力，制定年度目标薪酬总额，并报人力行政中心总经理审核、董事会审批。

……

> **Tips** 由于内容较多，书中只列出了本管理制度的部分内容，其详细内容将在模板中提供，读者可下载完整的员工薪酬管理制度进行参考、使用，下载方法见前言说明。

2. 薪酬管理流程

薪酬管理制度需要管理流程来加以细化，让管理工作更加明确、清晰，故需制定薪酬管理流程。薪酬管理流程如表 8-6 所示。

表 8-6　薪酬管理流程

流程名称	薪酬管理流程	主管部门	人力资源部
流程编号		更新日期	
人力资源部	分管领导		薪酬管理委员会

```
            ┌─────────────┐
            │  薪酬管理   │
            └──────┬──────┘
                   ↓
         ┌──────────────────┐
         │ 编制薪酬总额      │←──────────────N──────────────┐
         │ 预算草案          │                               │
         └────────┬─────────┘                               │
                  ↓                                          │
                         ┌──────┐──Y──→┌──────┐            │
                         │ 审核 │      │ 审批 │────────────┘
                         └──────┘      └──────┘
                  ↓ Y
         ┌──────────────────┐
         │ 形成薪酬总额      │←──────────Y
         │ 预算方案并执行    │
         └────────┬─────────┘
                  ↓
         ┌──────────────────┐
         │ 根据考核结果确定绩│←─────────────N──────────────┐
         │ 效奖金并编制绩效奖│                              │
         │ 金发放表          │                              │
         └────────┬─────────┘                              │
                  ↓                                         │
                         ┌──────┐──Y──→┌──────┐           │
                         │ 审核 │      │ 审批 │───────────┘
                         └──────┘      └──────┘
                  ↓ Y
         ┌──────────────────┐
         │ 执行绩效奖金发放  │←──────────Y
         └────────┬─────────┘
                  ↓
         ┌──────────────────┐
         │ 年终核算公司实际  │
         │ 薪酬总额          │
         └────────┬─────────┘
                  ↓
         ┌──────────────────┐
         │ 提出年度薪酬总额  │←─────────────N──────────────┐
         │ 草案（确定年终奖）│                              │
         └────────┬─────────┘                              │
                  ↓                                         │
                         ┌──────┐──Y──→┌──────┐           │
                         │ 审核 │      │ 审批 │───────────┘
                         └──────┘      └──────┘
                  ↓ Y
         ┌──────────────────┐
         │ 执行年终奖发放    │
         └──────────────────┘
```

续表

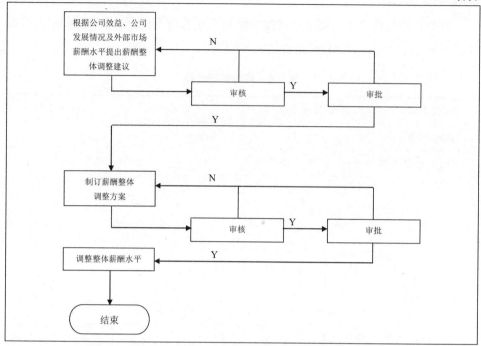

3. 员工入职定薪表

新员工入职前,要确定新员工的薪酬等级,填写员工入职定薪表。定薪表必须由员工本人签字确认,一式两份,员工一份,人力资源部一份。员工入职定薪表如表8-7所示。

表 8-7 员工入职定薪表

姓名		性别		入职时间	
试用日期		实习日期(限实习人员)			
工作岗位				薪资标准	
试用期限		试用期	无责任基本工资		
			绩效基本工资		
			其他		
记薪日期		转正后	无责任基本工资		
			绩效基本工资		
			其他		
本人已明确本岗位薪酬福利标准及组成状况,特此申明!					
本人签名:			日期:		

（如无试用期则本项目内容可以不填写）

4．员工调薪登记表

员工工资要根据员工工作表现及企业经营情况实时调整，员工调薪登记表应详细载明调薪执行日期、调薪前后薪资、调薪原因等，并报批后交人力资源部执行。薪资调整登记表如表8-8所示。

表8-8　薪资调整登记表

姓名		部门	
岗位		调薪执行日期	
调整前薪资		调整后薪资	
调薪原因			
部门经理及 分管领导意见			
人力资源部意见			
总经理意见			
备注：本表审批完成后一份由财务部留存，一份由人力资源部留存			

（调薪原因可根据薪酬制度执行）

5．员工奖金核定表

根据薪酬管理制度，核算员工奖金金额。员工奖金核定表（表8-9）应详细载明奖金来源、奖金金额等。

表8-9　员工奖金核定表

本月营业额		本月净利润		利润率	
可得奖金		调整比例		应发奖金	
奖金核定	部门	职务	姓名	奖金	备注

（调整比例可根据绩效考核结果而定）

6. 员工薪酬明细表

每月工资发放要制作工资发放明细表，包括应发工资项目、应扣工资项目、实发工资，具体如下。

（1）应发工资项目表如表 8-10 所示。

表 8-10 应发工资项目表

序号	姓名	应发项												
		基本工资	岗位工资	绩效工资	加班费	工龄补贴	保密津贴	全勤奖	外派津贴	伙食补贴	住房补贴	交通补贴	通信补贴	其他	小计

（2）应扣工资项目如表 8-11 所示。

表 8-11 应扣工资项目表

序号	姓名	应扣项							
		缺勤扣款	应扣社保	应扣公积金	其他扣款	违纪扣款	代扣个人所得税	其他扣款	小计

（3）实发工资。

实发工资 = 应发项小计 - 应扣项小计

7. 员工薪酬调查表

制订或修改薪酬制度前，通过员工薪酬调查了解员工对目前薪酬的满意度及未来薪酬的期望。员工薪酬调查表可根据公司实际需要进行相关内容的设计，如表 8-12 所示。

表 8-12　员工薪酬调查表

各位同事:
大家好，感谢您在百忙之中阅读这份问卷，为配合公司的薪酬制度改革，需要了解公司的客观情况、员工的真实想法。您的见解和意见对于公司未来发展至关重要，此问卷匿名填写，人力资源部将以严谨的职业态度对您的问卷严格保密，并只在调查范围内作统计和建议依据使用。请您认真填写问卷，人力资源部感谢您的积极支持和参与。
所属部门：　　　　　职务：　　　　性别：　　　　月工资收入状况：

一、工资情况	
序号	调查内容
1	您参加工作几年了？ □不到1年　□1~2年　□2~3年　□3~5年　□5年以上
2	您在本企业工作几年了？ □不到1年　□1~2年　□2~3年　□3~5年　□5年以上
3	您认为目前公司薪酬制度所倡导的分配机制是什么？ □绝对勤奋及优秀的员工倾斜　□按劳分配　□不确定　□搞平均主义
4	企业工资结构是什么类型？ □等级森严的工资结构　□等级趋于平缓的工资结构
5	您的工资结构包括哪些部分？ □基本工资　□加班费　□勤工奖　□各种津贴　□奖金 您觉得这样的工资结构是否具有激励性（□Yes　□No），您觉得怎样的工资结构才可以调动员工的积极性：
6	您认为目前公司的薪酬有没有体现出新老员工之间的差别？ □有体现　□没有体现　□不清楚
7	和其他同职位的人相比，自己的工资？ □非常高　□较高　□不确定　□较低　□非常低
8	您领到工资时心情怎样？ □很愉快　□比较平静　□觉得不公平　□气愤
9	您对自己努力付出与工资回报二者公平性的感受是？ □完全公平　□基本公平　□不确定　□不公平　□非常不公平
10	您觉得公司确定员工工资的主要依据是什么？ □依据员工所在的岗位　□依据员工所拥有的技能和能力　□依据员工的绩效 □竞争对手的工资策略　□其他
11	您觉得公司在工资的制定过程中是否做到了公平？ □公平　□一般公平　□很不公平 如有不公平，是哪些方面不公平：

续表

一、工资情况	
序号	调查内容
12	您认为公司的薪酬标准相对于市场平均水平而言： □高出很多　□高出一些　□基本持平　□稍低一些　□低很多
13	您对目前公司薪酬制度对人才吸引性的评价是： □非常吸引　□较吸引　□不确定　□不够吸引　□几乎没有吸引力
14	公司加薪的主要依据是什么？ □绩效　□工龄、资历　□晋升
15	您所得到的工资能否充分体现您所在岗位的价值或您所拥有技能的价值？ □能够充分反映　□岗位或技能的价值被低估了　□岗位或技能的价值被高估了 □不清楚
16	企业不同工资等级之间的差距如何？您觉得这样的差距合理吗？ □大，合理　□大，不合理　□小，合理　□小，不合理
17	这种不同等级之间的工资差距，是否会激励您为晋升到高一级的职位而努力工作？ □有很强的激励作用　□有较强的激励作用　□激励性一般 □只有很小的激励作用　□没有激励作用
18	如果这种激励作用不明显或没有，您觉得原因在哪儿？（也可多选） □不在乎这种工资的差距　□个人能力有限，晋升的机会不大 □不能肯定自己有了好的绩效就能够得到晋升
19	对于工资的发放，您觉得公司采用什么性质的方式更合理？ □保密性的发放形式　□公开透明式的发放形式
20	有员工对薪酬方面的事情提出不同意见和建议时，公司的态度是： □非常欢迎，积极采纳和接受意见　□基本上会有一些正面的改善，但比较被动 □不确定　□听听而已，没有什么改变　□非常敏感，尽量压制
21	您觉得目前企业的发展与员工工资增长的关系是： □利润增长时员工一定会得到工资增长　□利润增长时员工可能会得到工资增长 □不确定　□利润增长时员工不会得到工资增长　□利润增长时绝对得不到工资增长
22	您觉得公司大部分员工的辞职是因为： □因为薪酬的不合理而直接导致　□和薪酬有一定关系　□不确定 □和薪酬没有什么关系　□绝对与薪酬无关
23	您有信心在一年内获得加薪吗？ □不可能　□希望很小　□很有希望　□一定能
24	过去的一年您获得的涨幅工资： □非常合理，且令人满意　□较合理，比较令人满意　□不确定 □不合理，也不令人满意　□非常不合理，令人很不满

续表

一、工资情况	
序号	调查内容
25	公司有薪假期的设置： ☐有多种假期，可灵活休假　☐多种有薪假期，但休假方式比较呆板　☐不确定 ☐只有少数的有薪假期　☐完全没有任何有薪假期
26	您觉得薪酬调整政策应该是： ☐每年调整一次　☐每年调整两次　☐根据员工业绩个别调整 ☐根据公司效益状况调整　其他：
27	您认为公司现在有必要进行薪酬制度改革吗？ ☐很有必要　☐必要　☐不必要　☐无所谓
28	您认为目前的薪酬制度存在的最大问题是什么？该怎样来改善：
29	对公司的分配制度您还有何更好的建议？
二、福利情况	
序号	调查内容
30	企业有下列哪些福利（多选）？ ☐加班费　☐额外的津贴、收入　☐住房福利　☐交通福利 ☐饮食福利　☐医疗保险　☐工伤赔偿　☐离退休费 ☐带薪休假　☐文体旅游性福利　☐教育培训性福利 ☐其他货币性福利（购物券、过节费等）　☐提供心理咨询 ☐提供法律顾问，帮助解决一些法律问题　☐提供托儿所 ☐提供卫生设施及医疗保健　☐提供部分子女的教育费
31	如果在原有福利基础之上，可以自主选择另外三种福利项目，您会选择： ☐加班费　☐额外的津贴、收入　☐住房福利　☐交通福利 ☐饮食福利　☐医疗保险　☐工伤赔偿　☐离退休费 ☐带薪休假　☐文体旅游性福利　☐教育培训性福利 ☐其他货币性福利（购物券、过节费等）　☐提供心理咨询 ☐提供法律顾问，帮助解决一些法律问题　☐提供托儿所 ☐提供卫生设施及医疗保健　☐提供部分子女的教育费
32	您对单位的福利状况满意吗？ ☐很满意　☐满意　☐一般　☐不满意　☐很不满意
33	您觉得企业提供的各种福利能给您带来什么好处？（可多选） ☐企业的福利做得不够，没有给我切实性的帮助 ☐可以部分地解决我的困难，使我能更加安心地工作 ☐这些福利措施可以弥补法定福利的不足 ☐这些福利体现了企业对我的尊重，让我有归属感 ☐对我有很大的激励作用，能让我更好地工作

续表

二、福利情况	
序号	调查内容
34	您对公司过去一年在非经济性福利的建设方面的看法是： □卓有成效　□基本可以　□不确定　□较差　□非常差
35	您对公司公共福利政策及建设的看法是： □做得非常好，极大地鼓舞和激励员工　□有一些福利项目，但不够完善和合理 □不确定　□做得较差，不太令人满意　□完全没有公共福利
36	如果您对公司福利不满，最主要的原因是： □单位的福利项目较少，总体水平较低 □单位虽然参加社会保险，但存在较严重的欠缴情况 □单位的福利项目没有针对性，不是自己最需要的

8. 谈薪情况反馈调查表

针对核心人员，不能仅仅通过填写薪酬调查问卷，而要面对面地进行沟通，通过面谈了解员工对薪酬的满意度。谈薪情况反馈调查表如表 8-13 所示。

表 8-13　谈薪情况反馈调查表

谈薪情况反馈调查表			
集团各部门及分（子）公司： 　　为保证员工福利，监督和了解集团新一轮的谈薪工作的完成情况，盘点各公司员工对薪酬构成的了解及满意程度，集团人力资源部特组织此次谈薪情况反馈调查，请您客观真实地填写以下谈薪情况反馈表，也请您对公司薪酬绩效考评制度提出宝贵的建议。您的每一个见解和意见对于公司未来发展都至关重要，此满意度调查表匿名填写，集团人力资源部将以严谨的职业态度对您提供的信息严格保密，仅公司董事会有权得知完整信息。			
序号	调查项目		
1	您对获取调薪信息的时速性（　　）		
	A. 满意	B. 比较满意	C. 比较不满	D 非常不满
2	您对公司现在的薪酬发放时间（　　）		
	A. 满意	B. 比较满意	C. 比较不满	D. 非常不满
3	与外单位同行人员相比，您的薪酬收入让您（　　）		
	A. 满意	B. 比较满意	C. 比较不满	D. 非常不满
4	与自己的付出相比，您的薪酬收入让您（　　）		
	A. 满意	B. 比较满意	C. 比较不满	D. 非常不满

续表

序号	调查项目			
5	您对公司实行新的员工薪酬（　　）			
	A. 满意	B. 比较满意	C. 比较不满	D. 非常不满
6	您对您的谈薪结果（　　）			
	A. 满意	B. 比较满意	C. 比较不满	D. 非常不满
7	通过谈薪您对公司薪酬构成（　　）			
	A. 了解	B. 比较了解	C. 比较不解	D. 非常不解
8	人力资源部何人于何时与您进行过谈薪？			
9	您对集团薪酬制度有何建议？			

9. 员工加班申请表

员工加班须事先按公司加班审批流程进行报批，通过后按公司相关制度执行。员工加班申请表如表8-14所示。

表8-14　员工加班申请表

姓名		部门		岗位		填表日期	
加班时段		□工作日加班　　□周末假日加班　　□法定节日加班					
预计加班时间		月　日　时　分— 月　日　时　分，合计　小时					
加班事由							
实际加班时间		月　日　时　分— 月　日　时　分，合计　小时					
部门意见							
分管领导意见							
人力行政部意见							
备注： （1）在公司加班需按照标准工作时间打卡，否则视为无效加班 （2）加班时间如外出无法按时打卡，需提交《外勤申请单》，具体流程参考《考勤管理办法》，若未按时提交《外勤申请单》，则视为无效加班							

8.6.2 范本：员工福利管理制度/表单

员工福利管理是薪酬与福利管理的重要组成部分，合理的员工福利是做好员工关系维护的重要保障。员工福利管理包括员工福利管理制度、员工福利申请等。

1. 员工福利管理制度

员工福利一般包括健康保险、带薪假期、节日慰问、交通补贴、通信补贴等。员工福利作为员工薪酬的一部分，可以吸引和留住员工，提高企业在员工和其他企业心目中的形象，以及员工对职务的满意度。下面是某公司的员工福利管理制度，供读者参考。

<h2 style="text-align:center;">员工福利管理制度</h2>

1. 目的

遵照国家及地方政府法规，考虑企业整体效益及承受能力，充分体现企业的人性化管理，考虑员工需求的差异，解决员工的后顾之忧，以更好地留住人才，公司将提供优厚的福利条件，特制定本制度。

2. 适用范围

本制度中各福利项目的具体标准适用于集团总部及下属房地产开发分（子）公司的员工；建筑公司、物业公司须针对本制度中的福利项目自行制定相关标准，但必须保证福利标准在同板块内的一致性，并按程序报集团人力资源部、人力行政中心总经理、董事会批准后执行。

3. 福利项目

①带薪假。

②社会保险。

③住房公积金。

④商业保险。

⑤津贴（生活补贴、通信补贴、交通补贴）。

⑥购房优惠。

⑦节日慰问。

⑧培训。

⑨健康检查。

⑩其他各类集体活动。

4. 福利标准

（1）带薪假。

除国家规定的带薪假以外，公司还为全体员工提供带薪病假、学习假、婚假、丧假、年休假等，具体请休假事宜详见《集团请假管理办法》。

（2）社会保险。

①公司遵照双方自愿的原则，按本地政府相关规定并根据公司实际情况为员工办理社会保险等申购手续（根据社保申购时间的规定办理），具体如下。

每月25日后入职的员工，公司从下月缴纳社保；每月5日前离职的员工，公司当月不予缴纳社保。

②各类人员参保缴费基数每年根据地方平均工资、企业承受能力及福利政策进行调整。

③社会保险个人缴纳部分由公司从工资中代扣代缴，具体金额在每月工资单中列出。

④员工离职时，须履行《劳动合同》中列明的与离职有关的各项条款，并在办理完《离职移交清单》列明的各项手续后，公司为其办理各类保险转移证明手续。

（3）住房公积金。

①公司遵照双方自愿的原则，按本地政府相关规定并根据公司实际情况为员工办理住房公积金等申购手续，具体如下。

每月25日后入职的员工，公司从下月计入公积金缴纳金额；每月5日前离职的员工，公司当月不予缴纳公积金。

②各类人员缴费基数、比例由公司每年根据地方平均工资、企业承受能力及福利政策进行调整。

③住房公积金个人缴纳部分由公司从工资中代扣代缴，个人缴纳部分按公司规定的缴费基数和住房公积金部门规定的缴纳比例计算，具体金额在每月工资单中列出。

④员工在转正当月开始，公司开始为其购买住房公积金。员工试用期间的住房公积金，公司在其转正当月合并补缴。对于因各种缘由提前终止试用或未转正的人员，不予补缴试用期间的公积金。

⑤员工离职时，须履行《劳动合同》中列明的与离职有关的各项条款，并在办理完《离职移交清单》列明的各项手续后，公司为其办理住房公积金转移、提取等相关证明手续。

（4）商业保险。

公司为特殊高危岗位（司机及享受交通补贴中有车交通补贴之人员）以及因个人关系其社会保险关系不在集团的员工统一购买团体意外险，申购标准为200元/年/人，由集团行政部及分（子）公司人事行政部统一办理（入职当月即为员工申购）。

……

> Tips: 由于内容较多，书中只列出了本管理制度的部分内容，其详细内容将在模板中提供，读者可下载完整的员工福利管理制度进行参考、使用，下载方法见前言说明。

2. 员工福利申请表

员工福利申请应以部门为单位，可以由人力资源部发起，也可以由各部门发起，经人力资源部审核，相关领导审批后执行。表 8-15 所示为员工福利申请表。

表 8-15 员工福利申请表

申请部门		发放时间	
申请人		福利类别及标准	
名单	（人员比较多，可另附名单）	福利总金额	
部门意见：			
人力资源部意见：			
分管领导意见：			

8.6.3 范本：员工社会保险管理制度

社会保险是国家强制性福利，按法律的相关规定，用人单位必须在员工入职后即按当地社会保险经办部门的规定为员工购买社会保险。制定企业内部的社保管理制度，确保企业按照法律规定为员工购买社会保险，下面是某公司员工社保管理制度，供读者参考。

员工社保管理制度

1. 目的

为完善员工社会保险管理，指导公司社会保险的操作，特制定本制度。

2. 适用范围

本制度适用于公司所有员工的社会保险福利管理工作。

3. 职责规划

（1）人力资源部。

①制定公司社会保险福利管理制度。

②负责公司社会保险福利的统计、汇总、核算、汇缴等。

（2）公司领导。

①负责审批公司社会保险福利管理制度。

②负责公司社会保险福利管理相关事项及金额的审批。

4. 制度内容

（1）社会保险。

公司所有员工均可享受当地政府规定的基本社会保险，包括养老保险、工伤保险、生育保险、医疗保险、失业保险等。

与公司签订《服务合同》的员工，不在办理以上社会保险之列，公司无须承担该员工任何与此相关的责任。若员工与公司改签《劳动合同》，则从签订劳动合同之日起，公司为其办理相应的社会保险，同时不需要对改签《劳动合同》前的社会保险进行补缴。

员工离职当月，由人力行政部门停缴其社会保险，如当月已扣费的，则结算时由公司扣回相应由个人承担的部分。

（2）社会保险费缴纳比例。

公司员工的社会保险缴纳比例由各当地公司遵照所在地政府的劳动法规、规章予以确定。

（3）社会保险缴费基数。

公司的社会保险缴费基数根据所在地的强制性政策予以确定，兼顾遵守当地政策和综合考虑公司承受能力的原则。

①所在地相关政策强制性要求按照员工月工资作为缴费基数，则社会保险缴费基数＝员工月标准工资（基本工资＋岗位工资）。月标准工资若高于最高缴费基数，则按最高缴费基数计算缴费金额。月标准工资若低于最低缴费基数，则按最低缴费基数计算缴费金额。

②若根据所在地政策，社会保险中各项目可分别确定不同的缴费基数，则其中养老保险缴费基数按以上规定执行，其余项目由各地根据政策予以确定，以兼顾成本和员工利益为原则。

（4）社会保险办理。

①每月25日后入职的员工，公司从下月缴纳社保；每月5日前离职的员工，公司当月不予缴纳社会保险。如在外单位缴纳社保，需向公司提供在外单位缴纳证明。因未及时办理或延期办理员工社会保险等导致的劳动纠纷和给公司带来的经济损失，由相关责任人承担。

②由公司外派到外地工作或各公司之间轮岗的员工，派/调后由新公司为其办理各项社会保险。原工作地和新工作地公司人力资源部员需做好衔接工作，确保外派/轮岗员工的各项社会保险缴纳期连续。

③各项社会保险费中应由员工个人承担的部分一律由公司在其工资中予以代扣和代缴，由公司承担的部分由公司在管理费用中开支。

④由人力资源部派专人负责办理此业务的统计、汇总和汇缴、变更手续，每月凭单据编制《员工社保明细表》提交给人力分管领导审核后，每月及时与财务一起核算。

⑤员工离职时，须履行《劳动合同》中列明的与离职有关的各项条款，并在办理完《离职移交清单》列明的各项手续后，公司为其办理各类保险转移证明手续。

5. 本制度的解释权属集团人力资源部

6. 本制度自颁布之日起执行

7. 以前文件或规定有与本制度相抵触的条款和规定，按本制度执行

8.6.4 范本：专项薪酬实施方案

在薪酬与福利管理中，针对一些专项的薪酬项目，实施专项管理。本节主要介绍车间计件工资制度、销售人员薪酬管理和专项奖励实施等方案。

1. 计件工资制度实施方案

生产制造企业的操作类员工比较多，针对操作类员工一般实行计件工资制。下面是某公司车间计件工资制度实施方案，供读者参考。

车间计件工资制度实施方案

1. 目的

结合公司的生产、经营、管理特点，建立起车间规范合理的工资分配制度。实行计件工资制能够准确地反映出车间一线员工实际付出的劳动量，个人劳动投入与收入直接挂钩，激励作用显著，同时反映员工之间的生产效率差别，体现多劳多得，员工也比较能接受这种公平性，它还能促使员工自觉地改进工作方法，提高技术水平和劳动生产率。

2. 原则

①按照各尽所能、按劳分配的原则，坚持工资增长幅度与车间经济效益增长幅度同步，员工平均实际收入增长幅度与车间劳动生产率增长幅度相适应的原则。

②因事设岗、因岗定资（岗位基础工资）、因效（益）定奖（绩效工资），在体现按

劳分配的基础上充分调动不同岗位员工的积极性和创造性。

③以员工岗位责任、劳动绩效、劳动态度、劳动技能等指标综合考核员工报酬，适当向经营风险大、责任重大、技术含量高、有定量工作指标的岗位倾斜。

④建有适当工资档次落差、调动公司员工积极性的激励机制。

3. 定义

计件工资是指按照合格产品的数量和预先规定的计件单价来计算的工资。它不直接用劳动时间来计量劳动报酬，而是用一定时间内的劳动成果来计算劳动报酬，即工资是用工人完成的合格产品数量乘以规定的计价单价计算得出的。

计件工资可分个人计件工资和集体计件工资。个人计件工资适用于个人能单独操作而且能够制定个人劳动定额的工种；集体计件工资适用于工序过程要求集体完成，不能直接计算个人完成合格产品数量的工种。

4. 计件工资方案的构成

（1）计件测算基本方法

实行计件工资制的基本操作步骤如下：

将加工工序分解，如加工一个焊点，要估算出合理必要的加工时间，再将不同的焊点等级归类（不同的尺寸加工的时间不同，焊点分为A、B两个等级）。最后定出每一级焊点的加工时间并做出合理的测算。

（2）计件单价的计算

（3）计件工资跟计时工资底薪合理安排

（4）计件工资组成

计件工资计算的主要依据是计件单价，即工人完成每一件产品的工资额。

计算公式为：计件工资 = 实行保底工资 + 计件工资 + 生产绩效 + 全勤 + 工额外奖。

件资单价 = 目标日产量 × 难度系数；

目标日产量 = 理论工作时 × 产能周期 × 100%；

实际产量 = 当日生产数量；

计件工资 = 件资单价 × 实际产量。

（5）不良折扣

生产出不良品造成的浪费，以不良品数量从良品件资中按不良品单价的规则扣除相应的损耗。

不良品：①下一工序剔除的；②下一工段退货的；③批量不良另案规定处理。

不良品单价：

①无配件产品与不良装配 = 件资单价 × (-100%)；

②含低值配件与不良装配类产品 = 件资单价 × (-200%)；

③高成本类 = 件资单价 × (-400%)；

④不良折扣＝不良单价×不良数；

⑤日工资＝总件件资－不良折扣。

……

> **Tips** 由于内容较多，书中只列出了本实施方案的部分内容，其详细内容将在模板中提供，读者可下载完整的车间计件工资制度实施方案进行参考、使用，下载方法见前言说明。

2. 销售人员薪酬设计实施方案

在大多数企业中都有销售岗位，销售岗位是企业比较重要的岗位，销售人员的业绩直接决定着企业的销售收入。如何设计销售人员的薪酬，激发销售人员的工作积极性，是薪酬管理比较重要的工作。下面是某公司销售人员薪酬制度管理方案，供读者参考。

销售人员薪酬制度管理方案

1. 目的

强调以业绩为导向，按劳分配为原则，以销售业绩和能力拉升收入水平，充分调动销售与回款积极性，创造更大的业绩，特制定本方案。

2. 适用范围

本方案适用于公司所有销售人员。

3. 销售部薪酬构成

（1）销售人员等级为：销售代表→区域经理→销售部经理→销售副总经理。

（2）销售人员薪酬构成：固定岗位工资（50%）＋岗位绩效工资（50%）＋提成（当月项目任务完成额×X% × 当月任务达成率＋当月回款任务完成额×0.55% × 当月回款达成率）。

（3）提成发放：

①销售人员提成为月发放；

②当月发放月提成的70%，其中30%每年1月中旬发放；

③提成发放时间为每月8日。

④销售利润额定义：材料成本＋生产费用＋技术服务费＋项目其他费用＋差旅费＋工资。

4. 各区域任务划分（如下表所示）

各区域任务划分表

区域	月销售利润目标	月回款目标	责任人	备注

5．销售费用管理

（1）预算编制范围。

销售费用是指为了促进销售而产生的技术服务费、差旅费、办公费、电话费、礼品费、公关费及其他经费等。

（2）预算销售费用额度及方法。

销售费用的预算总额根据项目预测销售额的1%来计算。年初可根据每个区域的项目预测利润来计算年度各区域总销售费用。

（3）销售费用支付。

①销售部各区域经理可根据本区域销售情况制订每个区域的销售费用计划，实行销售费用分级负责制，即市场部负责人负责市场部费用、每个区域经理负责每个区域费用，每月25日前各区域经理将月度销售费用计划交给销售副总经理审批，交财务部由财务经理审核，并填写《月度销售费用计划表》。

②没有月度销售费用计划的销售人员向公司借款的，公司一律不批准。

③销售人员的月销售费用按月销售额×1%来计算。如有特殊情况可写明情况进行增额审批，增加额度在下月销售额中调整。

④各区域销售费用累计不得超过年度区域销售费用总额。

⑤财务部在每月月末对各销售人员的销售费用进行统计，如销售人员的销售费用超出月度预算，从月提成中扣除。

……

> **Tips** 由于内容较多，书中只列出了本方案的部分内容，其详细内容将在模板中提供，读者可下载完整的管理方案进行参考、使用，下载方法见前言说明。

3. 专项奖励实施方案

针对某些方面未在薪酬结构中体现，但又是公司希望倡导的，可以设置专项奖励，鼓励员工积极参与。下面是某公司专项奖励实施方案，供读者参考。

专项奖励实施方案

1. 目的

为规范公司专项奖励项目，激励员工为公司创造效益，完成公司重大工作，制定本方案。

2. 适用范围

本方案适用于公司所有员工。

3. 专项奖励的组织和分工

专项奖励主要由各部门提供奖励项目，人力资源部负责组织和实施，具体如下。

（1）人力资源部

公司人力资源部是专项奖励的组织部门和专项奖励申办结果的兑现部门，负责成立专项奖励审核小组（成员包括财务管理部、计划运营部、成本合约部），承担以下职责：

①公司专项奖励办法的组织和培训；

②收集、整理、修订专项奖励项目并负责上报审批；

③对各部门提出的奖励申报进行初步核实并给出分配意见；

④对奖励办法提出修改建议。

（2）奖励项目申报部门

奖励项目申报部门包括但不限于：人力资源部、行政部、计划运营部、财务管理部、成本合约部、招标采购部、营销管理部、战略发展部、工程管理部、信息技术部及物业公司等。

各部门应如实向公司提供涉及专项奖励的项目，当达到奖励条件时，按程序进行申报。

4. 专项奖励的范围

专项奖励范围涉及公司各个职能部门，是绩效指标奖励之外的奖励项目，内容涉及投资拓展、营销推广、成本优化、计划节点、设计施工和后勤支持等方面。

5. 专项奖励申报

①专项奖励由提出奖励的部门或员工申报，并履行相关评审手续后再进行奖励。

②申报应按要求详细填写附表，主要奖励人员的奖励比例应达到奖励额的80%。

③专项奖励附表填写后，由申报部门负责人签字后报人力行政部。

6. 专项奖励评审

专项奖励评审由人力行政部组织,相关职能部门提意见,公司领导审批。

①人力行政部负责申报奖励事项标准的审核。

②财务管理部负责对申报奖励事项财务数据方面进行审核。

③计划运营部负责进度、关键节点等方面的审核。

④成本合约部负责成本数据方面的审核。

……

> **Tips** 由于内容较多,书中只列出了本实施方案的部分内容,其详细内容将在模板中提供,读者可下载完整的专项奖励实施方案进行参考、使用,下载方法见前言说明。

专家支招

1. 车补、房补、餐补等是福利还是工资的一部分

车补、房补、餐补等是工资的一部分。员工的工资数额是社会保险缴费、加班费和经济补偿金等的计算基数和计算依据,因此,明确工资的范围对企业 HR 来说至关重要。

国家财务部下发的《关于企业加强职工福利费财务管理的通知》文件指明:按月按标准发放或支付的住房补贴、交通补贴、车改补贴和通信补贴,应当纳入工资总额,不再纳入职工福利费管理;企业给职工发放的节日补助、未统一供餐而按月发放的午餐补贴,应当纳入工资总额管理。可见,过去属于职工福利费用的车补、房补、餐补等都成为职工工资总额的一部分。

2. 企业可以以实物或有价证券来支付工资吗

企业不能以实物或有价证券来支付工资。根据《工资支付暂行规定》,工资应当以法定货币支付,不得以实物及有价证券替代货币支付。可见,法定货币,即人民币,是工资支付的唯一形式,没有任何例外情形。在实际操作中,企业以

任何理由和借口以实物或有价证券代替货币支付工资，或者约定以美元等外国货币支付工资的做法都是违法的。

3. 企业不依法支付工资将产生哪些后果

企业未依法支付工资的情形主要有以下3种。
（1）克扣或无故拖欠工资。
（2）不支付加班费。
（3）支付的工资低于当地最低工资标准。
用人单位有上述违法情形的，将承担以下法律后果。
（1）全额支付或补发。企业克扣、拖欠工资或不支付加班费的，应当在规定的时间内全额支付劳动者工资；企业支付的工资低于当地最低工资标准的，应当补足差额部分。
（2）支付经济补偿金。企业除全额支付或补发工资外，还应当支付克扣、拖欠部分或低于最低工资部分25%的经济补偿金。
（3）支付赔偿金。劳动行政部门可以责令企业限期支付和补足差额，如果企业逾期不支付的，可以责令用人单位按应付金额50%以上100%以下的标准向劳动者加付赔偿金。
（4）劳动者可以解除劳动合同，企业还应支付经济补偿。

4. 不定时工作制的员工有加班费吗

用人单位经批准实行不定时工作制的，由于工作性质的特殊性，劳动者每一工作日没有固定上下班时间限制，因此，不存在延时加班和休息日加班的情形。至于员工在法定节假日工作是否应支付加班工资，《工资支付暂行规定》未要求支付，大部分地区也不将此种工作制下的员工在法定节假日工作视为加班。但也有个别地区有不一致的规定，如上海，将不定时工作制下的员工在法定节假日工作视为加班，用人单位应按照不低于员工工资300%的标准支付加班工资。

高效工作之道

1. 用 Word 制作工资条

制作工资条时,大部分人会采用 Excel 来制作,其实,通过 Word 的邮件合并功能,也可以批量制作出员工的工资条,具体操作步骤如下。

步骤 1 在 Word 中新建一个名称为【工资条主文档】的空白文档,将纸张方向设置为横向,输入标题【1月工资表】,并对其格式进行设置,单击【插入】选项卡【表格】组中的【表格】按钮,在弹出的下拉列表中选择【插入表格】选项,打开【插入表格】对话框,设置行数和列数,单击【确定】按钮,如图 8-1 所示。

步骤 2 在插入的表格第 1 行中输入相应的内容,并加粗显示,然后选择表格第 1 行单元格,单击【表格工具/布局】选项卡【对齐方式】组中的【水平居中】按钮,让文本居中显示于单元格中,如图 8-2 所示。

图 8-1 插入表格

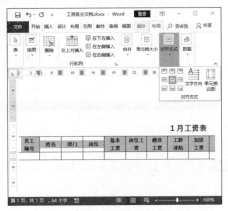

图 8-2 设置对齐方式

步骤 3 单击【邮件】选项卡【开始邮件合并】组中的【选择收件人】按钮,在弹出的下拉列表中选择【使用现有列表】选项,打开【选取数据源】对话框,选择【1月工资表】文件,单击【打开】按钮,如图 8-3 所示。

步骤④ 在打开的【选择表格】对话框中单击【确定】按钮,将光标定位到第2行的第1个单元格中,单击【插入合并域】按钮,在弹出的下拉列表中选择与表格第1行字段相同的选项,如图8-4所示。

图8-3 选择数据源文件

图8-4 插入合并域

步骤⑤ 继续插入合并域,单击【预览结果】组中的【预览结果】按钮,如图8-5所示。

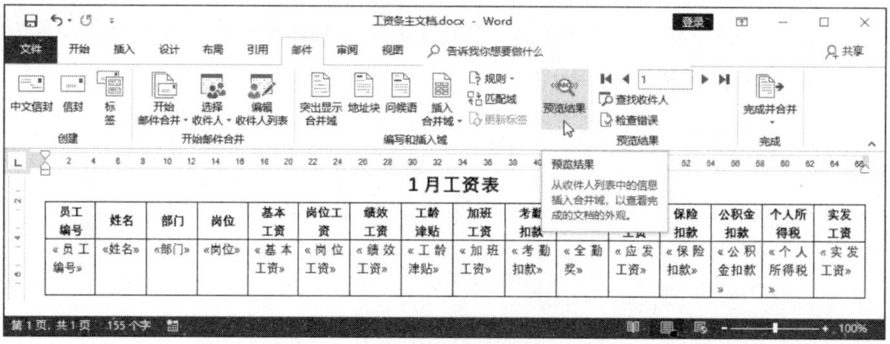

图8-5 查看合并域

步骤⑥ 即可显示合并域的结果,并显示第一条记录,如图8-6所示。

1月工资表													
员工编号	姓名	部门	岗位	基本工资	岗位工资	绩效工资	工龄津贴	加班工资	考勤扣款	全勤奖	应发工资	保险扣款	公积金扣款	个人所得税	实发工资
HT0001	陈果	市场部	经理	8000	5000	7411	550	0	90	0	20871	2128	1043	1129	16571

图8-6 预览效果

步骤⑦ 单击【开始邮件合并】组中的【开始邮件合并】按钮,在弹出的下拉列表中选择【目录】选项，如图8-7所示。

步骤⑧ 单击【完成并合并】按钮，在弹出的下拉列表中选择【发送电子邮件】选项，打开【合并到新文档】对话框，设置合并记录，单击【确定】按钮，如图8-8所示。

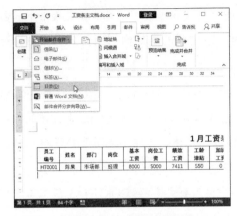

图8-7 设置合并文档

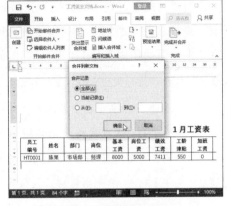

图8-8 设置合并记录

步骤⑨ 即可新建【目录1】文档，在其中显示合并域的每条记录，也就是每月员工的工资条，将文档保存为【1月工资条】，完成工作条的制作，最终效果如图8-9所示。

图8-9 最终效果

2. 用 Excel 计算工资表

工资表用于对公司员工的工资进行统计，而薪酬专员的工作则是对员工工资进行计算和核对。工资表一般由基本工资、岗位工资、绩效工资、工龄津贴、考勤工资、加班工资、福利津贴、工龄工资、提成工资，以及各种代缴保险、代缴个人所得税等部分组成，而工资表中的数据一般都是通过公式和函数引用其他相关表格中的数据或计算得来的。所以，在制作工资表时，最主要的是如何利用公式和函数计算工资数据。下面使用 Excel 中的公式和函数计算工资表，具体操作步骤如下。

步骤 1 打开"素材文件\第 8 章\工资表.xlsx"文件，选择【工资表】工作表中的 A3 单元格，在编辑栏中输入公式【=绩效工资!A2】，按【Enter】键计算出结果，选择 A3 单元格，向右拖动至 D3 单元格，再向下拖动至 D53 单元格，将 A3 单元格中的公式复制到 A3:D53 单元格区域，如图 8-10 所示。

步骤 2 选择 E3:E53 单元格区域，在编辑栏中输入公式【=VLOOKUP(A3,员工工资信息!$A$1:$D$52,4,0)】，按【Ctrl+Enter】组合键，计算出结果，如图 8-11 所示。

图 8-10　引用基本数据

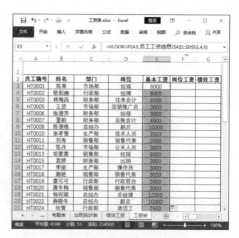
图 8-11　计算基本工资

步骤 3 选择 F3:F53 单元格区域，在编辑栏中输入公式【=IF(D3="总经理",10000,IF(D3="副总",8000,IF(D3="经理",5000,IF(D3="主管",1000,500))))】，按【Ctrl+Enter】组合键，计算出结果，如图 8-12 所示。

步骤 4 选择 G3:G53 单元格区域，在编辑栏中输入公式【=VLOOKUP(A3,绩效工资!$A$1:$G$52,7,0)】，按【Ctrl+Enter】组合键，计算出绩效工资，然后选择 H3:H53 单元格区域，在编辑栏中输入公式【=VLOOKUP(A3,员工工资信息!$A$1:$F$52,6,0)*50】，按【Ctrl+Enter】组合键，计算出工龄津贴，如图 8-13 所示。

图 8-12　计算岗位工资　　　　图 8-13　计算绩效工资和工龄津贴

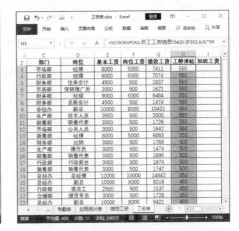

步骤 5 选择 I3:I53 单元格区域，在编辑栏中输入公式【=IFERROR(VLOOKUP(B3,加班统计表!$A$17:$F$24,5,0),0)】，按【Ctrl+Enter】组合键，计算出加班工资，如图 8-14 所示。

步骤 6 选择 J3:J53 单元格区域，在编辑栏中输入公式【=考勤表!AJ4*60+考勤表!AK4*30+考勤表!AQ4*20+考勤表!AR4*30】，按【Ctrl+Enter】组合键，计算出考勤扣款，如图 8-15 所示。

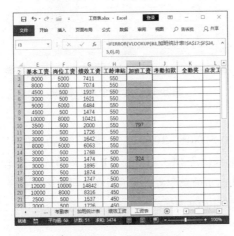

图 8-14　计算加班工资　　　　图 8-15　计算考勤扣款

> **Tips** 公式【=IFERROR(VLOOKUP(B3,加班统计表!$A$17:$F$24,5,0),0)】表示根据B3单元格中的员工姓名，在加班统计表的A17:F24单元格的第5列中查找员工加班工资，返回时，查找到的就返回对应的数据，如果没有该员工的加班工资，就返回0，因为0值不显示出来，所以计算结果为0的将显示为空白。

步骤 ⑦ 在K3单元格中输入全勤奖计算公式【=IF(J3=0,200,0)】，在L3单元格中输入应发工资计算公式【=SUM(E3:I3)-J3+K3】，在M3单元格中输入养老保险计算公式【=L3*8%】，在N3单元格中输入失业保险计算公式【=L3*0.2%】，在O3单元格中输入医疗保险计算公式【=L3*2%】，在P3单元格中输入公积金计算公式【=L3*5%】，计算出所有员工对应的工资数据，如图8-16所示。

步骤 ⑧ 选择O3:O53单元格区域，在编辑栏中输入公式【=ROUND(MAX((L3-SUM(M3:P3)-5000)*{3,10,20,25,30,35,45}%-{0,210,1410,2660,4410,7160,15160},0),2)】，按【Ctrl+Enter】组合键，计算出个人所得税，如图8-17所示。

图8-16 计算其他数据　　　　图8-17 计算个人所得税

> **Tips** 公式【ROUND(MAX((L3-SUM(M3:P3)-5000)*{3,10,20,25,30,35,45}%-{0,210,1410,2660,4410,7160,15160},0),2)】表示计算的数值是（L3-SUM(M3:P3)）后的值与相应税级百分数（3%、10%、20%、25%、30%、35%、45%）的乘积减去税率所在级距的速算扣除数0、210、1410……所得到的最大值，并使用ROUND函数取整。

步骤 9 选择 R3:R53 单元格区域，在编辑栏中输入公式【=L3-SUM(M3:Q3)】，按【Ctrl+Enter】组合键，计算出员工的实发工资，完成工资表的计算，如图 8-18 所示。

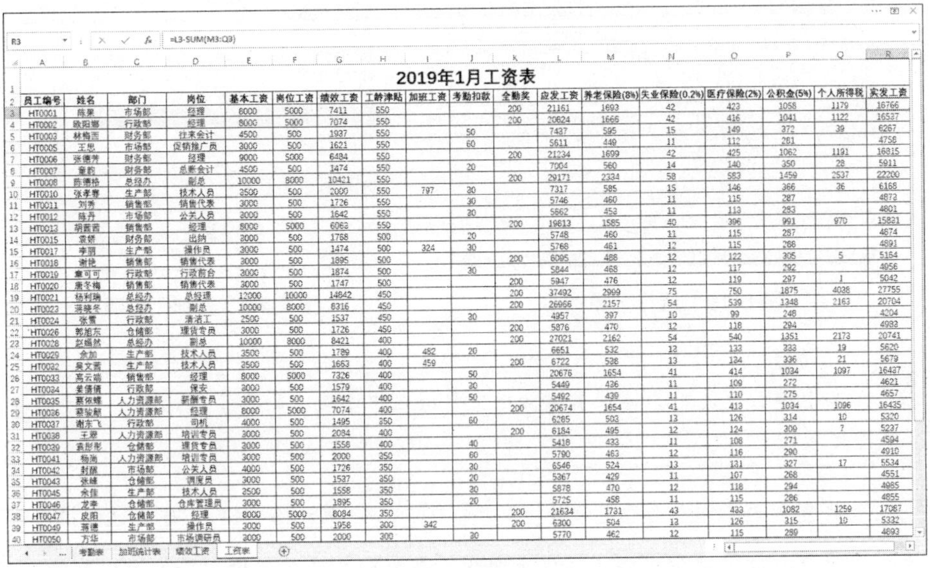

R3 =L3-SUM(M3:Q3)

2019年1月工资表

员工编号	姓名	部门	岗位	基本工资	岗位工资	绩效工资	工龄津贴	加班工资	考勤扣款	全勤奖	应发工资	养老保险(8%)	失业保险(0.2%)	医疗保险(2%)	公积金(5%)	个人所得税	实发工资
HT0001	陈果	市场部	经理	8000	5000	7411	550			200	21161	1693	42	423	1058	1179	16766
HT0002	欧阳娜	行政部	经理	8000	5000	7074	550			200	20624	1666	42	416	1041	1122	16537
HT0003	林梅西	财务部	往来会计	4500	500	1937	550		50		7437	595	15	149	372	39	6267
HT0005	王思	市场部	促销推广员	3000	500	1621	550		60		5611	449	11	112	281		4758
HT0006	张德芳	财务部	经理	9000	5000	6484	550			200	21234	1699	42	425	1062	1191	16815
HT0007	童韵	财务部	总账会计	4500	500	1474	550		20		7004	560	14	140	350	28	5911
HT0008	陈德格	总经办	副总	10000	8000	10421	550			200	29171	2334	58	583	1459	2537	22200
HT0010	张孝骞	生产部	技术人员	3500	500	2000	550	797	30		7317	585	15	146	366	36	6168
HT0011	刘秀	销售部	销售代表	3000	500	1726	550		30		5746	460	11	115	287		4873
HT0012	陈丹	市场部	公关人员	3000	500	1642	550		30		5662	453	11	113	283		4801
HT0013	胡茜茜	销售部	经理	8000	5000	6063	550			200	19813	1585	40	396	991	970	15831
HT0015	袁娇	财务部	出纳	3000	500	1768	500		20		5748	460	11	115	287		4874
HT0017	李丽	生产部	操作员	3000	500	1474	500	324	30		5768	461	12	115	288		4891
HT0018	谢艳	销售部	销售代表	3000	500	1895	500			200	6095	488	12	122	305	5	5164
HT0019	章可可	行政部	行政前台	3000	500	1874	500		30		5844	468	12	117	292		4956
HT0020	唐冬梅	销售部	销售代表	3000	500	1747	500			200	5947	476	12	119	297	1	5042
HT0021	杨利瑞	总经办	总经理	12000	10000	14842	450			200	37492	2999	75	750	1875	4038	27755
HT0023	蒋晓冬	总经办	副总	10000	8000	8316	450			200	26966	2157	54	539	1348	2163	20704
HT0024	张雪	行政部	清洁工	2500	500	1537	450		30		4957	397	10	99	248		4204
HT0026	郭旭东	仓储部	理货专员	3000	500	1726	450			200	5876	470	12	118	294		4983
HT0028	赵嫣然	总经办	副总	10000	8000	8421	400			200	27021	2162	54	540	1351	2173	20741
HT0029	余加	生产部	技术人员	3500	500	1789	400	482	20		6651	532	13	133	333	19	5620
HT0032	吴文茜	生产部	技术人员	2500	500	1663	400	459		200	6722	538	13	134	336	21	5679
HT0033	高云端	销售部	经理	8000	5000	7326	400		50		20676	1654	41	414	1034	1097	16437
HT0034	姜倩倩	行政部	保安	3000	500	1579	400		30		5449	436	11	109	272		4621
HT0035	蔡依蝶	人力资源部	薪酬专员	3000	500	1642	400		50		5492	439	11	110	275		4657
HT0036	蔡骏麒	人力资源部	经理	8000	5000	7074	400			200	20674	1654	41	413	1034	1096	16435
HT0037	谢东飞	行政部	司机	4000	500	1495	350		60		6285	503	13	126	314	10	5320
HT0038	王翠	人力资源部	培训专员	3000	500	2084	400			200	6184	495	12	124	309	7	5237
HT0039	袁彤彤	仓储部	理货专员	3000	500	1558	400		40		5418	433	11	108	271		4594
HT0041	杨尚	人力资源部	培训专员	3000	500	2000	350		60		5790	463	12	116	290		4910
HT0042	封醒	市场部	公关人员	4000	500	1726	350		30		6546	524	13	131	327	17	5534
HT0043	张峰	仓储部	调度员	3000	500	1537	350		20		5367	429	11	107	268		4551
HT0045	余佳	生产部	技术人员	2500	500	1558	350		30		5878	470	12	118	294		4985
HT0046	龙李	仓储部	仓库管理员	3000	500	1895	350		20		5725	458	11	115	286		4855
HT0047	皮阳	仓储部	经理	8000	5000	8084	350			200	21634	1731	43	433	1082	1259	17087
HT0049	蒋德	生产部	操作员	3000	500	1958	300	342		200	6300	504	13	126	315	10	5332
HT0050	方华	市场部	市场调研员	3000	500	2000	300		30		5770	462	12	115	289		4893

考勤表 加班统计表 绩效工资 工资表

图 8-18 最终效果

3. 用 Excel 排序功能快速生成工资条

利用 Excel 生成工资条是最常用的方法之一，在 Excel 中，可以通过排序功能快速生成工资条，对不熟悉函数的 HR 来说特别实用。但是，通过排序生成工资条时，需要先输入辅助序列号，然后对序列号按从小到大的顺序进行排列，具体操作步骤如下。

步骤 1 在【工资表】工作簿中选择【工资表】，在其工作表标签上右击，在弹出的快捷菜单中选择【移动或复制】命令，如图 8-19 所示。

步骤 2 打开【移动或复制工作表】对话框，在【下列选定工作表之前】列表框中选择【（移至最后）】选项，选中【建立副本】复选框，单击【确定】按钮，如图 8-20 所示。

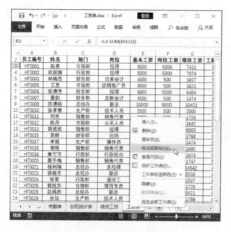

图 8-19 选择菜单命令

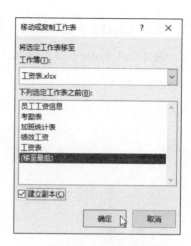

图 8-20 复制工作表

> **Tips** 在【移动或复制工作表】对话框中取消选中【建立副本】复选框，表示移动工作表。

步骤 3 将复制的工作表名称更改为【工资条1】，在S2单元格中输入"0"，这样排序时，第2行的数据位置将不会发生变化，在S列其他单元格中输入排列序号，复制A2:R2单元格区域，将其粘贴到A54:R103单元格区域，如图8-21所示。

步骤 4 选择S3单元格，单击【数据】选项卡【排序和筛选】组中的【升序】按钮 ，如图8-22所示。

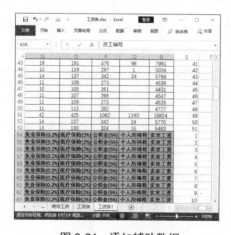

图 8-21 添加辅助数据

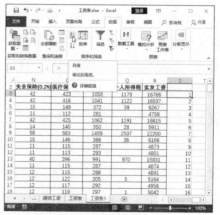

图 8-22 升序排列

步骤 5 即可以S列的辅助数据进行从低到高排列，生成工资条，效果如图8-23所示。

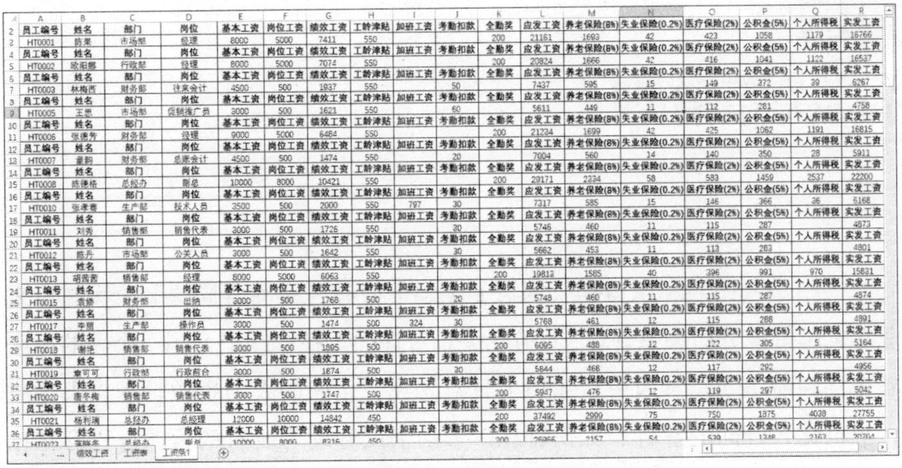

图 8-23 工资条效果

4. 利用网络计算器计算社会保险和个人所得税

在计算员工工资时，都会涉及员工社会保险和个人所得税的计算，当不知道怎样对社会保险和个人所得税进行计算时，可以使用网上提供的计算器，通过输入的工资金额和缴纳基数，快速计算出需要缴纳的社会保险金额或个人所得税。图 8-24 所示为使用五险一金计算器计算出的应缴纳的社会保险金额；图 8-25 所示为使用工资个税计算器计算出的应缴纳的个人所得税。

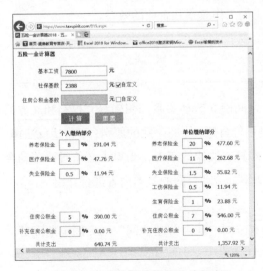

图 8-24 计算社会保险和公积金

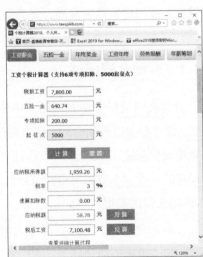

图 8-25 计算个人所得税

第 9 章
劳动关系管理

自《中华人民共和国劳动合同法》（以下简称《劳动合同法》）实施以来，企业越来越重视劳动关系管理，对劳动关系管理的重视程度上升到一个新的高度。随着劳动纠纷不断增加及劳资矛盾的日益恶化，企业的人力资源管理越来越法制化、规范化，合同的签订、工伤管理、劳动争议管理等所有的行动进程都在相关法律法规下进行，企业的员工关系管理正在迈向一个新的法制化水平。

劳动关系是指用人单位与劳动者之间依法所确立的劳动过程中的权利义务关系。劳动关系管理是企业与员工沟通的桥梁。

9.1 劳动合同管理

劳动合同管理一直都是人力资源管理的热点问题。有些企业只关注自身的经济利益，不注重劳动者的合法权益，不与劳动者依法签订劳动合同，甚至出现拖欠工资的情况，劳动纠纷、劳资纠纷的问题不断出现，这不利于企业的可持续发展。而科学规范的劳动合同管理，不仅可以使企业与员工的关系更加和谐稳定，还可以保证企业的持续稳定发展，提高员工的工作效率和企业的效益。

9.1.1 劳动合同概述

劳动合同是指劳动者与用人单位之间确立劳动关系，明确双方权利和义务的协议。订立和变更劳动合同，应当遵循平等自愿、协商一致的原则，不得违反法律、行政法规的规定。劳动合同依法订立即具有法律约束力，当事人必须履行劳动合同规定的义务。本节将对劳动合同的类型、劳动合同的基本内容进行介绍。

1. 劳动合同的类型

《劳动合同法》规定，劳动合同有"固定期限劳动合同""无固定期限劳动合同"和"单项劳动合同"。

①固定期限劳动合同，是指用人单位与劳动者约定合同终止时间的劳动合同。用人单位与劳动者协商一致，可以订立固定期限劳动合同，但需考虑劳动合同期限与试用期之间的关系。《劳动合同法》第十九条规定，劳动合同期限三个月以上不满一年的，试用期不得超过一个月；劳动合同期限一年以上不到三年的，试用期不得超过两个月；劳动合同期限三年以上的，试用期不超过六个月。为了更好地判断员工与企业的匹配度，一般建议签订三年劳动合同，最多可以有六个月试用期。但是对于一个期限较长的劳动合同，就需要在劳动合同或规章制度中细化对员工的工作岗位及工作地点的条款，以免劳动合同僵化，不利于用人单位的用工自主权。

②无固定期限劳动合同，是指用人单位与劳动者约定无确定终止时间的劳动合同。很多员工对无固定期限劳动制度缺乏正确的认识，他们认为只要签订了无固定期限劳动合同，就等于拥有了所谓的"铁饭碗""终身制"，企业就不能解除劳动合同关系了。因此，很多劳动者把无固定期限劳动合同视为自己的"护身符"，努力地与用人单位签订无固定期限劳动合同。但企业则将无固定期限劳动合同看成"终身包袱"，想方设法地逃避签订无固定期限劳动合同的法律义务。

以上认识都是不正确的，无固定期限劳动合同中的"无固定期限"是指劳动合同没有一个确切的终止时间，劳动合同的期限长短是不确定的，但并不是不能终止的。只要出现了法律规定或双方约定的可以解除劳动合同关系的情形，无固定期限劳动合同也同样可以解除。反过来讲，只要没有出现法律规定的条件或双方约定的条件，双方当事人就有继续履行劳动合同规定的义务。

③单项劳动合同，即没有固定期限，以完成某项工作任务为期限的劳动合同。

2．劳动合同的内容

《劳动合同法》第十七条明确规定了劳动合同应当具备的条款，具体如下。

①用人单位的名称、住所和法定代表人或者主要负责人。

②劳动者的姓名、住址和居民身份证或者其他有效身份证件号码。

③劳动合同期限。

④工作内容和工作地点。

⑤工作时间和休息休假。

⑥劳动报酬。

⑦社会保险。

⑧劳动保护、劳动条件和职业危害防护。

⑨法律、法规规定应当纳入劳动合同的其他事项。

劳动合同除前款规定的必备条款外，用人单位与劳动者可以约定试用期、培训、保守秘密、补充保险和福利待遇等其他事项。

9.1.2 劳动合同的设计

根据劳动合同的内容，设计适合企业的劳动合同，为签订劳动合同做准备。劳动合同的设计可以从以下几个方面着手。

1. 劳动合同主体设计

劳动合同的签订主体是用人单位和劳动者，所以，在设计劳动合同时，首先需要对劳动合同的主体进行确定。

（1）用人单位的确定。

根据劳动合同法对用人单位的规定，需要与劳动者建立劳动关系的用人单位包括以下4种类型。

①中国境内的企业。

②个体经济组织。

③民办非企业单位。

④与劳动者建立劳动关系的国家机关、事业单位、社会团体。

（2）劳动者的规定。

①不能使用年龄未满16周岁的童工。

②使用16~18周岁的未成年工的，应注意相应的法律风险。

③录用与其他用人单位尚存在劳动关系或其他协议关系的劳动者的法律风险。这里特别注意对于有竞业限制协议的劳动者要慎用。

2. 合同期限设计

劳动合同期限的设计根据劳动合同类型的不同而有所不同。

（1）固定期限设计。

对于固定期限的劳动合同，其劳动合同的期限有如下3个特征。

①劳动合同期限是一份劳动合同的必备条款。

②劳动合同期限是由双方当事人协商一致的。

③劳动合同期限与双方当事人的权利义务密切相关。

在劳动合同续签时，如果签订形式还是固定期限，则主要考虑"劳动者连续工作满十年"和"连续订立二次固定期限劳动合同"条件,其目的是使无固定期限劳动合同的条件延后。若前一劳动合同是在2008年3月1日以前签订的,则主要考虑"劳动者连续工作满十年"问题。对从事矿山井下及在其他有害身体健康的工种、岗位工作的农民工,实行定期轮换制度,合同期最长不得超过8年。

> **Tips** 劳动合同不能仅约定试用期,单独试用期合同相当于一个独立的固定期限劳动合同。

(2)无固定期限设计。

若合同中含有"合同期从××年××月××日起至法定或约定的解除(终止)合同的条件出现时止",表示无固定期限的劳动合同,那么哪些情况下需要签订无固定期限的劳动合同呢?

①劳动者在用人单位连续工作满十年及以上,劳动者提出或同意续订、订立劳动合同的,除劳动者提出订立固定期限劳动合同外,应当订立无固定期限劳动合同。

②用人单位初次实行劳动合同制度,或者国有企业改制重新订立劳动合同时,劳动者在该用人单位连续工作满十年且距法定退休年龄不足十年的,劳动者提出或同意续订、订立劳动合同的,除劳动者提出订立固定期限劳动合同外,应当订立无固定期限劳动合同。

③连续订立两次固定期限劳动合同,且劳动者没有《劳动合同法》第三十九条和第四十条第一项、第二项规定的情形,续订劳动合同的,劳动者提出或同意续订、订立劳动合同的,除劳动者提出订立固定期限劳动合同外,应当订立无固定期限劳动合同。

如果用人单位与劳动者签订的是以完成一定工作任务为期限的劳动合同或者非全日制用工劳动合同的,无论之前签订了几次,均不构成签订无固定期限劳动合同的条件。

④用人单位自用工之日起满一年不与劳动者订立书面劳动合同的,视为用人单位与劳动者已经订立无固定期限劳动合同。

应当订立无固定期限劳动合同而企业未订立的,自应当订立之日起向劳动者支付每月两倍的工资;若应签劳动合同而未签订,在事实劳动关系持续时间一年内,从次月起支付双倍工资,满一年后,视为已经订立无固定期限劳动合同,但不需要支付双倍工资。

（3）以完成一定工作任务为期限劳动合同。

若劳动合同中含有"合同期从××日起至××完成之日止"，表示以完成一定工作任务为期限劳动合同。该类合同与固定期限劳动合同的区别主要表现在以下3个方面。

①劳动合同终止的条件不同。

②劳动合同因到期而终止的结果不一样。前者可能需要承担一定的经济补偿，对于后者而言，不论因谁的原因而使劳动合同不能续签的，用人单位都无须支付任何经济补偿。

③两者连续签订的法律后果不同。

一般来说，建筑施工、教育培训、技术研发，以及以临时工方式使用的季节性、订单性、单项性用工，可以以完成一定工作任务为期限设置劳动合同。

3．试用期的设计

试用期期限的设计方面，要按照国家的法律规定，根据劳动合同签订的期限设计试用期，即劳动合同期限在三个月以上不满一年的，试用期不得超过一个月；劳动合同期限在一年以上不满三年的，试用期不得超过两个月；劳动合同期限在三年以上的，试用期不得超过六个月。

试用期管理的注意事项：同一劳动者在同一用人单位只能被试用一次；试用期应当包含在劳动合同期限内；事实劳动关系没有试用期；试用期不能延长。

劳动者在试用期间的工资必须同时符合两个条件：一是不得低于法定最低工资标准；二是不得低于用人单位相同岗位最低档工资或劳动合同约定工资的80%。

4．工作岗位、地点的设计

（1）工作岗位。

在劳动合同中，用人单位对劳动者工作岗位的约定应当遵循不宽不窄的原则。如果过宽，视同没有约定；如果过窄，如"董事长专职司机"，这样的约定则不利于用人单位的用工自主权。

在劳动合同中对工作岗位，即工作内容（工种）的约定使用类别式的约定，如管理、操作、辅助、文员和销售等类别，并对每一岗位（工种）设置等级，同时对所有类别设置职务，并对职务设置等级，这样可以最大限度地行使用工自主权。

> **示例**
>
> 乙方同意按甲方工作需要，在××岗位（工种）工作，完成该岗位（工种）所承担的各项内容。经双方协商一致，甲方可根据生产工作需要，变更乙方的工作岗位，乙方同意后，其工资待遇也随之变动。如果乙方被甲方聘任相应职务的，甲方可依据工作需要或乙方工作表现调整乙方的职务。

（2）工作地点。

工作地点的设计可以概括约定为甲方经营或公司所在地，当用人单位依法或依约进行单方变更工作内容与地点时，不会存在任何违法成本问题。

> **示例**
>
> 乙方同意按甲方工作需要，工作地点为＿＿＿＿＿＿。经双方协商一致，甲方可根据生产经营需要，变更乙方的工作地点，乙方同意后，其工资待遇随之变动。

5．劳动报酬的设计

劳动合同中员工劳动报酬的设计大体包括工资支付方式的设计和工资发放方式的设计两方面。

（1）工资支付方式的设计。

工资支付方式的设计包括计时工资、计件工资、其他类型工资、加班工资等的设计。

① 计时工资。

计时工资是按照计时工资标准和工作时间支付给职工个人的劳动报酬。日工资标准＝月工资标准/21.75天；小时工资标准＝日工资标准/8小时。

② 计件工资。

计件工资是指在一定技术条件下，根据员工完成的合格产品数量或工作量，按计件单价支付的劳动报酬。

③ 其他工资模式，如年薪等。

④ 加班工资。

用人单位应当对劳动者的劳动报酬进行充分设计，将其严格区分为工资、津贴、补贴和不计入工资总额中的福利，以降低劳动者加班工资的计算基数。

> **示例**
>
> （1）乙方正常工作时间劳动报酬按＿＿＿＿＿＿执行。
>
> ①计时工资。乙方的基本工资为＿＿＿＿元/月，乙方的其他劳动报酬（包括绩效工资、其他工资、技术津贴、工龄津贴、其他津贴、其他补贴、奖金、加班工资及特殊情况下的工资，下同）按国家有关规定及甲方依法制定的规章制度执行。
>
> ②计件工资。具体计件工资的计件单位及劳动定额均由甲方规章制度规定。
>
> ③其他工资形式。
>
> （2）甲方向乙方支付的劳动报酬为税前收入。
>
> （3）乙方同意，甲方根据企业的经营状况、规章制度、对乙方的考核情况和乙方的工作年限、奖罚情况、岗位变化、职务调整等内容调整乙方的工资水平，但不得低于当地最低工资标准。
>
> （4）非因乙方原因导致停产、停工超过一个月的或乙方内部待岗的，则甲方按照最低工资标准计发乙方的劳动报酬。
>
> （5）乙方工资的增减，奖金、津贴、补贴、加班加点工资的发放，以及特殊情况下的工资支付等均按甲方依法制定的规章制度执行。甲方依法制定的规章制度中未作规定的，则按照有关法律法规和政策执行。

（2）工资发放的设计。

工资必须以法定货币形式支付，并且是按月发放。工资发放要准时，在合同中需约定工资发放的具体日期。工资发放的日期可以反映出企业的经营理论和管理水平。

> **示例**
>
> 甲方每月＿＿＿日发放工资。如遇节假日或休息日，则提前到最近的工作日支付。乙方同意，甲方根据企业的经营状况对工资的发放时间做一定的调整。但甲方需提前书面告知乙方，且工资延迟发放不得超过一个月。

6. 工作时间和休息休假的设计

（1）工作时间条款的设计。

工作时间是指劳动者为履行劳动义务，在法定限度内应当从事劳动或工作的时间，又称为法定工作时间。

①标准工时制：指法律规定的在一定自然时间（一日或一周）内工作时间的最长限度。目前，日最长工时为 8 小时，周最长工时为 40 小时。用人单位也可以不实行"双休日"而安排劳动者每周工作 6 天，但每天工作时长不超过 6 小时 40 分钟，一周工作时长不超过 40 小时。

②不定时工时制：企业在特殊条件下实行的，针对因生产特点、工作性质特殊需要或职责范围的关系，需要连续上班或难以按时上下班，无法适用标准工作时间或需要机动作业的职工而采用的一种工作时间制度，其不受标准工作时间的限制。

③综合计算工时制。以标准工作时间制度为基础，以一定的期限为周期，综合计算工作时间的工时制度。年工作日为 250 天，季工作日为 62.5 天，月工作日为 20.83 天。

在设计员工劳动合同中的工作时间时，需要注意以下几点。

①综合计算工时制和不定时工时制都必须事先获得劳动行政部门的批准。

②在法定节假日上班的，都视为加班，并发放加班工资。

③实行综合计算工时制的，无论劳动者平时工作时数有多少，只要在一个综合工时计算周期内的总工作时数不超过标准工时制计算的应当工作的总时数即不视为加班。

④销售类岗位和高管岗位一般可以选择不定时工作时间制度，而普通岗位和生产性作业岗位一般可以选择综合计算工时制度。

（2）休息休假的设计。

在设计休息休假时，尽量不要安排劳动者在法定节假日工作；对于请病假的，应按照不低于法定最低工资标准的 80% 发放工资，并且需要制定相应的请假、休假制度。

7．社会保险的设计

法律规定员工入职就应该签订劳动合同并缴纳相应的社会保险。除约定按规定缴纳社会保险外，还要约定社会保险缴纳的地点。在实际工作中，有些员工不愿意缴纳社会保险，针对这样的情况，应该做以下处理。

第一，无论是因为用人单位原因还是劳动者自身原因，劳动者可随时主张用人单位为其补缴社会保险费。

第二，用人单位需要理解"依法足额缴纳社会保险费"。

第三，因未参加社会保险而产生的工伤待遇等损失赔偿责任仍然属于用人单位,而不论未参加社会保险的真正原因。

对于那些实属不愿意参加社会保险的劳动者,可以不录用,如果实在要录用,可以让劳动者填写自愿放弃参加社会保险,这样虽不能免除用人单位的根本责任,但可以免除用人单位部分保险的赔偿责任。

8. 劳动纪律等规章制度条款的设计

在设计劳动纪律时,用人单位要制定相应的规章制度,并且制定的制度尽量要具体化、明确化,避免模糊不清,避免出现没有法律责任的条款。用人单位在制作和执行规章制度过程中对于员工的违反行为要有证据留存。

9. 培训条款的设计

企业与员工因培训产生的矛盾或纠纷数不胜数,为了从根源上避免因培训产生的纠纷,企业在劳动合同中就应该设计好培训的相应条款。在设计培训条款时,要注意以下几点。

(1)对培训的理解。首先,要确定企业的确为劳动者提供过培训;其次,所提供的培训费用必须是专项费用;再次,必须是专业技术培训,包括专业知识培训和职业技能培训;最后,需要有劳动合同的约定,即劳动合同或培训协议对这种培训费的责任承担做出了具体约定。

(2)用人单位为员工提供培训时,要注意各种专项培训费用凭证的收集、留存,以避免不能向员工主张相应违约金的结果。

(3)用人单位尽量避免在试用期内为员工提供费用较高的培训项目。

10. 竞业限制的设计

竞业限制也属于劳动合同的一部分,它涉及企业机密的保密性。所以,在设计竞业限制时,要明确以下几点。

(1)竞业限制的主体群体。主要限于用人单位的高管、高级技术人员和其他负有保密义务的人员。

(2)用人单位与员工约定竞业限制范围,如区域性限制、行业限制。

(3)约定竞业限制期限,且期限不得超过两年。

(4)约定竞业限制补偿金。竞业限制补偿金需按时发放,不能约定工资中包含有该部分补偿金而不再发放。具体而言,双方可协商确定。

除以上主要内容外,企业还可以根据具体情况设计经济补偿金条款、赔偿责任条款等。以下是劳动合同示例,供读者参考。

劳动合同

甲方：_____

地址：_____

法定代表人：_____

乙方：_____

身份证号码：_____

民族：_____

文化程度：_____

地址：_____

根据《中华人民共和国劳动合同法》和国家有关法律、法规，甲、乙双方本着平等、互利的原则，经协商一致，同意签订本合同。

一、合同期限

本合同有效期限自 _____ 年 ____ 月 ____ 日至 _____ 年 ____ 月 ____ 日，其中试用期为 _____ 年 ____ 月 ____ 日至 _____ 年 ____ 月 ____ 日共 ____ 个月。在上述合同期限届满前，若任何一方不希望续约，此方须在距届满日1个月前以书面形式通知另一方。

二、录用条件

在上述试用期期间，甲方依照下述条件对乙方的工作表现进行评估，试用期期满，如乙方符合以下相关条件，则正式成为甲方合同制雇员。

1. 遵纪守法，遵守甲方的各项规章制度，顾全大局，维护甲方的整体利益。服从甲方的工作安排和职务分派。保守甲方的商业机密，维护甲方的办公设备和资料的良好。

2. 热爱本职工作，具备胜任本职工作的专业知识和专业技能、业务管理水平和组织实施能力，有事业心和务实精神，能尽心尽责地做好本岗位工作。

3. 如实说明甲方合理要求披露的自身情况，包括但不限于身体健康状况及病史、身份、学历及工作经历。具备胜任相关工作的身体素质等必要条件。

三、工作岗位和工作地点

1. 乙方的职务为 _____。未经甲方事先书面同意，乙方在任职期间不得从事任何其他兼职工作，乙方也不得直接或间接地从事任何与甲方正在从事或将要从事的经营活动类似的商业竞争活动，包括但不限于受雇于甲方的竞争公司，从事竞争性的咨询或其他商业活动，或者向与甲方竞争的公司提供甲方技术资料、技术参数、商业机密等。

2．乙方的工作地点为_____。根据甲方的需要和乙方的工作能力、工作业绩，乙方在此同意，甲方可以不时调整乙方的工作岗位、工作内容、工作场所及其与之相关的待遇及其他事宜，届时，双方应另行以书面形式进行确认。

3．乙方的工作内容和职务责任，包括但不限于相关的权限、工作内容、工作程序和工作方法，必须以甲方出具的职务说明书为具体依据。在乙方未签收职务说明书之前，乙方应当按照甲方规章制度和相关主管人员的要求具体执行。

4．乙方必须根据甲方的合理规定，按时、按质、按量地完成甲方安排的工作。甲方也可安排乙方在工作时间内处理某一或多个临时性工作，乙方应接受并完成此项工作，以尽最大努力协助甲方达到或超过预期的商业目的。

四、劳动保护、工作条件和职业危害防护

1．甲方需为乙方提供适宜的工作环境，保证乙方在人身安全及健康不受严重危害的环境条件下工作。

2．甲方按照乙方岗位的实际情况，根据相关法律规定向乙方提供必要的劳动防护用品和（或）津贴。乙方应严格遵守相关的安全操作规程。

3．甲方从事的生产业务可能涉及的职业病危害及其后果、职业病防护措施和待遇均已在甲方有关劳动保护管理办法或其他相关内部文件中规定，乙方应认真阅读并可随时查阅。无论乙方是否查阅，本合同签订后，均可视为甲方履行了告知义务。

4．若出现甲方职业危害防护措施未达到相关法律法规要求之情形，乙方应向甲方有关部门或甲方工会及时反映。另外，甲方配备给乙方的防护用品或设施，乙方应按要求佩戴或使用。

五、工作时间和休息休假

1．甲方遵守国家规定的工作时间制度。具体的工作时间安排将由甲方根据生产经营的实际情况制定相关的规定来遵照执行。对于甲方的高级管理人员及司机、清洁员等特殊工作岗位，甲方根据国家有关规定施行不固定工作时间制度。

2．乙方可享受国家相关法律法规规定的节假日及婚假、产假、丧假、病假、探亲假、计划生育假等法定带薪假期。

3．带薪休假按照国家相关法律、法规和规章规定执行。带薪休假的最小使用单位为1天。若乙方享有并连续享受3天带薪休假，须提前1个月提出申请，由甲方根据实际情况进行安排。带薪休假跨年不进行累计。有关带薪休假的其他规定以甲方制定的规章制度为准。

六、加班及出差

1．甲方可根据合理的工作需要，不时安排乙方在规定的工作时间之外加班，乙方除有紧急突发事宜或身体不适无法胜任外，应尽最大努力服从甲方安排。

2. 甲方应按照国家的有关法规向乙方支付加班费或安排相应时间的补休,但执行不固定工作时间的员工除外。具体办法按相关法律法规和甲方规章制度执行。

3. 甲方可以不时安排乙方赴外地或境外出差,乙方除有突发事宜或身体不适无法胜任外,应尽最大努力服从甲方安排。

……

> **Tips** 由于内容较多,书中只列出了本劳动合同的部分内容,其详细内容将在模板中提供,读者可下载完整的劳动合同进行参考、使用,下载方法见前言说明。

9.1.3 劳动合同的实施

员工入职后,企业需要与员工签订劳动合同。劳动合同的实施包括劳动合同的签订流程及注意事项、劳动合同的日常管理等。

1. 劳动合同的签订

(1)在签订劳动合同之前,要先审查劳动者的主体资格,判断劳动者是否符合相应要求及资料的真实性,审查内容如下。

①年龄审查。为了防止聘用到童工,可要求劳动者提供身份证原件及复印件,并且在复印件上写明与原件相符,同时签名按手印。

②劳动者学历、资格及工作经历的审查,以防止劳动者学历信息作假。

③查验劳动者与其他用人单位是否拥有事实劳动关系。

④查验劳动者的身体健康证明。

> **Tips** 可将对于以上条款的违反约定在劳动合同中作为解除劳动合同的条件。

(2)向劳动者解读《劳动合同》,解读完成后,尽量要求劳动者先行签署,然后由用人单位签署盖章。这是为了避免空白劳动合同的流失及劳动者单方修改劳动合同。

(3)发放劳动合同,建立劳动合同管理台账。

双方签订劳动合同,经单位盖章后发给劳动者一份,并且要求劳动者书面签收。对于续签劳动合同,如果用人单位决定不再与劳动者续签劳动合同,可通过征求劳动者意见的方式将不再续签劳动合同的意思表示为劳动者的意思。如果决定续签的,就应在劳动合同期限届满前签订。

2. 签订劳动合同的注意事项

劳动合同是对员工和用人单位双方利益和权益的一个合法保护，因此，在签订劳动合同时，应注意以下问题。

（1）避免随意用工。

（2）避免因疏忽、过失而不签订劳动合同。

（3）避免出现劳动合同无效或部分条款无效。

（4）避免出现临时工概念。

（5）避免使用独立的试用期协议。

（6）避免签订劳动合同时扣押劳动者证件。

（7）避免要求劳动者提供担保或缴纳保证金、押金等。

（8）避免将经济关系变成劳动关系。可以考虑进行业务外包，使得标准的劳动关系转化为经济关系。当然，应该将业务发包给具有资质的组织或个人，或者有能力的个人。

（9）注意形成并妥善保管好记录。

3. 劳动合同管理

劳动合同是劳动者与企业之间签订的确定双方权利义务关系的书面协议，是双方履行义务和享有权利的法律依据。因此，企业对于劳动合同的管理构成了企业管理的一个有机组成部分，非常重要。那么，企业如何加强劳动合同管理呢？

（1）加强劳动法律宣传，提高法律意识。企业尤其是民营企业要提高法律意识，依法与劳动者签订劳动合同，依法保护劳动者的合法权益。加大对劳动法律法规进行宣传的力度，不但提高了企业的法律意识，也提高了劳动者的法律常识。例如，利用培训等有效手段进行宣传，定期举办劳动法律常识的培训宣传，通过宣传让劳动者意识到依法遵守劳动合同的重要性和必然性，使双方的劳动关系合法化，劳动权益依法受到保护。

（2）建立健全人力资源劳动合同管理机制。企业要承担起劳动合同的管理职责，就要建立健全人力资源管理中的劳动合同制度，使其现代化、规范化、合法化。企业要把管理责任落实到个人，合理配置劳动力，使资源合理配置，促进经济效益的提高及公司内部管理体制的完善，同时也保护了劳动者的合法权益。把劳动法律法规政策和本公司的实际相结合，制定符合自己公司的劳动管理规章制度，明确劳动合同签订、变更和解除，厘清各种劳动关系。劳动合同到期后如果要续签，就要签订新的劳动合同。办理劳动合同的解除和变更，应由合同当事人双方依法签订书面协议，并按照规定及时办理劳动合同的变更和解除手续。

（3）规范劳动者的劳动义务，防止给用人单位造成经济损失。用人单位与劳动者签订劳动合同，要明确权利义务条款。用人单位要掌握劳动者的年龄状况、姓名、家庭住址、联系电话等基本信息。依据法律法规，建立健全劳动管理制度及规章制度与本公司实际相结合。加强对劳动者的管理，劳动程序的合法化、规范化，遵守合同内容，依据法律法规履行基本义务，承担相应责任，促进公司经济发展及人力资源管理的规范化，劳动关系的法制化。用人单位和劳动者共同遵守"平等自愿，协商一致"的原则，保证双方劳动义务的履行，并通过劳动合同的规范和签订，使双方权益得到保护。

随着市场经济的迅速发展，企业的经济实力也随之逐步提高，劳动合同管理问题日益显现，要认识到其中的不足并加以改正。对于传统的人事劳动管理办法，取其精华，去其糟粕，采用现代管理办法，建立劳动合同管理台账对劳动合同管理中存在的问题及不足采取相应的解决措施，提高和加强人力资源及劳动合同的管理水平，促进企业活力及生产经济的发展。

9.2 劳动争议处理

劳动争议是指劳动关系当事人之间因劳动的权利与义务发生分歧而引起的争议，又称劳动纠纷。随着经济的发展，劳动力流动也越来越平凡，劳动争议纠纷已成为较突出的社会矛盾。同时，在法院审理劳动争议案件过程中遇到的各种各样的法律问题也层出不穷。

9.2.1 劳动争议类型

劳动者与用人单位发生劳动争议的形式主要有两种：一种是既定权利的争议，即因适用劳动法和劳动合同法的既定内容而发生的争议；另一种是要求新的权利而出现的争议，即因制定或变更劳动条件而发生的争议。从劳动争议的内容来看，主要分为以下几类。

（1）员工辞退、辞职而产生的劳动纠纷。

辞退是用人单位对严重违反劳动纪律、规章、规程的劳动者，经教育或行政处罚仍然无效后，依法与其解除劳动关系的一种行为。辞职是劳动者自愿辞去工作，离开原用人单位的一种行为。辞退与辞职均导致劳动关系终止，也是产生劳动纠纷的重要因素。

（2）工资、保险、福利、培训、劳动保护等而产生的劳动纠纷。

工资是劳动者付出劳动后应得的劳动报酬。保险主要是指工伤、生育、养老、医疗、失业等社会保险。福利是指用人单位用于补助职工及其家属和举办集体福利事业的费用。培训是指职工在职期间的职业技术培训。劳动保护是指为保障劳动者在劳动过程中获得适宜的劳动条件而采取的各种保护措施。由于上述规定较为繁杂，又涉及劳动者的切身利益，不仅容易发生纠纷，而且容易导致矛盾激化。

（3）劳动合同产生的劳动纠纷。

劳动合同是用人单位与劳动者为确立劳动权利义务关系而达成的意思表示一致的协议。劳动合同纠纷在劳动合同的订立、履行、变更和解除过程中，都有可能发生。

（4）法律、法规规定的其他劳动纠纷。

此外，根据劳动纠纷当事人是否为多数，或者争议内容是否具有共性来划分，劳动争议纠纷还可以分为集体劳动纠纷和个人劳动纠纷。

9.2.2 劳动争议处理方式

根据《中华人民共和国劳动法》和《劳动合同法》规定，劳动争议处理应以协商、调解为主，协商、调解不成的，才按照相应的法定程序办理。

1. 协商程序

劳动争议的协商解决程序是处理劳动争议的一个独立程序。从诉讼和仲裁法学的视角考察争议或纠纷的协商解决是指权利的自力救济方式。协商的主体一方为企业，一方为企业员工。在具体操作程序上，当发生劳动争议时，一方当事人可以通过与另一方当事人约见、面谈等方式协商解决。实际工作中，协商程序是解决劳动争议常用的路径。但是，协商程序不是处理劳动争议的必经程序。当事人双方可以协商，也可以不协商，完全遵循自愿原则，不得强迫执行。

2. 调解程序

调解程序是指劳动纠纷的一方当事人就已经发生的劳动纠纷向劳动争议调解委员会申请调解的程序。根据法律规定：企业内部可以设立劳动争议调解委员会，主要负责调解本单位的劳动争议。调解委员会委员由企业代表、职工代表和工会代表组成。委员既要具有一定的法律知识、政策水平和实际工作能力，又要了解企业的具体情况，以便于协调解决纠纷。除因签订、履行集体劳动合同发生的争议外，均可由本企业劳动争议调解委员会调解。但是，与协商程序一样，调解程序也由当事人自愿选择，且调解协议不能强制执行，如果一方反悔，同样可以向仲裁机构申请仲裁。

3．仲裁程序

仲裁程序是劳动纠纷的其中一方当事人将纠纷提交劳动争议仲裁机构进行处理的程序。仲裁程序是介于调解程序和诉讼程序之间的解决劳动争议的特殊程序，所以既具有调解程序的灵活、快捷的特点，又具有诉讼程序强制执行效力的特点，是解决劳动纠纷的重要路径。劳动争议仲裁机构是国家批准、依法独立处理劳动争议案件的专门机构。申请劳动仲裁是解决劳动争议的选择程序之一，也是提起诉讼的前置程序，即劳动争议在提起诉讼程序前，必须要经过仲裁程序，不能直接向人民法院提起诉讼。

4．诉讼程序

根据法律规定："劳动争议当事人对仲裁裁决不服的，可以自收到仲裁裁决书之日起十五日内向人民法院提起诉讼。一方当事人在法定期限内不起诉，又不履行仲裁裁决的，另一方当事人可以申请人民法院强制执行。"诉讼程序也就是人们通常所说的打官司，诉讼程序的启动是由不服劳动争议仲裁委员会裁决的一方当事人向人民法院提起诉讼后启动的程序。诉讼程序具有较强的法律性、程序性，作出的判决也具有强制执行力。

劳动纠纷判决后，裁定也有不执行的情况。根据《最高人民法院关于审理劳动争议案件适用法律若干问题的解释》第二十一条规定，当事人申请人民法院执行劳动争议仲裁机构作出的发生法律效力的裁决、调解书，被申请人提出证据证明劳动争议仲裁裁决书、调解书有下列情形之一，并经审查核实的，人民法院可以根据《中华人民共和国民事诉讼法》第二百一十七条之规定，裁定不予执行。

（1）裁决的事项不属于劳动争议仲裁范围，或者劳动争议仲裁机构无权仲裁的。

（2）适用法律确有错误的。

（3）仲裁员仲裁该案时，有徇私舞弊、枉法裁决行为的。

（4）人民法院认定执行该劳动争议仲裁裁决违背社会公共利益的。

人民法院在不予执行的裁定书中，应当告知当事人在收到裁定书之次日起三十日内，可以就该劳动争议向人民法院起诉。

9.2.3 劳动风险防范

随着我国劳动法律法规的不断完善和市场经济建设的不断深入进行，以及信息网络技术的广泛推广应用，劳动者对法律的理解更加深刻，维权意识也在不断增强。根据相关数据统计，每年的劳动纠纷案件数量呈现不断上升的趋势。只要发生劳动纠纷，企业就要花费大量的人力、物力及时间去处理，而且还可能对其他员工产生不良的影响。因此，做好劳动风险防范至关重要，那么如何提前做好劳动风险防范，从而避免发生劳资纠纷？下面是某公司劳动争议预防调解工作预案，供读者参考。

劳动争议预防调解工作预案

1. 目的

为提升公司劳动争议预防能力，合法、合规、及时地把劳动争议解决在萌芽状态，保护职工群众的合法权益，以和谐劳动关系保证企业生产经营秩序的有效运行，根据《中华人民共和国劳动争议调解仲裁法》（以下简称《劳动争议调解仲裁法》），特制定本预案。

2. 组织体系及相关部门职责

（1）劳动争议预防调解委员会

公司成立劳动争议预防调解委员会，主任由公司分管副总裁担任，人力资源部、工会办公室和职代会代表（2名）担任成员，办公室设在人力资源部。

（2）工作职责

①调解委员会办公室。主要负责建立预防调解的相关制度，组织召开劳动争议预警分析会，提出具体方案和建议，报公司审批，负责重大群众事件的处理，指导基层工作，及时化解矛盾，并建立劳动争议预防工作档案。

②各部门。负责宣传、学习《劳动争议调解仲裁法》及一切本单位内劳动争议的预防制度，对本单位内发生的事实清楚、线索明晰、争议额较小的简易案件进行调解工作，及时、就地调解和解决。

③调解信息员负责及时做好员工思想疏导工作，发挥好"桥梁"作用，了解汇报员工动态，及时主动反映员工意愿，对可能发生争议的潜在问题要及时上报，维护员工队伍

的稳定。

3. 常见劳动纠纷形式

劳动纠纷是劳资矛盾上升到一定程度后的表现，直接体现了劳资双方的利益冲突。当前，企业与员工之间的劳动纠纷主要有以下几种表现形式。

（1）劳动合同方面的纠纷

根据《劳动争议调解仲裁法》的规定，用人单位与劳动者因订立、履行、变更、解除和终止劳动合同发生的争议都属于劳动合同纠纷。劳动合同纠纷主要包括确认劳动关系纠纷、集体劳动合同纠纷、劳务派遣合同纠纷、非全日制用工纠纷等。

（2）劳动报酬方面的纠纷

劳动报酬方面的纠纷主要指员工与公司在履行劳动合同期间，因劳动报酬所发生的争议，如工资核算标准与发放、企业拖欠员工工资或违规扣发、未按约定发放提成（或奖金）、加班工资的认定、女职工"三期"工资发放等。

（3）休息休假方面的纠纷

根据《中华人民共和国劳动法》（以下简称《劳动法》）的规定，公司在保障劳动者休息权方面应当履行的义务具体有：遵守法定的工作日长度，保证劳动者的每周休息日，遵守国家法定节日和带薪年休假期，保证劳动者患病和负伤期间依法享有的病假，保证女职工的产假等。

（4）社会保险方面的纠纷

根据《劳动法》的规定，公司依法应当为员工缴纳养老保险、医疗保险、失业保险、生育保险和工伤保险。未参加社会保险，尤其是未参加工伤保险的人员发生工伤后绝大多数情况下都会与公司发生纠纷。

（5）违约责任方面的纠纷

《中华人民共和国劳动合同法》（以下简称《劳动合同法》）规定的违约限于两种：一是公司对员工进行专项培训后，员工在服务期内辞职的；二是在竞业限制期限内，员工违背与公司约定的竞业限制条款的。实践中，还存在因公司一方违约，需要向员工支付经济补偿标准的纠纷，以及员工或公司因过错给对方造成损失、承担赔偿责任标准的纠纷。

......

> **Tips** 由于内容较多，书中只列出了本工作预案的部分内容，其详细内容将在模板中提供，读者可下载完整的劳动争议预防调解工作预案进行参考、使用，下载方法见前言说明。

9.3 员工工伤管理

随着社会的发展，对劳动者权益的保护力度越来越大，在当前实际工作中职工被认定为工伤的情形呈现扩大的趋势。如何做好企业的工伤事故处理，预防工伤事故发生，是做好工伤管理的关键工作。

9.3.1 工伤管理概述

工伤又称为产业伤害、职业伤害、工业伤害、工作伤害，是指劳动者在从事职业活动或者与职业活动有关的活动时所遭受的不良因素的伤害和职业病伤害。工伤有三大要素，即工作时间、工作场所内及因工作原因受到事故伤害的。职业病是一种特殊的工伤形式，是指企业、事业单位和个体经济组织的劳动者在职业活动中，因接触粉尘、放射性物质和其他有毒、有害物质等因素而引起的疾病。

1. 工伤的类型

由于工伤的特殊性，工作的分类方式比较多，根据不同的事故性质和划分标准，可以从以下几个方面进行分类。

按照损伤程度划分，工伤可分为轻伤事故、重伤事故和死亡事故三类。轻伤是休息1~104天的失能伤害；重伤是休息105天以上的失能伤害。

按致伤因素划分，工伤可分为3类。（1）机械性损伤：如锐器造成的切割伤和刺伤，钝器造成的挫伤，建筑物倒塌造成的挤压伤，高处坠落引起的骨折；（2）物理性损伤：如烫伤、烧伤、冻伤、电损伤、电离辐射损伤；（3）化学性损伤：如强酸、强碱、磷和氢氟酸等造成的灼伤。

按受伤部位划分，工伤可分为颅脑伤、面部伤、胸部伤、腹部伤和肢体伤。

按皮肤或黏膜表面有无伤口划分，工伤可分为开放性损伤和闭合性损伤。

按受伤组织和器官多寡划分，工伤可分为单个伤和多发伤。

2. 工伤的认定情况

员工发生事故伤害后，根据事故伤害发生的情形判定是否属于工伤。根据《工伤保险条例》规定，有下列情形之一的，应当认定为工伤或视同工伤。

①在工作时间和工作场所内，因工作原因受到事故伤害的。

②工作时间前后在工作场所内，从事与工作有关的预备性或收尾性工作受到

事故伤害的。

③在工作时间和工作场所内,因履行工作职责受到暴力等意外伤害的。

④患职业病的。

⑤因工外出期间,由于工作原因受到伤害或发生事故下落不明的。

⑥在上下班途中,受到非本人主要责任的交通事故或者城市轨道交通、客运轮渡、火车事故伤害的。

⑦在工作时间和工作岗位,突发疾病死亡,或者在48小时之内经抢救无效死亡的。

⑧在抢险救灾等维护国家利益、公共利益活动中受到伤害的。

⑨职工原在军队服役,因战、因公负伤致残,已取得革命伤残军人证,到用人单位后旧伤复发的。

⑩法律、行政法规规定应当认定为工伤的其他情形,如员工因违章操作负伤、员工因工外出期间遭受暴力侵害等。

员工上下班途中发生交通事故认定为工伤的条件较为严格,应满足以下条件。

①在规定的上下班时间。员工下班以后加班或避开高峰时段之后再回家等情形,属于合理的时间。

②在上下班的必经路线上。员工在合理的时间内从工作地往返于住所地、经常居住地、单位宿舍,以及配偶、父母、子女居住地,或者从事日常工作生活所需要的活动(如下班途中到菜场买菜再回家),属于合理的路线。

③事故的主要责任不在员工本人或者双方同等责任。

④事故属于道路交通机动车事故。

职工发生事故伤害属于以下情形的,不予认定为工伤或视同工伤。

①故意犯罪的。

②醉酒或吸毒的。

③自残或自杀的。

④上下班途中受到非交通事故的伤害。

⑤其他不符合工伤认定条件的事故伤害。

9.3.2 工伤事故处理

工伤事故往往因赔偿金额高、涉及项目多而成为劳动争议中最头疼的一个模块。一旦认定为工伤后，赔偿的项目及金额基本上就没有什么可更改的了。那么，企业该如何妥善处理工伤事故呢？

（1）工伤发生时，跟踪跟进，冷静处理。

工伤事故的发生常带有偶然性和突发性，面对突如其来的事故，企业应冷静应对。

①拟订工伤医疗医院，及时医治。工伤发生后，以生命安全为第一位，救治员工是最紧急最重要的工作。

②确定治疗方案。应遵循最利于工伤员工康复的原则，引导工伤员工与医务人员确定合理治疗方案，避免过度治疗或因治疗效果不理想而引起争执。

③锁定交通事故责任。在员工上下班途中遭遇交通事故后，应尽快联系交警，保留沟通渠道，方便及时掌握事故的责任。

④把控停工留薪期。在医嘱休息时间临近时，应通知工伤员工上班。如果员工无法提供继续休息的依据又拒绝上班，应保留相关证据。

⑤处理好护理费。建议以主治医生的医嘱为准。

⑥保管好工伤材料。收集并保管好病历卡、用药明细、医疗费发票、出院小结、检查化验报告、疾病诊断证明书、事故责任认定书（仅指上下班途中发生的交通事故）、工伤员工（法定代理人）的身份证复印件等工伤材料，以确保工伤的真实性和申报手续的完整度。

（2）工伤申报时，要做到事无巨细，避免疏漏。

①确认工伤类别。将事故梳理为确认工伤和疑似工伤两大类。对于疑似工伤类，应及时咨询工伤认定机构。

②评估是否申报工伤。在申报工伤之前应先考虑员工和企业之间的利益结合点：一是保证工伤员工应得的各项工伤待遇，二是确保企业的最大利益。不构成伤残等级且药费不多的建议不报；构成伤残等级或药费较多的必报；其他情形应综合影响费率的因素后再评定。

③掌握申报时效。员工发生事故伤害或按照职业病防治法规定被鉴定为职业病，企业应当自事故伤害发生，或者被诊断、鉴定为职业病之日起30日内，向统筹地区社会保险行政部门提出工伤认定申请。如果遇有特殊情况，经报社会保险行政部门同意，申请时限可适当延长。

（3）劳动能力鉴定，力求公正，收集佐证。

劳动能力鉴定一般由设区的市级劳动能力鉴定委员会负责，必要时可通过其他具备权威鉴定资格和经验的同行予以佐证。

根据劳动者劳动功能障碍程度和生活自理障碍程度的等级鉴定，将伤残等级鉴定分为十级，最重的为一级，最轻的为十级。

（4）做好工伤保险待遇准备

根据工伤保险制度的规定，工伤保险待遇分为工伤医疗期待遇和工伤致残待遇。

①工伤医疗期待遇。员工因工作原因受事故伤害或者患病要暂停工作接受工伤医疗的期间为停工留薪期，停工留薪期一般不超过12个月，特殊情况经市级劳动能力鉴定委员会确认，可以适当延长，但延长不得超过12个月，也就是最长时间为24个月。治疗工伤所需费用符合工伤保险诊疗项目目录、工伤保险药品目录、工伤住院服务标准的，从工伤保险基金支付。在停工留薪期内，原工资福利待遇不变，由所在企业按月支付，员工住院治疗工伤的，由所在企业按照本企业因公出差伙食补助标准的70%发给住院伙食补助费。

②工伤致残待遇。工伤致残待遇包括一次性伤残补助金、按月支付伤残津贴和劳动合同关系。伤残补助金和伤残津贴都是从工伤保险基金中按伤残等级支付的，标准如表9-1所示。

表9-1 工伤致残待遇

伤残等级	一次性伤残补助金	按月支付伤残津贴	劳动合同关系
一级	27个月本人工资	本人月工资90%	不得解除
二级	25个月本人工资	本人月工资85%	不得解除
三级	23个月本人工资	本人月工资80%	不得解除
四级	21个月本人工资	本人月工资75%	不得解除
五级	18个月本人工资	本人月工资70%	员工提出方可解除
六级	16个月本人工资	本人月工资60%	员工提出方可解除
七级	13个月本人工资		
八级	11个月本人工资	七级伤残以后（含七级）不用按月支付伤残津贴	
九级	9个月本人工资		
十级	7个月本人工资		

（5）制作协议书。

谨慎签订协议书。对伤残等级认识一致，赔偿涉及的项目全部以列举式表达；列出所有涉及的理赔项目，再根据工伤赔付的标准核算赔付的额度，最后形成书面的赔付协议书。对于赔付的标准和内容一定要详细、明确，以免以后工伤员工以主体资格有问题、对协议内容有重大误解或显失公平的情形提出劳动争议。

（6）工伤保险管理。

为了转移企业用工的工伤赔付风险，企业都会为员工办理工伤保险，甚至有些企业还会为员工购买商业险。具体执行有以下3种模式。

①工伤保险模式：适用于所有企业，根据法律规定，企业有义务为员工购买社会保险，社会保险中包括工伤保险。

②商业保险模式：企业为员工购买的商业保险有雇主责任险或意外伤害险。有些企业出于节省成本的考虑，只缴纳雇主责任险。原则上不建议采用这样的模式，员工入职后，企业就应该按规定缴纳社会保险。

③工伤保险＋商业保险组合模式：适用于财务支付能力较强或风险防范意识强的企业。有两种操作方式：其一是"工伤保险＋雇主责任险模式"，即企业可以根据工伤情况和赔偿金额选择其中之一作为赔付渠道，或者将雇主责任险作为工伤赔付的补充；其二是"工伤保险＋意外伤害险模式"，这类模式与上一种模式类似，不同的地方在于商业险不一样，雇主责任险和意外伤害险的区别在于：雇主责任险赔付的对象是企业，而意外伤害险赔付的对象是员工。

9.3.3 工伤风险防范

企业在生产经营过程中，难免会因为各种情况发生工伤，而且随着社会用工的逐年增长，工伤事件也在攀升。据统计，在珠三角有71.8%的企业发生过工伤，事故数每年多达3万宗，主要发生在制造企业。每一次的工伤赔付对企业来说都是一笔不少的开支，不仅付出了资金，还需要更多的人力、物力来处理，甚至还会对在职员工造成一定的影响。因此，企业有效地预防和减少工伤事故，能让企业减少各种损失，同时还能避免职工受到伤害。

（1）加强宣传教育，提高安全意识。

加强宣传教育，提高员工安全意识是前提，要向员工灌输"安全第一"的安全意识，真正落实"安全第一，预防为主"的安全经营方针。"安全第一"就是在安全与生产经营发生矛盾冲突时,首先考虑的是安全问题,在确保安全的条件下进行企业生产经营活动。

(2)组织职业培训,提高员工自我保护意识和技能。

据对工伤事故的统计分析,发现大多数工伤事故都是因为员工没有按相关操作规程操作或安全意识淡薄造成的。由于企业用工比较紧张,往往会出现新员工或转岗员工在没有经过任何培训或教育的情况下就安排到相应的岗位上操作,因为这些员工没有经过专业的技术培训和职业教育,对所要从事的生产过程和设备操作十分陌生,所以很容易造成工伤事故。因此,对新员工或转岗员工进行必要的岗前培训十分重要,还可以定期开展安全生产专项培训,提高员工的安全生产意识,杜绝违规操作行为,维护正常的经营秩序。

(3)制定相应操作制度,并落实到位。

防止工伤事故的发生,拥有健全的各项管理制度是前提。另外,不能让制度仅停留在书面上,要认真落实安全生产岗位责任制和安全生产规章制度等各项制度,做好安全生产检查工作,建立标准化运作,用规范化的管理制度防范和杜绝工伤事故发生。

(4)配置防护设备设施。

对于一些特殊岗位,要提供必要的劳动保护用品和采取安全防护措施。例如,对于有职业健康危害因素的岗位,针对不同的危害因素采取必要的防护措施,配置手套、防尘口罩等劳动保护用品;对于有危险作业的岗位,要配置安全帽、安全绳等。为员工配备防护用品不属于一种福利,而是为了职业健康管理需要,是减少工伤事故的一种预防措施。在配置劳动保护用品或设备时,应同时建立相关保管、使用、回收制度,确保劳动保护用品或设备能够发挥应有的作用。

(5)抓好检查工作,及时排除事故隐患。

企业要成立相应的管理工作小组,并组织检查排除事故隐患。检查内容包括排查事故安全隐患,落实整改措施消除不安全因素,检查是防患工伤事故于未然的一种重要手段。安全检查可分定期检查和不定期检查、综合检查和专项检查。安全检查的周期根据企业的安全隐患不同而不一样,安全检查可先发布公告,再组织逐项检查,也可采用不定期随机抽查,检查发现问题后,要及时进行安全隐患的整改,并且要定时复查,做到及时跟踪反馈。

(6)对工伤事故要严肃认真地调查处理。

当工伤事故发生时,必须如实上报、及时处理。事故发生后,要成立事故调查小组，并对工伤事故做详细调查。重大事故要召开事故追查会，对事故认真地进行总结分析，并吸取经验教训，做到举一反三，预防事故再次发生。

安全不是一句空话，而是需要每一位管理者及员工的实际行动；安全也不是一句口号，而是对每一位管理者及员工的制约。做好安全管理，预防工伤事故发生，要求每一位企业管理者和员工都要身体力行，从我做起，从身边事做起，杜绝一切不安全状态和行为。

9.4 员工关系维护

建立并维持良好的员工关系是做好人力资源管理的重要保障。随着科学技术的发展，企业的竞争逐步演变为对人才的竞争，人才是企业的核心竞争力。那么除了引进人才外，如何留住和激励现有人才，将是人力资源管理面临的重要挑战，这也是员工关系维护的重要职能。

企业要充分认识到员工是企业的资源，甚至是企业的资本，在充分认识这个方面的基础上，再开展人力资源工作，企业的各项人力管理措施就更具针对性。员工的满意度和工作绩效才能得到切实提高，员工的忠诚度和归属感才能获得提升，员工流失率才能得到降低，进而实现员工与企业的和谐可持续发展。

9.4.1 员工关系维护措施

员工关系维护是人力资源管理的一项重要内容。融洽、和谐的员工关系，有利于形成互相协作、互相帮助的良好工作氛围，从而提升员工工作的满意度和工作热情，促进企业整体工作效率的提高。因此，做好员工与员工之间、员工与企业之间的关系维护，是增强企业凝聚力、向心力、战斗力的关键环节，是维护企业可持续发展的重要环节。

1．员工关系维护措施

在人力资源管理工作方面，要实现最大限度地稳定员工队伍，充分挖掘员工潜能与调动员工能动性，就必须逐步完善员工关系维护机制。建立健全维持良好员工关系，可以从以下6个方面着手。

（1）建立信息渠道。

建立信息的获取渠道是员工关系维护的基础，只有充分了解员工、了解各类信息，才能有针对性地维护员工关系。建立信息渠道可以从3个方面着手：一是建立人力资源信息化管理系统，有效的信息化系统可以对人力资源管理工作的各业务板块进行及时跟踪与监控，保持各类信息的实时共享，确保准确及时地掌握人力资源管理工作过程和结果；二是建立正式信息渠道，可以开通员工服务热线，集中处理有关员工各方面的需求、咨询和投诉，并形成快速反应机制，畅通信息渠道，更好地解决员工诉求和服务企业发展；三是建立非正式信息渠道，保持与员工进行不定期的沟通交流，关注员工思想动态，了解员工心中所想，特别要关注企业内部非正式组织的带头人。

（2）员工参与管理。

要鼓励员工参与企业的经营管理，让员工发挥主观能动性。例如，在做决策前，先收集员工的意见，组织正式或非正式的研究讨论会、座谈会，在决策时采用集中表决等多个维度确保员工对管理举措的理解和决策参与。员工参与管理的过程是员工表达意见的过程，也是员工理解和接受管理制度或管理方案的过程。

（3）优化人力资源管理机制。

人力资源管理在服务于企业经营管理的同时，也要考虑员工的利益和发展。建立员工职业发展路径，为员工提供广阔的发展空间与平台，统一员工个人利益与企业整体利益。在激励员工方面，可以设置建议奖、开发创新奖、优秀员工奖等充分调动员工的主动性。

（4）危机员工关系管理。

危机员工关系管理，主要是指针对非常重大的有关员工切身利益的事件，企业采取一系列预防和管理措施，防止危机事件发生，以及在发生危机事件时所采取的解决方案。例如，企业裁员，如果企业因特殊情况一定要裁员，就需要慎重，尽量巧妙处理，在企业实施裁员前，要先制定预防措施，并做好发生意外的准备。

（5）员工援助计划。

为了帮助员工解决工作或生活中的难题，提升员工的满意度，可以在企业内部实施员工援助计划。员工援助计划可以由人力资源部负责组织实施，在执行的过程中，可以寻求企业工会协助。员工援助计划要明确援助标准，哪些类别的事项、哪些员工有资格享受什么水平的援助；在实施过程中要注意援助计划的公开透明，保证援助计划实施过程的公平合理，让更多员工了解企业对员工的关爱，进而提升员工的积极性和企业的凝聚力。

（6）强化企业文化建设。

企业文化是员工关系维护的催化剂，良好的企业文化有利于员工关系的维护。企业文化的构建除自身特点外，还要对员工有引导作用，把员工往企业希望的方向引导。

2. 员工工作压力管理

随着社会的发展，竞争越来越激烈，员工工作压力也越来越大。压力是来自多方面的，既有环境因素、组织因素，还有个人因素。

①环境因素：包括经济的不确定性、政治的不确定性和技术的不确定性。

②组织因素：组织内有许多因素能引起压力感。例如，员工对角色认识模糊、在角色中发生冲突、工作任务超载、工作任务欠载、人际关系欠佳、企业文化不适应、工作条件不满意等，都有可能给员工造成压力。

③个人因素：每个员工的生活环境都不同，员工生活中的经历及所遇到的各种问题也会影响员工工作。如果个人生活问题处理非常得当，心情也总是乐观向上的，那么员工就会精神饱满地开展工作，积极主动地处理工作的各项问题；如果日常生活处理不当，或者存在困难、难题，员工在工作中就会感到焦虑或精神萎靡，有时即使遇到工作中的小问题也会愤怒和暴躁。因此，个人生活因素会影响员工的工作。个人生活因素主要表现在家庭问题、经济问题、生活问题、人际关系问题等方面。

如果员工压力过大会影响工作效率，甚至会影响到企业的其他员工。那么，如何帮助员工缓解压力？下面介绍几种帮助员工缓解压力的方法。

①组织体育锻炼。体育锻炼可以使身体健壮、精力充沛，应对压力的能力增强，减少或消除压力的生理影响。公司可以组织员工参加体育活动，如登山、打球等。

②帮助员工做好时间管理。时间管理也对解压有帮助，如果员工能恰当地安排好时间，就可以在既定的时间内完成工作任务，从而避免工作压力的产生。

时间管理的原则有：列出每天要完成的工作任务；根据工作的重要程度和紧急程度来对事情进行排序；根据工作的优先顺序进行日程安排；了解自己的日常活动周期状况，在效率最高的时间段内完成工作中最重要的部分。

③多与员工沟通。加强与员工的正式沟通和非正式沟通，可以运用有效的沟通来改变员工的认知，及时传递公司的信息。

除了以上的方法外，企业可根据实际情况采取一些比较有针对性的方法。例如，允许某些岗位的员工自由决定上班的时间，让员工参与绩效工资的自我考核，增强员工的自我控制感，帮助员工减少压力的产生。为员工创造良好的生理和心理环境，满足员工的身心需求，以提高工作方面的保健因素，帮助员工减轻压力，从而提高员工工作效率和企业整体效益水平。

 员工关系维护是不分时间、地点的，随时随地都要注意员工关系的维护。

9.4.2 员工关系维护方案

员工关系维护不能仅仅停留在口头上、思想上，要具体落到实处，让员工实实在在感受到。为了避免在执行过程中有偏差，确保能够按照要求实施，在执行前要形成操作方案，在方案的指导下开展具体的工作。以下是某公司的员工关系维护方案，供读者参考。

员工关系维护方案

目的：为加强公司人性化、制度化管理，实现雇主、雇员双赢，提升员工的归属感，降低离职率，留住员工。

实施细则：

一、新员工关爱

1. 新员工入职发放生活用品。如脸盆、毛巾、牙刷、牙膏、洗衣粉等；每间宿舍有一个垃圾篓和扫把、拖把、簸箕。

2. 新员工访谈。

关注新员工入职期间的工作及生活适应程度，人力资源部通过现场回访（到车间、宿舍）员工本人和班组长，了解员工在工作和生活中遇到的问题，人力资源部要记录员工回访信息，并提出合理化建议，呈总经办批准后实施，人力资源部跟进实施结果。

二、改善基层班组长及以上管理层管理方式

通过培训、引导等方式完善班组长的管理方式。人力资源部不定期对各部各级的管理方式进行现场调查，提出改善意见及建议，定期追踪改善效果。

三、改善员工生活、工作环境

1. 行政部设立宿舍问题处理热线，及时帮助住宿员工解决住宿中遇到的各类问题。

2．工作岗位实施6S管理，并保证可持续实施。

四、实施具有竞争力的薪酬福利方案

1．让员工了解工资构成，避免员工间因工资对比而产生误解、不满，影响工作，甚至离职。计件工资公开、公正、公平、透明化。

2．公司提供合理、具有竞争性的计件方案。

3．对生产一线员工工龄工资建议修改为：满1年至4年每年增加50元，5年开始每年增加100元，500元封顶。

五、简化员工入职手续办理流程

员工入职（人力资源部门、用人部门）和后勤（食堂、宿舍）手续办理在一个办公地点即可实现。

六、丰富员工文化生活

1．公布活动中心开放时间表，定期开放活动中心，行政部配置并统一管理必要的娱乐器材，如乒乓球、羽毛球及球拍、篮球等。

2．食堂增设电视机及影碟机，员工闲时放松及公司宣传教育之用。

3．购置桌球及健身器材。

4．每月定期放映至少两部电影。

5．人力资源部定期举办集体娱乐活动或比赛，丰富员工的业余生活。

七、员工生日座谈会

人力资源部每月至少主导举办一次当月生日员工座谈会，了解员工动态，汇总员工问题，与员工沟通感情。

人力资源部负责收集汇总员工问题，并提出合理化建议，呈总经办批准后实施。

八、完善员工的激励晋升机制

通过开展技能竞赛、岗位练兵等多种形式，发现和选拔技能人才。健全技能人才评价制度，建立完善员工技能水平、工作业绩与福利待遇相挂钩的激励机制。鼓励和支持员工参与企业技术改造和质量管理，对有贡献的员工给予精神、物质奖励或提职晋升。

九、建立员工与人力资源部的直接通道

通过开通HR热线、HR信箱等多种途径，了解员工心声，并协助解决其生活中与思想上的问题。建议员工离职时第一时间找人力资源部门，由人力资源部门进行面谈，并且尽可能帮助员工解决问题，挽留员工。针对员工提出的问题，人力资源部门拟制合理化建议，报总经办批准后实施。

9.5 员工关系管理实操范本

通过对员工关系的劳动合同管理、劳动争议处理等内容的详细介绍,掌握了员工关系管理的专业知识与操作技巧。员工关系管理的过程还需要通过制度、流程等文件加以制度化、流程化、表格化。本节将介绍员工关系管理实操范本。

9.5.1 范本:劳动合同管理制度/流程/表单

劳动合同是员工关系管理的重点,以下将提供劳动合同的管理制度、管理流程及相应表单的范本。

1. 劳动合同管理制度

劳动合同管理制度必须遵守国家劳动法与合同法,用以指导公司劳动的订立、变更、解除等。下面是某公司劳动合同管理制度,供读者参考。

劳动合同管理制度

1. 目的

为依法规范管理企业与员工的劳动关系,指导员工劳动合同的签订、变更、解除工作,维护员工和企业的合法权益,避免劳务纠纷,特制定本管理制度。

2. 适用范围

本制度适用于公司签订劳动合同的员工。

3. 定义

劳动合同:指劳动者与公司确立劳动关系、明确双方权利和义务的协议。

4. 职责

(1)总经理

①负责公司员工劳动合同期限的审批及所有续订合同、无固定期限合同的最终审批。

②负责审批公司员工合同的解除。

(2)人力资源部

①负责员工劳动合同文本撰写和修订、台账、动态管理。

②负责保密协议、补充协议等的撰写和修订。

③负责与员工办理劳动合同的签订、续签、劳动合同的终止、解除等具体手续。

④负责劳动合同的保管并接受员工的咨询。

⑤负责劳动合同争议处理。

5．劳动合同期管理

①员工实行聘任制，新员工办理入职手续时即与公司签订劳动合同。

原则上第一次签订的劳动合同为五年期限，其中包括试用期，试用期为三个月。每个月 20 日以后（含 20 日）入职的，签订试用期截止日为三个月后的月底最后一天，每个月 20 日以前入职的，签订试用期截止日为两个月后的月底最后一天。

②员工需服从公司人力资源部门的安排，在规定时间内签订合同，对于续签、变更等做出书面意见反馈给公司人力资源部门，对于在合同签订过程中出现争议的可向公司人力资源部门提出申诉。

③合同期满后可根据公司的需要及个人意愿续订或终止。

6．劳动合同内容

①劳动合同内容包括劳动合同期限、工作内容、劳动报酬、员工姓名、住址和居民身份证或者其他有效身份证件号码，法律、法规规定应当纳入劳动合同的其他事项及双方需约定的其他事宜。

②员工接受公司出资的外出培训需签订培训协议。存在竞业限制或需保密的岗位需签订保密协议；培训协议、保密协议及劳动合同变更协议均为劳动合同附加文本，具有同等法律效力。

7．劳动合同的签订

（1）合同签订

公司在聘用员工时，拟录用员工需提供原工作单位终止、解除劳动关系的证明。

员工进入公司办理入职手续时，需签订劳动合同，明确试用期，员工入职后一个月内不同意签订劳动合同的不予录用。

合同签订一式两份，公司和员工各一份。

（2）劳动合同变更

异动员工合同变更：跨不同法人主体公司的员工异动需终止劳动合同后与异动后的公司签订劳动合同，原签订的培训协议、保密协议等可在新签订合同中约定。

（3）劳动合同续签

员工劳动合同期限届满前，公司与员工均有权选择是否续订合同。员工应在劳动合同期届满前 30 天向公司书面确认是否续签劳动合同意向，截止合同期届满之日，仍无书面明确告知公司续订劳动合同意向的，可视为员工不同意以原合同约定条件续订劳动合同。

员工劳动合同期届满前一个月，公司人力资源部门需填写《员工劳动合同续签审批表》，进行续签审批，经公司审批通过且员工一致同意续签劳动合同的，可以另行签订书面劳动合同。

劳动合同续签的审批，分别由员工所在部门、人力资源部门以及相关领导签署书面确认和批准意见。

……

> Tips: 由于内容较多，书中只列出了本管理制度的部分内容，其详细内容将在模板中提供，读者可下载完整的劳动合同管理制度进行参考、使用，下载方法见前言说明。

2. 劳动合同管理流程

劳动合同管理制度需要管理流程来加以细化，制定劳动合同管理流程，让管理工作更加明确。劳动合同管理流程如表9-2所示。

表9-2 劳动合同管理流程

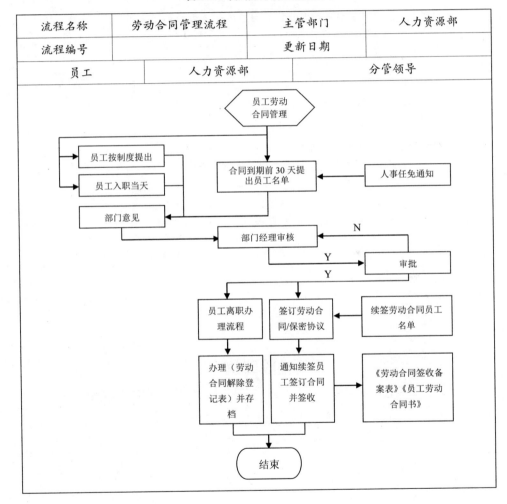

3. 签订劳动合同通知书

用人单位不在法律规定的期限内与劳动者订立书面的劳动合同，将面临巨大的违法成本。为避免劳动者借故不签劳动合同而导致公司承担违法责任，HR应在员工入职时书面通知员工签订劳动合同，并保存好签收回执。下面是某公司的签订劳动合同通知书，供读者参考。

签订劳动合同通知书

尊敬的 _____ 先生/女士：

感谢您加入本公司，根据《劳动合同法》和《劳动合同法实施条例》规定，现请您于 _____ 年 _____ 月 _____ 日携带以下材料至本公司人力资源部办理录用手续，并协商一致签订劳动合同。如逾期不签订劳动合同，公司将依据《劳动合同法实施条例》规定终止劳动关系。

（1）与原单位解除劳动合同关系的证明文件正本。
（2）入职体检报告。
（3）身份证原件及复印件一份。
（4）学历证明文件原件及复印件一份。
（5）职称证明文件原件及复印件一份（如有）。
（6）实名制银行账户复印件（用于办理工资卡）。
（7）近期二寸证件照2张。
（8）其他 _____。

单位公章：

_____ 年 _____ 月 _____ 日

签收回执

本人已收到并知悉单位于 _____ 年 _____ 月 _____ 日发出的《签订劳动合同通知书》。

被通知方（签名或盖章）_____

_____ 年 _____ 月 _____ 日

4. 劳动合同档案汇总表

员工签订劳动合同后，企业要整理汇总劳动合同签订情况，以便于合同查询及合同续签管理。劳动合同档案汇总表如表 9-3 所示。

表 9-3 劳动合同档案汇总表

编号	姓名	签订期限	起始日期	到期日期	签订日期	合同变更信息
1						
2						
3						
4						
5						
6						
7						
8						
9						
10						

> 签订的期限不能太短，不然很容易造成连续两次签合同，第三次需签无固定期限劳动合同

5．劳动合同变更协议书

如因特殊原因导致劳动合同需要变更，合同双方要在平等协商的基础上，签订劳动合同变更协议书。下面是劳动合同变更协议书，供读者参考。

劳动合同变更协议书

经甲乙双方协商同意，对____年____月____日签订的编号为_____的劳动合同书做如下变更：

劳动合同变更前的条款及内容：_____

_____

劳动合同变更后的条款及内容：_____

_____

双方确认上述变更后的内容从____年____月____日起对双方生效。

甲方：（签字盖章） 乙方：（签字）

日期： 日期：

6. 解除劳动合同通知书

解除劳动合同通知书有以下几种情形：一是劳动合同期限即将届满，公司或员工不同意续签劳动合同；二是劳动合同履行期间，公司或员工提出提前解除劳动合同；三是符合《劳动合同法》第四十四条规定。企业应根据实际情况依法做出解除劳动合同通知书。下面是某公司的解除劳动合同通知书，供读者参考。

解除劳动合同通知书

_____先生/女士：

您于____年___月___日与公司签订的____年期限的劳动合同，现因以下_____原因解除劳动合同，请按以下解除类型办理。

（1）劳动合同期限即将届满。根据国家和地方相关法律、法规、政策以及劳动合同的相关约定，经公司管理层批准，依法与您在不降低该到期劳动合同约定条件续签劳动合同，但由于您本人提出不愿意续签，故您的合同将至_____年___月___日终止，届时由公司人力资源部通知办理相关的离职手续。

（2）劳动合同期限即将届满。根据国家和地方相关法律、法规、政策以及劳动合同的相关约定，经公司管理层批准，依法与您终止劳动合同，届时由公司人力资源部通知办理相关的离职手续。

（3）符合《劳动合同法》第四十四条规定的：

□ 劳动者开始依法享受基本养老保险待遇的；

□ 劳动者死亡，或者被人民法院宣告死亡或者宣告失踪的；

□ 用人单位被依法宣告破产的；

□ 用人单位被吊销营业执照、责令关闭、撤销或者用人单位决定提前解散的；

□ 法律、行政法规规定的其他情形。

故您的合同将至____年___月___日终止，届时由公司人力资源部通知办理相关的离职手续。

（4）依据《劳动合同法》第三十六条的相关规定，您于_____年___月___日与公司提出协商解除此前公司与您订立的劳动合同，公司予以同意。经协商一致后，您的劳动合同于___年___月___日解除。您需要结算以下薪资和补偿金：

①您的薪资结算到____年___月___日，计____元。

②此种情形下公司不需要支付经济补偿金。

您需要按照公司离职规定完成工作交接，然后办理离职手续。

（5）依据《劳动合同法》第三十六条的相关规定，公司于_____年___月___日与您提出协商解除此前您与公司订立的劳动合同，您予以同意。经协商一致后，您的劳动合同于

____年___月___日解除。您需要结算以下薪资和补偿金:

①您的薪资结算到_____年___月___日,计_____元。

②此种情形下公司需要支付给您相当于___月工资的经济补偿金,计____元。

您需要按照公司离职规定完成工作交接,然后办理离职手续。

(6)依据《劳动合同法》相关规定,公司依法解除此前您与公司订立的劳动合同。解除您的理由如下。

①过失性解除

a. 在试用期间被证明不符合录用条件的。

b. 严重违反公司的规章制度的。

c. 严重失职,营私舞弊,给公司造成重大损害的。

d. 员工同时与其他用人单位建立劳动关系,对完成本公司的工作任务造成严重影响,或者经公司提出,拒不改正的。

e. 因《劳动合同法》第二十六条第一款第一项规定的情形致使劳动合同无效的。

f. 被依法追究刑事责任的。

②非过失性解除

a. 员工患病或者非因工负伤,在规定的医疗期满后不能从事原工作,也不能从事由公司另行安排的工作的。

b. 员工不能胜任工作,经过培训或者调整工作岗位,仍不能胜任工作的。

c. 劳动合同订立时所依据的客观情况发生重大变化,致使劳动合同无法履行,经公司与员工协商,未能就变更劳动合同内容达成协议的。

③经济性裁员

a. 依照企业破产法规定进行重整的。

b. 生产经营发生严重困难的。

c. 公司转产、重大技术革新或者经营方式调整,经变更劳动合同后,仍需裁减人员的。

d. 其他因劳动合同订立时所依据的客观经济情况发生重大变化,致使劳动合同无法履行的:_____。

您的劳动合同于_____年___月___日解除。您需要结算以下薪资和补偿金:

①您的薪资结算到_____年___月___日,计_____元。

②此种情形下公司需要支付给您相当于____月工资的经济补偿金,计_____元;公司不需要支付经济补偿金。

您需要按照公司离职规定完成工作交接,然后办理离职手续。

甲方:(签字盖章)　　　　　　　　乙方:(签字)

日期:　　　　　　　　　　　　　　日期:

7. 劳动合同续约申报表

员工劳动合同到期后，需要安排续签劳动合同，在企业内部按流程填写劳动合同续约申报表。劳动合同续约申报表如表9-4所示。

表9-4 劳动合同续约申报表

姓名		部门	
职位		入职时间	
合同签订起止时间		拟续签起止时间	
拟再次续约期限，由人力资源部填写（请打钩）： □3年　□5年　□其他 经办人： 日期：　年　月　日			
（1）签约意向，请打钩选择：　□同意续约　□不同意续约。 （2）同意续约请附个人总结（工作职责、工作贡献等）。 员工签名确认： 日期：　年　月　日　　（一定要员工本人签字，不能代签）			
用人部门负责人意见			
分管领导意见			
人力资源部意见			
总裁审核/批准			
董事长批准			
备注 （由HR填写）	最后批准劳动合同签订起止时间为：		

8. 劳动合同续约通知单

劳动合同续约申报通过后，企业需要把劳动合同续签信息以正式的通知形式告之员工。下面是劳动合同续签通知表单，供读者参考。

劳动合同续签通知表单

尊敬的员工：_____

你与我司于_____年___月___日签订的《劳动合同》即将到期，我司拟在劳动合同期满后，按不低于原劳动合同的条件继续与你续签劳动合同，请你做好续签劳动合同的准备，并在接到本通知之日起 7 日内向公司人力资源部申报是否续约。若到期后你不与我司续签书面劳动合同，则双方之间的劳动合同关系从期满之日即自然终止。

特此通知。

员工签名确认：　　　　　　　　　　　　　人力资源部（盖章）：

日期：　　　　　　　　　　　　　　　　　日期：

9.5.2　范本：劳动争议处理制度 / 流程

劳动争议是人力资源管理比较难处理的工作，为了恰当地处理各种劳动争议，建立健全的劳动争议处理机制势在必行。接下来将从劳动争议处理制度、劳动争议处理流程、预案等方面为大家提供范本。

1. 劳动争议处理制度

有效控制劳动争议事件的发生，创造良好的工作氛围，是人力资源部门很重要的一个工作职责。下面是某公司劳动争议处理制度，供读者参考。

劳动争议处理制度

1. 目的

为保证公司的稳定发展，维护正常的工作秩序，保障公司与员工的合法权益，有效控制劳动纠纷事件的发生，创造良好的工作氛围，根据国家有关法律法规的规定，特制定本制度。

2. 适用范围

本制度适用于公司、部门与员工之间的劳动纠纷，包括录用、考核、薪酬、调动、开除、辞退、辞职、自动离职等方面发生的纠纷。

3. 管理职责

（1）人力资源部

人力资源部是劳动纠纷处理的归口管理部门。发生争议后，人力资源部应当及时上报领导，深入调查纠纷原因，收集证据，提出处理方法，确保适时、正确地处理劳动纠纷。

（2）劳动纠纷调解委员会

公司设劳动纠纷调解委员会，负责调解公司发生的劳动纠纷。调解委员会由员工代表、管理者代表、工会代表组成。管理者代表的人数不得超过调解委员会成员总数的三分之一。

4．劳动纠纷处理原则

①着重调解、及时处理原则。

②查清事实、依法处理原则。

③法律面前一律平等原则。

5．劳动纠纷解决途径

发生劳动纠纷可以通过协商、调解、仲裁和诉讼的方式予以解决。

6．劳动纠纷预防

①各部门管理人员应及时了解下属员工的情绪和劳动关系矛盾，并协同人力资源部采取有效措施。

②人力资源部应广开言路，积极深入到员工的工作、生活中，了解员工的思想动态。

③公司应对现有劳动关系形式进行分析，预见可能发生的劳动纠纷问题，及时加以解决。

④公司需进一步做好裁员、辞退、解除劳动合同等情形下的后续工作，尽可能为员工失业后的社会保障、再就业等提供一切有利、方便的条件。

7．劳动纠纷协商调解

①劳动纠纷发生后，双方当事人可在合法及兼顾双方利益的前提下进行协商，消除隔阂，加强团结，防止事态进一步恶化。

②任何一方不能强迫对方进行协商，一方不愿协商或协商不成的，可以申请调解。调解不成的，可以向劳动纠纷仲裁委员会申请仲裁。当事人也可以直接向劳动纠纷仲裁委员会申请仲裁，对仲裁裁决不服的，可以向人民法院起诉。

③在劳动纠纷双方协商无效的情况下，可以进入劳动纠纷调解程序。

④调解委员会调解劳动纠纷时，应当自当事人申请调解之日起30日内结束，到期未结束的，视为调解不成。

⑤调解委员会接到调解申请后，要对其进行审查，确定是否受理。

⑥经审查决定受理的人事纠纷，调解委员会以书面形式通知双方当事人，说明调解的时间、地点。如不受理，应向当事人说明原因。

⑦调解委员会向劳动纠纷的双方当事人进行调查，听取双方当事人的意见和要求，收集有关证据。

⑧调解委员会召开委员会全体会议，对调查取证的材料进行分析整理，讨论确定调解方案和意见。

⑨调解委员会在查明事实、分清责任的基础上，根据纠纷的轻重程度等对当事人进行当面调解，也可在调查过程中试行调解。

⑩调解委员会调解劳动纠纷时应当遵循当事人双方自愿的原则，经调解达成协议的，制作《调解协议书》，调解不成的，当事人在规定时间内可以向劳动纠纷仲裁委员会申请仲裁。

有下列情况之一者，可视为调解申请结束。

①申请调解的当事人撤回申请。

②经调解，双方当事人达成协议，并签署《调解协议书》。

③调解不成。

④自当事人申请调解之日起，30日内到期未结束的。

8．仲裁与诉讼

①双方调解不成可向劳动纠纷仲裁委员会申请仲裁，劳动纠纷申请仲裁的有效期间为一年。

②员工向劳动仲裁委员会申请劳动纠纷仲裁的，人力资源部应会同法务部积极做好应诉准备。

③如果员工违反劳动合同规定，给公司造成损失的，人力资源部应当会同法务部依法申请仲裁。

④对劳动仲裁案件，如果公司确实存在侵害员工合法权益的情况，就应当配合劳动仲裁委员会争取调解解决。

⑤对劳动仲裁委员会的裁决，公司法务部如果认为有必要提起诉讼的，应当按司法程序提起诉讼，以维护公司的合法权益。

⑥对于劳动纠纷诉讼案件，由法务部负责起诉与应诉，人力资源部予以配合。

9．本制度的解释权属集团人力资源部

10．本制度自颁布之日起执行

11．以前文件或规定有与本制度相抵触的条款和规定，按本制度执行

2．劳动争议处理流程

劳动争议制度需要管理流程来加以细化，让管理工作更加明确、清晰，故需制定劳动争议处理流程。劳动争议处理流程如表9-5所示。

表9-5 劳动争议处理流程

流程名称	劳动争议处理流程	主管部门	人力资源部
流程编号		更新日期	

分管领导	人力资源部	员工	仲裁机构	法院

```
                          劳动争议
                             ↓
                  调查研究 ← 提出劳动争议
                     ↓
                  明确争议原因
                     ↓
          审批 ← 填写劳动争议情况
           ↓
        处理决定 → 调解 ————————→ 仲裁 → 诉讼
        
        授权    配合 ←——————————————————————
                 ↓
         审批 ← 整理相关事宜
           ↓
        举行专门会议 → 分析
                       ↓
                   争议总结报告
                       ↓
                     结束
```

3．劳动安全管理制度

劳动安全管理制度可以从制度层面来规范如何保护劳动者的生命安全、身体健康，预防、控制和消除安全事故。下面是某公司劳动安全管理制度，供读者参考。

劳动安全管理制度

1. 目的

为加强我司劳动安全工作,实现无伤亡事故和所监理工程不出现安全事故的目标,特制定本劳动安全管理制度。

2. 管理职责

(1) 部门领导职责

①依照上级和公司领导的要求,认真抓好日常的劳动安全、消防安全工作,切实负起本部门劳动安全工作的责任。

②对本部门职工进行经常性劳动安全和劳动保护常识教育。加强各部门之间的协调,形成合力,共同改善公司的工作环境和做好安全、劳动保护各项工作。

③对本部门的办公场所要定期开展查制度、查措施、查隐患的安全检查活动,寻找不安全、不卫生隐患,加强防护措施,确保公司员工的工作、劳动安全。

(2) 员工职责

①认真贯彻落实公司劳动纪律、管理制度。遵守各自工种的安全生产操作规程,不违章作业,不冒险蛮干。

②自觉接受劳动安全教育和自学生产、工作安全常识。积极参加各种生产宣传、教育、评比、竞赛、表彰活动。关心周围的安全生产情况,向有关领导和部门提出合理化建议或意见。

③遵守有关设备的维修保养制度中职工应做到的条款,为设备安全与正常运转尽到责任。

④遵守劳动保护有关规定,正确使用劳动保护用品,有责任劝阻、纠正他人的违章作业及冒险蛮干,有权拒绝不符合安全要求或违反规章制度的指挥、调度及安排。

3. 宣传教育规定

①公司领导在会上要反复教育大家切实抓好安全生产和劳动保护工作,要逐级负责,一级抓一级,层层抓落实。

②公司各部门要定期或不定期地采取安全会议、安全活动日、安全技术交流、事故现场会、放映影视、墙报、警示牌、典型经验和事故教训教育等方法,对职工进行经常性的劳动保护方针、政策、安全生产知识,以及特种作业训练、现代科学技术讲座等教育,不断提高全体员工的劳动等级。

③人力资源部门要抓好特殊工种专业培训和复训工作,做好现代办公设备的规范操作及程序教育,抓好办公场所、工作场地、生活用房清洁卫生和夏季防暑降温的检查工作。

④每年适时采取集中或分散的形式，组织劳动安全卫生讲座活动和不少于一次的笔试，普及劳动安全卫生常识教育，使全体员工进一步明确三遵守（遵守劳动安全法律法规，遵守单位规章制度，遵守生产操作规程）、三责任（有责任正确使用劳动保护用品，有责任劝阻、纠正他人违章作业，有责任参加排险救灾）、三权力（有权拒绝违章指挥，有权批评违章生产行为，有权检举和控告单位管理人员危害生命安全和健康的行为），以提高员工对安全生产突发事件的应变能力。

4. 查改管理规定

①各部门的日常安全检查、劳动安全由部门负责人负责，发现问题能整改的立即整改。一时难以解决的，提出整改意见报告公司领导。

②安全检查应贯彻自查与互查、检查与整改相结合的原则，不图形式，不走过场。

③人力资源部应统一组织安全检查组对公司办公大楼和工作现场开展安全生产大检查，发现不安全、不卫生隐患逐一登记在案。能立即整改的一般性问题做出口头通知整改；需要书面的安全检查整改通知书，限期整改，被查部门应在期限内速做整改，并反馈。对整改有困难的隐患应在采取应对措施的前提下，书面报告公司。对反馈的整改情况，公司认为有必要的，还要组织复查。

5. 事故报告、处置规定

①任何场所万一发生安全事故，现场人员要沉着冷静，在组织抢救的同时，迅速向上级报告。每季度末，各部门应汇总职工重伤以上事故（含施工单位）的情况，并报公司人力资源部。

②凡发生生产事故和职工伤亡事故都要如实上报公司领导和人力资源部。如有瞒报、虚或故意迟报的，要追究负责人的责任，并依照有关规定严肃处理。事故处理告一段落后，要以书面形式上报公司。

③事故发生后，要坚持三不放过原则，严肃处理直接责任人和追究相关人员的责任。

6. 本制度的解释权属集团人力资源部

7. 本制度自颁布之日起执行

8. 以前文件或规定有与本制度相抵触的条款和规定，按本制度执行

9.5.3 范本：员工关系维护制度/表单

员工关系维护是人力资源管理比较重要的工作，为了维护好各种员工关系，建立健全的员工关系维护机制势在必行。接下来将从员工关系维护制度、员工满意度调查等方面为大家提供范本。

1. 员工关系维护管理制度

公司必须建立起畅通的内部信息沟通机制，才能促进融洽、和谐的员工关系，从而提升公司的凝聚力和向心力。下面是某公司员工关系维护管理制度，供读者参考。

员工关系维护管理制度

1. 目的

①规范员工关系管理工作，促进融洽、和谐员工关系的形成，提高公司的凝聚力和向心力。

②建立和维护良性的内部信息沟通机制，加强员工参与公司管理，提高横向与纵向沟通效率。

③通过提高员工满意度达到提高员工敬业度的目的，从而强化公司人才竞争力。

2. 适用范围

本制度适用于公司全体员工关系维护的管理。

3. 职责

（1）人力资源部

①制定公司员工关系维护管理制度。

②负责公司各项员工关系维护活动计划的制订和日常相关工作的执行。

（2）总经理

①负责审批公司员工关系维护管理制度。

②负责公司员工关系维护管理相关事项的审批。

4. 劳动关系管理

（1）劳动合同签订

①劳动合同是员工与公司确立劳动关系，明确双方权利义务的协议。所有正式员工均需按规定与公司签订劳动合同。

②新进正式员工必须在入职 3 天内与公司签订劳动合同。

③外派或调动的员工，在办理外派及调动手续时，调出公司需开具异动函明确与其解除原签订的劳动合同，派/调入公司负责与其签订新的劳动合同。

④公司涉及试用期、劳动合同解除、终止、续签等活动均应遵循国家《劳动合同法》及《劳动合同法实施细则》。

（2）劳资协调及劳资纠纷处理

人力专员依据国家政策、法律法规及公司规章制度，协调劳资双方关系，组织处理两者纠纷。

（3）劳动人事相关政策咨询

公司建立以下政策咨询渠道。

①通过电话、邮件或当面向人力资源部工作人员进行咨询。

②通过公司在 OA 系统上建立的内部信息交流平台进行互动咨询。

员工可就所关心的劳动用工政策、劳动法规、劳动合同、社会保险、住房公积金、人事政策进行咨询，同时也可就公司劳动人事相关制度提出意见和建议。

人力资源部在获知员工咨询信息后，需在 24 小时内给予回复。

（4）员工满意度/敬业度调查

人力资源部每年举办一次员工满意度或敬业度调查，必要时可参加外部咨询机构组织的"最佳雇主"评选，以通过对内部员工的了解及外部企业间的比较，不断修正和完善公司的人力资源制度，打造有益于提高内部员工敬业度的企业文化。

5. 员工内部沟通管理

（1）员工访谈沟通

员工沟通分为岗前培训沟通、试用期间沟通、转正沟通、工作异动沟通、定期考核沟通、离职面谈等，它构成一个完整的员工访谈沟通管理体系。

员工访谈沟通的目的：改善和提升人力资源员工关系管理水平，为公司领导经营管理决策提供重要参考信息。

（2）岗前培训沟通

①沟通目的与内容：对员工上岗前必须掌握的基本内容进行沟通培训，以掌握企业的基本情况、提高对企业文化的理解和认同、全面了解企业管理制度、知晓企业员工的行为规范、知晓自己本职工作的岗位职责和工作考核标准、掌握本职工作的基本工作方法，以帮助员工比较顺利地开展工作，尽快融入企业。

②沟通时机：员工入司上班第一天到七天内。

③沟通责任人：人力资源部培训主管、用人部门负责人。

（3）试用期间沟通

①沟通目的与内容：帮助新员工更加快速地融入企业团队，度过"磨合适应期"，尽量给新员工创造一个合适、愉快的工作环境，即使新员工最终被试用淘汰，也应该是经过了企业努力，属于员工自身的责任。

②沟通责任者。

人力经理部：主要负责对公司环境进行试用期间的沟通。

所属部门负责人：新员工的工作安排及适应能力的沟通、工作引导。

③沟通频次要求：新员工试用期间，每月至少面谈一次，或者电话沟通一次。

④沟通形式：以面谈为主，无法面谈时可采用电话、邮件等方式。人力资源部不定期组织新员工座谈会进行沟通，可与新员工培训结合进行。

（4）转正沟通

①沟通目的与内容：根据新员工试用期的表现，做出是否转正的建议和意见。建议同意转正的，应指出工作中存在的不足、今后的改进建议和希望；不同意转正辞退或延长试用期的，应中肯地分析原因和提出今后改进的建议。

②沟通时机：提前于员工试用期到期日至少一周。

③沟通责任人。

新员工所属部门负责人：进行新员工转正评价并形成部门专业意见。

人力资源部：在审核员工转正时，并形成管理意见。人力分管领导负责经理及以上级别人员的转正沟通；人力资源经理负责其余员工的转正沟通。

（5）工作异动沟通

①沟通目的与内容：使员工明确工作异动的原因和目的，以及新岗位的工作内容、责任、挑战及希望，使员工比较顺利地融入新岗位中。

②沟通时机及责任人。

人力资源部：在决定形成后正式通知员工本人前。

异动员工原部门负责人：在接到人力资源部的员工异动决定通知后立即进行。

异动员工新到部门负责人：在异动员工报到上岗之日，相当于新员工的入职引导和岗前培训沟通。

……

> **Tips** 由于内容较多，书中只列出了本管理制度的部分内容，其详细内容将在模板中提供，读者可下载完整的员工关系维护管理制度进行参考、使用，下载方法见前言说明。

2．员工满意度调查表

员工满意度调查表是一份调查员工对企业管理、制度等方面满意度的表单，是为了真实反映企业管理状况，及时发现问题，整改问题，避免企业人力资源方面出现大面积的波动。

通过对员工满意度的调查和分析，企业可以了解员工工作状态，反省企业管理状况，及时改进管理，增强企业凝聚力。

表9-6所示的是某公司员工满意度调查表，供读者参考。

表9-6　员工满意度调查表

问卷填写说明：

您好！为了解本公司员工满意度的整体状况，特组织本次问卷调查，本问卷不记姓名，不涉及员工隐私，为保证问卷的真实性，请回答所有问题，不要遗漏，真诚地希望得到您的合作。

基本信息：

1. 性别：□男　□女
2. 年龄：□25 岁以下　□26~35 岁　□36~45 岁　□46 岁以上
3. 最高学历：□高中/中专及以下　□大专　□本科　□硕士及以上
4. 工作年限：□一年以内　□一年至三年　□三年至五年　□五年以上
5. 工作岗位：□普通员工　□基层管理人员　□中层管理人员　□专业技术人员
　　　　　　□其他_____
6. 部门名称：□生产部　□财务部　□质量部　□研发部　□采购部
　　　　　　□营销部　□行政、人力资源部　□其他部门_____

问卷内容：

本问卷共50题，其选择结果分为"5-非常符合、4-比较符合、3-一般、2-不太符合、1-非常不符合"，请在最符合您目前情况的数字上打"√"。

序号	评价项目	非常符合	比较符合	一般	不太符合	非常不符合
一、工作满意度						
1	公司目前的工作环境让我很满意	5	4	3	2	1
2	现在的工作时间安排很合理	5	4	3	2	1
3	我对现在的工作非常感兴趣	5	4	3	2	1
4	在目前的岗位，我的能力和优势得到了充分发挥	5	4	3	2	1
5	我觉得目前的工作具有挑战性	5	4	3	2	1
6	我觉得目前的工作有成就感	5	4	3	2	1
7	我觉得目前的工作对公司有实际贡献	5	4	3	2	1
二、沟通情况						
8	在我的部门内同事间的沟通良好	5	4	3	2	1
9	我可以自由地与直接主管沟通，而不用担心有不良结果	5	4	3	2	1
10	主管总能提供工作成绩的反馈，以便我明确以后的目标	5	4	3	2	1
11	公司管理阶层愿意接受员工的建议	5	4	3	2	1
12	我认为公司管理层发布的信息真实可靠	5	4	3	2	1
13	公司的政策或制度的修改都有充分的说明	5	4	3	2	1
14	填此问卷表是将我的想法告诉管理层的好方法	5	4	3	2	1

续表

序号	评价项目	非常符合	比较符合	一般	不太符合	非常不符合
三、团队合作						
15	我能和同事共同合作将工作做好	5	4	3	2	1
16	我的工作部门在必要时常常需要其他部门的协助	5	4	3	2	1
17	公司内各部门、不同车间能进行有效的沟通合作	5	4	3	2	1
18	我知道如何将我所在部门的工作与其他部门配合良好	5	4	3	2	1
19	我的直属主管能够考虑及处理部门员工的建议与意见	5	4	3	2	1
四、绩效管理						
20	我清楚绩效考核的方法	5	4	3	2	1
21	我很清楚我的工作目标和衡量标准	5	4	3	2	1
22	在我的部门员工的报酬是根据个人绩效来评比	5	4	3	2	1
23	在我的部门中薪资报酬与工作绩效成正比	5	4	3	2	1
24	公司有很明确的目标和绩效考核标准	5	4	3	2	1
25	公司经常奖励绩效突出的个人或集体	5	4	3	2	1
26	公司的绩效评估标准客观公正	5	4	3	2	1
五、部门管理						
27	我们部门内的职位设置、工作安排很合理	5	4	3	2	1
28	我们部门内的工作流程规范、顺畅	5	4	3	2	1
29	我们部门所做的决策均进行了充分的沟通与说明	5	4	3	2	1
30	我很清楚我的主要工作职责	5	4	3	2	1
31	我对本部门每个同事的工作职责都很清楚	5	4	3	2	1
32	直属领导能给予充分的授权，让我独立执行工作任务	5	4	3	2	1
33	我的直属主管的工作能力与人格是值得信任和尊敬的	5	4	3	2	1
六、公司管理						
34	公司以公平合理的方式对待员工	5	4	3	2	1
35	公司管理层关心员工福利与工作情况	5	4	3	2	1
36	公司管理层创造一个公开及信任的管理环境	5	4	3	2	1
37	公司具有良好的文化氛围和凝聚力	5	4	3	2	1

续表

序号	评价项目	非常符合	比较符合	一般	不太符合	非常不符合
38	为追求更高效率公司常做必要性的改变	5	4	3	2	1
39	公司对于我们执行工作提供必要的资源与支持	5	4	3	2	1
40	公司在员工及所在地区享有良好的声誉	5	4	3	2	1
七、薪酬福利						
41	我现在拿到的薪酬反映了我对公司的贡献	5	4	3	2	1
42	与同行业相比,我公司的工资福利是比较合理的	5	4	3	2	1
43	与我以前的公司相比,我的工资是公平的	5	4	3	2	1
44	与公司其他同事相比,我的工资是公平的	5	4	3	2	1
45	我愿意维持现有薪酬福利继续留在公司工作	5	4	3	2	1
八、员工发展						
46	您选择公司时考虑的因素是什么?请排序(　　　　)。 A. 薪酬福利好　B. 职业发展机会好　C. 工作环境舒适　D. 工作稳定有保障 E. 公司的规模和行业地位　F. 公司提供良好的培训机会　G. 同事关系融洽					
47	我在工作上常有机会来改善我的工作绩效	5	4	3	2	1
48	公司的员工加薪、提升不会考虑年龄、性别等因素	5	4	3	2	1
49	我的直属主管会帮助我完成个人职业目标	5	4	3	2	1
50	公司能给我提供较好的提升职务的机会、满足自身发展	5	4	3	2	1
对公司的其他建议:						

专家支招

1. 企业能以"末位淘汰"证明员工不能胜任工作吗

企业不能以"末位淘汰"证明员工不能胜任工作。

末位淘汰制是很多企业采取的一种管理手段，但自《劳动合同法》实施以后，明确规定不管是在企业规章制度中还是在劳动合同中，都不能以末位淘汰对员工实施单方调岗或解除劳动合同，因为绩效考核排名末位的员工并不表示不能胜任企业的工作。因此，如果企业想要单方调岗，还需要拿出充分的证据证明员工确实不能胜任工作。

2. 员工医疗期满后不能从事原工作，企业可以随意给员工调岗吗

根据《劳动合同法》的规定，劳动者患病或者非因工负伤，在规定的医疗期满后不能从事原工作的，企业可以单方合理调整其工作岗位。

但企业 HR 需要注意的是，调岗必须合理。一方面，不要故意将医疗期满的劳动者调整到劳动强度或绩效标准更高的工作岗位上；另一方面，如果新岗位与原岗位级别和薪酬差别较大时，尽量与员工协商一致，以避免单方调岗无效的法律风险。

3. 企业投资人变更，企业可以终止与劳动者签订的劳动合同吗

不能。根据《劳动合同法》的规定，用人单位变更名称、法定代表人、主要负责人或投资人等事项，不影响劳动合同的履行。因此，企业法定代表人或投资人发生变更，不属于法律规定的可以终止劳动合同的情形，企业不得以此为由终止劳动合同。

4. 企业支付赔偿金后，还需要支付经济补偿金吗

《中华人民共和国劳动合同法实施条例》明确规定：用人单位违反劳动合同法的规定解除或者终止劳动合同，依照劳动合同法第八十七条的规定支付了赔偿金的，不再支付经济补偿。赔偿金的计算年限自用工之日起计算。

由于经济补偿是用人单位在依法解除劳动合同的情况下，根据法律规定支付给劳动者的补偿，而赔偿金是基于用人单位违法解除或终止劳动合同而对劳动者做出的赔偿，两者的性质和支付条件不同，因此不存在同时支付的问题。

高效工作之道

1. 用 Word 制作劳动合同

劳动合同是人力资源管理中最常见的文档,它主要通过 Word 来制作,如果制作的劳动合同不想被其他人查看到,可以设置密码进行保护,只有输入正确的密码才能打开,具体操作步骤如下。

步骤① 在 Word 中新建一个名称为【劳动合同】的空白文档,在光标处输入【劳动合同】文本,按【Enter】键进行换行,即将光标插入点定位在第二行行首,继续输入劳动合同封面的其他内容,如图 9-1 所示。

步骤② 对【劳动合同】文本的字号和对齐方式进行设置,在【段落】对话框中将段后间距设置为【3】,然后选择【编号:】文本,设置其字体和字号,将光标定位到冒号后,单击【下划线】按钮 u,在文本后输入空格,增加下划线长度,如图 9-2 所示。

图 9-1 输入劳动合同封面内容

图 9-2 添加下划线

步骤③ 使用相同的方法继续设置其他文本的格式,然后选择除【劳动合同】外的所有文本,单击【段落】组中的【行和段落间距】按钮 ,在弹出的下拉列表中选择【2.5】选项,如图 9-3 所示。

步骤④ 将光标定位到首页的末尾处,单击【下划线】按钮 u 取消下划线,再单击

【插入】选项卡【页面】组中的【分页】按钮进行分页,并将光标定位到下一页,打开"素材文件\第9章\劳动合同.txt"文件,按【Ctrl+A】组合键选择所有文本,单击【编辑】菜单项,在弹出的下拉菜单中选择【复制】命令,如图9-4所示。

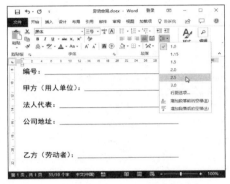
图9-3 设置行间距

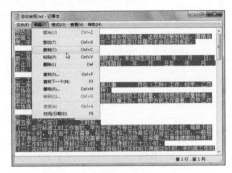
图9-4 复制劳动合同内容

步骤 5 切换到【劳动合同】文档窗口,单击【清除所有格式】按钮清除文本格式,再单击【剪贴板】组中的【粘贴】按钮,将复制的文本粘贴到Word文档中,单击【开始】选项卡【编辑】组中的【替换】按钮,如图9-5所示。

步骤 6 打开【查找和替换】对话框,默认选择【替换】选项卡,将光标定位到【查找内容】下拉列表框中,输入【^p^p】,在【替换为】下拉列表框中输入【^p】,单击【查找下一处】按钮,如图9-6所示。

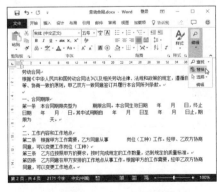
图9-5 执行替换操作

图9-6 设置查找和替换内容

步骤 7 开始在文档中查找连续两个的段落标记,如果确定要替换查找到的段落标记,那么可单击【替换】按钮,如图9-7所示。

427

步骤 ⑧ 即可对当前查找到的段落标记进行替换,替换后继续查找下一处含有两个的段落标记,使用前面的方法继续进行替换,当查找到文档最后时,会打开提示对话框,提示已到文档末尾,单击【确定】按钮,如图9-8所示。

图9-7 查找内容

图9-8 完成替换

步骤 ⑨ 关闭对话框,设置【劳动合同】文本的格式,为需要添加下划线的空格添加下划线,然后选择除【劳动合同】文本外的所有文本,在【段落】对话框中设置首行缩进为两个字符、行距为1.5倍行距,加粗显示【一、合同期限】文本,再选择该文本,双击【开始】选项卡【剪贴板】组中的【格式刷】按钮,如图9-9所示。

步骤 ⑩ 此时鼠标指针变成形状,拖动鼠标选择需要应用复制格式的文本【二、工作内容和工作地点】,继续为其他部分段落应用复制的格式,然后选择【第十七条】下的3段文本,单击【项目符号】下拉按钮,在弹出的下拉列表中选择带钩项目符号,如图9-10所示。

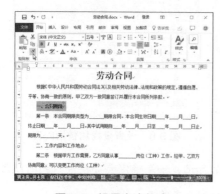

图9-9 设置文本格式

图9-10 添加项目符号

步骤 11 完成劳动合同的制作,效果如图 9-11 所示。

图 9-11 最终效果

步骤 12 打开【信息】界面,单击【保护文档】按钮,在弹出的下拉列表中选择【用密码进行加密】选项,如图 9-12 所示。

步骤 13 打开【加密文档】对话框,输入密码【123】,单击【确定】按钮,在打开的【确认密码】对话框中输入前面设置的密码,单击【确定】按钮即可,如图 9-13 所示。

图 9-12 选择密码保护

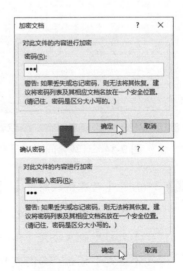

图 9-13 设置保护密码

2. 在 Excel 中设置劳动合同到期提醒

人力资源部门在对员工劳动合同进行管理时，为了及时了解员工的合同到期情况，以便在劳动合同到期前能够及时续签劳动合同，一般都需要使用到期提醒功能。在 Excel 中，可以利用条件格式突出显示员工劳动合同要到期的日期，以起到提醒作用，具体操作步骤如下。

步骤① 打开"素材文件\第 9 章\劳动合同到期提醒.xlsx"文件，选择 G2:G22 单元格区域，在编辑栏中输入公式【=DATE(YEAR(E2)+F2,MONTH(E2),DAY(E2)+1)】，按【Ctrl+Enter】组合键，计算出合同到期日期，如图 9-14 所示。

步骤② 保持单元格区域的选择状态，单击【开始】选项卡【样式】组中的【条件格式】按钮，在弹出的下拉列表中选择【新建规则】选项，如图 9-15 所示。

图 9-14 计算合同到期日期

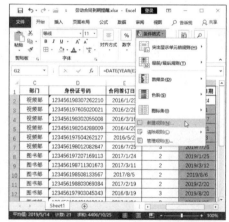

图 9-15 选择新建规则

步骤③ 打开【新建格式规则】对话框，在【选择规则类型】列表框中选择【使用公式确定要设置格式的单元格】选项，在【为符合此公式的值设置格式】参数框中输入公式【=AND(G2-TODAY()<=10,G2-TODAY()>=0)】，单击【格式】按钮，如图 9-16 所示。

步骤④ 打开【设置单元格格式】对话框，选择【填充】选项卡，选择底纹颜色，单击【确定】按钮，如图 9-17 所示。

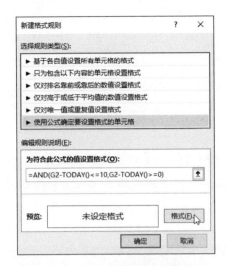
图9-16 新建条件格式

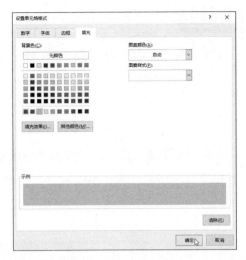
图9-17 设置底纹填充

> **Tips** 公式【=AND(G2-TODAY()<=10,G2-TODAY()>=0)】表示要突出显示的单元格必须满足两个条件：一是合同到期日期距系统当前的日期小于等于10天；二是合同到期日期必须大于或等于系统当前的日期。

步骤⑤ 返回【新建格式规则】对话框，单击【确定】按钮，返回工作表中，即可看到已经突出显示合同要到期的日期，如图9-18所示。

	A	B	C	D	E	F	G
1	员工编号	姓名	部门	身份证号码	合同签订日期	合同签订年限	合同到期日期
2	HT0001	陈果	视频部	123456198307262210	2016/1/23	3	2019/1/24
3	HT0002	欧阳娜	视频部	123456197605020021	2016/2/28	3	2019/3/1
4	HT0003	林梅西	视频部	123456198302055008	2016/3/16	3	2019/3/17
5	HT0005	王思	视频部	123456198204288009	2016/4/20	3	2019/4/21
6	HT0006	张德芳	视频部	123456197504262127	2016/5/2	3	2019/5/3
7	HT0007	董韵	视频部	123456198012082847	2016/7/25	3	2019/7/26
8	HT0008	陈德格	图书部	123456197207169113	2017/1/24	2	2019/1/25
9	HT0010	张孝骞	图书部	123456198711301673	2017/3/11	2	2019/3/12
10	HT0011	刘秀	图书部	123456198508133567	2017/8/5	2	2019/8/6
11	HT0012	陈丹	图书部	123456198803069384	2017/2/19	2	2019/2/20
12	HT0013	胡茜茜	图书部	123456197903045343	2016/8/13	2	2019/8/14
13	HT0015	袁娇	图书部	123456198401019344	2017/1/24	2	2019/1/25
14	HT0017	李丽	图书部	123456198511100023	2017/1/18	2	2019/1/19
15	HT0018	谢艳	策划部	123456198605020021	2017/4/27	2	2019/4/28
16	HT0019	章可可	策划部	123456199302185000	2017/11/5	2	2019/11/6
17	HT0020	唐冬梅	策划部	123456199212086000	2017/1/26	2	2019/1/27
18	HT0021	杨利瑞	策划部	123456197207162174	2018/1/26	2	2020/1/27
19	HT0023	蒋晓冬	外联部	123456197204169113	2018/8/9	1	2019/8/10
20	HT0024	张雪	外联部	123456198005082847	2018/10/8	1	2019/10/9
21	HT0026	郭旭东	外联部	123456198306169255	2018/4/5	1	2019/4/6
22	HT0028	赵嫣然	外联部	123456197903085343	2018/1/21	1	2019/1/22

图9-18 突出显示合同要到期的日期

第 10 章
人事的日常事务管理

人事日常事务管理是人力资源管理的基础工作，主要包括人事档案管理、员工考勤管理、请假管理、出差管理、异动管理、离职管理等日常人力资源事务工作。

10.1 人事档案管理

企业员工人事档案管理历经几十年的发展与优化，原来较为粗泛的管理已逐步向制度化、规范化、科学化的方向转变，形态更显全面、便捷、细致。企业的人事档案既有原始的书面文本资料，也有电子文档资料，主要为记录和反映员工学历、职称、工作经历、工作经验、工作业绩等方面的资料，是在员工职业生涯过程中形成的。对完整人事档案信息的有效运用，能够提升人力资源管理活动的效率和人才、企业机构的竞争力。

10.1.1 员工档案资料

员工人事档案既是员工个人身份、学历、资历等方面的证据，与个人工资待遇、社会劳动保障、组织关系紧密挂钩，也是记载员工职业轨迹的重要依据，还是记录员工的主要经历、政治面貌、品德作风等个人情况的文件材料，起着凭证、依据和参考的作用，在个人转正定级、晋升降级、职称申报、办理养老保险等相关证明时，都需要使用档案。员工人事档案资料包括三类：入职档案材料、在岗动态资料、离职档案资料。

1. 入职档案资料

所有员工入职，都需要提交一定的入职资料，最基本的入职资料包括身份证资料、学历证资料、体检报告、离职证明、相关的证书资料等。这些资料一般是由企业在录用员工时，随同录用通知书一起，提前告诉新员工入职需要提交的资料。虽然企业提前写明了入职资料，但在实际工作中，还有新员工在入职时没有带齐所有入职资料，或者没有离职证明，或者没有体检报告，或者没有带毕业证书、身份证等。更有甚者什么资料都没带就到公司入职，这类情况一般是通过介绍来公司的，他们依靠所谓的"关系"，总认为自己可以有"特殊待遇"，不愿意遵守公司的制度流程。这种情况会给接下来的人力资源管理工作带来很大的麻烦，作为 HR 很难能够直接告诉推荐人，因为材料不齐而拒绝员工入职。且不论推荐人方面的考虑，现在招聘压力很大，有些企业只要招聘到人，不管手续有没有齐全就希望员工马上入职。

遇到类似的实际问题时，人事档案管理工作往往都是被舍弃的那部分，所以造成员工档案中总有一些员工的材料是不齐的。在工作过程中，还经常遇到在员工入职时资料不齐，虽然口头承诺后期补齐，但很容易因为遗忘而造成后期难以补齐的情况。

面对这些问题，唯有从源头着手，入职时就要求员工提供完整的入职资料，从而免除后顾之忧。对于每一位即将入职的新员工，企业都应该发出入职通知书，正式通知新员工应该带的入职资料。发通知书时应尽量使用公司工作邮箱，不要用个人邮箱。通知模板清晰规范，第一印象就要给新员工一种正式的仪式感，让他从思想上不敢怠慢此事。

如果员工是企业正渴求的人才，资料存在遗漏，可以先让员工入职，并要求在一个月内跟进补齐材料，资料提交完整后才能办理入职手续及签订劳动合同。一定要树立严格、规范管理的姿态，及时跟进进度。如果新员工入职后，对公司和工作的态度还是敬重的，那么便不会再三推托。

在收齐新员工资料后，不仅要对其编号、扫描、归档，还要录入电子花名册，不同材料的归档位置都要制作索引表格。做到纸质材料与电子材料一一对应。如果公司有人事管理系统，可以通过人事管理系统进行管理，当缺失某些材料时，会进行提示，非常便捷。

2. 在岗动态资料

员工入职后，员工的岗位、部门、薪级、职责等不会是一成不变的，只要员工相关的信息发生变化，员工的档案资料就要进行实时更新。

新员工的试用期考核、一般员工试用转正都有正式的书面资料，由员工提出书面申请，经过各级人员考核并签字后，汇总到人力资源部。转正申请表记录了是否允许转正或延期转正等，都有清晰的档案记录。

员工的考核资料也需及时存档，包括月度或季度考核表，年中和年终述职评价，优秀的员工会有调薪机会；委以重任的员工会晋升，职衔与职务变更也需要有岗位调动审批表，因为职务升级，相应的待遇也随之不同，如通信补贴、交通补贴、住房补贴等；还要有参加培训的签到记录等；人力资源部需要留存所有变动前后的档案资料，以备随时查阅。

劳动合同或协议变更的信息也要及时存档。用人单位与劳动者签订的劳动合同、培训协议、保密协议、竞业限制协议和特殊协议等其他事项，如有发生变更的，则需要签订相应的补充或变更协议作为附件。尤其是劳动合同的续签管理，一般是在劳动合同到期前一到两个月时，就需要提前做好是否续签的审批和通知手续，一方面是通知用人部门员工劳动合同到期信息，先由用人部门结合员工的表现给出最终评定是否续签的书面材料；另一方面则是向员工发送劳动合同续签意见书，征求员工本人的续签意见，指定日期前将意见书反馈至人力资源部。人力资源部再根据双方的意见做好相应的准备工作，具体工作就是续签或终止，如果要续签就准备好续签的劳动合同；如果要终止合同，就准备好终止的材料，另外还要做好招聘的准备。在实际工作中，经常出现员工劳动合同过期了但未续签，如果是这种情况，则存在支付两倍工资的风险。为避免过期未续签的情况，可以在每年年初时，就将全年需要续签的所有名单按月列出，安排到每月待办理的工作事项中。

3. 离职档案资料

员工离职时的档案资料包括员工的个人信息、离职面谈资料、工作交接资料、离职证明、各类协议等。

离职员工对企业来说也是一种资源，所以离职员工的档案管理工作也是比较重要的。离职员工的档案资料在公司的管理上有一定的作用，企业可以通过分析离职员工的各类信息，从中掌握在职员工动态关系等，所以员工离职档案的价值仍然非常高。例如，可以从上一年度离职员工中，了解性别、学历、年龄、工龄、离职原因等分别占比多少，再将这些信息结合上一年的业务发展状况，分析人员流失的主要原因是什么，对在职员工有什么影响，为了留住现有人才，公司在哪些方面需要改善。

工作交接手续及离职证明是比较重要的离职资料。在离职证明方面，一些企业在员工离职时以各种理由不开具离职证明，这是不合法的行为。关于工作交接和离职证明手续在法律中有明确的规定，《劳动合同法》第五十条规定用人单位应当在解除或者终止劳动合同时出具解除或者终止劳动合同的证明，并在十五日内为劳动者办理档案和社会保险关系转移手续。劳动者应当按照双方约定，办理工作交接。用人单位依照《劳动合同法》有关规定应当向劳动者支付经济补偿的，在办结工作交接时支付。工作交接手续及离职证明等资料都要以书面的形式留存。

离职资料的保存和留档也有明确要求：用人单位对已经解除或者终止的劳动合同的文本，至少保存两年备查。留存的资料除了劳动合同的文件资料外，还应当保留考勤记录、保密或竞业限制协议、员工辞职申请、解除劳动合同证明、请假休假、加班申请记录、工资明细表等，同时员工入职提交的资料也需要保存。《中华人民共和国劳动争议调解仲裁法》第二十七条规定，劳动争议申请仲裁的时效期间为一年（建议资料至少保存两年）。仲裁时效期间从当事人知道或者应当知道其权利被侵害之日起计算。

10.1.2　员工档案管理

随着企业的不断发展，因档案管理工作不细致导致出现的问题也越来越多。要做好档案管理不仅需要公司各级人员有深刻的员工档案管理意识，还需要建立和梳理员工档案管理体系。

1．认识档案的重要性

（1）档案是了解员工成长的基本手册。通过档案的建立，不断填充和完善档案的内容，可以了解员工的成长经历和成长过程，对员工的成长形成一个记录链条。

（2）关键时刻的保单。当遇到一些突发事件时，就需要对员工的档案进行查阅，以获取员工的具体信息，这时档案的完善将成为关键时刻的保单。

（3）实时更新档案。企业的员工人事档案是根据企业的人事制度建立的，每个企业的档案内容都不相同，但大致可分为员工的个人人事信息、个人奖罚信息、个人相关证件复印件、个人劳动合同等方面，并随着时间的推移，不断地完善和调整档案的内容。

（4）档案管理的硬件设施。单位需要准备一些硬件设施，尽量要有单独的档案室，档案室的多少可以根据档案数量来确定。另外，还要准备配套的档案存放设施，如档案柜或收缩式档案柜，以及配备专门的计算机、复印机等相关联的电子设备。

(5) 档案工作人员。设置专人专岗，由专人负责。档案工作主要是对档案归类、编号等，便于保存和查阅，看似一项简单的工作，但对档案管理人员的要求非常高，需要在工作中有较强的工作责任感和足够的耐心。

2. 建立健全的建档流程

档案流程体系的建立，针对员工从入职到离职这一个周期，即从员工办理入职手续开始一直到员工办理离职手续完成，一个档案建立的完整周期才算结束。建立档案流程大致可分为三部分。

(1) 入职阶段。办理入职手续（员工手册、人事信息卡、劳动合同、解除劳动关系证明、身份证复印件、毕业证复印件、技能证件复印件等）提供的信息和资料必须要真实，将这些信息核对无误后，进行编号存档。

(2) 在职阶段。在职阶段是指员工入职后的在岗时间。这个时间段中，可能会存在一些培训、转正、升职、调动、奖罚、通报、荣誉证书、节能证书、薪酬调整审批表等资料，它们也将会按照时间顺序存档。

(3) 离职阶段。离职阶段设立存档的工作，需要从员工提出离职申请开始，有意识地建立离职档案（离职申请表、离职资料、离职面谈表、离职交接记录等）。

3. 建立合理的档案制度

档案流程和制度是相互依存的，需要建立健全的制度，以制度和流程完成体系的健全。档案制度体系涉及的几个关键点为档案责任制、档案借阅与查询、档案管理制度。

(1) 档案责任制。档案责任制就是档案管理由谁来负责。一般情况下可根据企业规模来确定，如果企业的规模较小，可以由一名员工负责；如果企业规模较大，那么就需要将建档工作内容分解或下发至各分（子）公司，由各分（子）公司来完成初步的档案建立，档案管理人员负责接收和监督工作，以及建立完善的时间节点和工作分配责权对等事宜。

(2) 档案借阅与查询。根据工作需要，员工档案经常会有人来查询。企业要针对档案内容，建立档案借阅与查询流程，从档案借阅、查询开始一环一环地审批流程，到最后档案归还，都需要建立档案的借阅流程，并且明确规定部分文件的借阅权限等。

(3) 档案管理制度。档案管理制度可从3个方面加以细化：档案管理者，管理人员的任职要求、岗位要求等；档案室设备、计算机、档案柜、档案室防火设施等；档案室文件存放的具体要求及保管年限、档案目录等。

以上是对员工档案的管理，但在具体设计这些流程时还是需要不断地斟酌和推敲。企业非常有必要建立一套完善的档案管理体系，员工档案的管理看似简单，实则繁杂而重要。档案除了可以了解员工的经历与成长轨迹以外，还体现公司的规范化管理，降低公司的用工风险。

> **Tips** 员工档案管理相当重要，是员工招聘、培训、考核、晋升等工作的基础，企业要高度重视。

10.2 员工考勤管理

考勤管理工作既是劳动纪律管理的重要组成部分，也是建立良好工作作风的重要参考依据，更是管理秩序和各类工作有效实施的基本前提。通过分析考勤情况可以看出企业员工在各自岗位上的工作状况，进而为日后的岗位变动、工资发放、奖惩方式提供必要的参照信息。企业提升对考勤管理工作的重视程度能够强化员工的时间观念，进而提升员工的工作效率，对于企业自身而言有着重要的意义和价值。

考勤管理是企业劳动纪律管理中关键的一个环节，主要是对员工的正常出勤进行管理，包括出勤要求、请假休假、加班管理、出差外出等。不同企业对考勤的态度有很大的区别，这在很大程度上可以反映企业的管理水平和文化精神。在很多的大型国有企业中，要求对考勤管理进行稳步推行，制定统一的上下班时间，要求员工按照规定时间上下班，严禁出现迟到和早退的现象。但是在考勤管理实际的执行过程中，由于管理力度、管理制度和员工自觉性的问题，导致经常出现考勤管理落实不到位的情况，这会对企业的正常经营造成很大的问题。

10.2.1 各类假期管理

企业假期包括固定的假期和不固定的假期两大类。固定的假期包括休息日、法定节假日、带薪年休假，不固定的假期包括病假、婚假、产假、护理假、丧假、停产假。

1. 休息日

根据法律的规定，员工在企业上班，就有为企业付出劳动的义务，同时也有依法获得报酬和休息的权利。按照相关规定，劳动者获得休息的时间原则上每周工作 40 个小时以外的部分就是休息时间，一般是工作五天，休息两天。一年 52 周，每周休息两天，共休息 104 天。

2. 法定节假日

法定节假日是指根据国家、各民族的风俗习惯或纪念要求，由国家法律统一规定的用以进行庆祝及度假的休息时间。法定节假日制度是国家政治、经济、文化制度的重要反映，既涉及经济社会的多个方面，也涉及广大人民群众的切身利益。

第一类是根据《全国年节及纪念日放假办法》第二条规定：元旦，放假 1 天；春节，放假 3 天；清明节，放假 1 天；劳动节，放假 1 天；端午节，放假 1 天；中秋节，放假 1 天；国庆节，放假 3 天。

第二类是部分公民放假的节日及纪念日，包括妇女节（3 月 8 日妇女放假半天）、青年节（5 月 4 日 14 周岁以上 28 周岁以下的青年放假半天）、儿童节（6 月 1 日 14 周岁以下的少年儿童放假 1 天）、中国人民解放军建军纪念日（8 月 1 日现役军人放假半天）。

第三类是少数民族习惯的节日，具体节日由各少数民族聚居地区的地方人民政府，按照各民族习惯，规定放假日期。用人单位在除了全体公民放假的节日外的其他休假节日，也应当安排劳动者休假。

3. 带薪年休假

带薪年休假简称为年休假，是指劳动者连续工作一年以上，就可以享受一定时间的带薪假期。一般情况下，机关、团体、企业、事业单位、民办非企业单位、有雇工的个体工商户等单位的职工连续工作 1 年以上的，享受带薪年休假（以下简称年休假）。单位应当保证职工享受年休假，职工在年休假期间享受与正常工作期间相同的工资收入。

年休假的休息天数与职工的工作年限有关，员工累计工作已满 1 年不满 10 年的，年休假 5 天；已满 10 年不满 20 年的，年休假 10 天；已满 20 年的，年休假 15 天。国家法定休假日、休息日不计入年休假的假期。

以下情况不享受当年的年休假。

（1）职工依法享受寒暑假，其休假天数多于年休假天数的。

（2）职工请事假累计20天以上且单位按照规定不扣工资的。

（3）累计工作满1年不满10年的职工，请病假累计2个月以上的。

（4）累计工作满10年不满20年的职工，请病假累计3个月以上的。

（5）累计工作满20年以上的职工，请病假累计4个月以上的。

4．病假

病假是指劳动者本人因患病或非因工负伤，需要停止工作医疗时，企业应该根据劳动者本人实际参加工作年限和在本单位工作年限，给予一定的医疗假期。病假期间劳动者可照常领工资，对于病假工资，应不低于当地最低工资的80%。

病假是有期限的，根据职工工龄的长短予以3~24个月的医疗期（表10-1）。超过医疗期可解除劳动合同。

表10-1　工龄医疗期

医疗期（月）	实际工龄 T（年）	本企业工龄 T_1（年）
3	$T<10$	$T_1<5$
6		$T_1>5$
6	$T>10$	$T_1<5$
9		$5<T_1<10$
12		$10<T_1<15$
18		$15<T_1<20$
24		$T_1>20$

5．产假

产假是指在职妇女产期前后的休假待遇。产假的期限有明确规定，企业要严格按照规定执行：女职工生育享受98天产假，其中产前可以休假15天（各省市根据具体情况在98天的基础上有所增加，部分省市增加60天）；剖腹产增加产假15天；生育多胞胎，每多生育1个婴儿，增加产假15天；怀孕未满4个月流产的，享受15天产假；怀孕满4个月流产的，享受42天产假。

产假期间的工资是领取生育津贴。生育津贴是国家补贴给企业用来发放产假期间工资的，但其计算方法与公司在社保处的申报工资基数有关，所以实际中的生育津贴与实发工资并不相等。因此有些企业规定：员工工资和生育津贴就高领取，也就是如果员工的产假工资（即员工以往每月的实发工资标准）高于生育津贴，就按产假工资发放给员工，生育津贴下来，归企业；如果员工的产假工资低于生育津贴，可以先按产假工资发给员工，然后生育津贴下来，将与产假工资的差额补给员工，剩下的还归企业。

6. 护理假

护理假是男员工为护理生产配偶的特定假期，国家未做专门规定，一些地方法规对此是有规定的。例如，四川省规定男方有 20 天护理假，且工资福利待遇不变。

7. 婚假

婚假是指劳动者本人结婚依法享受的假期。劳动者在婚假期间，用人单位如数支付工资，这是对劳动者的精神抚慰，体现了政府对劳动者的福利政策，也是对其权益的保护，对于调动劳动者的积极性具有重要意义。婚假之前还分为正常婚假和晚婚假，但现在已经取消晚婚假。国家对婚假的期限没有统一的规定，各地方的假期天数不一致，如四川省规定的婚假是 3 天。

8. 丧假

丧假指的是根据原国家劳动总局、财政部《关于国营企业职工请婚丧假和路程假问题的规定》，国有企业职工的直系亲属死亡时，企业应该根据具体情况，酌情给予职工 1~3 天的丧假。直系亲属是指和自己有直接血缘关系或婚姻关系的人，如配偶、父母、子女。

> **Tips** 由于各个地方的政策都不一致，企业在实施各类假期时，要根据国家和地方政府的相关规定执行。

10.2.2 员工考勤管理

考勤管理是人力资源管理的一项重要基础工作，它既是公司进行薪酬支付和员工考核的依据，又是维持正常工作秩序、提高工作效率、严肃劳动纪律、使员工自觉遵守工作时间的重要手段。

1. 考勤管理的方法

在员工考勤管理的具体事务上，要遵循一定原则，确保考勤管理高效实施。那么，操作时要遵循哪些原则呢？

（1）根据岗位类型区别对待。根据岗位的实际情况，针对岗位类型的不同，制定相应的考勤评价标准，分门别类，区别对待。例如，经常外出的财务岗位和经常坐办公室的行政岗位的考勤标准就要根据岗位的实际情况来制定，技术研发岗位与操作岗位的考勤管理也应该不一致。

（2）公平公正，统一标准。考勤管理在政策上就要一视同仁，从高层管理者到基层员工，所有员工都参与考勤管理，不实行特殊化。无论是高层管理人员，还是普通员工，只要是公司员工，都应该遵守公司的考勤制度。

（3）严格贯彻执行。考勤制度建立起来后，必须根据考勤的标准严格执行，贯彻落实到每一个岗位和每一位员工。

（4）赏罚分明。对待严格遵守考勤制度的员工，要给予一定的现金奖励。对于不遵守考勤制度的员工，要给以相应的处罚，甚至是解除劳动合同关系，不能徇私舞弊，要赏罚分明。

（5）动态完善。考勤制度要随着企业实际情况的变化而变化，也要综合考勤管理的实际情况进行调整，不能一成不变，成为形式主义。合理规范的制度，既能通过考勤增强公司运转效率，又能提高工作的积极性。

（6）借助技术手段。可以借助一些先进的科技手段来考勤，如指纹打卡机、监控系统、考勤分析系统等；提高考勤管理的效率。既能避免公司以外的人进入本公司，又能免去人工查岗的低效率。

2．考勤管理问题处理

下面通过企业的实际案例，为大家详细分析考勤管理过程中的问题。

A是一家国有军工企业，有500多名员工，考勤管理一直是人力资源管理的一个难题，员工迟到、不打卡、不按规定请假等现象非常严重。公司为了严肃考勤纪律，要求人力资源部严格执行考勤管理制度，加大对迟到、不打卡等违反考勤管理制度现象的处罚。执行一个月后，发现员工的迟到、不打卡等违反考勤管理制度现象并没有得到很大的改善，反而加深了人力资源部与员工之间的矛盾。公司总经理觉得产生这样的结果，主要原因还是企业的制度不够严厉，不能起到"杀一儆百"的威慑作用，要求人力资源部制定更为严厉的考勤管理制度，并对迟到的处罚力度也进一步加大。

类似于案例中的问题，企业在考勤管理过程中经常遇到，作为企业考勤管理部门，应该如何处理呢？

通过案例可以了解到，A公司现行考勤制度已相对较为严格，不但未改善员工迟到现象，反而因制度过于严厉加深了人力资源部等管理部门与员工之间的矛盾，面对公司总经理的要求，作为 HR，可提出以下解决措施。

首先向总经理承诺会制订一份解决方案来解决员工迟到现象，并将方案及时反馈、实施，以缓解总经理对员工的不满，同时争取解决问题的时间。具体计划如下。

（1）评估现行作息时间的合理性。一方面统计平均每天迟到员工所占员工总数的比例及每个员工平均迟到的时间，对迟到的员工进行面谈，分析员工迟到的原因，如平均每天迟到的员工所占比例较大，且多为地理位置、交通状况等客观原因，将分析结果反馈给相关领导，评估是否更改现行作息时间；另一方面做考勤制度调查，调查员工对目前考勤的意见及建议，调查的方式可以是问卷调查，也可以是访谈调查。

（2）适当调整企业福利结构，解决员工迟到等不良现象。

①适当提供班车：如果员工迟到等现象是因地理位置或交通状况等原因导致，那么在不改变作息时间的前提下，将员工薪酬结构中交通补助福利更换为提供班车福利。在企业员工比较集中的主干线提供班车，既可以解决员工迟到现象，又可以增加企业在人才招聘中的吸引力。

②提供早餐：要鼓励员工早到公司，可以给员工提供早餐服务，并限定就餐时间，如上班前 20~40 分钟提供早餐，这样员工为了赶上公司的早餐，也就会提前来上班。这样既可以降低员工迟到率，又可以增强员工对企业的满意度。

（3）重新修订考勤制度。对考勤制度做适当的修订，要在充分调研员工对考勤制度意见的前提下，重新修订考勤管理制度，可以从以下两方面进行。

①制定多元化的惩罚措施。措施包括：与团队结合，以小组为考核单位，小组员工迟到率与小组的绩效考核结果挂钩，充分发挥小组成员监督功能；迟到员工不得自行进入厂区，需本部门负责人到门卫处带领方可进入厂区等措施；对迟到员工进行培训教育，如果月内达两次及两次以上迟到者，除员工本人要参加培训教育外，员工的上级也要参加培训。

②设置全勤奖。对于当月未出现迟到的员工，给予适当的全勤奖奖励，鼓励员工遵守考勤管理制度。

（4）管理层以身作则。各部门管理人员应起到带头模范作用，凡公司管理人员出现迟到现象，处罚措施加倍。

（5）及时通报员工迟到、早退等不良现象及奖励现象，做到奖罚分明。

10.2.3 考勤统计分析

考勤管理除了应用于工资发放、员工考核等方面外,还要做好考勤统计分析,为提高员工管理效率提供支持。接下来对某公司2018年9月的考勤数据进行统计分析,为读者提供参考。

某公司考勤统计分析

考勤分析主要从出勤情况、缺勤情况(忘打卡)及迟到早退情况等几方面来对考勤数据进行分析,详细分析如下。

一、出勤工时

出勤工时是指所有出勤的时间,包括标准工作时间、加班时间、出差时间等。

部门	部门人数	9月出勤总工时	9月人均出勤工时
人力资源部	6	1095	182.43
技术质量部	21	3966	188.85
市场销售部	11	1918	174.35
采购运营部	9	1647	183.03
模块电路部	30	5278	175.93
混合电路部	17	3202	188.38
财务管理部	7	1341	191.59

9月标准出勤工时为176小时,全公司管理人员及设计师平均出勤工时为181小时,普遍存在加班情况,财务管理部人均出勤高达191.59小时;市场销售部、模块电路部出勤工时偏低,低于平均出勤工时。

二、迟到早退情况

迟到早退的统计数据如下。

部门	部门人数	9月人次	9月人均	8月人次
人力资源部	6	8	1.334	4
技术质量部	21	19	0.907	7
市场销售部	11	16	1.451	17

续表

部门	部门人数	9月人次	9月人均	8月人次
采购运营部	9	16	1.781	14
模块电路部	30	48	1.605	55
混合电路部	17	24	1.412	26
财务管理部	7	10	1.437	7

本月迟到早退情况比8月有所上升，主要是模块电路部、采购运营部迟到情况比较突出，人均超过1.5人次，采购运营部迟到高达1.78人次，采购运营部、混合电路部、财务管理部、市场销售部也应加强员工劳动纪律管理，降低员工迟到早退情况，提高员工综合能力。

三、缺勤情况

缺勤工时主要指员工请假的情况，下表所示为缺勤情况的统计分析数据。

部门	总人数	9月缺勤天数	9月人均缺勤天数	8月缺勤天数
人力资源部	6	3.140	0.525	5.26
技术质量部	21	16.990	0.811	15.79
市场销售部	11	4.170	0.381	10.53
采购运营部	9	11.261	1.251	10.53
模块电路部	30	39.081	1.303	36.84
混合电路部	17	29.821	1.751	15.68
财务管理部	7	8.71	1.245	5.26

缺勤情况主要反映的是忘记打卡，本月全公司缺勤天数与8月差不多，共计113天；技术质量部、模块电路部和混合电路部缺勤比较严重，主要表现为不打卡、忘打卡。人力资源部、财务管理部、市场销售部表现比较好。

四、考勤打分

综合以上考勤数据分析，对每个部门评价打分，满分为5分。最后得出以下考勤汇总。

部门	综合名次	分数	备注
人力资源部	2		
技术质量部	1	4.5	各项考勤纪律遵守比较好
市场销售部	4	3.5	不按要求执行考勤制度，比较自由散漫，有待改善

续表

部门	综合名次	分数	备注
采购运营部	6	3	迟到早退现象比较突出,有待改善
模块电路部	7	2.5	技术人员迟到早退现象比较突出,有待改善
混合电路部	4	3.5	忘打卡情况仍比较突出,有待改善
财务管理部	2	4	能够遵守各项考勤纪律

　　本月出勤情况与8月差不多,但忘记打卡、迟到等情况比较突出。人力资源部还需加强考勤检查,同时希望各部门加强员工考勤纪律管理。

……

> **Tips**　由于内容较多,书中只列出了本考勤统计分析的部分内容,其详细内容将在模板中提供,读者可下载完整的某公司考勤统计分析进行参考、使用,下载方法见前言说明。

10.3　员工异动管理

　　伴随企业发展的不同阶段,企业对员工在管理上进行适当的调节,实现人力资源的优化配置,具体形式包括晋升、调岗、降职3种,这3种形式也称为员工异动。员工异动管理,其着力点正是人力资源过程管理要掌握的关键所在,应考虑从客观现实出发,找到员工异动所产生的内在困惑和心理变化,做出对应的调节和管理。本节将详细介绍员工异动的3种主要形式,提供管理员工异动的实用技巧与方法。

10.3.1　员工晋升管理

　　员工晋升包括员工升职和员工晋级,所以员工晋升管理也常称为员工晋升晋级管理。员工晋升管理指有等级之分的职务、职称等,从低级别向高级别的升迁。员工晋升晋级管理机制有两大主要功能:一是资源优化配置,二是对员工的激励性,这两方面都有利于留住优秀人才。资源优化配置就是要做到人与岗位相匹配,也就是合适的人做合适的事,实现员工能力和岗位的匹配,这也是人力资源管理的重要目标。对员工的激励性是指员工晋升到较高层次岗位后,一方面对员工本人有激励性，员工的努力得到了肯定，以后会更加努力工作；另一方面对其他员工也有激励性，让其他员工看到只要努力工作就有升职的机会。这是因为大多数员工认为身居要职是能力和地位的象征，甚至将晋升晋级当作个人成功的主要衡量标准。所以，良好的晋升晋级机制给员工创造了追求晋升的氛围，能够为其晋升晋级提供支持和保障。员工为了获得更多的收入及荣誉上的满足感，就会更加努力工作，最终实现以更快的速度得到提升，进而让使命感增强，延缓了工作流动的行为，降低了工作流动的概率。

人才是促进企业发展的动力，更是企业的核心竞争力。做好员工晋升晋级管理，可以避免优秀人才流失，并提高员工的积极性。做好员工晋升晋级管理，需要关注以下几个方面。

（1）建立员工晋升晋级通道。结合企业的发展战略和员工的发展需求建立员工晋升晋级通道，要从企业发展战略的角度出发，规划企业的业务发展方向，设计企业的组织架构和岗位，进而设计出岗位的职业发展规划。清晰的职业发展规划可以让员工了解所在岗位的位置、未来的发展方向和发展机会，让员工知道努力的方向在哪里，使其更加积极地投入工作，投入适合自己的晋升晋级道路中。另外，员工的晋升晋级通道不一定是纵向的管理职务上升，要充分结合企业战略和员工职业发展的需求建立企业的员工晋升晋级通道。

（2）充分结合人才测评，帮助员工设计适合员工发展的晋升晋级通道。例如，专业技术人员可以进行横向晋升晋级，还可以借助人才测评工具，帮助员工认识自己的优势与不足，进行精确定位。根据人才测评结果与员工发展意向，设计个性化的发展通道，例如，有些员工只适合做技术研发，那么针对这样的员工就可以往技术专家方向的晋升晋级通道发展，而有些员工的人际沟通能力、适应能力、学习能力较强，他们就可以往管理方向或跨多个领域去发展。

（3）营造良好的竞聘文化。企业要建立员工竞聘文化，积极鼓励和支持员工参与竞聘，对于每次参与竞聘的人员给予一定的奖励。在体系制度方面，也要不断地完善内部竞聘管理的流程和制度，并借助胜任力模型建立相应的绩效考核、薪酬福利体系等，做好企业的人力梯队建设。

提供晋升晋级机会是留住人才的一个重要手段，让员工看到机会才能带动更多发展的可能性。只有做好员工晋升晋级管理，企业设计的晋升晋级通道才能为企业的大力梯队建设服务。下面是某公司员工晋升晋级实施方案，供读者参考。

公司员工晋升晋级实施方案

一、目的

为了提升员工个人素质和能力，充分调动全体员工的主动性和积极性，并在公司内部营造公平、公正、公开的竞争机制，规范公司员工的晋升、晋级工作流程，特制定本方案。

二、范围

1. 管理类：包括经营管理、监督执行等管理岗位。

2. 技术类：包括研发、工艺技术、质量技术、设备技术、生产技术等技术岗位。

3. 职能类：包括计划、采购、仓储物流、人事行政、财务、销售、网络服务等职能岗位（包括各部门专业人员、职能人员及行政服务人员）。

4. 作业类：包括生产、辅助生产、质量检验等作业岗位。

三、原则

1. 公司每位员工在符合条件的情况下均有晋升或晋级的机会。

2. 员工晋升或晋级原则上逐级进行，在考察期内对公司有重大贡献或突出表现者，经常务副总批准后可晋升2级。

3. 公司员工晋升，必须符合公司的发展需要。

4. 公司员工晋升应首先考虑公司内部员工，做到量才适用。

5. 一年内员工晋升不得超过1次，晋级不得超过2次。

6. 员工在12个月内薪资晋级幅度不得超过本岗位4级，由于职务晋升或岗位异动带来的薪资晋级可不受此限制。

7. 员工晋升至新岗位后（包括竞聘上岗），一个月内为试用期，其薪资在试用期内暂不做调整。试用期后的薪资将根据员工在试用期内的工作表现和参照公司的薪资标准执行，对试用期不合格的员工，公司将恢复其原来的岗位和薪资。

8. 员工晋升晋级要充分体现公平效率原则，达到激励先进、鞭策后进的作用。对在考察期内具备晋升晋级条件与资格的员工，公司将在不同工作时段内通过报批审批程序进行个别晋升晋级调整。

9. 晋升晋级执行时间以最终批准时间为准。

四、晋升或晋级条件

员工晋升是指从低一级职位晋升到高一级职位；员工晋级是指在同一职位中提升工资级别。员工晋升或晋级申报须至少满足下列条件之一。

1. 拟晋升员工必须在目前职位连续工作6个月以上，晋级员工必须入职满12个月以上。

2. 模范遵守公司各项规章制度，服从工作安排，技能超群或成绩突出的。

3．能够认真自觉执行工作和服务规范，有良好的团队精神，赢得领导、同事和顾客等多方赞扬的。

4．一贯模范执行工艺操作，对提高产品质量有显著贡献的。

5．经常对危害公司的事件及时举报或制止，避免较大损失的。

6．在工作中经常有创造发明提高工作效率，并取得经济效益的。

7．带头节约公司各项资源，并卓有成效的。

8．善于及时发现隐患，并予以妥善处理，避免公司遭受损失的。

9．对于舞弊或有危害公司权益的事情，能事先揭发、制止的。

10．研究改善生产设备，有特殊功效的。

11．全年3次及以上被评为优秀员工或得到公司奖励的。

12．凡有以下情形之一者，不得晋升或晋级。

（1）近3个月内迟到、早退3次或以上者。

（2）近3个月内有旷工行为者。

（3）病、事假天数累计超过10天（含）以上者，工伤除外。

（4）近3个月内违反《员工手册》及其他规章制度，被处以书面警告及以上处罚在案的。

五、员工晋升或晋级程序

员工晋升或晋级有以下两大主要程序，企业可根据实际情况进行选择。

1．员工晋升可由部门管理层推荐，也可以本人提出申请，报部门负责人审核，转综合部全面调查评审（上级、同级和下级三级评审），最后报常务副总审批。

2．员工晋级一律由部门管理层提出申请，并附有翔实的突出事迹材料（证明满足上述晋级条件），不接受员工个人申请。原则上，员工入职满1年可以考虑给予晋级，但是否给予晋级，最终取决于员工的表现。对于工作满1年仍未能晋级的员工，由员工所在部门管理层负责组织员工面谈，并对员工做好解释工作。

六、晋升晋级实施责任

1．各部门负责人负责本部门员工晋升、晋级的提报和审核，职务有晋升或晋级的员工同时还需要提交《晋升或晋级报告》，内容包括员工介绍、工作成绩汇报、培养计划等，作为员工晋升、晋级的参考依据。

2．综合部负责公司员工晋升、晋级工作的监督、指导、复核，以及晋升、晋级工作的具体组织与实施，并审核《人事异动审批表》，及时知会相关部门和员工个人。

3．常务副总负责所有员工晋升、晋级的批准。

10.3.2 员工调动管理

这里的员工调动管理主要是指员工平行调动。员工平调是企业的常见现象，长期以来一直被当作弥补人才短缺、改善企业管理业绩的重要途径，但其中的隐性成本和引发的潜在问题往往容易被忽略。员工平调经常会出现员工难以适应新岗位而导致业绩、待遇下降，甚至出现员工离职等现象。

企业人才短缺经常会发生，不能只要出现人才短缺就通过调动员工来满足，而应该结合企业的实际情况，综合评估员工平调的可行性。一般来说，当人才出现短缺时，应当遵循"本岗位序列晋升为主，外岗位平调为辅"的方法。管理层应当重视提拔本岗位序列员工，发挥本岗位序列自身优势，其中包括对岗位的了解，同时也包含交接工作的充分进行，更提高了员工的工作热情。

员工平调也是激励员工的一种方法，但在实施员工调动时，应注意以下几点。

1. 制定科学合理的调动制度

企业管理层应综合考量评估，通过制定科学合理的平调制度，最大限度地减少平调造成的不利影响。建立科学合理的平调制度是人力资源部责无旁贷的工作，其制度与员工晋升、降职同等重要。制度需明确要求平调频次、频率；受平调岗位影响的业绩考核变更；平调岗位薪资待遇补偿措施；平调备用名单；平调应急预案等。

平调应在尊重员工自身意愿的前提下，综合考量岗位具体情况与员工自身情况是否匹配，以及潜在的利弊得失，一个优秀的员工很可能在更换环境后，因为环境因素的变化导致管理并不如从前。

2. 给予充足的准备时间

平调工作应至少提前一个月进行准备，充分的交接工作需要充足的时间。准备工作可以从以下几个方面着手。

（1）工作内容，包括主要岗位职责、关键业绩指标、关键工作事项等。

（2）工作环境，包括上下级关系、办公环境、有没有危害因素等。

（3）管理现状，包括企业员工特性、优势能力分析、期望能力分析。

3. 建立信息沟通渠道

员工平行调动关系到企业和员工两方面的利益，如果信息沟通不到位，很容易引起不必要的麻烦。在平调前就要充分考虑调动对现有岗位管理秩序的影响，一方面是员工调动后对原有岗位员工的影响，因为员工到了新的岗位，对原岗位员工有一定的冲击；另一方面是对新任岗位员工的影响，对新岗位现有员工也有一定的冲击。因此，建立规范的员工异议表达渠道，充分聆听员工的合理建议，还可以借助工会的力量，尽可能照顾员工的合理诉求，以便充分地化解矛盾，利于形成和谐的劳动关系，从而避免组织涣散，直接影响团队工作的稳定运行。

建立科学合理的平调体系不仅可以帮助企业实现各种人力资源的合理化配置，更有利于维护企业劳动关系，激发员工的内在潜能，保障企业及员工自身利益。

10.3.3 员工降职管理

降职无论是对于员工还是企业，都是非常令人头疼的一件事情。它犹如一把双刃剑，如果善后处理得当，降职将成为企业文化的一个行动导向，对企业的发展非常有利；如果处理不当，会导致被降职的员工离职，甚至在企业中混淆视听、散布言论，给企业文化环境造成不良影响。

1. 员工降职分析

员工降职总是有原因的，企业不会无缘无故对员工做降职处理。企业会给员工降职的情况主要包括3种：一是违反公司规章制度，且情节相对比较严重；二是绩效考核结果不佳，且远远达不到目标值；三是不可抗拒的企业原因，导致部分人员需要降职处理。对于违反公司规章制度，且情节相对比较严重的降职情况，要有相应的规章制度，并严格按照规章制度执行，以达到惩戒本人、警示他人的效果。对于绩效考核结果不佳的员工，要帮助员工找到问题的根源，有可能是态度问题，也有可能是能力问题，无论是什么问题，都要认真帮助员工分析，找到解决问题的措施。对于不可抗拒的企业原因而降职的情况，如机构改革、部门合并、部门撤销等非员工自身原因造成的降职，应该视实际情况给予员工安抚和补偿，防止优秀员工离职。

员工被降职后，其心情肯定不佳，但员工反映出来的心态却是不一样的，有的员工能够积极应对，有些员工消极对待，一般表现为3种：第一种是消极态度，员工觉得很没面子，在同事面前抬不起头，在家人朋友面前无法交代；第二种是排斥态度，员工不服企业处理结果，认为不是自己的原因，都是外界因素造成的；第三种是积极态度，员工降职后及时调整心态，勇于面对挫折和挑战，并把降职当作一种磨炼。针对表现出不同心态的员工，企业的处理方式也有所不同，对于第一种心态的员工，应给予更多关心与支持，多鼓励员工，并保持与员工沟通，尤其是员工在新的岗位上做出成绩时,要及时给予反馈。针对第二种心态的员工,要及时给予引导与教育,帮助分析降职的原因,并帮助员工重新认识自我,随时注意员工心态的变化,并视其行为改变情况再行处理。对于有些员工冥顽不改,也不做反思,建议与其解除劳动合同关系;对于有所认知与进步的员工,可与第一种情况等同对待。对于第三种心态的员工,要着重培养,这样的员工潜力比较大,对有潜力的降职员工,人力资源部应该更加关心和鼓励,对他们过去有贡献的方面给予适当肯定,还要与员工一起深刻剖析自我和认识自我,并帮助员工积极调整心态,实行有针对性的培养措施,帮助员工成长。

2. 制定合理的降职对策

在降职员工的管理方面,对有潜力而绩效表现一时欠佳的降职员工,应该对其进行适当培养,发掘其潜在能力;而对于确实不符合企业发展需要的员工,针对不同特点的员工,应予以降职处理或采用适当的办法给予辞退。下面根据人才思维模型把员工分为不同类型,并针对不同类型的员工分别采取不同的管理策略。

人才思维模型(Graph for Talent,GFT)把人才分为 A、B、C、D、X、Y 六大类,每一大类又分为两个小类,共 12 种类型。以下列举的是企业管理者中常见的类型,有些不常见类型,如 Y2、B2、C2、D 等由于个性的原因,在管理层中出现机会比较小,故不再介绍,如表 10-2 所示。

表 10-2 企业管理者常见的类型及分析

类型	优势	劣势	应对措施
A1 型 (也称孙悟空型)	具有很强的判断力,凡事都有应对的招数,是解决问题的高手。个人独立行事能力非常强,业绩突出	难以适应新的工作环境和工作关系;处理人际关系能力比较弱,往往得不到大家的配合与支持	进行心态的历练与调整,让其明确组织目标,给其独立的平台和自我发挥的空间,发掘潜力
A2 型 (也称孙中山型)	属于强理论型的人,凡事都得有个说法,自圆其说能力、表现欲都很强;联想丰富,创造力、演说能力也是其长项	理论脱离实际,难以将理论落实到实际的工作中	可以作为团队的军师,使其理论充分发挥,由团队来判理论的价值
B1 型 (也称项羽型)	非常容易做出成效,非常急于造势和取得收获	心态自我调整比较差;业绩不佳时具有很强的破坏性,影响其他员工	要掌握绩效不佳的根源,根据原因对症解决,帮助员工积极调整心态

续表

类型	优势	劣势	应对措施
Y1型 (也称刘备型)	善于积累资源和做出判断；员工潜力很大，对目标非常敏感	绩效出来之后才会对自己有信心，信心不足时对组织交给的工作常会采取逃避、自欺欺人的态度，导致绩效不佳	只要给定明确的目标，并鼓励其挑战自我，能够表现出较好的绩效
X1型 (也称诸葛亮型)	思考问题非常缜密	不喜欢做没有把握或事先没有准备或缺乏资源支持的事情，很难适应工作的变化	只要减轻他们的压力，把比较有规律或可以计划的工作交给他们就可以了
X2型 (也称袁绍型)	这种类型的人比较细心，喜欢与人打交道。只要是经常与人打交道的工作，其绩效都不会差	在新岗位上需要找到方向，没有找到方向之前很难有绩效	帮助员工尽快适应新的变化
C1型 (也称总理型)	责任心很强；思维特征是配合他人的被动思考型，属于辅助性人才	没有前瞻性，总是问题出现了才去思考对策	匹配信任的上级作为领导，适合做配合性工作

根据人才思维模型的分析，针对不同类型的员工采取不同的应对措施。如果是有潜力的员工，员工降职到合适的岗位后，要针对其自身思维特点进行专门辅导，加以适当的引导和鼓励，员工的绩效可能又会很快得到提升。针对在企业中没有潜力的员工，应及早通过坦诚的沟通，使其认识到企业与自己的职业发展不匹配，帮助员工明确自己的发展定位，给予降职到另外的方向或自动离职，尽早找到适合员工的工作。

通过以上分析，可以发现对降职员工的处理也并非想象中的那么难，但要坚持几方面的原则：一是要有完善的规章制度，给员工降职处理要有制度依据；二是做好员工心理辅导，对员工进行人性化关怀，帮助员工调整心态；三是根据员工的自身素质特点，制定有差异化的处理措施，让不适合在本企业发展的员工自动离职，留住企业需要的员工，对其进行能力和态度的培养，充分发挥其潜力，进而实现企业人力资源的人才梯队建设。只有对员工有了充分的认识，做到理解员工、关心员工，才能做好人力资源的本职工作，实现企业的人力资源优化配置。

10.4 员工离职管理

随着人才流动越来越频繁，员工离职尤其是员工主动离职已经成为企业人力资源管理面临的关键问题。员工离职的高流动性不仅极大地降低了企业运行的效率，也使企业的员工管理呈现繁杂性。通常，员工离职是劳动争议事件高度集中的时间节点，如果企业制度或行为不当，员工一旦离职，即可主张权利。所以员工离职管理也是非常重要的一环，良好的离职管理可以降低劳动争议事件。员工离职管理不仅是为员工办理离职手续，还要做好离职面谈，分析出员工离职的真正原因并找到解决对策，同时要做好员工离职风险的预防工作。

10.4.1 管理员工离职

离职管理作为人力资源管理必不可少的工作，企业基本上也都建立了规范化的操作流程。但在员工离职过程中，还是会遇到很多颇为棘手的问题。针对员工离职，企业可以从以下方面加强管理。

1．正确认识员工离职

员工离职是比较正常的人力资源管理活动，但很多企业对于员工离职没有正确的认识，大多数企业管理者都认为员工离职的原因在于员工本人，如离职的员工思想不成熟、忠诚度不够等，管理者很少会认为是企业的原因导致的员工离职，也很少反思会不会是企业给予员工恪守忠诚的条件不够等。在面对员工离职时，企业也要反思自己管理的过程中是否存在纰漏，而不是把原因都归结到员工身上。

管理者要充分认识到适当的离职率是正常的，不仅有利于企业更换新鲜血液，也有利于企业保持健康发展。普遍认为企业的离职率保持在5%左右是比较恰当的，有助于企业发展，但是超过8%的离职率可能会给企业发展带来损害。所以，不要认为离职一定是坏事情，与其让即将离职的员工在企业消极怠工、得过且过、影响他人，还不如让员工离职，更换对企业有帮助、积极向上的人才。

2．恰当对待离职员工

员工提出离职后，有些企业立即表现出不信任、质疑、怨恨等不良的情绪，这样容易导致企业与员工的关系僵化。

离职的员工实际上也是企业的宝贵财富，因为离职员工担负着对外宣传企业口碑、企业形象、企业理念的重任。如果企业和离职员工之间关系非常紧张，那么势必会给企业带来不良的影响，企业应尊重员工的意愿，帮助员工办理相关手续，并祝福员工。

3．做好离职面谈

离职面谈是离职过程中非常关键的一环，企业管理人员应认真对待，从员工身上找出企业管理中存在的问题，并真诚地希望员工站在实际工作的角度上给予建议。当离职面谈做得多了之后，会发现这是一笔宝贵的财富，通过认真分析这些信息，也许能够找到解决企业问题的有效方法。

离职面谈的形式在每个企业都有所不同，但专业的离职面谈内容一定包含以下几个方面。

（1）真实的离职原因。

（2）从离职员工的角度发现企业的问题。

（3）希望员工给出企业的建议。

（4）后期工作交接和离职手续的顺利办理。

（5）感谢员工一直以来的付出。

（6）针对优秀或关键岗位的员工，企业大门永远敞开。

4．商业秘密和竞业限制

在尊重员工个人意愿的同时，也要保护企业的利益。在员工离职时，尤其是对核心岗位的员工，要求其不能泄露企业的商业机密，并且要有相关的制度进行限制和规定，以免给企业造成损失。

根据情况与员工签订保密协议、竞业限制协议，明确保密的期限、竞业限制的期限、竞业限制补偿金，以及违约后果等。

5．工作交接

员工离职对企业的正常运营肯定是有负面影响的，这一点任何企业都不可能完全避免，所以做好离职工作交接就显得十分重要，交接工作做得好就会大幅度降低因员工离职而产生的不利影响。

在工作交接前，要与离职员工做好沟通，保证有足够的时间用于做离职交接。同时要尽快寻找能够接替工作的员工，如果是管理岗位，最好在日常的工作中就设有"备选"人员，比较容易接手相关的工作。另外，要把需要交接的工作列出清单，逐项严密完成，对于重点工作和客户要高度重视，重点引荐、完成交接。

6. 总结离职原因

员工离职的原因是多种多样的，每个员工都有自己的离职理由，俗话说"一个巴掌拍不响"，员工离职除了员工本人的问题外，企业也存在一定的问题，尤其是管理方面的问题，即使离职面谈时员工说离职是客观因素，如身体不好、地点方面等原因，虽然这些因素是客观存在的，但很大程度上也是借口而已。

所以，企业总结离职的原因是非常有必要的，通过员工离职可以看出企业管理的不足。发现问题后，要及时将问题解决，避免类似的情况再次发生，进而降低员工离职率并给企业发展带来裨益。

7. 保持联络

员工离职后，并不代表企业与员工就没有任何关联了，有些企业可能存在"人走茶凉"现象，但这样的做法是不正确的。要用发展的眼光看问题，一方面，离职的员工很有可能会"荣归故里"，尤其是企业的技术型人才；另一方面，离职的员工也有可能会为企业带来更多的商业机会和合作机会。

保持与员工联络的基础工作是要建立离职员工资料库，随时更新员工离职后的信息。在联络方面可以不定期地与离职员工保持联系，问候与关心离职员工的工作与生活情况，适时邀请离职员工关注企业的大事件和行业动态等信息，可以邀请离职员工参加企业的大型庆祝、庆典活动等。

10.4.2 离职原因分析

离职面谈管理的最主要目标是通过对离职原因等内容的分析，进而改进公司的人力资源管理乃至经营管理。因而，企业做员工离职面谈最主要的目的还是服务于员工，通过分析员工离职的原因，尽可能地减少企业与员工之间的矛盾，避免出现不必要的离职。企业还要积极把员工的满意度作为管理的目标，为员工的自我实现和自我发展提供一个和谐环境及宽广舞台。

下面是某公司人力资源部 2018 年员工离职原因分析报告，供读者参考。

员工离职原因分析报告

为加强公司与员工之间的沟通与深入交流，了解离职员工的真实想法与原因，从根本上解决问题、改变现状，力争留住现有员工，降低公司人员流失率。根据公司要求，现对 2018 年员工离职情况进行分析，并针对主要的离职原因及公司采取的措施加以说明。

一、离职员工年龄构成

集团共有128人,2018年共离职36人,其中"90后"有18人,占50%;"80后"11人,占30%;"70后"7人,占20%。由此可见,"90后"离职人数较多,比例较大,是公司离职的主力军,如下表和下图所示。

离职员工年龄构成

年龄阶段	人数	百分比
90后	18	50%
80后	11	30%
70后	7	20%
总计	36	28%(占总人数百分比)

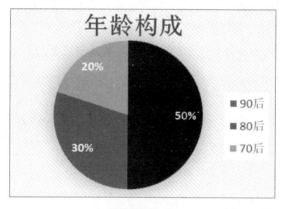

年龄构成比例

二、离职员工工龄构成

下表所示为离职员工工龄构成。

离职员工工龄构成

工龄	人数	百分比
0~3个月	10	27.8%
3~6个月	14	38.9%
6个月至1年	8	22.2%
1~7年	4	11.1%

由上表可以看出,在离职员工工龄方面:离职员工中大部分都是刚入职时间不长的新员工,因此,要加强新员工管理,做好新员工的入职引导,帮助新员工快速适应企业环境。

三、员工离职的主要原因

下表所示为员工离职原因分析。

员工离职原因分析

内部	人数	百分比	外部	人数	百分比
伙食不好	1	2.8%	健康因素	3	8.3%
上班时间长	8	22.2%	求学深造	1	2.8%
工作量太大	7	19.4%	转换行业	4	11.1%
工作环境不好	4	11.1%	工作无成就感	2	5.6%
无晋升机会	6	16.7%			

可以看出，公司员工离职主要有两大原因，即外部原因与内部原因。内部原因是导致员工离职的主要原因，据员工反映：过长的上班时间使他们身心疲惫、工作没有激情，导致工作效率不高；工作量太大，导致经常加班、休息不好。此外，员工还反映，上级应多关注员工的身体状况。

综合以上各方面数据及图表，现针对公司员工离职原因进行分类，主要有如下几个方面。

1. 不适应当前的工作环境。主要是新入职的"80后""90后"员工不适应公司的工作环境，以及过长的工作时间和过大的工作量。

2. 家庭原因及个人身体状况导致辞职。这类辞职员工主要是老员工，均因结婚、怀孕、身体不适，以及有急事需辞工返乡。

3. 个人发展定位与公司的晋升空间不对称。主要是"80后""90后"新入职的中专及高中以上学历的员工，他们表示离开公司后想换个有晋升空间的工作，或者继续求学深造。

针对以上情况，建议如下。

1. 留住老员工，及时了解新入职的"80后""90后"员工的想法及心理动态，多与新员工沟通，不仅在工作上给予帮助，也要在生活方面多些关心，从而缩短新入职员工对公司的不适应期，加强其对公司的归属感。对于新员工提出的建议，合理的部分尽量给予改善，不合理的要对其讲清楚原因。不要让员工感觉到部门/公司对他们提出的意见不重视，如同"石沉大海"。

2. 晋升方面：从7月开始各部门都在做部门的晋升管理制度，此制度为员工的晋升提供明确清晰的晋升标准，以及透明客观的选拔流程、不同发展方向的晋升路线。员工可以根据自身条件，制定符合自己的职业规划，有侧重点地提升、完善自己。希望部门能在开会时及时向员工宣导此制度，让员工对部门/公司，特别是自己的发展充满希望，也能有针对性地对自己的职业发展方向进行规划。

10.4.3 离职风险防范

员工离职不仅会增加企业的招聘、培训等显性成本，有些员工离职还会给生产经营带来损失，甚至带来企业职位链的破坏、员工队伍凝聚力和归属感降低等方面的隐性成本。可以说，员工离职或多或少都会给企业带来一定影响。因此，有效管理员工的离职，以及防范员工离职给企业带来的风险，是人力资源管理人员非常关键的工作。做好员工离职管理工作，可以从以下几个方面进行防范。

1. 建立离职管理规章制度体系

员工离职是员工与企业利益即将终结的环节。在此环节，企业应着力于规范运作，从离职手续办理的各个方面来建立健全相应的管理规章制度体系。

根据现行法律法规、司法解释及其体现的法律精神及基本法理，企业制定离职管理规章制度须符合以下条件。

（1）必须合法，包括内容合法和程序合法。

（2）不得违反劳动合同或集体合同的约定。

（3）制度公示。任何制度实施前，都要事先公示，让员工知晓制度内容，未经公示而在员工离职时才交予员工阅知的规章制度，对员工不具有约束力。

根据《最高人民法院关于审理劳动争议案件适用法律若干问题的解释》规定：用人单位根据《劳动法》第四条的规定，通过民主程序制定的规章制度，不违反国家法律、行政法规及政策规定，并已向劳动者公示的，可以作为人民法院审理劳动争议案件的依据。

通过建立离职环节的管理规章制度体系，企业得以加强自身管理离职行为的规范性，杜绝随意办理离职手续情况的出现，在程序上约束企业与员工离职事务的处理。

2. 离职工作交接

员工离职需要办理离职手续，交接所有工作、资料、物品等，对此，员工所在的工作部门及人力资源部门应认真处理。在日常管理中应建立起相关工作制度与物品管理制度，对于办公物品的管理、领用、使用实行登记备案制度。在交接事务方面主要包括工作物品的交接和工作内容的交接。

（1）工作物品的交接。办理员工离职手续时要认真核实员工提供的交接材料。如果员工带走公司财物，数额较大的，将构成侵占公司财产的犯罪行为，企业应及时向公安机关报案以维护企业利益，而不可拖延、贻误处理事件的时机。

（2）工作内容的交接。企业应针对其工作内容采取一定的包括签署文件的措施，书面列出所交接工作的内容。对于一个特殊人员离职，更要做好离职交接，如财务人员，《中华人民共和国会计法》第四十一条规定：会计人员调动工作或者离职，必须与接管人员办清交接手续。根据此规定，若离职会计人员不予配合办理工作交接手续，企业有权暂缓给其办理离职手续。

3. 离职薪资处理

劳动争议产生的原因各种各样，但出现频率最高的是劳动关系双方就工资、补偿金数额等问题未达成一致意见引起的。作为企业，要重点关注以下几个方面的处理，以防范法律风险。

（1）工资结算。劳动关系双方依法解除或终止劳动合同，企业应在解除或终止劳动合同时，即员工离职时，一次性付清工资。需要说明的是，企业向离职员工结清工资应是离职手续中的一项，这是规范的做法。有些企业习惯于要求离职员工在企业下月正常发薪日来领取工资而不是离职时予以结清，这样办理容易留下隐患。

（2）经济补偿金和赔偿金。在员工离职时，劳动关系双方应依据劳动法律法规、政策及双方的劳动合同约定，明确企业是否需要向员工支付经济补偿金，以及存在劳动关系一方是否有向另一方支付赔偿金的义务。无论是法定义务还是约定义务，企业都不应推托，应切实保障离职员工的正当合法权益，否则容易导致劳动纠纷的发生。

（3）其他薪酬福利事项的处理。员工在企业工作期间，企业为员工缴纳各项社会保险及住房公积金等，在员工办理离职时，企业应与员工协商确定转移手续的办理时间及双方如何配合等。

4. 员工档案转移

员工因与企业解除劳动合同或其他原因离职，在办完离职交接手续后，企业有义务为员工办理档案转移手续，包括向员工出具离职证明、转移员工个人人事档案等。根据国家《企业职工档案管理工作规定》，企业职工调动、辞职、解除劳动合同或被开除、辞退等，应由职工所在单位在一个月内将其档案转交其新的工作单位或其户口所在地的街道劳动（组织人事）部门。通过规定可知，企业无权以任何理由扣留已离职员工的档案。

5. 稳定内部员工

企业只要有员工离职，特别是关键岗位员工或管理人员离职，都会对未离职的员工产生一定的影响，据统计，1名员工离职会导致5名员工有离职的想法。某些影响力大的员工离职事件会造成群体心理动荡，减弱组织的向心力、凝聚力，动摇员工对企业发展的信心。如果出现这样的情况，企业可以采取以下解决措施。

（1）就离职事件与在职员工进行积极的沟通，说明原因，鼓励未离职的员工努力工作，让他们对前景充满信心。

（2）做好员工职业生涯的规划，提供必要的正式培训，建立一整套面向未来的培养计划。创建好的企业沟通关系和良好的人员关系，创造一种保持发展及激情的内部环境。

> **Tips** 企业要依法处理法律风险，例如，若员工拒绝承担违约责任或赔偿责任，企业应申请劳动仲裁，运用法律途径来维护自己的合法权益。

10.5 人事日常事务管理实操范本

通过前面对人事日常事务的人事档案管理、员工考勤管理、员工异动管理等详细介绍，掌握了人事日常事务管理的专业知识与操作技巧。在人事日常事务管理过程中还需要通过制度、流程等文件加以制度化、流程化、表格化，下面将介绍人事日常事务管理实操范本。

10.5.1 范本：人事档案管理制度/表单

人事档案管理是人力资源管理比较基础性的工作，为了做好人事档案管理，建立健全的人事档案管理机制势在必行。接下来将从人事档案管理制度、员工档案名册、员工档案目录表等方面为大家提供范本。

1. 人事档案管理制度

人事档案管理包括人事档案保管和人事档案利用，用于规范公司人事档案的保管与借阅等。下面是某公司的人事档案管理制度，供读者参考。

人事档案管理制度

1. 目的

（1）保守档案机密。档案机密是企业机密的一部分，对人事档案进行妥善保管，能有效地保守机密。

（2）维护人事档案材料完整，防止材料损坏。

（3）高效、有序地利用档案材料。

（4）给档案管理活动提供规章依据。

2. 人事档案保管

人事档案保管的基本内容大致包括五部分：材料归档、检查核对、档案转递、保卫保密和统计。

（1）材料归档。

新形成的档案材料应及时归档，归档的大体程序为：首先，对材料进行鉴别，看其是否符合归档的要求；其次，按照材料的属性、内容，确定其归档的具体位置；再次，在目录上补登材料名称及有关内容；最后，将新材料放入档案。

（2）检查核对。

检查与核对是保证人事档案完整、安全的重要手段。

检查的内容是多方面的，既包括对人事档案材料本身进行检查，如查看有无霉烂、虫蛀等，也包括对人事档案保管的环境进行检查，如查看库房门窗是否完好、有无其他存放错误等。

检查核对一般要定期进行，但在下列情况下，也要进行检查核对。

①突发事件之后，如被盗、遗失或水灾、火灾之后。

②对有些档案发生疑问时，如不能确定某份材料是否丢失。

③发现某些损害之后，如发现材料霉变、虫蛀等。

（3）档案转递。

档案的转递一般由工作调动等原因引起，大致程序如下。

①取出应转走的档案。

②在档案底账上注销。

③填写《转递人事档案材料的通知单》。

④按发文要求包装、密封。

在转递中应遵循保密原则，一般通过机要交通转递，不能交本人自带。另外，收档单位在收到档案并核对无误后，应在回执单上签字盖章，及时退回。

（4）保卫保密。

保卫保密的具体要求如下。

①公司一般要设专人负责档案的保管，应备齐必要的存档设备。

②库房备有必要的防火、防潮器材。

③库房、档案柜保持清洁，不准存放无关物品。

④任何人不得擅自将人事档案材料带到公共场合。

⑤无关人员不得进入库房。

⑥严禁吸烟。

⑦离开时关灯关窗、锁门。

（5）人事档案统计。

人事档案统计的内容主要有以下几项。

①人事档案的数量。

②人事档案材料收集补充情况。

③档案整理情况。

④档案保管情况。

⑤利用情况。

⑥库房设备情况。

⑦人事档案工作人员情况。

3．人事档案利用

（1）人事档案利用的方式。

人事档案的利用有以下几种方式。

①设立阅览室以供查阅。阅览室一般设在人事档案库房内或靠近库房的地方，以便调卷和管理。这种方式具有许多优点，如便于查阅指导、便于监督、利于防止泄密和丢失等。这是人事档案利用的主要方式。

②借出使用。借出库房须满足一定的条件，例如，公司领导需要查阅人事档案；公安、保卫部门因特殊需要必须借用人事档案等。借出的时间不宜过长，到期未还者应及时催还。

③出具证明材料。出具的证明材料可以是人事档案部门按有关文件规定写出的有关情况的证明材料，也可以是人事档案材料的复制件。要求出具材料的原因一般是入党、入团、提升、招工、出国等。这也是人事档案管理部门的功能之一。

（2）人事档案利用的手续。

在通过以上方式利用人事档案时，必须符合一定的手续。这是维护人事档案完整安全的重要保证。

①查阅手续。

正规的查阅手续包括以下内容。

首先，由申请查阅者写出查档报告，在报告中写明查阅的对象、目的、理由，以及查阅人的概况等。

其次，查阅部门负责人签字。

最后，由人事档案部门审核批准。

人事档案部门对申请报告进行审核，若理由充分、手续齐全，则给予批准。

②外借手续。

首先，借档部门写借档报告，内容与查档报告相似。

其次，借档部门负责人签字。

再次，人事档案部门对其进行审核、批准。

然后，进行借档登记。把借档的时间、材料名称、份数、理由等填写清楚，并由借档人员签字。

最后，归还时，应及时在外借登记簿上注销。

③出具证明材料的手续。

单位、部门或个人需要由人事档案部门出具证明材料时，需履行以下手续。

首先，由有关单位（部门）开具介绍信，说明要求出具证明材料的理由，并加盖公章。

其次，人事档案部门按照有关规定，结合利用者的要求，提供证明材料。

最后，证明材料由人事档案部门有关领导审阅，加盖公章，然后登记、发出。

4. 本制度的解释权属集团人力资源部

5. 本制度自颁布之日起执。

6. 以前文件或规定有与本制度相抵触的条款和规定，按本制度执行

2．员工档案名册

首先对员工档案总体情况进行登记，清理员工档案现状。员工档案名册如表 10-3 所示。

表 10-3 员工档案名册

序号	姓名	单位（或部门）	职务	档案现状	存放位置	备注

档案现状包括无、不齐全、齐全

3. 员工档案目录表

针对每个员工都要建立独立档案，档案中的资料要进行登记并制作详细的目录表。员工档案目录表如表 10-4 所示。

表 10-4　员工档案目录表

类号	材料名称	材料制成时间			份数	页数	备注
		年	月	日			

> 材料名称尽量详细，方便查阅

4. 接收人事档案登记表

新招聘的员工，员工档案可能会来自其他单位。所有接收到的人事档案，都要登记造册。接收人事档案登记表如表 10-5 所示。

表 10-5　接收人事档案登记表

收档时间	来档部门	姓名	正本（卷）	副本（卷）	回执时间	承办人	处理结果

> 处理结果包括存档和暂存

5. 接收人事档案材料登记表

接收的人事档案资料比较多，对于接收的资料也要进行登记并制作明细表。接收人事档案材料登记表如表 10-6 所示。

表 10-6 接收人事档案材料登记表

收件时间	来件部门	姓名	材料内容							总份数	承办人
			履历	学历职称	奖励	处分	任免	工资	其他材料		

材料内容可以根据企业实际情况添加

6．借用 / 查阅人事档案审批表

如果有员工需要借用或查阅人事档案，需要根据制度填写借用 / 查阅人事档案审批表，批准后方可借用 / 查阅。借用 / 查阅人事档案审批表如表 10-7 所示。

表 10-7 借用 / 查阅人事档案审批表

借用 / 查阅单位		借用 / 查阅人	
借用 / 查阅时间		归还时间	
借用 / 查阅何人档案		借用 / 查阅理由	
借用 / 查阅内容			
借用 / 查阅人所在部门意见			
人力资源部意见			
分管领导意见			

员工档案原则上不允许借阅，只能查阅

7．借用 / 查阅人事档案登记表

借用 / 查阅人事档案除了审批外，在借用 / 查阅时还需要登记。借用 / 查阅人事档案登记表如表 10-8 所示。

表 10-8　借用/查阅人事档案登记表

借用/查阅时间	借用/查阅单位	借用/查阅人姓名	批准人	借用/查阅人姓名	归还时间	承办人	备注

10.5.2　范本：员工考勤管理制度/表单/流程/方案

考勤管理是人力资源管理的日常事务工作，为了恰当地管理员工考勤，建立健全考勤管理机制势在必行。接下来将从考勤管理制度、请假管理制度、请假管理流程、考勤管理各类表格等方面为大家提供范本。

1. 员工考勤管理制度

员工考勤管理制度是保障员工出勤率、规范员工出勤的制度保障。下面是某公司的员工考勤管理制度，供读者参考。

员工考勤管理制度

1. 总则

为维护良好的工作秩序，提高工作效率，保证公司经营的顺利进行，特制定本制度。

2. 适用范围

本制度适用于公司所有员工。

3. 考勤责任

（1）部门负责人：负责本部门员工考勤的监督管理。

（2）人力资源部：负责月度、年度考勤统计，审核员工出勤、请假、加班、补休等情况，编制员工《月度考勤统计表》及《年度考勤统计表》。

4. 工作时间

（1）公司高管，核心工作时间与一般员工相同，上下班不需要打卡。

（2）其余员工实行一周5天，每天8小时的标准工作制，上下班时间为：9:00—12:00，13:30—17:00。

5. 打卡规定

（1）采用指纹考勤机打卡。

（2）员工每天上班、下班均需打卡（共计每日2次，如员工请假不足1天的，上下班也需正常打卡）。

（3）迟到也需打卡，未打卡者以旷工论处。

（4）由于个人原因忘记打卡的员工，可在当月底考勤统计时向直接上级说明情况并填写《考勤补签申请单》，由部门负责人签名确认。每月补签不能超过2次，超过2次每增加一次罚款30元，考勤补签达到第5次按旷工半天论处，并依次递增（如第5次补签视为旷工半天，第6次补签则视为旷工一天，以此类推）。

（5）因不可抗拒原因（如停电、卡钟故障等）无法打卡者，由人力资源部证明原因后，视为已打卡。

（6）员工加班应按规定打卡，如加班外出则需填写《外勤申请单》，加班未打卡或未按时提交《外勤申请单》者将不计加班。

（7）人力资源部每月3日前将公布员工上月的考勤明细，查询个人考勤、考勤补签须在5日前完成（如遇节假日则顺延至节假日结束后的3个工作日内完成）。员工未在规定时间内完成的缺勤记录将视为旷工处理。

6. 考勤种类

（1）迟到。比预定上班时间晚到者视为迟到（30分钟以内，含30分钟）。

（2）早退。比预定下班时间早走者视为早退（30分钟以内，含30分钟）。

（3）旷工。

①无故缺勤。

②上班迟到或下班早退31分钟以上（包含31分钟）3小时以内（包含3小时）视为旷工半天；超过3小时的视为旷工一天。

③工作时间内未经领导批准擅自离开工作岗位者，或者未经准假而不到职者。

（4）请假。详见《请假管理制度》。员工请假须事先按规定填写《请假申请单》，并附上相关证明。员工请假遇特殊原因（如急病、突发事故等），须在请假当日以电话或委托他人向直接上级或分管领导提出申请，事后2天内员工本人须补办请假手续，超时补办则取消当月考勤奖；不予补办者视为旷工。无请假或未按规定请假而未出勤或擅自离开工作场所，或者请假期届满未续或虽续假尚未核准而不到职者（除确因病或临时发生意外等不可抗力事件外），均视为旷工。

（5）出差。详见《出差管理制度》。员工出差前应先按规定填写《出差申请单》，审批后送人力资源部备案，以便每月统计。如遇不能预计是否能及时返回公司或特殊、紧急情况难以提前申请时，可于事后2日内补办出差申请手续，超时补办则取消当月考勤奖；不予补办者视为旷工。

（6）外勤。因公外出办事不能及时打卡者，需提前填写《外勤申请单》，经直接上级或部门负责人批准后视为正常出勤。如遇不能预计是否能及时返回公司或特殊、紧急情况难以提前申请时，可于事后2日内补办外勤申请手续，超时补办则取消当月考勤奖；不予补办者视为旷工。

（7）补休。员工补休前须至少提前一天填写《请假申请单》，经相关程序批准后方能执行，具体审批流程请参照《请假管理办法》。《请假申请单》必须在补休前送至人力资源部备案，未获批准自行补休者视为旷工。如遇特殊情况不能提前申请时，事后2日内须补办补休申请手续，超时补办则取消当月考勤奖；不予补办者视为旷工。

（8）加班。确因工作需要加班，加班前应填写《加班申请单》，经批准后送人力资源部备案，以便每月统计。如遇特殊情况不能提前申请时，次日内须补办申请手续，否则视为无效加班。加班期间须打卡确认加班时间，若遇特殊情况不能到公司加班，则必须提前填写《外勤申请单》，经相关负责人批准后视为正常加班。若遇不能预计是否能及时返回公司或特殊、紧急情况难以提前申请时，可于事后2日内补办加班申请手续，否则视为无效加班。

7. 考勤奖励

（1）公司设考勤奖，月标准为100元/人，与当月工资一并发放。

（2）考勤奖定义：当月无旷工、迟到、早退、事假、产假、病假等现象，遵守考勤纪律，所有涉及考勤的单据均按流程审批后在规定时间送至人力资源部备案。

（3）新入职员工或离职员工，正常工作时间不满一个月者，不享受考勤奖。

8. 考勤处罚

（1）迟到3次以内（含3次）按以下标准处以罚款：1~2次每次罚款20元；第3次罚款40元。

（2）员工当月迟到、早退达4次，以旷工半日论处，每增加一次按旷工半天递增（如第4次迟到视为旷工半天，第5次则视为旷工一天，以此类推。被视为旷工者，处罚等同于实际旷工处罚）。

（3）员工旷工半天处以一天全额工资的罚款，旷工一天处以两倍日全额工资的罚款，旷工1天以上4天以内（含4天）者，扣发半月全额工资并做出书面检查；对连续旷工5天（含5天）以上或全年累计旷工10天（含10天）以上者，属严重违反公司规章制度，扣发足月全额工资并由部门报公司批准后解除劳动关系，不予以任何经济补偿，公司保留追究其因旷工造成公司利益损失相关责任的权利。

（4）考勤涉及金额的处罚将由人力资源部统计并在当月工资中扣除。

9. 本制度的解释权属集团人力资源部

10. 本制度自颁布之日起执行

11. 以前文件或规定有与本制度相抵触的条款和规定，按本制度执行

2. 员工月度考勤统计表

员工考勤每月都要统计，形成员工月度考勤统计表。员工月度考勤统计表如表 10-9 所示。

表 10-9　员工月度考勤统计表

序号	姓名	本月应出勤天数	实际出勤天数	请假类别	请假天数	迟到早退	出差天数	备注
1								
2								
3								
4								
5								
6								
7								
8								

（统计单位可以是天数，也可以统一为小时数）

3. 外出申请单

员工因公外出，须填写外出申请单，上报批准后方可外出。外出申请单如表 10-10 所示。

表 10-10　外出申请单

姓名		部门		岗位		申请日期	
外出地点		外出单位		预计起止时间		自　月　日　时 至　月　日　时	
外出事由							

续表

部门负责人审核	
分管领导审批	

4. 考勤补签申请单

考勤打卡也存在忘记的时候，若忘记打卡，则填写考勤补签申请单。考勤补签申请单如表10-11所示。

表10-11 考勤补签申请单

姓名		部门	
岗位		补签日期	
签补时间		□早上上班 □下午下班	
未打卡原因			
证明人		部门负责人	

证明人可以是部门内的同事，也可以是其他部门人员

备注：（1）每月补签不能超过2次
（2）补签申请单审批完成交人力资源部，作为出勤凭证

5. 加班申请单

员工加班要提前写加班申请，否则不予计算加班。填写加班申请单，批准后方可计算加班。加班申请单如表10-12所示。

表10-12 加班申请单

姓名		部门		岗位		申请日期	
加班时段		□工作日加班		□周末假日加班		□法定节日加班	

续表

预定加班时间	月　日　时　分——　月　日　时　分，合计　　小时
加班事由	加班事由要详细说明，否则不予计算加班
实际加班时间	月　日　时　分——　月　日　时　分，合计　　小时
部门意见	
分管领导意见	
人力资源部意见	

6．员工请假管理制度

员工请假管理应详细规定公司所涉及的所有请假类型、请假流程，通过请假制度来规范所有员工的请假行为。下面是某公司的员工请假管理制度，供读者参考。

员工请假管理制度

1．总则

为使员工请假有所依循，保证公司经营的顺利进行，特根据《员工手册》执行情况制定本制度。

2．适用范围

本制度适用于公司所有员工。

3．请假类别

（1）病假。

（2）事假。

（3）特别假期（婚假、丧假、产假、护理假、哺乳假、学习假，除特别规定外休假期间视同正常劳动并支付正常工作时间的工资）。

（4）工伤假。

（5）年休假。

（6）探亲假。

（7）补休假。

4. 请假流程和审批权限

（1）员工请假须事先按规定填写《请假申请单》，并附上相关证明。各类假期应附证明如下表所示。

请假应附证明表

假期类别		应附相关证明
病假		病假在1天以内（含1天）请假需附医院挂号单和缴费单；2天以上需附三级及以上市/区级医院病历证明原件、病假证明或住院证明
特别假期	婚假	政府相关部门核发的结婚证明原件
	丧假	政府相关部门核发的证明文件原件
	产假	准生证原件
	护理假	准生证原件
	哺乳假	政府相关部门核发的临产有效证明原件
	计划生育假	医疗、保健相关部门的手术证明原件
	学习假	考试的相关证明
工伤假		①医院诊断证明；②工伤报告书

（2）请假理由不充分或有碍工作时，可酌情不予批假，或缩短或延期请假。

（3）请假员工（或直属上级）应安排好请假期间职务代理人，将经办事务交职务代理人代办，并于《请假申请单》内签名确认。

（4）请假审批程序及权限：

①员工请假3天以上（含3天）：填写《请假申请单》→部门负责人意见→分管领导审核→董事会分管领导审批→人力资源部备案。

②员工请假3天以下：填写《请假申请单》→部门负责人意见→分管领导审核→人力资源部备案。

③公司高管：填写《请假申请单》→直接上级审批→人力资源部备案。

④人力资源部按照年假、补休假、事假的优先次序，进行员工取假的核定。

（5）各部门负责人尽量合理安排有补休假的员工补休，申请补休假的员工填写《请假申请单》，经审批后执行。如当月结束后员工仍有补休假未休，可延长至本年年末补休完毕，逾期作废。

（6）各部门负责人应合理安排工作，保证员工能按制度按时休取年假。

（7）员工请假遇特殊原因（如急病、突发事故等），须在请假当日以电话或委托他人向直接上级或分管领导提出申请，事后2天内员工本人须补办请假手续并交到人力资源部备案。

（8）未请假或未按规定请假而未出勤或擅自离开工作场所，或者请假期届满未续或虽续假尚未核准而不到职者（除确因病或临时发生意外等不可抗力事件外），均以旷工论处。

（9）员工依本制度取假如被发现有虚假情况者，除去假日以旷工论处外，还需依情节轻重予以惩处。

（10）除特别规定外，所有假期最少以1小时为计算单位。

（11）计算全年可请假日数（病假、事假），均自每年1月1日起至12月31日止。

……

> **Tips** 由于内容较多，书中只列出了本管理制度的部分内容，其详细内容将在模板中提供，读者可下载完整的员工请假管理制度进行参考、使用，下载方法见前言说明。

7．员工请假管理流程

请假管理流程可以明确请假管理制度，使请假管理更加清晰。员工请假管理流程如表10-13所示。

表10-13 员工请假管理流程

流程名称	员工请假管理流程		主管部门	人力资源部
流程编号			更新日期	
员工	部门	分管领导	人力资源部	公司领导

请假申请 → 审核/批(N) → 审核/批(N) → 审核(N) → 审批(N)
↓Y
工作安排
↓
休假完毕 → 部门报到 → 销假备案

8. 请假申请单

员工请假要根据考勤管理规定，按请假流程申请，经相关人员批准后方可休假。请假申请单如表10-14所示。

表10-14 请假申请单

姓名		部门		岗位		申请日期	
请假类别	☐事假 ☐病假 ☐婚假 ☐产假 ☐哺乳 ☐护理 ☐丧假 ☐年假 ☐工伤 ☐补休 ☐探亲 ☐学习			请假事由			
请假期限：自 ____ 年 ____ 月 ____ 日 ____ 时至 ____ 年 ____ 月 ____ 日 ____ 时，共 ____ 日 ____ 时							
请假人签字				工作代理人			
直接上级意见				部门负责人意见			
分管领导审批				人力资源部建议			
总裁审批				董事长审批			
备注	（1）一般员工请休假3天（含）以上：总裁审批 （2）一般员工请休假3天以下：分管领导审批 （3）部门经理（副经理）及以上员工请假：董事长批准						

（请假时间点一般以半小时或整点计算）

9. 员工出差管理制度

有些企业可能经常安排员工出差，员工出差也要有相应的管理制度。出差管理制度主要包括审批、费用标准及报销等，规范公司员工出差管理，统一出差标准。下面是某公司的员工出差管理制度，供读者参考。

员工出差管理制度

1. 总则
为保障出差人员工作与生活的需要，规范出差及差旅费的管理，特制定本制度。

2. 适用范围
本制度适用于公司所有员工。

3. 职责
①部门负责人：负责本部门出差人员的监督管理。
②人力资源部负责本制度的起草与修订，经批准后公布和组织实施。

4. 方法与过程控制
（1）出差定义
①指因工作需要而离开工作单位所在市区。
②公司安排的外出培训、学习、参观、参加会议等。

（2）出差审批权限
①除董事会成员外，其他人员出差前均应填写《出差申请单》，申请单上须写明出差期限、出差目的地、出差事由、要求乘坐的交通工具等。
②出差时限由派遣领导予以核定。因公务紧急未能履行出差审批手续的，出差前可以口头方式请示，出差结束需补办手续后方可报销出差费用。

（3）差旅费标准
①差旅费管理原则：勤俭节约，严格按照差旅费标准执行，凭有效发票报销，超标自负。
②董事会成员的差旅费标准按实报实销执行。
③除董事会成员之外的其他员工，交通工具标准如下表所示。

员工出差交通工具标准表

等级项目 职务	飞机		火车	轮船	其他交通工具
	国内	国外			
公司高管	普通舱	经济舱	软卧	一等舱	按实际报销
其他员工	普通舱	经济舱	硬卧	二等舱	按实际报销

（4）出差员工乘坐火车、轮船、飞机及其他交通工具，按以下实际票额报销交通费
①乘坐汽车及火车，原则上应出具公路局、铁路局或汽车公司的购票凭证。
②乘坐轮船应出具轮船公司的购票凭证或船票存根。
③因紧急公务必须搭乘飞机者，应事先报请出差最终审批人批准，原则上统一由行政

管理中心/人事行政部订票,凭机票存根报销交通费。

④凡由公司安排出行交通工具者,不再报销其他交通费。

⑤省内出差期间,在公司不能派公务车的情况下,须搭乘大巴/火车等交通工具;省外出差期间,所出差的目的地机场/车站与出差目的地不在同一城市,也须乘坐大巴/火车等交通工具。只有紧急情况时才可使用出租车,但需报上级领导批准。

(5)员工差旅费报销标准

①住宿中,同性人员两人一间(每间按照以下标准)。在标准以内按实际金额凭票实报;超过标准,按标准报销。员工出差住宿费报销标准如下表所示。

员工出差住宿费报销标准表

地区 职务	省会城市	一般城市	经济特区
六等及以上	400元/间/天	300元/间/天	500元/间/天
其他员工	300元/间/天	200元/间/天	400元/间/天

②餐费补贴标准。

员工出差餐费补贴标准如下表所示。

员工出差餐费补贴标准表

地区 职务	省会城市	一般城市	经济特区
六等及以上	120元/天	100元/天	150元/天
其他员工	80元/天	60元/天	100元/天

③餐费补贴以津贴形式发放,无须出具报销凭证,出差人员凭《出差申请表》到财务部领取。

④如遇特殊情况或不可抗拒的原因,导致费用超出报销标准,分(子)公司员工需报分(子)公司总经理、集团总部员工需报总裁审批后方可办理报销。

⑤出差地点公司/接待方已安排宿舍、就餐、交通工具的,不得再报销出差期间的差旅费用。

⑥经济特区特指:北京、上海、广州、深圳、珠海、厦门、海口、三亚、汕头、喀什。

⑦出差期间,非工作需要所产生的费用,均由个人承担。

......

由于内容较多，书中只列出了本管理制度的部分内容，其详细内容将在模板中提供，读者可下载完整的员工出差管理制度进行参考、使用，下载方法见前言说明。

10．员工出差管理流程

出差管理流程可以明确出差管理制度，让出差管理更加清晰。员工出差管理流程如表10-15所示。

表10-15　员工出差管理流程

流程名称	员工出差管理流程		主管部门	人力资源部
流程编号			更新日期	
员工	部门	分管领导	人力资源部	公司领导
出差申请 → 审核/批 →N 审核/批 →N 审核 →N 审批 →N ↓Y 工作安排 ↓ 出差归来 ↓ 财务报销 → 审核出差报告 → 备案				

11．员工出差申请表

员工出差要根据出差管理制度规定，按出差管理流程申请，经相关人员批准后方可出差。员工出差申请表如表10-16所示。

表10-16　员工出差申请表

姓名		部门		岗位		申请日期	
目的地				交通工具		职务代理人	
出差事由							

续表

出差时间	月　　日起至　　月　　日止 共计_____天
预借费用	（预借费用还需另外按财务流程借款）
部门负责人审核	
分管领导审批	
人力资源部确认	
财务部确认	
备注	（1）本表为公司职员出差专用申请表，出差人员必须据实填写 （2）出差人员回公司后凭此表及相关报销凭据在财务报账，此表为首要依据 （3）出差申请直属上级审核，分管领导审批，人力资源部和财务部确认，相关费用额度必须依照公司相关政策实施

12. 出差管理方案

针对长期出差的情况，制订出差管理方案。出差管理方案主要规划员工出差管理。下面是某公司的员工出差管理方案，供读者参考。

出差管理方案

1. 出差审批

（1）出差审批流程

出差人员应提前两日填写《出差申请单》交领导审批，申请单上须列出具体的出差时间、出差事由、出差地点、预支费用、出差工作计划等备查。员工根据已审核的《出差申请单》填写《请款单》，向财务预支差旅费用，后将《出差申请单》报人力资源部备案。

（2）出差审批权限

①所有人员出差均需报财务部负责人审核。
②当日往返不适用于本方案。
③远途国内出差,3天内返回的由部门经理核准。
④3天以上的出差由主管副总核准。
⑤部门经理以上人员出差,一律由总经理/董事长核准。
⑥国外出差,一律由总经理/董事长核准。

2. 出差工作汇报

①所有出差人员出差回来后,必须于3日内填写《出差业务汇报表》和《行程及差旅费明细表》,并向公司领导汇报工作,没有经过签字审阅的《出差业务汇报表》和《行程及差旅费明细表》不予报销有关费用。
②经签字审阅后的《出差业务汇报表》统一报人力资源部备案留存。

3. 出差费用说明

①公司或部门安排的异地展览或学习等活动,由该部门经理统一申请。
②未办理出差审批手续的,所发生的一切费用不予报销,并按旷工处理。

4. 差旅费报销标准

(1)交通工具的选择标准(对外除外)
①短途出差可酌情选择汽车作为交通工具。
②下级必须随同上级领导出差的,可以乘坐与上级领导相同的交通工具并按上级领导的标准报销。
③因情况特殊超标准出差的,向总经理提出申请,总经理同意后公司给予报销。

(2)交通费用支付标准(对外出差除外)
交通费用支付标准如下表所示。

交通费用支付标准

职务	飞机舱等级	火车座位等级	汽车座位等级
总经理	不限	不限	不限
副总经理	经济舱	软卧/硬卧/动车组一等票、二等票	不限
部门经理	经济舱	硬卧/硬座/动车组二等票	不限
员工	—	硬卧/硬座/动车组二等票	不限

(3)食宿费标准(单位:元)
食宿费标准如下表所示。

食宿费标准

职务	标准类别		备注
	住宿/天	餐补/天	（1）二人（同性）同行的按高一级别的标准住在同一房间，同性同行的如遇偶数情况，则按以上同行标准执行； （2）餐费按天进行补助
总经理	实报实销		
副总经理	260	100	
部门经理	200	80	
员工	160	50	
说明	对外出差除外		

（4）其他说明

①符合上述乘坐标准规定的，交通费按票面金额实报实销；高于乘坐标准的，超额部分由出差人员自行承担。

②票据丢失的一律不予报销；出差人员夜间乘火车，购买餐车茶座的费用由个人自理，不予报销。

③住宿费符合住宿标准的，按住宿金额实报实销；高于标准的，超额部分由出差人员自行承担；特殊情况须单独书面说明原因并经董事长/总裁明确批示后报销。

④下级必须随同上级领导出差且在同一地点住宿的，导致下级人员住宿费高于标准的，可以按上级领导的标准报销。若与董事长/副董事长同行的，按本人职务级别标准报销，如遇特殊情况提升标准的，需报董事长审批后方可报销。

⑤出差人员住宿费发票必须与实际的出差地点一一对应，方可报销，若发票与实际出差地不符，则该住宿费用不予报销。

⑥在外出差由第三方免费提供住宿及用餐的，则不能享受住宿及餐费补助。

⑦员工外出参加会议和短期学习，已享受会议伙食补助费或统一安排食宿的，不再报销会议期间或学习期间的出差补助及交通补助。

⑧出差人员计算出差补贴采取"去头留尾"的原则。例如，9日出差12日返回者，给予3天的补贴；如果员工能提供9日9：00前出发或12日17：30后离开出差地的相关证明，则可给予4天的餐费补贴。

⑨所有出差人员须严格按以上规定执行，如有弄虚作假者，出差费用不予报销，并对相关签审人员进行每人两倍（报销金额）的经济处罚。

……

> **Tips** 由于内容较多，书中只列出了本管理方案的部分内容，其详细内容将在模板中提供，读者可下载完整的出差管理方案进行参考、使用，下载方法见前言说明。

10.5.3 范本：员工异动管理制度/表单

员工异动管理是人力资源管理的日常工作，为了恰当地处理各类员工异动，建立健全的员工异动管理机制势在必行。接下来将从员工异动管理制度、员工异动管理表单等方面为大家提供范本。

1. 员工异动管理制度

员工异动管理是人事日常事务中比较重要的人事管理，员工异动包括公司员工的晋级、晋升、降职、调动等。下面是某公司的员工异动管理制度，供读者参考。

员工异动管理制度

1. 目的

为了确保公司人事异动管理规范有序，合理调配人力资源，促进员工努力提高业务知识及技能，选拔优秀人才，激发工作热情，鼓励先进，鞭策后进，特制定本管理制度。

2. 范围

本制度适用于员工人事异动的管理。人事异动包括晋级、降级、内部调动、借调、外派、辞退及辞职等。

3. 主要内容

（1）员工晋、降级（职）

1）晋降级分类。

①级别晋降：指员工岗位级别的升降，是因员工能力、业绩及与岗位的匹配度不同而形成的薪酬差别的体现。

②职务晋降：指员工行政职务的升降，根据其工作业绩、工作能力、工作态度及任职要求，对员工实行晋降职，建立能上能下的用人机制。

2）晋降级条件。

①级别晋级条件：必须同时满足以下条件者方可晋升晋级。

a. 具有胜任该岗位级别必需的专业知识、技能。

b. 工作能力强，工作业绩优秀，年度综合评定优异者。

c. 具有良好的职业素养和品质素养。

d. 新聘员工须在转正后方可晋升晋级岗位级别。

②级别降级条件

a. 凡工作能力差，出现重大失误或犯有严重错误，不能胜任本职工作的。

b. 因过失导致客户投诉，且情节较重者。

c. 连续两次季度考核不合格、业绩差者。

d. 管理人员滥用职权，导致公司财产损失者。

3）晋降（职）级条件：见《人事任免管理制度》。

4）晋降（职）级时间：按晋降级调整时间不同可分为定期和不定期两种。

①定期调整：公司每年根据《绩效管理制度》和公司营运状况对员工依据一定程序进行统一综合评定并实施晋降级（职）。

②不定期调整：员工在年度或阶段性工作中，有特殊贡献或表现优异者由总裁或董事长提名，予以提升；反之对工作中出现重大失误或犯有严重错误、不能胜任本职工作者，则予以降级直至辞退。

5）晋降（职）级管理办法。

①晋降级办理程序。

a. 由员工所在部门填写《员工晋（降）级审批表》，并逐级报总裁签署意见后，报人力资源部。

b. 人力资源部对晋降级材料进行备存，并以此作为薪酬调整的依据。

c. 管理人员晋降级须经总裁办公会/董事长办公会审批。

②晋降职办理程序：按照《人事任免管理制度》执行。

③其他。

a. 员工晋降（职）级从批准当日起计薪。

b. 员工晋降（职）级材料由人力资源部存入员工个人档案。

c. 年度晋降（职）级工资计划控制在年度工资预算额度计划以内。

（2）内部调动

内部调动是指员工在公司内部范围内的调动，具体包括各部门之间、各分（子）公司之间，以及集团部门与各分（子）公司之间的人事调动。

①由申请人或申请单位向人力资源部提出调动申请（个人须提交书面申请，详述申请理由）并填写《内部调动审批表》，经调出（入）双方领导签字后，逐级报至领导签字批准后，报人力资源部。

②人力资源部与调出（入）部门负责人协商，并经人力资源部负责人及分管领导批准后，向调出单位发出《调函》。

③调出单位在接到《调函》后应及时通知调动员工办理工作移交，并填写《员工异动手续清单》。然后凭人力资源部开具的《报到通知书》到新单位报到，逾期不报到按旷工处理，并按照《考勤管理制度》执行。

④管理人员的调动，须经公司董事会通过（或董事长同意），由人力资源部办理相关调动手续。

⑤员工内部调动的工龄可连续计算。

⑥内部调动人员档案管理：按照《员工档案管理规定》执行。

（3）借调

借调是指由于阶段性工作需要，临时将员工关系调入某单位，工作结束即将被调员工关系转回原单位的一种调动。

①具体作业程序参照内部调动相关程序进行。

②借调人在借调期间的工资、社会保险、劳动关系等仍保留在调出单位。

③借调人员的考核由借调单位进行。

（4）外派

①外派人员：指根据公司的统一安排，由各专业口派到各分（子）公司，社会保险、劳动关系仍在集团的人员。

②人事关系：外派人员的人事关系在集团，作为集团员工统一由总裁办造册管理，劳动合同的解聘、续聘或变更均在集团。

③绩效考核：外派人员的考核由派往单位、业务主管部门共同考核。

④工资：派出人员的工资归口集团，由集团根据考核结果发放。

⑤社会保险：外派人员的劳动保险关系由集团统一办理。

⑥福利待遇：根据派往公司相关规定，由派往公司承担，集团不再负担。

⑦外派人员在外派工作结束后，全部由集团统一安排工作。

（5）辞退、辞职

按照《员工离职管理制度》相关规定执行。

（6）人事异动材料的归档

人事专员应定期对人事异动材料进行清理归档。

4. 本制度的解释权属集团人力资源部

5. 本制度自颁布之日起执行

6. 以前文件或规定有与本制度相抵触的条款和规定，按本制度执行

2. 员工异动申请表

员工异动要根据异动管理制度填写异动申请表，批准后方可执行异动。员工异动申请表如表10-17所示。

表10-17 员工异动申请表

姓名		入职时间		拟调动日期	
现部门				现岗位	
拟调入部门				拟调入岗位	

续表

异动类别	☐内部岗位调整　　☐部门间岗位调整　　☐升职 ☐降职　　　　　　☐借调　　　　　　☐外派 ☐其他 _____
异动原因描述	 描述人：
调出部门意见	
调入部门意见	
人力资源部意见	
常务副总意见	
总经理意见	
本人确认	◁ 员工本人一定要签字

3. 员工职务异动通知表

异动批准后，人力资源部要以正式文件通知员工，告之员工异动安排。员工职务异动通知表如表10-18所示。

表10-18　员工职务异动通知表

致：_____ 　　公司 _____ 　　部门 _____ （姓名）

自____年____月____日起，您由原任_____部门_____职位，
调整为：_____部门_____职位；
原岗位工资总额：_____元/月（其中含绩效工资：_____元/月），调整为，
任职资格_____，薪资等级_____，岗位工资总额：_____元/月（其中含绩效工资：_____元/月）。
特此通知

员工签名确认：_____　　日期：_____
人力资源部（盖章）
日期：_____

4. 员工异动手续清单表

员工异动安排过程中，要办理员工异动手续，做好工作交接。在工作交接过程中，需要填写员工异动手续清单表。员工异动手续清单表如表10-19所示。

表10-19 员工异动手续清单表

姓名		入职时间		拟异动时间	
现部门				现岗位	
调入部门				调入岗位	
异动原因： □内部岗位调整　　□部门间岗位调整　　□升职 □降职　　　　　　□借调　　　　　　　□外派 □其他＿＿＿＿＿＿＿＿＿＿＿＿＿＿					
工作移交情况（可附页）					
接收人：		移交人：		监交人：	
异动手续办理情况					
相关部门		工作移交情况			负责人签字
人力资源部					
财务部					
审计部					

根据实际情况添加相关部门

10.5.4　范本：员工离职管理制度／表单／方案

员工离职管理是人力资源管理的日常工作，为了恰当地处理员工离职，建立健全离职管理机制势在必行。接下来将从员工离职管理制度、离职各项表单等方面为大家提供范本。

1. 员工离职管理制度

员工离职管理制度用于规范公司员工离职，主要包括离职挽留、离职面谈、工作及资料移交、财务结算等。下面是某公司的员工离职管理制度，供读者参考。

员工离职管理制度

1. 目的

为明确规定公司员工离职管理工作，特制定本制度。

2. 适用范围

本制度适用于公司员工的离职管理。

3. 定义

公司与员工解除或终止劳动关系称为离职。公司员工离职可从原因上分为公司辞退、员工主动离职。

4. 职责

（1）人力资源部

①审核、审批权限内公司上报的人员离职申请。

②负责公司人员离职手续的办理。

（2）总经理

负责审批权限内公司上报的人员离职申请。

5. 挽留程序

对主动离职的员工，各部门负责人需在接收员工辞职报告后 3 个工作日内启动挽留程序，与辞职员工进行面谈，若挽留不成功，将员工《离职申请书》提交公司人力资源部门。

公司人力资源部门需在 3 个工作日内启动挽留程序，与辞职员工进行面谈，挽留辞职员工，做好《员工离职调查表》及《离职面谈记录》；公司领导可视情况决定是否与离职员工再次面谈。

若挽留无效，公司人力资源部门按程序办理员工离职手续。

6. 离职面谈

对被动辞职的员工，公司人力资源部门应提前 30 日向被劝退员工发出辞退通知。

公司人力资源部门负责人主持离职面谈，面谈内容应以感谢离职员工的辛勤工作、对公司现状的看法和对离职员工的建议等为主。记录人员则需认真填写《离职面谈记录》。

7. 工作交接

（1）部门内工作交接

由辞职员工直管领导负责，了解辞职员工负责的未完成工作的进度和在后续工作中的重点，同时还应指定一名临时交接人与辞职员工交接各类工作事项、工作联系人和相关材料。此项交接应在一周内完成。

对于资金资产等重要管理岗位人员及中高层管理人员，为确保其离任的工作顺利交接，公司需对其开展离任审计，审计工作应结合被审计人员的述职报告及人力资源部门提供的离任审计具体要求而开展。

（2）部门间工作交接

由公司人力资源部门负责人协调各部门与辞职员工按照《离职手续会签表》进行工作交接。各部门交接主要内容如下。

①财务管理部门：备用金、未结款项及发票等。

②行政管理部门：办公用品、办公室钥匙、计算机设备、借阅书籍、公司制度文件、门卡、内部网络登录账号等。

③公司人力资源部门：劳动合同、培训协议等。

④其他部门：相关事宜。

8. 违约赔偿

公司可要求处于培训服务期的主要离职员工进行违约赔偿，具体赔偿金额计算方法为：违约金＝公司支付培训费用×距到期剩余时间/约定培训服务期（以月为单位）。

9. 财务清算

（1）清算内容

①经济补偿金。

②应发未发的各项工资、奖金、补贴等。

③尚未报销的各项费用。

④违约赔偿金。

⑤个人备用金。

（2）支付方式

结算余额为正：由公司财务管理部门在员工薪酬结算完后向离职员工个人账户内一次性发放。

结算余额为负：由离职员工向财务部缴纳现金。

10. 办理离职

在办理离职手续会签之前，要求离职员工交接好各项资料、物品及工作任务，填写《离职移交清单》，并提交给交接人。

《离职手续会签表》经公司领导审批完成后，由公司人力资源部门解除离职员工劳动合同，并为其开具《离职证明》。

员工离职一个月内，由公司人力资源部门完成其社会保险、住房公积金的停保、停缴工作。

若公司与离职员工之间未尽事宜因客观原因无法在30日内解决，双方可签订离职协议对未尽事宜进行约定，以约束双方行为。

11. 信息流转

（1）公司人力资源部门内部流转

①负责查询离职员工是否在培训服务期，并计算赔偿金，要求其退回借出培训资料，若离职员工为内部讲师则需调整相关课程。

②负责工资停发手续办理，并结算未发放工资。

③负责办理社会保险、住房公积金停缴，并按年度在职时间结算未报销各项福利。

（2）离职员工所在部门

通知部门负责人协调工作安排，并商定离职员工工作交接。

（3）公司行政部门

整理离职员工工位，检查收回办公用品、固定资产、图书、档案等物品，注销内部网络账号。

（4）财务部门

通知财务部门清理离职员工备用金及未结算发票等。

12. 再入职规定

公司欢迎曾经因各种原因离开公司的员工重新回到公司工作，但需通过外部招聘渠道重新进行相关测试后，方可上岗。

经相关测试合格后，再入职员工按新员工身份办理相关流程，司龄重新计算。

13. 劳动仲裁

在员工离职过程中，若公司与员工之间发生劳动纠纷，双方均有权向公司所在地劳动保障部门申请劳动仲裁。

若对劳动仲裁结果不服，双方还可向公司所在地人民法院提起诉讼。

14. 离职原因分析

公司人力资源部门应于每年底对当年辞职人员的离职原因进行系统分析，找出共性问题，并在下一年度工作中进行改善。

15. 本制度的解释权属集团人力资源部

16. 本制度自颁布之日起执行

17. 以前文件或规定有与本制度相抵触的条款和规定，按本制度执行

2．员工离职申请表

员工离职要根据离职管理制度填写员工离职申请表，经相关人员批准后方可离职。员工离职申请表如表 10-20 所示。

表 10-20　员工离职申请表

姓名		部门		职位	
入职时间		合同签订起止时间			
员工性质	□正式　　□试用　　□临时工　　□实习				
离职申请	本人由于个人原因提出离职，希望于＿＿＿＿年＿＿月＿＿日与公司解除劳动合同。 离职原因说明：（请在以下一项或多项的选择框中打"√"） □不满薪资现状　□不满任务分配　□不满考核评价　□不满培训机会 □不满管理方式　□寻求工作挑战　□寻求再次深造　□寻求职位晋升晋级 □寻求创业机会　□平衡作息健康　□平衡工作家庭　□平衡交通地点 □其他：＿＿＿＿＿＿＿＿＿＿＿＿＿＿＿＿＿＿＿＿＿ 申请人签名： 日期：				
离职申明	为合法、准确、及时地完成离职手续，本人特作如下申明。 （1）本人在未正式完成离职手续之前，仍将继续履行现任职务工作职责、继续履行劳动合同所规定的各项内容和执行公司的各项制度 （2）本人在办理离职手续时，将积极给予配合，妥善做好工作交接、办公用品和办公资产移交，并填写离职移交清单，保证离职过程的准确、完整和有效 （3）本人在办理离职手续时，将不会有欺骗、故意隐瞒、散布不良信息或发表对公司有负面影响的言论或行为 （4）本人如有违反上述申明之行为，愿意承担因此而产生的一切后果 　　　　申明人签名： 　　　　　　日期：				
用人部门意见					
分管领导意见					
人力资源部意见					
总裁审核/批					

		续表
董事长批准		
备注 （由HR填写）	最后批准离职生效日期：	

3. 员工离职面谈表

员工提出离职后，用人部门和人力资源部要与员工做离职面谈，了解员工离职的原因。员工离职面谈表如表10-21所示。

表10-21 员工离职面谈表

姓名		部门		职位	
入职时间			拟离职时间		
员工主要工作	□行政　　□财务　　□人事　　□网管 □营销　　□技术　　□生产　　□开发 □其他：_____				
员工去向					
离开公司原因	□薪资福利　　　□事业发展机会　　□所承担工作责任 □继续深造　　　□工作压力　　　　□家庭责任 □与上司、同事关系　□交通不便　　　□其他 细节：				
员工不满	□事业发展　　　□能力发挥　　　□薪资、福利 □表彰、奖励　　□工作挑战性　　□人际关系 □工作环境　　　□其他 细节：				
评估	（1）员工特别技能： （2）损失评价： （3）过去工作表现：□优秀　　□良好　　□合格　　□一般				
其他	（1）本人要求： （2）是否愿再受聘本公司：□愿意　　□不愿意 　　　　　　　　　　　　　面谈人： 　　　　　　　　　　　　　面谈日期：				

4．离职手续会签表

员工离职批准后，人力资源部可以让员工办理离职手续。离职手续办理需要填写离职手续会签表，如表10-22所示。

表10-22 离职手续会签表

姓名		部门		岗位	
入职时间			批准离职时间		
会签部门	会签项目		办理情况及涉及款项		经办人确认
所在部门	工作交接情况				
	工作资料（图纸等）交接情况				
	待办事项移交情况				
	其他				
行政部	计算机设备/邮箱/OA账号等				
	办公用品、钥匙、门禁卡				
	宿舍（钥匙、家具、家电等）				
	工作服、胸牌				
	其他				
财务部	欠款结清				
	报销款				
	其他				
审计部	欠款结清				
	其他				
人力资源部	考勤统计				
	培训费				
	社会保险				
	住房公积金				
	工资结算				
	各种补贴				
	考勤类扣款				
	员工手册、证件				
	离职证明				
	其他				
员工申明	我已完成以上各项工作、物品等的交接，今后发生的一切事务与公司无关。 员工签字： 日期：				

> 有些员工可以没有需要交接的，但也要相关人员签字

5. 离职证明

员工办理完离职手续后，企业应为员工出具离职证明。离职证明如下，供读者参考。

离职证明

兹有＿＿＿＿＿＿先生／女士（身份证号码：＿＿＿＿＿＿＿＿＿＿＿＿＿＿），自＿＿＿＿＿年＿＿＿＿＿月＿＿＿＿日至＿＿＿＿＿＿年＿＿＿＿＿月＿＿＿＿＿日，共＿＿＿＿＿年零＿＿＿＿＿月零＿＿＿＿日，于我司＿＿＿＿＿＿＿＿＿部门，任＿＿＿＿＿＿＿＿＿＿＿＿＿＿职务。

现＿＿＿＿＿＿＿先生／女士因个人原因辞职，并已办理完毕所有离职手续。我司已与＿＿＿＿＿＿先生／女士结清其在我司工作期间的全部工资、奖金、社保及其他福利，不存在任何争议和纠纷。公司从＿＿＿＿＿＿年＿＿＿＿＿月＿＿＿＿＿日起终止、解除与该员工的《劳动合同》。

特此证明。

（公司公章）

年　月　日

6. 员工辞退审批表

因严重违反公司制度等原因要辞退员工，企业内部也要按照流程填写员工辞退审批表，批准后方可辞退员工。员工辞退审批表如表10-23所示。

表10-23　员工辞退审批表

姓名		部门		职位	
入职时间		合同签订起止时间		拟辞退执行日期	
员工性质	□正式　□试用　□临时工　□实习				
辞退类型	□辞退　□协商解除　□自动离职				
辞退事由	辞退事由要在法律框架下，根据公司规章制度执行，不能随意辞退员工 发起部门： 发起人签名： 日期：				

续表

用人部门意见	
分管领导意见	
人力资源部意见	
总裁审核/批	
董事长批准	
备注 （由HR填写）	最后批准辞退生效日期：

7．员工辞退方案

制定完善的员工辞退解决方案，才能让辞退工作万无一失，为企业解除后顾之忧，同时为辞退员工打开心结，塑造公司良好形象。下面是某公司的员工辞退方案，供读者参考。

员工辞退方案

1．目的

①优胜劣汰，适者生存，辞退员工是企业发展过程中的正常现象。
②制定完善的辞退员工解决方案，为企业解除隐患，同时使企业无后顾之忧。

2．适用范围

公司提出辞退的员工。

3．辞退员工准备工作

（1）各部门沟通协商

为避免意见不统一产生纷争，各部门应进行沟通并达成统一意见，即人力资源部和公司高层及用人部门应沟通协商，达成辞退员工的统一意见。

（2）明确辞退原因

应明确辞退的原因，如果是辞退有过错员工，应注意收集辞退证据，并且在程序上应合法，避免员工"反咬一口"，造成劳动纠纷；如果是辞退无过错员工，应提前一个月通知员工，并且为了给辞退工作减小阻力，可尽量选择在求职黄金期辞退员工，另外，还应提前做好经济赔偿预算。

（3）准备相关文件

应根据辞退具体情况，准备相关文件，通常需要准备的是离职核对单、保密协议及解除劳动合同的通知。

4. 辞退阶段的工作

辞退流程一共有4个部分，即通知员工、辞退面谈、沟通赔偿事宜及结束阶段。

（1）通知员工

通知员工一般应口头通知，并且不少于两次，第一次提前暗示，第二次最后通知，这样可以让员工有一定心理准备，并且部分员工在得到提前暗示后，会选择自动离职。

（2）辞退面谈

在辞退面谈阶段，应简单表达公司的辞退决定，并且注重用事实说话，不要抨击员工人格，避免员工情绪过于激动。万一员工当场反应强烈，千万不要大声反驳或呵斥员工，也不要顺从员工的说法，只需静静倾听，注意面谈的时间不要过长，以简短准确为主。

（3）沟通赔偿事宜

沟通赔偿事宜时，应向员工详细解释赔偿的具体金额和计算方法，不要承诺能力范围之外的其他事情，避免将辞退过程复杂化，否则将变得难以收尾。

（4）结束阶段

在辞退流程的最后，可能个别的员工会需要心理辅导，一旦所有问题都得到解决，就可以开始办理离职手续。

5. 辞退后员工关系管理

做好被辞退员工的员工关系管理，既能树立良好的企业形象，也能避免公司四处树敌，更为优秀员工重回公司提供了条件。

（1）站在员工角度考虑问题

①HR应充分利用自己的业务关系群，为辞退后的员工提供就业信息，帮助辞退后的员工再就业。

②HR应帮助向其家人合理解释，争取家人对辞退员工的理解与关心。

③HR应为辞退员工新工作提供帮助，配合新公司给辞退员工做好离职证明和背景调查等。

（2）长期跟踪关怀

①HR应从现实状况帮助被辞退员工解决实际生活困难。

②被辞退员工生日时代表公司送上生日祝福。

③邀请被辞退员工参加公司周年庆。

 专家支招

1. 月工作天数与月计薪天数有区别吗

根据《劳动法》和《国务院关于职工工作时间的规定》，我国目前实行劳动者每日工作 8 小时，每周工作 40 小时这一标准工时制。根据 2008 年《关于职工全年月平均工作时间和工资折算问题的通知》，目前职工的法定工作时间具体为：

年工作日：365 天 -104 天（休息日）-11 天（法定节假日）=250 天

季工作日：250 天 ÷4 季 =62.5 天 / 季

月工作日：250 天 ÷12 月 =20.83 天

工作小时数的计算：以月、季、年的工作日乘以每日的 8 小时。

需要注意的是，上述规定将工作日与计薪天数进行了区分，法定节假日虽然不是工作日，但仍算作计薪天数。因此，目前的月计薪天数是 21.75 天，但月工作日为 20.83 天。根据新的折算方法，日工资和小时工资的折算均以月计薪天数作为除数，而不是月工作日。

2. "做六休一"合法吗

根据《劳动法》和《关于〈中华人民共和国劳动法〉若干条文的说明》的规定，用人单位必须保证劳动者每周至少有一次 24 小时不间断的休息。也就是说，法律并不强制用人单位每周必须安排两个休息日，"做六休一"是可以的。但是，"做六休一"必须满足两个条件：每天工作不超过 8 小时；每周工作不超过 40 小时。

例如，某公司安排员工周一至周五每天工作 7 小时，周六工作 4 小时，周日全天休息，这样的"做六休一"就是合法的。

3. 企业中哪些人员可以实行不定时工作制

《关于企业实行不定时工作制和综合计算工时工作制的审批办法》规定，企业可以对下列劳动者实行不定时工作制。

（1）企业中的高级管理人员、外勤人员、推销人员、部分值班人员和其他因工作无法按标准工作时间衡量的职工。

（2）企业中的长途运输人员、出租车司机、铁路、港口、仓库的部分装卸人员，以及因工作性质特殊、需机动作业的职工。

（3）其他因生产特点、工作特殊需要或职责范围的关系，适合实行不定时工作制的职工。

4. 如何区分加班还是值班

一般来说，加班是指劳动者根据用人单位的要求，在8小时之外、休息日、法定节假日等时间从事生产或工作，通俗地说，就是超出法定标准工作时间，在应该休息的时间工作；而值班是指劳动者根据用人单位的要求，在正常工作时间之外担负一定非生产性的工作，主要是因单位安全、消防、假日等需要从事单位临时安排或制度安排的与劳动者本职工作无关的任务。

因此，认定加班还是值班，主要看劳动者是否继续在原来的岗位上工作，或者是否有具体生产或经营任务。如果劳动者继续在原来的岗位上工作，或者有具体的生产或经营任务，则应当认定为加班，否则，属于值班。需要注意的是，虽然单位安排劳动者从事与其本职工作有关的工作任务，但期间可以休息的，也不能认定为加班。

5. 确定年休假的是工龄还是司龄

据《职工带薪年休假条例》，职工累计工作满1年不满10年的，年休假5天；已满10年不满20年的，年休假10天；已满20年的，年休假15天。《企业职工带薪年休假实施办法》进一步明确，职工在同一或不同用人单位工作期间，以及依据法律、行政法规或国务院规定的视同工作期间，应合并为"累计工作时间"。也就是说，累计的是"工龄"而非"司龄"，因此，确定年休假应以职工的实际工龄，而不是到用人单位参加工作的司龄。

6. 对于提出辞职的员工，企业可以要求员工提前离职吗

员工提出辞职后，企业往往觉得员工已经没有了工作责任心，而且还会给其他员工造成负面影响，因此往往要求员工提前离职。

对于提出辞职的员工，企业是没有权利要求员工提前离职的。员工提出辞职后，在剩余 30 日的合同履行期内，双方还应按照劳动合同的约定继续正常履行，企业无权要求员工立即或提前离职，除非双方协商一致在 30 日届满之前解除劳动合同。

高效工作之道

1. 用 Word 制作员工请假申请单

员工请假申请单是员工请假时需要填写的表格，它与请假条性质相同，但内容会有所区别，员工请假申请单较正式，包含的内容较详细，而请假条则只是简单描述了请假的情况。下面使用 Word 制作员工请假申请单，具体操作步骤如下。

步骤 ① 在 Word 中新建【员工请假申请单】空白文档，输入标题【请假申请单】，并对标题的格式进行设置，然后单击【插入】选项卡【表格】组中的【表格】按钮，在弹出的下拉列表中选择【绘制表格】选项，如图 10-1 所示。

步骤 ② 此时，鼠标指针变成 ∅ 形状，在页面中拖动鼠标，开始绘制表格的外边框，如图 10-2 所示。

图 10-1　选择【绘制表格】选项

图 10-2　绘制表格外边框

步骤 3 将鼠标指针移动到左侧框线内部，按住鼠标左键不放向右拖动至右侧的外框线，绘制表格内部的横框线，拖动鼠标继续绘制表格横框线和竖框线，完成后的效果如图 10-3 所示。

步骤 4 单击【表格工具/布局】选项卡【绘图】组中的【橡皮擦】按钮，此时鼠标指针将变成⌀形状，在需要擦除的框线上单击，即可擦除该框线，如图 10-4 所示。

图 10-3 绘制表格

图 10-4 擦除表格边框

步骤 5 继续擦除表格中不需要的框线，在表格单元格中分别输入相应的文本，选择表格中的所有文本，单击【表格工具/布局】选项卡【对齐方式】组中的【中部两端对齐】按钮，如图 10-5 所示。

步骤 6 将光标定位到【婚假】文本前，打开【符号】对话框，默认选择【符号】选项卡，在【字体】下拉列表框中选择【Wingdings】选项，在下方的列表框中选择需要的符号，单击【插入】按钮，如图 10-6 所示。

图 10-5 设置文本对齐方式

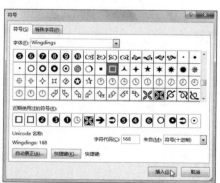

图 10-6 选择符号插入

第 10 章 人事的日常事务管理

步骤 7 复制【婚假】前的符号,将其粘贴到其他请假类别前,按住【Ctrl】键拖动鼠标选择表格中需要添加下划线的空格,单击【开始】选项卡【字体】组中的【下划线】按钮 U,为选择的空格添加默认的下划线,如图 10-7 所示。

步骤 8 选择【备注】下方的内容,为其添加"1. 2. ……"编号样式,单击表格左上角的田按钮,选择整个表格,单击【表格工具/设计】选项卡【边框】组中的【笔画粗细】下拉按钮,在弹出的下拉列表中选择【1.5磅】选项,如图 10-8 所示。

图 10-7 添加下划线

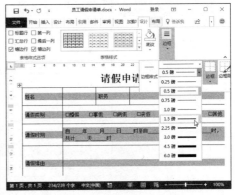

图 10-8 调整边框粗细

步骤 9 单击【边框】组中的【边框】下拉按钮,在弹出的下拉列表中选择【内部框线】选项,即可为表格内部边框应用设置的框线粗细,如图 10-9 所示。

步骤 10 保持整个表格的选择状态,单击【边框】组中的【边框样式】下拉按钮,在弹出的下拉列表中选择【双实线 1/2 pt】选项,如图 10-10 所示。

图 10-9 调整内部边框

图 10-10 选择边框样式

步骤 11 单击【边框】组中的【边框】下拉按钮，在弹出的下拉列表中选择【外侧框线】选项，即可为表格外部边框应用设置的边框样式，完成本例的制作，效果如图 10-11 所示。

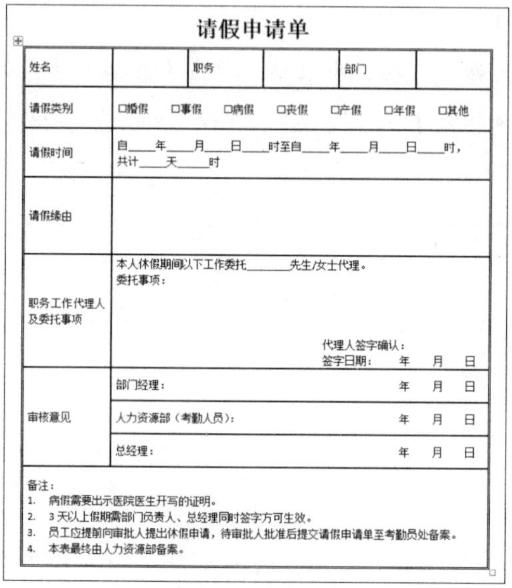

请假申请单

姓名		职务		部门	
请假类别	□婚假　□事假　□病假　□丧假　□产假　□年假　□其他				
请假时间	自____年____月____日____时至自____年____月____日____时，共计____天____时				
请假缘由					
职务工作代理人及委托事项	本人休假期间以下工作委托______先生/女士代理。 委托事项： 代理人签字确认： 签字日期：　年　月　日				
审核意见	部门经理：　年　月　日				
	人力资源部（考勤人员）：　年　月　日				
	总经理：　年　月　日				
备注： 1. 病假需要出示医院医生开写的证明。 2. 3 天以上假期需部门负责人、总经理同时签字方可生效。 3. 员工应提前向审批人提出休假申请，待审批人批准后提交请假申请单至考勤员处备案。 4. 本表最终由人力资源部备案。					

图 10-11　最终效果

2. 用 Excel 统计汇总每月考勤数据

虽然现在很多公司都是采用打卡或指纹的方式来记录考勤，或者借助一些工具（如钉钉）等实现，但将考勤数据展示出来时，一般都是通过 Excel 来记录和汇总考勤数据。下面使用 Excel 统计汇总考勤数据，具体操作步骤如下。

步骤 1 启动 Excel 程序，新建一个【考勤表】工作簿，将工作表名称命名为【8 月】，在表格中输入需要的数据，设置相应的格式，将 D2:AH25 单元格区域的列宽设置为【4】，选择 D3 单元格，在编辑栏中输入根据年月计算日期天数的公式【=IF(MONTH(DATE($B$1,$D$1,COLUMN(A1)))=$D$1,DATE($B$1,$D$1,COLUMN(A1)),"")】，如图 10-12 所示。

步骤 2 按【Enter】键计算出结果，将鼠标指针移动到 D3 单元格右下角，当鼠标指针变成+形状时，向右拖动至 AH3 单元格中，复制公式，计算出结果，选择 D3:AH3 单元格区域，打开【设置单元格格式】对话框，在【分类】

列表框中选择【自定义】选项,在【类型】列表框中选择【d】选项,单击【确定】按钮,如图10-13所示。

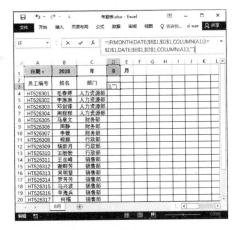

图10-12 输入公式　　　　　　　　图10-13 设置单元格格式

步骤③ 选择D2:AH2单元格区域,输入根据日期计算星期的公式【=TEXT(D3,"AAA")】,按【Ctrl+Enter】组合键计算出星期,选择D2单元格,单击【条件格式】按钮,在弹出的下拉列表中选择【管理规则】命令,如图10-14所示。

步骤④ 打开【条件格式规则管理器】对话框,单击【新建规则】按钮,打开【新建格式规则】对话框,在【选择规则类型】列表框中选择【使用公式确定要设置格式的单元格】选项,在【为符合此公式的值设置格式】参数框中输入【=D$2="六"】,单击【格式】按钮,如图10-15所示。

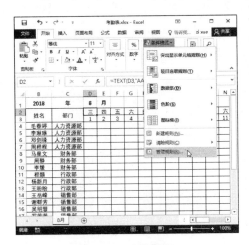 

图10-14 计算星期　　　　　　　　图10-15 设置条件格式

步骤5 打开【设置单元格格式】对话框,选择【填充】选项卡,选择填充颜色,单击【确定】按钮,如图10-16所示。

步骤6 返回【新建格式规则】对话框,单击【确定】按钮,打开【条件格式规则管理器】对话框将公式的引用范围更改为【=$D$2:$AH$25】,单击【确定】按钮,使用相同的方法继续新建星期日的格式规则,如图10-17所示。

图10-16 设置底纹填充

图10-17 管理条件格式

步骤7 突出表格中星期六和星期日所在的列,随着年份和月份的变化,天数、星期和突出的列都将随之发生相应的变化,在A27:B35单元格区域中输入考勤符号,选择D4:AH25单元格区域,打开【数据验证】对话框,将允许条件设置为【序列】,数据来源设置为【=$B$27:$B$35】,单击【确定】按钮,如图10-18所示。

步骤8 在D4下拉列表中将显示数据来源,选择需要的数据,如图10-19所示。

图10-18 设置数据验证

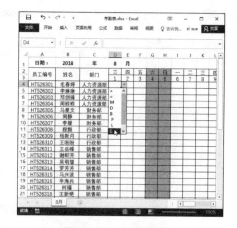

图10-19 选择数据

第 10 章 人事的日常事务管理

步骤 09 使用相同的方法在其他单元格中输入对应的考勤符号,效果如图 10-20 所示。

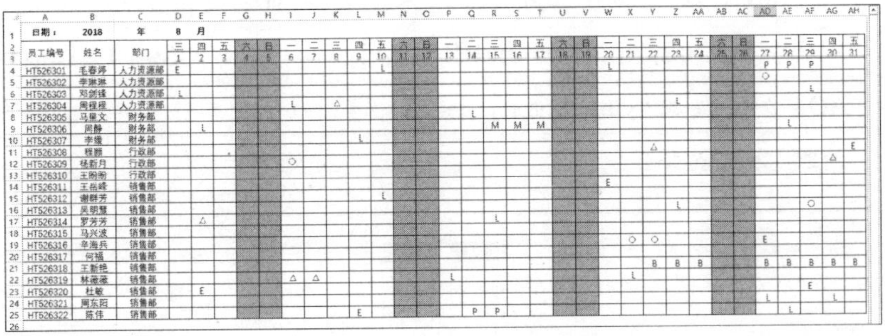

图 10-20 输入考勤符号

步骤 10 将 AJ1:AU25 单元格区域设置为考勤统计区域,输入相应的数据,并设置单元格格式,选择 AJ4 单元格,在编辑栏中输入公式【=COUNTIF($D4:$AH4,$AJ$3)】,如图 10-21 所示。

步骤 11 按【Enter】键计算出结果,向下复制公式,计算出其他员工的事假天数,向右复制公式至 AR4 单元格,选择 AK4 单元格,将公式更改为【=COUNTIF($D4:$AH4,$AK$3)】,如图 10-22 所示。

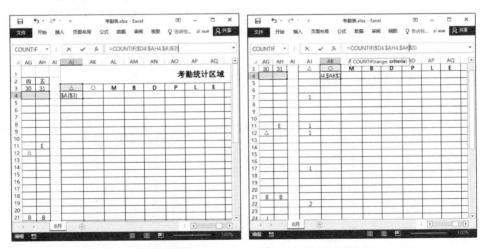

图 10-21 计算事假天数　　　图 10-22 更改公式

步骤 12 按【Enter】键计算出正确的结果,使用相同的方法修改和复制公式,计算出考勤数据,选择 AS4:AS25 单元格区域,在编辑栏中输入根据年月计算当月应该出勤的天数的公式【=NETWORKDAYS(DATE($B$1,$D$1,1),E

503

OMONTH(DATE($B$1,$D$1,1),0))】，如图 10-23 所示。

步骤 13 按【Ctrl+Enter】组合键计算出结果，选择 AT4:AT25 单元格区域，在编辑栏中输入实际出勤天数的计算公式【=AS4-AJ4-AK4-AL4-AM4-AN4-AO4-AR4】，按【Ctrl+Enter】组合键计算出每位员工当月实际出勤的天数，如图 10-24 所示。

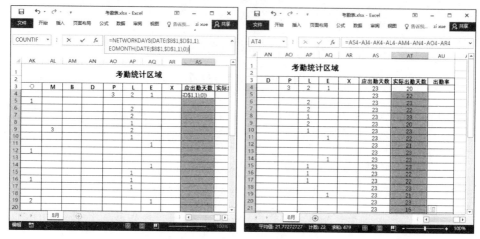

图 10-23　计算应出勤天数

图 10-24　计算实际出勤天数

步骤 14 选择 AU4:AU25 单元格区域，在编辑栏中输入公式【=AT4/AS4】，按【Ctrl+Enter】组合键计算出每位员工当月的出勤率，完成考勤表的制作，最终效果如图 10-25 所示。

考勤统计区域

	△	○	M	B	D	P	L	E	X	应出勤天数	实际出勤天数	出勤率
4						3	2	1		23	20	87%
5		1								23	22	96%
6							2			23	23	100%
7	1						2			23	22	96%
8							1			23	23	100%
9			3				2			23	20	87%
10							1			23	23	100%
11	1							1		23	22	96%
12	1	1								23	21	91%
13										23	23	100%
14								1		23	23	100%
15							1			23	23	100%
16		1					1			23	22	96%
17	1						1			23	22	96%
18										23	23	100%
19		2						1		23	21	91%
20										23	23	100%
21				8						23	15	65%
22	2						2			23	21	91%
23								2		23	23	100%
24							2			23	23	100%
25						2	1	1		23	21	91%

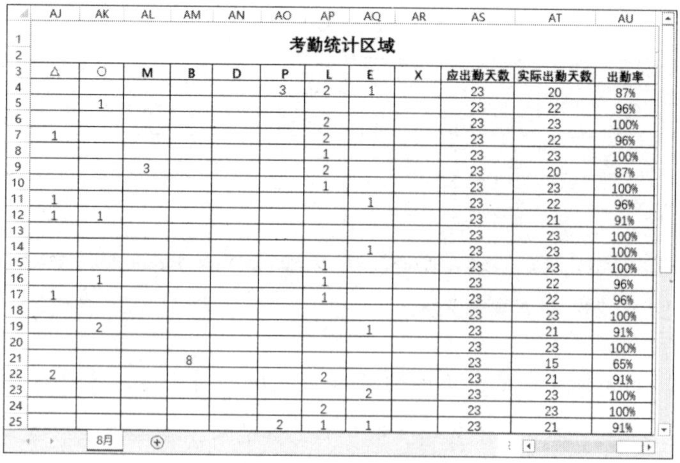

图 10-25　最终效果

3. 用 Excel 对人员离职原因进行分析

人员离职是导致人员流动最大的一个因素，要想控制人员的流动，人员离职原因的分析是必不可少的，通过分析人员离职原因，可以根据情况采取相应的管理或控制措施，以减少通过人员离职导致的人员流失。下面使用 Excel 对人员离职原因进行分析，具体操作步骤如下。

步骤 1 新建【人员离职原因分析】工作簿，在表格中输入相应的数据，并对表格格式进行相应的设置，选择 C2 单元格，在编辑栏中输入公式【=B2/SUM($B$2:$B$10)】，如图 10-26 所示。

步骤 2 按【Enter】键计算出离职比例，向下复制公式，计算其他原因的离职比例，选择 A1:A10 和 C1:C10 单元格区域，单击【插入】选项卡【图表】组中的【推荐的图表】按钮，如图 10-27 所示。

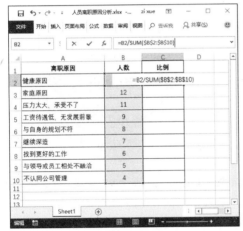

图 10-26　输入公式

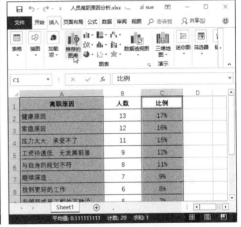

图 10-27　选择创建图表的区域

步骤 3 在打开的对话框中选择漏斗图，单击【确定】按钮，如图 10-28 所示。

步骤 4 调整图表的大小和位置，在标题中输入【离职原因分析】，选择图表，单击【更改颜色】按钮，在弹出的下拉列表中选择所需颜色，如图 10-29 所示。

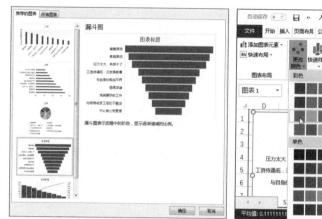

图 10-28 选择推荐的图表　　图 10-29 更改图表颜色

步骤 5 完成本例的制作,最终效果如图 10-30 所示。

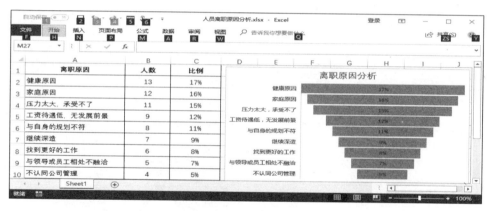

图 10-30 最终效果

4. 用钉钉管理考勤

在第 5 章中讲解了使用钉钉可以对一些日常事务进行审批,其实钉钉还有一个功能被现代企业广泛使用,那就是钉钉的考勤功能,它与考勤机相比更加智能,不仅可以记录考勤,还可以导出考勤报表,具体操作步骤如下。

步骤 1 启动手机上的钉钉 App,在界面中单击下方的【工作】图标⊕,进入主界面,点击【考勤打卡】图标,如图 10-31 所示。

步骤② 打开打卡界面,点击【上班打卡】图标,即可在打开的对话框中显示上班打卡成功,如图 10-32 所示。

步骤③ 点击打卡界面下方的【统计】图标,在打开的界面中将默认显示当日的统计,也就是这个考勤组中当日应到人数、打卡人数、未打卡人数、迟到人数和外勤人数,如图 10-33 所示。

图 10-31　钉钉主界面　　图 10-32　上班打卡　　图 10-33　查看当日考勤统计

步骤④ 点击界面上方的【月统计】文本,将在该界面中显示当月考勤组的考勤情况,如迟到人数、早退人数、缺卡人数、旷工人数、外勤人数及加班人数等,如图 10-34 所示。

步骤⑤ 如果要导出当日或当月的考勤表,那么直接点击界面右上角的【报表】文本,在打开的界面中设置考勤开始时间、结束时间及选择查询人群,点击【导出报表】按钮,如图 10-35 所示。

步骤⑥ 开始导出,导出完成后将以工作通知的形式发送给每一位员工,并在工作通知中显示导出的文件,如图 10-36 所示。点击文件即可将其打开,查看当日或当月的考勤记录。

图 10-34　查看月考勤情况　　图 10-35　导出考勤报表　　图 10-36　发送工作通知